Essentials of Group Counseling

團體諮商概要

五南圖書出版公司 印行

作 者 的 話

　　從上次提筆寫作《團體諮商》至今，轉眼已過了七年；如果從華德福・史丹納每七年人的靈性就成長一輪的觀點來看，對團體的觀點是否也應有所不同呢？誠然如是！猶記我對團體的印象還停留在「人在江湖」的視域裡，在意的是「家庭如何影響人」，對團體這個對象，多少有些無奈（投射中的負面能量之焦點）；這回則是走向「人中有我與我中有人」的驚訝與感動：原來世間真是一場「蝴蝶效應」，每個人的起心動念，都一定會引發周遭的漣漪（投射中的正負面能量均具），能不慎乎？

　　以下簡介此書之內容：

　　本書每章皆分為三個部分：第一部分「理論」，整合某主題（領導者或成員）之重要概念；第二部分「自我測驗Q&A」，主要彙整並解答在研究所教學時，學生常提出之疑問；第三部分「歷屆考題精選」，則旨在協助讀者練習答題、準備心理師考試。且每章亦有「本章學習重點」、「作者的小叮嚀」提示讀者閱讀重點，與坊間一般參考書相較，可說具有如下四點很不同之特色：

一、配合心理師考試出題方式撰寫

　　於理論說明的部分，儘可能以列點的方式呈現，協助考生在申論題作答時，能更為清晰、條理；而部分概念性知識，則以詳細陳述的方式撰寫，以加深學習者之瞭解。

二、兼顧理論統整與實務考題

　　第一部分的理論，如同一份整合性的筆記，包含重要書籍之內容，有助於應屆畢業生，在短暫的準備時間中獲得對整個架構的大致瞭解；也可幫助已研讀多本經典書籍的考生，有更統整性的概念。

　　此外，為兼顧「實務」方面之考題，在第二部分的自我測驗，完全係針對團體實務，舉例說明，期能加強學習者對問題情境之掌握。

三、可立即進行自我評量，並快速掌握考試方向

　　每章最後附上精選歷屆考題，協助讀者在閱讀後先進行自我檢核，並

在附錄一出現詳細解題說明，使考生能迅速掌握本科考題方向，以及答題方式。

四、順應考題趨勢，帶領潮流

由於考題趨勢已逐漸跳脫經典書籍，因此，特別整理國內近年相關之期刊論文，使考生能瞭解近年來團體諮商之研究走向與考題趨勢。

心理師的考試通常包括兩種對象：即出題之教授群與準備考試的學生；因此在寫作本書時的作者群，也特意安排了三種角色：教學本課程多年經驗豐富的大學老師、剛考上的諮商心理師以及磨拳擦掌、躍躍欲試的準心理師候選人。一切的準備都是為了幫助考生馬到功成。

祝福你，考生！

何長珠（2010，南華生死齋）

目　錄

表次

圖次

第一章

團體諮商概論

本章學習**重點**

1. 瞭解心理團體之內涵。
2. 學習並能區分三種心理團體之型態，分別為：團體輔導、團體諮商與團體心理治療。
3. 學習不同團體類型之內涵與策略。

❖　　　　　　第一部分　理論　　　　　　❖

　　人的生存離不開團體，例如：家庭、學校、工作、社會，但當這個團體以心理性的資料（如意見、價值、感受、情結）為主體，來結構和組織，並設定目標為增加資訊、解決個人或人際之困擾或處理人格上較長期的問題時，則此團體可稱之為心理團體，而心理團體又可細分為團體輔導、團體諮商與團體治療等（何長珠，2003），本章分別就「心理團體」、「團體型態」、「團體類型」等部分進行說明。

第一節　心理團體

　　團體是兩個或兩個以上的個體所組成，而成員之間彼此互動（interact）、相互依存（interdependent）。以下幾點的說明，將可更清楚的瞭解「心理團體」（Johnson & Johnson, 1991；Forsyth, 1990；Shaw,

1981；吳武典、洪有義、張德聰，2008；何長珠，2003）：

一、團體互動

　　團體生命一個最重要的特質，便是交互作用，影響和被影響的交互作用過程。在團體中每一成員的行為，潛在地都一定會影響到其他人，其性質可能是正面或負面、清楚或隱微、持續或間斷的。團體內缺乏互動，則冷漠而缺乏生機；正向互動愈多時，愈健康而有活力，例如：互相瞭解、關懷、支持、鼓勵、協助、欣賞等；反之，負向互動愈多，則可能分崩離析，例如：彼此挑剔、責備、諷刺、欺騙、打擊等。

二、結構

　　團體的結構包括三個主要部分，即角色、地位和吸引力關係，並依結構的形式而有不同類型的團體決策方式出現。

三、團體大小

　　團體是個人的集合，彼此以不同程度的相互依賴的方式，產生關係，團體的組成最少須包括兩個人。視團體之類型，而可擴充至不同人數，不過大多數實務工作者同意以四至十二人為平均狀況。

四、和諧（凝聚力）

　　凝聚力有兩個層次，即個人層次和團體層次。個人吸引力之基礎是喜歡、尊敬和信任；而團體吸引力之基礎是「一體感」（we-feeling）。但不論來源為何，兩者之間其實是互相影響的；而一個愈和諧、凝聚之團體，愈容易達到對彼此產生滿意與願意合作之結果。

五、團體動力

　　基本上，團體本身是一直在改變的，而團體動力大致可以分為兩種：第一、在團體的交互作用中，會持續出現一些重要的主題，例如：情緒表達之需要。此主題會隨著團體的週期而沈或浮。第二、團體是一個持續發展變遷的階段，不同的階段，團體有不同的重點出現，如Tuckman的五階段論：「定向、衝突、規範、生產、整合」。

六、團體共識

　　團體若有共同的目標、理想或興趣，較能營造志同道合、同心協力之氛圍；若無共識便如同一盤散沙，毫無意義。共識愈強，團體凝聚力愈大。

七、團體規範

　　規範愈清楚，且愈能為成員遵守，團體便愈健全、穩定；但若團體規則不被遵守，則出現「脫序」狀態；甚至，缺乏規範，則為「無序」。規範分為明文的和潛在的，前者是將規範形諸文字，後者則是一種團體的默契；例如：實習心理師表面上都知道要依照規定完成實習時數；實際上蕭歸曹隨，能省則省的立場則是大多數人的事實等。

八、團體之目標

　　包括有解決問題、維持運作、溝通知識和價值、設定標準、得到樂趣或參與歸屬感（安全感）等多項內涵，但總之主要是指對成員有心理上顯著意義之團體，例如：在不同的系所之間，便有不同的目標之側重，或者是打知名度，或者是爭取經費分配優勢，不一而足。同時成員間也會以各自之主觀知覺，進行內在之社會比較、規範獲得等影響個人態度和行為的心理過程，並因此而完成其身為成員之角色與任務，例如：有人樂為名師、有人致力經師、有人則是錢師等。而Corey（2003/2007）更將心理團體之目標，分為「一般性目標」和「過程目標」兩種。前者指的是建立一種心理環境，以完成個人目標，後者則在協助參與的成員建立正確的溝通技巧（例如：適當的自我開放、表達關懷或面質）。由於其重要性，此處特列出Corey的十點一般性目標以供參考：

　　1.學習如何去信任自己和他人。
　　2.促進自我認識並發展獨特的認同感：也就是由個人特質去決定努力和發展之方向。
　　3.認可參與者共同的問題和心情：類似於Yalom所提出的宇宙一致性。
　　4.增進自我接納、自信／自尊，而對自己產生新的觀點：亦即擴增自我覺察。

5.找到處理問題及處理衝突的可行辦法：類似於問題解決模式。

6.為改變某些行為，做出具體計畫並付諸努力實踐。

7.學習更多的有效的社會技巧：屬於模仿及學習之觀點。

8.對他人之需求能更敏銳：擴展其同理心。

9.學習如何以關心、誠實、直接、不傷人的方式去對待他人：這是團體一個很重要的功能，藉由領導者或有效成員之示範，成員得以體驗並學到真誠面質之技巧。

10.澄清個人之價值，並決定是否需要或如何去修正：藉由團體信任凝聚所產生之關係，成員學習開放自我及回饋他人，從而獲得更客觀檢覈自我及他人之能力。

如上所述可知：心理團體之價值在提供成員一個相互瞭解與支持的機會，並藉由團體的運作與互動，達到個人和團體的雙重目標，可確知團體具有特殊之功能。不過相對的，當然也會有其限度，此處摘錄李郁文（2002）以及吳武典、洪有義、張德聰（2008）整理多位外國學者之觀點，所提出之團體功能與限度，如表1-1。

♣表1-1　團體的功能與限度

吳武典、洪有義、張德聰（2008）	李郁文（2002）
一、團體功能	
1.教育功能：資訊交流、檢驗現實、相互模仿、嘗試與創造、學習人際關係技巧等。 2.預防功能：學習瞭解與接納自己、瞭解與接納別人，滿足隸屬感等人際需求，而達預防之效果。 3.診療功能：藉由一般化作用，個人問題得以勇敢面對；藉著澄清與回饋，問題得以獲得瞭解；藉由淨化作用與洞察，問題得以紓解。	1.抒發成員的情緒。 2.團體凝聚力的形成。 3.彼此提攜，相互成長。 4.瞭解問題的普遍性。 5.利他主義的實現。 6.團體知能和技巧的傳授和演練。 7.樂觀進取，常懷抱希望。 8.從成員的回饋中，做更深入的自我瞭解。 9.現實社會的驗證。 10.團體約束力的呈現。 11.提供成員問題思考的多樣性。 12.符合經濟效應。

二、團體限度	
1.個人的不良特質。	1.團體一致性壓力的形成。
2.團體的同質性或異質性過大。	2.過度自我坦露的困擾。
3.團體內自我表露的壓力過大、或 　時機不當。	3.「代罪羔羊現象」產生的可能性。
4.團體外關係的介入。	4.「社會性閒散」（責任分散）效果的產生。
5.團體關照程度不足。	5.人多口雜解決問題時耗時費力。
	6.過度保護成員或成員過度依賴團體。

　　由於團體諮商有其功用與限制，因此，在實務工作中，團體諮商與個別諮商的相互為用，就是很常見的一件事，其分別適用的情境如表1-2（吳武典，1990）所示。

♣表1-2　使用個別諮商與團體諮商的建議

個別諮商適用情況	團體諮商適用情況
1.原因與解決方法是複雜且有危急性 　的。	1.主要目標在學習人際或社會技巧者。
2.為了當事人及他人的安全，需要保密 　的情況。	2.需學習對不同的人有更深的尊重者。
3.解釋有關個人自我概念的測驗資料。	3.想獲得更多關於他人及他人對事物之 　感受或瞭解者。
4.在團體中講話有極大恐懼的個人。	4.需要與他人分享隸屬感者。
5.因不善於與人交往，而可能成為被團 　體其他成員所拒絕的個人。	5.有能力談及個人的憂慮、問題及價值 　觀者。
6.談論議題涉及性行為的情況，特別是 　不正常的性行為。	6.需要他人對自己的問題憂慮有反應 　者。
7.自我覺察力較弱的個人。	7.認為同儕的幫助有助益者。
8.有強迫性需要被注意及被認可的個 　人。	8.喜歡以溫和間接的方式接受諮商，當 　感覺受威脅時能有退路者。

 第二節　團體型態

　　心理團體的型態，大致包括下列三種形式：團體輔導（group guidance）、團體諮商（group counseling）以及團體心理治療（group psychotherapy）。此三種團體本質上有所不同，但也有部分重疊，國內介紹心理團體之區分時，最常使用Goldman發表的一個圖表（見圖1-1）。此表從「資料提供之多寡」、「領導者結構性之程度」、「領導者訓練水準之高低」及「情緒性涉入之多少」等四個向度來比較三種團體之不同。因此顯示這三種團體在某種程度上是不能截然劃分的，同時會隨著進行團體時的深度不同，團體會出現向右或向左方移動之事實，例如：團體諮商有時候會往右深入到人格、情結部分之處理，而團體心理治療很多時候也在做同理、關係、支持的工作，亦即往左移動（何長珠，2003）。以下分別解說此三者之關係：

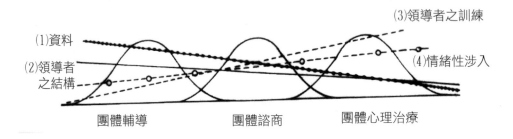

♣圖1-1　團體輔導、團體諮商與團體心理治療之比較

一、團體輔導

團體輔導是一種心理教育活動，團體輔導大多在班級為主的情境中，以班級大小為基準，通常是三十至四十人左右，以小團體的方式，約四至八人之分組，在例行排定的時間實施。因團體輔導的主要目標在於資料的提供、知識上的獲得與價值的澄清，以預防個人性或社會性的失常。故通常由輔導員或老師帶領，選定某一主題，例如：學業、職業、心理、行為等主題來進行。至於活動方式十分多樣化，例如：藉由短講、錄音、錄影或文字閱讀等方式，達到資訊分享；從討論、辯論中，達到意見交流等，目的主要在擴增認知學習（價值澄清）的一種心理教育活動（李郁文，2002；何長珠，2003；吳武典、洪有義、張德聰，2008）。

二、團體諮商

　　不同於團體輔導歡迎人人參與，團體諮商主要邀請有若干生活上的問題，但又不是太特殊以致無法自行解決的成員，也就是具有暫時性（temporary）或持續性（continuing）困擾問題之處理。成員基本上是正常個體，都有自己關心之事，以及這些問題不必要求積極性的人格改變。因此目標不在知識或資料的獲得，而強調透過人際互動解決問題、思想、觀念、態度或行為的改變或提升。在團體內是具有一種容納的、現實取向的、發洩情緒、互相信任、關心、瞭解及支持的氣氛。這些具有治療功能的氣氛是經由小團體及輔導員彼此分享私人性問題而被孕育出來。成員藉由信任和互動以增進瞭解、接納每個人之價值、目標，並去除某些不怎麼適當之態度或行為。

　　原則上團體諮商的實施，是在受過訓練的領導者，或沒有領導者的情況下，由一群有心理成長興趣或需要的人所組成，通常約為八至十二人左右，經歷一個每次時間約一小時三十分鐘，為期八至二十次的團體過程。活動方式分為兩種：有主題及暖身活動設計的結構式，和無主題及活動設計的非結構式團體（黃月霞，1991；李郁文，2002；何長珠，2003；吳武典、洪有義、張德聰，2008）。

三、團體心理治療

　　團體心理治療之功能在於人格重整或治療，其對象為具有嚴重情緒問題、或是長期且深度心理困擾的人，治療技術偏重針對過去、潛意識、情緒作深入的心理解析；因此，帶領者需受過嚴謹且專業訓練，且具有證照，例如：精神科醫師、諮商心理師、臨床心理師等。團體人數大約十五至二十人左右，並可分為開放性和封閉性，前者歡迎新成員的加入，後者則不容許新成員加入；次數較輔導、諮商團體長，可達一年或是更久（李郁文，2002；何長珠，2003；吳武典、洪有義、張德聰，2008）。

　　由上述的簡介可知，三種團體在本質上都是提供一種與心理資料有關的服務，只不過因為參與者的心理問題之程度，領導者專業訓練的背景深淺上有所不同，而導至其在對象、人數、目標、功能、重點、動力過程、

方法、方式和領導者訓練及介入上亦有所分別。統整如表1-3所示。

♣表1-3　團體輔導、團體諮商與團體心理治療三種心理團體之區分

向度　　　　團體	團體輔導	團體諮商	團體心理治療
1.心理教育之方向	預防性	發展性（成長的）	治療性（矯治的）
2.對象	心理健康者	有暫時性或發展性困擾者	深度精神或情緒困擾者
3.人數（團體大小）	四十至五十人左右（班級型態最多）	八至十二人左右	十五至二十人左右
4.實施場所	學校或社區教室	學校或社區之諮商輔導室	醫院或社區精神醫療單位
5.時數	以小時為單位，每次一個主題。	以九十分鐘一次最常見，持續八次或更多（三十次）。	同左團體諮商，唯次數上持續可達一年或更久。
6.處理的焦點	認知學習／資訊的（意見，態度）	情意學習／心理的（想法，情緒）	人格動力之深度處理／包括潛意識（情緒）
7.帶領方式	領導者導引的價值澄清過程	領導者催化成員的交互作用為主的過程	領導者依參與者的需要而引導
8.時間導向	未來的準備	現在導向	包括過去的歷史
9.結構的方式	結構式、有主題的	半結構，常以暖身活動來催化互動。	非結構，依當時情境來引發。
10.領導技巧	演講、小組討論（辯論）	同理、支持、澄清、連結、具體化	立即性、對質、解說
11.領導者專業訓練	大學相關科系畢業之教師	心理諮商相關科系畢業（心理師）	精神醫師
12.團體名稱	生活技能、社會技能團體	敏感團體（T團體，會心團體）及各式結構團體。	治療性團體

第三節　團體類型

　　我們瞭解到心理團體，是由一個特定的目標而組成，然而因著團體目標的不同，而有了不同的團體類型，團體帶領者便需要有不同的策略與技巧，以下即針對不同的團體類型作介紹。

一、訓練團體（T-group）

　　最初用於訓練社會組織團體成員的人際關係技巧，而後著重於在社區中組織發展此工作團體，提升其領導技巧，以達成團體的工作目標。因此，訓練團體不強調個人成長，而是團體動力之掌握，包括：成員間如何互動、別人如何看待自己、如何給予回饋或支持，基本上屬於非結構性的設計。領導者的任務在創造一種開放的氣氛，開放成員之瞭解，覺察個人對自己的看法。這種團體的老祖宗可回溯到一次及二次世界大戰時，為緊急徵選軍隊中的領袖而發展出來的一種小團體訓練，即美國國家訓練實驗室的「敏感度訓練團體」（sensitivity training group），其目標為提升成員對自己或他人的敏覺程度，培養成員自我感受、自我覺知等能力（李郁文，2002；何長珠，2003）。

二、會心（坦誠）團體（encounter group）

　　在六〇年代，訓練團體將訓練重點從團體本身轉移到個人成長的部分，並在七〇年代，會心團體開始注重創造性經驗的機會，而C. Rogers更依其個人中心與自我潛能開發之觀點，認為會心團體的成員，在聚會中感受到較多的自由和安全感，便能夠自由開放的表達內在感受，強調對個人內在及人際關係之覺察和發展，不過一般來說，它與訓練團體均被視為「成長團體」（growth group）（李郁文，2002；何長珠，2003）之類型。另外，林家興（1987）也曾針對會心團體做了以下的說明：

1. 人數：約在六至二十人之間，但為了產生較為密集的接觸和經驗，以十人左右為最適切。

2. 結構：較少結構性，團體目標和方向也是由成員共同形成，主要會包括某些方面的個人改變，例如：行為、態度、價值或生活方式。進行

方式可以是密集的連續數日、或是間隔數日舉行一次、或是持續十二至二十四小時的馬拉松會心團體（marathon encounter group）。

3. 領導者：被稱為催化員（facilitator），一至二人，主要任務為促進成員表達和溝通其思考或感覺。

4. 歷程：將焦點集中在互動當下的態度和過程，鼓勵成員開放、真誠、人際關係的激盪（interpersonal confrontation）、自我坦露和強烈的情緒表現。

三、心理劇團體（psychodrama group）

由團體共同演出團體關心之主題，成員藉開放自己的重要經驗和觀點，在演劇中經歷宣洩、淨化（catharsis）的過程，以回復情緒之平衡並得到第三者較客觀之回饋，從而得到心理上之成長。其主要概念是關注於成員的創造力、自發性、會心時刻、當下的投入、人格的多面向表達等。其基本構成的成分，包含舞臺（通常是房間中的一個空間）、導演（團體主要領導者，擔任催化和引導方向之角色）、一位主角（提供問題情境的人）、輔導（演出主角所陳述的角色）、觀眾（除了上述之外的成員），而導演所使用的技巧，如下所述（Corey, 2003/2007；何長珠，2003）：

1. 自我陳述：主角以描述的方式像團體成員介紹自我困境；而在主角描述時，導演幫助他將敘述轉化為行動表達出來。

2. 角色互換：是心理劇中最有力量的工具之一。導演會協助主角模仿出他想像中或他記得的「重要他人」的特質，而對「重要他人」的觀點或是所處情境有更完整的瞭解，幫助主角建立對他人的同理心。

3. 替身（double）：由輔角扮演主角的「內在自我」，代表主角不曾被主角表達出來的想法和感受。而多重替身可以用來具體化主角的多個面向，例如：內在衝突、渴望、資源、責任、角色等。

4. 獨白：在某個點上，例如：感覺主角矛盾時，停止演劇，請主角想像獨自一人，並將心裡想的大聲說出來。幫助主角澄清想法，並體驗其中的感受或力量。

5. 鏡子反應技術：一位替身在演出時，像鏡子般反映主角的姿勢、手勢

與話語。是一種回饋的歷程，使主角更敏覺於他人是如何看待自己。

6. 未來投射：幫助團體成員表達與澄清對未來的關心，包括：希望、恐懼；可視為對人生的排練。

7. 重演（replay）：重複做一個動作，嘗試演得更精準，或嘗試用不同的方式來表達，可以增加對動作的覺察，或增加角色的功能。

四、自助團體（Self-helped group）

基於某一特殊問題的需要而組成的心理團體，例如：酒癮、吸菸、單親、癌症病患等，通常由專業組織來擔任組織及結構的工作，例如：國內的張老師、生命線、晚晴等機構所發展之團體。其主要特徵為成員的問題和困難類似，而藉由經驗分享、建立支持系統網絡，因此，此類團體的凝聚力特別強，而且成員必須絕對遵循團體共同約定之規範和期待，方能逐漸改變其狀態（李郁文，2002；何長珠，2003）。自助團體並非由專業的心理衛生相關工作者來帶領，而是藉由相互指引、學習，產生個人的責任感和行動力，來幫助自己解決問題，而不只是抱怨、自怨自艾或推卸責任（Corey, 2003/2007），可視為是自助（半專業）團體之主要模式。

五、馬拉松團體（Marathon group）

在1964年，由精神分析導向之團體治療者G. Bad & G. Strollen所提出，認為延長時間對於團體治療具有好處，也稱為「時間延長團體」（time-extended group），聚會時間從十二小時可延長到四十八小時，甚至七十二小時，而馬拉松團體的假設，主要在於削弱自我防衛後，較易出現人與人之間更真實及更真誠的相處，因而促成個人的自我成長，詳細說明如下（李郁文，2002；何長珠，2003）：

1. 因長時間產生的疲累，而降低自我防衛。

2. 在傳統團體治療中，隨著時間的結束和離去，常常是某些成員逃避面對負向反應的正當理由，而延長時間之聚會方式則使成員難以迴避面對自己與他人。

3. 往往在處理傷害和憤怒的感受時，需要足夠的時間，處理後續一連串的衝突情緒。但在傳統團體中，成員往往需要因擔心時間而中斷，馬

拉松團體之方式，則可降低成員對時間的戒心，能促使其進行更深
入的探索。
4. 在團體中每一位成員的真實樣貌會反覆出現，在長時間的團體歷程
中，成員有較多的機會瞭解自己的反應型態。
5. 團體有一種危機和期望的氣氛，促使成員預期在團體中會有事情發
生，此自我證驗預言的效果，使成員更盡心的投入並改變。

　　馬拉松團體雖有其優勢，然而在國內的期刊與論文中，卻難以搜尋到
相關研究，可見得此類團體在國內的執行上有其困境。

六、任務團體（task group）

　　其目的是為了完成某一任務，當任務完成時，團體便告結束。任務
團體可以委員會、代表會等小組的型式組成，其強調的是控制、效率、合
作、表現和目標完成。影響成敗之因素主要有二，即領導力之風格與任務
的複雜程度（李郁文，2002；何長珠，2003）。

七、支持性團體

　　藉由領導者的催化，成員能夠透過互助的方式，分享共同的經驗和感
受，例如：遭受天災人禍的無助、失去親人的痛苦、罹患絕症的無奈等，
藉由述說過程中的相互瞭解、支持，來克服寂寞、絕望等負向感受，提升
其解決問題的力量，而能擁有新的角度來面對未來（李郁文，2002）。
支持性團體與自助團體同時強調特定議題的分享和相互支持，團體的期限
也都是隨時可以調整的，然而不同的是支持性團體通常是由專業人員組
成、帶領，自助團體則沒有所謂的專業人員帶領（Corey, 2003/2007）。

八、教育團體（educational group）

　　以結構的方式，提供成員更多的學習資訊和發展特殊技巧、瞭解特
定主題。通常會安排每星期兩個小時，為期四至五星期，至多一個學期。
成員大多來自不同生活領域，採結構式的團體活動或團體討論，探討一
個明確的主題，相互學習。許多教育團體是依循學習理論之模式，常見
的有自我肯定訓練團體、自我管理團體、多元模式治療團體等（Corey,
2003/2007）。在團體過程中，成員得以明白該技能的重要性，及其對自

己的價值，找到可以練習此技巧的場合，並且在團體與現實生活中不斷的練習，直到真實的感覺或行為能夠出現並運用自如為止。在團體階段中，示範、角色扮演、模仿及家庭作業等，都是最常被運用的技巧（李郁文，2002；何長珠，2003）。

九、安心減壓團體（debriefing）

近年天災人禍頻傳，災後心理重建的議題逐漸被重視與發展，在歐美國家，災難發生後，即刻會安排心理師或精神科醫師介入，進行危機輔導（或稱心理急救，psychological first-aid/crises intervention），以降低當事人日後惡化為「創傷後壓力疾患」的機率。美國紅十字會建議，在事發後七天內儘快舉行安心減壓團體，由受過特別訓練的心理專家主持，成員從直接受創者（罹難者親友、災後存活者）、間接受創者（救災的消防、醫護人員）、甚至過去有相同經驗而引發創傷後之復元者中徵選。藉由特定的程序，提供安全的氣氛，讓團體成員彼此表達並分擔感受，藉以瞭解彼此對創傷經驗的共同反應，並討論有利於適應的應對辦法。可以說是一種心理學式的集體收驚。而根據美國全國受難者援助組織（NOVA, National Organization of Victim Assistance）的做法，黃龍杰（2006）亦提出「二安／二解／二預」的模式：

1. 「二安」（S & S）是指「安身」（safety）和「安心」（security）

安身是指相關單位應儘速協助喪葬和撫卹，使罹難者早日入土為安，並安頓存活者日後衣食住行等生存需求，讓生活得到基本的安頓。「安心」則是在與成員接觸時，要抱著尊重包容、同理、不批判的態度，才能獲得其信任，也才有機會進行後續的「二解」和「二預」。

2. 「二解」（V & V）是指「紓解」（ventilation）和「瞭解」（validation）

當事人表達出強勁的語言和眼淚，傾洩出大量的情緒時，輔導者的同理聆聽和注視，有助於讓當事人感受到被瞭解，而在情緒獲得紓解之時，療癒才能發生。

3.「二預」（P&P）是指「預測」（prediction）和「預備」（preparation）

　　此階段的目的是救急，引導當事人改善現況，解決眼前的問題，陪伴當事人做很短期的計畫。當事人處於混亂的狀況下，「預測」性的問題可以幫忙理出頭緒，「預備」性的問題則引導他往採取行動的方向走，使其可以逐漸掌控情況，脫離無力感。例如：「接下來，你最關心的是什麼？」、「未來一兩天，什麼是你最擔心的事？」

　　由上述可知，心理團體可因目標不同而產生不同的類型，因此，團體被設計來滿足特定族群的需求，也就可想而知了，以下整理國內近十年來，對於不同族群所從事的研究。

一、兒童的心理團體

　　兒童的心理團體重視預防，若是兒童在發展初期就能獲得心理上的協助，將有機會較有效的面對往後的發展任務（Corey, 2003/2007），這種團體在國內較常被運用於學校，主要針對學童的行為表現和態度進行輔導，例如：好打架、人際關係不佳等，而被關注的族群則往往包括注意力不足／過動症兒童、發展遲緩兒童、低度行為適應兒童等特教團體之對象（洪若和、1996；鄭瑩妮，2007；劉文瑜、林燕慧、黃維彬、陳美慧、郭侃佩、陳嘉玲，2000）。心理團體提供較為充裕的時間和空間，讓學童表達其感受和想法，因此，在團體方案設計時，也需因著兒童的發展狀態與問題類型來加以調整。近年來運用繪本治療、焦點解決取向等做法介入之研究亦逐漸增多（楊美珍，2009；林佩郁、謝麗紅，2003）；並且更朝向特殊問題類型之心理團體之發展，例如：陳姿百（課堂報告，2008）對悲傷兒童的文獻探討中便發現（詳見表1-4）：支持系統採用的方式包括讀書治療、遊戲治療、藝術治療、繪本團體等方法，研究結果並顯示這類的支持系統顯著有助於喪親兒童的悲傷調適。喪親兒童並非不懂得悲傷，只是他們的悲傷反應不同於一般成人，其中「神奇想法」（magical thinking）是造成喪親兒童強烈罪惡感的主因，而在藝術治療團體的歷程中，發現兒童的復原歷程是由「不能說」到「透過作品說」再到

♣表1-4　「治療團體中兒童復原歷程」之相關研究

論文作者（年份）	論文名稱	研究方法
陳凱婷（2007）	繪本團體運用於國小喪親兒童之研究	為四名喪親二到四年間的國小四、五年級兒童進行每次四十分鐘，共計十三次之繪本團體諮商。
郭碧蘭（2004）	讀書治療團體對國小高年級喪親學生死亡態度輔導效果之研究	採等組前後測實驗設計，研究對象為二十名國小五、六年級喪親四年內的兒童，隨機分派為實驗組和控制組。並佐以「國小學童死亡態度量表」、「兒童生命態度調查問卷」為評量工具進行統計考驗。
余瑞宏（2004）	一位國小一年級喪親兒童在遊戲治療中復原力與悲傷調適歷程之研究	採歷程研究，以一位父親因病驟逝約一年多的國小一年級男童為研究對象。
林道修（2004）	喪親兒童接受讀書治療之悲傷反應及因應行為改變歷程研究	以一位喪親兩年的五年級女學童為對象進行讀書治療，並利用「喪親兒童悲傷反應量表及因應行為量表」進行前後測驗。
蔡麗芳（2001）	喪親兒童諮商中悲傷經驗改變歷程之研究	採取發現取向研究，由研究者擔任諮商員，進行三位國小四、五年級喪親兒童的個別諮商並進行個案分析。
葉春杏（2004）	藝術治療團體對喪親兒童復原歷程之研究	採觀察法觀察團體中成員的行為，並佐以對家長及相關教師的訪談，及其藝術創作品的呈現，進行質化資料的分析。
張淑玲（2002）	國小喪親兒童支持性團體之成效初探	採無控制組前後測設計，研究對象為十名國小中、高年級喪親三年內的兒童。

「可以表達」，顯示出兒童的悲傷復原是循序漸進，逐漸調適的過程（葉春杏，2004；張淑玲，2002）。兒童主要的悲傷反應為「想念」、「捨不得」、「想起來偶爾會難過」等；兒童的擔憂想法，最主要是怕發生意外、怕分離的不捨與擔心自己在親人死後沒有人照顧等；而生活上所面臨到的適應問題包括有：「家中經濟狀況變差」、「家人長時在外工作，自己無人陪伴」、「需幫忙做家事」、「親人可能有新的伴侶」等（陳凱

婷，2007；郭碧蘭，2004）。

二、青少年的心理團體

　　青少年期是人生的關鍵階段，這時其擁有許多衝突，像是依賴和獨立的掙扎、接受和拒絕的衝突、認同危機；同時，這個階段也有其特殊需求，例如：安全感的尋求、贊同的需求等，而心理團體提供青少年一個表達衝突、探索自我疑惑與同儕分享和瞭解彼此的場域（Corey, 2003/2007）。而關注的議題，也就是青少年所關注的情感、人際、生涯等議題（莊涵茹、羅文基，2003；翟宗悌、鄔佩麗，2007；黃慧森、廖鳳池，2008），也因同儕關係對青少年之重要性，而發展出同儕團體輔導之應用（王文秀，1987；江承曉，2008）。

　　現今許多大專院校的諮商輔導中心會提供各類結構性團體，以滿足大學生的不同需求，像是生涯決定、人際關係、認同問題、自我肯定等主題團體，都是可參考之例子（吳麗雲，2002；陳志賢、徐西森、連廷嘉，2008；莊慧美、卓紋君，2006）；另外，何長珠與其研究團隊（陳姿百，2008）亦整理文獻回顧中有關青少年的悲傷歷程與死亡概念等論文研究共蒐集到十七篇，其中以有喪失親人、朋友、手足經驗的青少年為對象的哀傷反應與因應策略研究為數最多，共十三篇（見表1-5）。

♣表1-5　「青少年的哀傷反應與因應策略」之相關研究

論文作者 （年份）	論文名稱	研究方法
王舒慧（2007）	青少年時期喪父者悲傷調適與其生命價值觀之研究	深度訪談法——五位在九二一地震中喪親的青少年
翁寶美（2006）	父母癌逝青少年之悲傷歷程研究——以正向影響為焦點之探討	敘事研究
巫志忠（2006）	青少年時期喪失手足悲傷經驗之敘說分析	本研究透過四位青少年時期喪失手足經驗者的故事，以敘說研究之「類別—內容」方式進行資料的分析與歸納。

陳怡靜（2005）	大學生面對同儕死亡的悲傷	採質性研究，以深度訪談法蒐集資料，共訪談四位研究參與者。
施靜芳（2004）	走過生命的幽谷——九二一喪親青少年的悲傷與復原	以質性研究的深度訪談法訪談六位青少年時期喪父者
官玉環（2003）	喪親大學生的失落與悲傷在諮商歷程中之轉變	以兩位大學生為研究對象，進行諮商及事後訪談。分析方法採用Mahrer（1988）發現式取向加以探討，分析架構則採用樣版式分析風格。
楊雅愉（2002）	震災失依青少年之哀傷反應與因應策略過程研究	質化研究（深度訪談），受訪對象為居住在臺中縣市十三至十八歲震災失依在學青少年。
吳蕙蘭（2002）	喪親青少年死亡態度、悲傷反應與因應行為之研究——以九二一地震中部災區為例	質性研究
陳增穎（1997）	同儕死亡對青少年之死亡態度、哀傷反應、因應行為影響之研究	以五百零九位學生為樣本進行正式施測的實證調查，加以半結構式的訪談，訪談十四位學生及七位老師。
張高賓	單親青少年失落諮商歷程中情緒轉變之分析	由失落的意涵及依附理論、家庭系統理論與認知取向理論探討失落。六位青少年失落諮商歷程中情緒轉變之分析。
陳信英	少年單親經驗中的悲傷與復原——生命故事敘說之研究	以敘說研究的方式探討單親青少年面臨父母離異時，其失落、悲傷的反應。
施靜芳	九二一喪親青少年的悲傷與復原	探討九二一喪親青少年的依附、失落與悲傷
聶慧文	大學生經歷失落事件的悲傷迷思	以各種悲傷與失落理論探討大學生的悲傷迷思

　　統整上述資料後發現，青少年面對哀傷的反應一般包括：生理反應、情緒反應、認知反應、行為反應等四部分（楊雅愉，2002；吳蕙蘭，2002；陳增穎，1997；巫志忠，2006）。其中，悲傷難過、遺憾懊悔、

震驚和害怕、自責、困惑是最常出現的哀傷反應。認知反應以思念逝者居多，悲傷行為反應包含日常行為的改變、保持關係行為、迴避行為、夢見逝者等部分。

　　青少年面對哀傷所使用的因應策略若是問題取向，其因應行為則以自我控制占大多數，其次是藉由書籍的閱讀處理悲傷的情緒；轉移注意力則是情緒取向的因應行為中最常使用的策略，其次是藉由同儕的支持。此外，包括轉換環境、壓抑情緒、遺忘、改變自己的態度與尋求發展社會支持、嘗試作為及逃避都是常見的因應方式。

　　在面對喪親之痛時，青少年同時會有正向影響因素和負向的阻力，個人的性格、對生死的看法、對於生活與生命意義的信念、紓解情緒的能力、個人的學習能力、外在支持系統、與宗教因素等七項是有助於復原的正向因子。而「擔心家人的反應」、「不要和別人不同」、「不友善處遇」、「匱乏的外在支持系統」等四項因子，則易使青少年倍感挫折。這兩者之間的交互擺盪，形成了青少年的復原歷程。

　　LaGrand調查二千零四十九位大學生的失落經驗後，發現大學生們的因應方式各有不同，70%的人會哭泣和談論此死亡事件，也有60%的人會選擇接受事實，然而，值得一提的是，該研究也指出幾乎很少學生會選擇運用輔導中心的資源，他們通常不認為需要專業的協助來因應失落，除非他們已經面臨絕望或無力因應時（引自Corr & Balk, 2001）。

三、老人的心理團體

　　如同青少年，當人逐漸老去經常會經驗到孤獨之感，加上退休後因不事生產和不被需要而產生的低價值感，其實這些，都可以透過心理團體之運作，打破孤獨感、建立支持網絡、尋找生命的意義（Corey, 2003/2007），運用場域目前通常還限制在社區的醫療院所或照顧機構（許寶鶯、王雅誼、李宜育、劉淑娟、邱麗蓉、謝佳容，2005；藍珮榕，2007）。從內政部2004年8月資料顯示，臺灣老人人口為2,124,138人，已占總人口數的9.38%，可預測隨著整個國家老年人口的增加，未來之社區照顧機構將更為普遍化。陳雅琪（2008）整理老人與生命意義感

之相關研究（詳見表1-6）。從其整理到的資料顯示，對大多數研究對象而言，生命意義的探索雖可幫助學習者獲得心靈上的力量，超越生命的迷思與困境，肯定自己生命的意義與價值，而臺灣老人的生命意義之概念仍與個人身心及經濟狀況之安全、家族與後代之平安與社會性支持之穩定為老年生命意義的主要來源，相對反映出中華民族的文化集體潛意識，即「家族及社群之人和」，幾千年來仍是輝然獨耀、歷久彌彰。

♣表1-6　「老人與生命意義感」之相關研究

研究者（年代）	研究對象	研究結果
黃國彥 鍾思嘉（1987）	六百位社區老人	生活改變事件愈少、與家人及親友相處愈愉快；社會活動參與愈多的老人生活上愈感到有意義；愈能肯定個人價值和子孫成就的老人，在生活上亦感到滿意。
劉淑娟（1998）	六百三十一位患慢性病之六十五歲以上老人	罹患慢性病老人已婚、有家人同住、經濟好、健康好，則其生命態度顯著愈正向。
楊培珊（2002）		臺灣老年長者重視子孫的完成是其生命的目的與責任，是較為群體取向，而不是個人取向。
林柳吟（2002）	雲林縣三百零八位老人	男性、識字、有工作、有偶、經濟收入高、宗教信仰愈虔誠、和配偶同住的老人生命意義得分較高。性別、教育、心理功能、生活事件影響度、社會支持行為、社會支持滿意度為預測生命意義的因子，共可解釋65%變異量，其中又以社會支持最為重要，可解釋46%的變異量。

四、罪犯處理團體

　　與犯罪群體有關之團體介入，在過去十年來屬於發展較多的一個範疇。對象包括加害者、受害者、受刑人等，甚而細分其所犯罪刑，其中最為被關注的是性侵害與家庭暴力有關之團體（鍾明勳等人，2004；張芳榮、李娟娟、謝宏林、王梅麗、張達人，2005；李光輝等人2006；甘

桂安、陳筱萍、周煌智、劉素華、湯淑慧，2006）。有效的處理策略包括：認知行為、焦點短期、現實或行為治療等模式；而心理團體具有的利他性、人際互動等療效因子，在此類團體中同樣可產生療效（郭文正、黃健，2004；陳若璋等人，2004）。舉例來說，Hubbard（2003）即嘗試以十二週的團體，協助中度至嚴重程度之罪犯，減除其暴力傾向，結果肯定認知行為模式介入之效用。國內學者黃永順、鄭惠娟、張耀中、鄭瑞隆（2006）設計了為期八週的矯正成長團體，以個人情緒支持、家庭系統支持與生涯規劃為主軸，結果亦確認團體輔導能鼓勵受刑人宣洩其負面情緒、思考日後家庭生活與社會適應，以及個人生涯規劃之正面方向，因而建議團體輔導的推廣有助於其日後更生。

> **作者的叮嚀**
>
> 　　此章節須瞭解團體諮商之概論，包括不同學者所發表之團體諮商目標、任務和型態等，期待讀者瞭解「心理團體」與其他團體之差異，以及不同型態之心理團體之間的區分，有助於團體領導者嘗試營造符合團體對象及團體目標之型態。歷屆考題中，曾針對不同類型之團體進行比較，本章之「作者的叮嚀」整理加強討論關於「團體任務」。

❖　第二部分　自我測驗Q&A　❖

Q1

團體初階段有一任務是處理聚會的問題，有哪些工作需要達成？且該如何達成這些工作？

A1

　　團體一開始要完成的工作大部分要靠領導者來做，團體初階段需要完成的工作如下：

1. 彼此熟悉

若是同一個班級所組成的團體，成員彼此認識，則需要增加領導者與成員之間的熟悉度；若是彼此不認識的成員，則可透過活動彼此互動與建立連結。

2. 學習團體是如何進行的

如確定時間與場所、告知成員團體可能的進行方式、提醒過程中可能需要準備的東西（例如：讀書會指定閱讀的書籍）。

3. 發展管理團體的規範

例如需要繳交哪些作業、如何請假等。

4. 討論和團體有關的害怕和期待

有關團體的害怕需要被澄清，可以具體討論保密的做法來達到目標，例如：當遇到學校老師詢問團體中某個成員的狀況時，可以怎麼面對？遇到好朋友想知道某個成員的狀況，又可以如何因應；並可告知處理團體紀錄的方式，例如是否受督導？如何以匿名的方式保護當事人等，都是可以公開進行的「安心之道」。

5. 確認個人目標

透過討論個人目標，思考與團體原先目標的符合程度，考慮個人目標的調整，或是依整體成員的目標來調整團體目標。

6. 使團體成為一個安全的地方

關於此點可以用三點來說明：

⑴領導者本身「示範公平規範」，也就是要「注意時間和主題的公平性」。例如：第一次團體中，領導者要在每個成員身上停留差不多的時間；這種狀態下，成員當然不會想到領導者是在示範「公平性」，只會主觀的感覺到「喔！領導者有注意到我的議題。」換言之，領導者的公平會讓成員在心中體會到安全；而這正是團體開始時領導者的第一個任務。

⑵建立「在此時此地工作」的規範。每個人在團體中常會不由自主的保護自己，說一些外在的事物（如批評老師或交換考試情報等），然後與真實的自己隔離，所以領導者與其在團體中討論如何製造

安全，其實根本的做法就是要用自己的言行來示範「安全或不安全」。舉例說明：第一次團體時，領導者詢問每個成員對於團體的看法，或是根據自己過去參與團體的經驗提出疑問。此時，有個成員提出自己過去在某個團體中，發現每個成員深入團體的程度不一時，該如何因應的議題。又由於此成員曾與領導者有過個別諮商的經驗，當時的領導者就回應該成員：「你是不是想問，一個成員若是在團體初期即發生重大事件（如剛失去親姊姊），領導者要怎麼處理？其實，與其討論別人的問題，你也可以考慮：要不要提出自己真正關心的問題（例如：擔心自己開放太多會有危險，或是不甘心每次都只有幾個人在開放，但卻總有人不開放，因而覺得不公平等）。」領導者在此時所用的技巧，便是對該成員做了「立即性」（immediacy）的澄清，直接將該成員的議題指出來，以此時此地之真正焦點作為工作對象；而不是花時間討論別人的議題。

(3)使用故事或遊戲：如領導者要與一個中輟生團體工作，考慮中輟生在團體中可能的防衛與緊繃，可以針對中輟生的特徵與特質，設計幾個角色與相對應的故事，然後在團體初期將故事分給大家，問成員們最喜歡哪一個故事。故事舉隅：「美美從小就得不到父母的關注，他們只寵愛弟弟，後來美美在網路上認識一個男人，他很關心美美、常陪她聊天，但最近他居然要求美美，以拍寫真照片來表示交情，請問美美該不該拍這種照片呢？」由於故事容易讓人產生感受，在討論過程中就會忘記防衛，因此處理團體防衛與建立安全感的方法之一就是把討論變成是一種故事和遊戲，成員就會玩得很開心，且不會覺得自己講的話其實反映了自己的價值觀！其實，做任何事都可以用遊戲與創造的精神和態度來進行，不一定要玩具和環境，重點是會不會遊戲，讓過程充滿有趣。

❖ 第三部分　歷屆考題精選 ❖

一、自助團體的特徵是：

(A)成員因各自擁有不同問題而聚集　(B)由專業心理師擔任領導者

(C)注意任務達成而不涉及個人情感　(D)團體期限可自主隨時調整。

【97年專技心理師第二次考試試題】

二、哪一種團體最需要根據學習理論來設計？

(A)自我成長團體　(B)心理教育團體　(C)任務團體　(D)兒童的諮商

團體。　　　　　　　　　　　　　【96年專技心理師第二次考試試題】

三、有關團體治療與團體諮商的比較，下列何者較為適當？

(A)團體諮商著眼於成長與預防；團體治療著眼於處遇和重建

(B)團體諮商著眼於口語療法；團體治療著眼於非口語療法

(C)團體諮商不管過去事務；團體治療不管現在事務

(D)團體諮商不管潛意識層面；團體治療不管意識層面。

【96年專技心理師第一次考試試題】

四、在危機事件（如自殺）發生後，「減壓團體」（debriefing）是一種

常見的介入方式，以下對減壓團體的說明何者較不正確？

(A)要能提供事實及澄清謠言的作用

(B)要介紹基本壓力處理的常識

(C)對於有情緒反應者，應適時深入處理其未完成事件

(D)可以腦力激盪討論因應相似經驗的因應模式。

【95年專技心理師第二次考試試題】

參 考 文 獻

王文秀（1987）。高中同儕輔導員訓練及同儕團體輔導之應用效果研究。**教育心理學報，20**，205-227。

內政部（2004）。**主要國家65歲以上人口占總人口比率**。http://www.moi. gov.tw/stat/index.Asp

甘桂安、陳筱萍、周煌智、劉素華、湯淑慧（2006）。性侵害加害人情緒管理團體治療的療效評估。**亞洲家庭暴力與性侵害期刊，2**，1，1-26。

江承曉（2008）。以同儕輔導團體介入活動對提升大學生情緒管理生活技能之成效研究。**衛生教育學報，29**，1-26。

何長珠（2003）。**團體諮商—心理團體的理論與實務**。臺北：五南。

吳武典（1990）。**輔導原理**。臺北：心理。

吳武典、洪有義、張德聰（2008）。**團體輔導**。臺北：心理。

吳蕙蘭（2002）。喪親青少年死亡態度、悲傷反應與因應行為之研究——以九二一地震中部災區為例。未出版碩士論文。臺中：靜宜大學青少年兒童福利學系。

吳麗雲（2002）。人際歷程取向團體諮商（下）以不安全依附類型大學生人際困擾輔導為例。**諮商與輔導，199**，40-44。

吳麗雲（2002）。人際歷程取向團體諮商（上）以不安全依附類型大學生人際困擾輔導為例。**諮商與輔導，198**，29-33。

巫志忠（2006）。青少年時期喪失手足悲傷經驗之敘說分析。未出版碩士論文。高雄：國立高雄師範大學輔導研究所。

李光輝、王家駿、李文貴、謝思韻、黃雅琪、王作仁、馮煥光、張敏（2006）。性侵害犯團體治療滿意度分析。**亞洲家庭暴力與性侵害期刊，2**，2，35-52。

李郁文（2002）。**團體動力學—群體動力的理論、實務與研究**。臺北：桂冠。

林佩郁、謝麗紅（2003）。焦點解決取向團體諮商對小單親兒童輔導效果之研究。**彰化師大輔導學報，24**，73-105。

林家興（1987）。**會心團體與人際關係訓練**。臺北：天馬文化。

洪若和（1996）。團體諮商對原住民單親學童自我概念與行為適應之影響。**原住民教育季刊，3**，49-74。

張芳榮、李娟娟、謝宏林、王梅麗、張達人（2005）。家庭暴力加害人非自願性團體治療之團體歷程探討。**中華團體心理治療，11**，2，1-13。

張淑玲（2002）。國小喪親兒童支持性團體之成效初探。未出版碩士論文。嘉義：南華大學生死所。

莊涵茹、羅文基（2003）。高中生同儕生涯團體輔導效果之研究。**諮商輔導文粹：高師輔導所刊，8**，91-130。

莊慧美、卓紋君（2006）。大學生分離—個體化團體諮商之影響分析。**中華輔導學報，19**，73-107。

許寶鶯、王雅誼、李宜育、劉淑娟、邱麗蓉、謝佳容（2005）。探討懷舊團體治療應用於精神科老年病患的介入成效。**新臺北護理期刊，7**，2，33-44。

郭文正、黃健（2004）。探討性犯罪加害者團體治療中的利他性與人際互動。**中華團體心理治療，10**，2，11-18。

郭碧蘭（2004）。讀書治療團體對國小高年級喪親學生死亡態度輔導效果之研究。未出版碩士論文。臺南：國立臺南大學教師在職進修輔導教學碩士學位班。

陳志賢、徐西森、連廷嘉（2008）。團體諮商對大學生人際困擾輔導效果及其治療性因素之研究。**中華心理衛生學刊，21**，1，1-25。

陳姿百（2008）。課堂報告。南華大學，未出版手稿。

陳若璋、鍾明勳、陳筱萍、沈勝昂、林正修、唐心北、吳嘉瑜、黃健、黃介良、施志鴻、張益堂、林佩芸（2004）。本土性侵害加害人團體之氣氛變化及療效因子。**中華團體心理治療，10**，3，1-15。

陳凱婷（2007）。繪本團體運用於國小喪親兒童之研究。未出版碩士論

文。屏東：國立屏東教育大學教育心理與輔導學系。

陳雅琪（2008）。課堂報告。南華大學，未出版手稿。

陳增穎（1997）。同儕死亡對青少年之死亡態度、哀傷反應、因應行為影響之研究。未出版碩士論文。高雄：國立高雄師範大學輔導研究所。

黃月霞（1991）。**團體諮商**。臺北：五南。

黃永順、鄭惠娟、張耀中、鄭瑞隆（2006）。監獄受刑人接受團體輔導矯正處遇之成效：以某監獄之實施為例。**犯罪學期刊，9，2，**167-194。

黃慧森、廖鳳池（2008）。高中生共許生涯願景的故事：敘事取向生涯探索團體之研究。**諮商輔導學報：高師輔導所刊，18，**55-88。

黃龍杰（2006）。鐵軌上的悲劇—從創傷反應到危機輔導。**張老師月刊。**

楊美珍（2009）。淺談主題繪本於團體輔導實務工作中之運用——以國小中年級情緒成長團體為例。**輔導季刊，45，**3，65-67。

楊雅愉（2002）。震災失依青少年之哀傷反應與因應策略過程研究。未出版碩士論文。臺中：靜宜大學青少年兒童福利學系。

葉春杏（2004）。藝術治療團體對喪親兒童復原歷程之研究。未出版碩士論文。臺北：臺北市立師範學院國民教育所。

翟宗悌、鄔佩麗（2007）。在團體中探索青少年的親密世界。**中華輔導學報，22，**119-155。

劉文瑜、林燕慧、黃維彬、陳美慧、郭侃佩、陳嘉玲（2000）。高危險群動作發展遲緩嬰幼兒家長對施行團體治療早期介入的主觀性評估—初步報告。**物理治療，25，**4，201-214。

鄭瑩妮（2007）。團體治療應用於注意力不足過動症兒童。**諮商與輔導，261，**12-16。

鍾明勳、陳若璋、陳筱萍、沈勝昂、林正修、唐心北、吳嘉瑜、黃健、黃介良、施志鴻、張盛堂、林佩芸（2004）團體心理治療對本土性侵害加害人之影響。**中華團體心理治療，10，**4，1-26。

藍珮榕（2007）。老人團體諮商之相關議題—以老人長期照護機構之呼吸系統支持性團體為例。**諮商與輔導**，**258**，14-18。

Corey. G（2007）。**團體諮商的理論與實務**（莊靜雯、李曉菁、吳健豪、簡憶玲、魏楚珍、黃靖淑、賴秀玉、洪秀汝、洪佩婷、林金永譯）。臺北：學富。（原著出版於2003）

Corr C. A. & Balk D. E.（2001）。**青少年輔導手冊：死亡與喪慟**（吳紅鑾譯）。臺北：心理。

Forsyth, D.R.(1990). *Group Dynamics* (2nd Ed.). Pactific Grove, CA:Brooks/ Cole.

Hubbard, W. D.(2003). A comparison and treatment outcome for moderate and severe male spousal abusers who participated in a 12-week court-ordered outpalient group counseling program. DAI-B 61/04.

Johnson, D. W.& Johnson, F. P.(1991). *Joining Together*(4th ed.).Englewood Cliffs, NJ: Prentice Hall.

Shaw, M. E.(1981). *Group Dynamic: the Psychology of Small Group Behavior* (3rd ed.). New York: McGraw-Hill.

第二章

團體領導者與團體領導

本章學習**重點**

1. 瞭解領導者之內涵。
2. 學習領導之理論，包括：特質論、行為論與情境論。
3. 瞭解領導者的六種權力基礎與六種團體領導者類型，並學習兩者間的關係。
4. 瞭解領導者運用之技巧、意圖與不同層次之領導力訓練模式。
5. 瞭解協同領導之優缺點。

❖　　　　第一部分　理論　　　　❖

　　本章將說明領導者與領導的「定義」，再探討有關領導的「理論」、「權利基礎與類型」、「技巧、意圖與訓練」，並對團體常見的領導形式「協同領導」做討論。

 第一節　領導者與領導之定義

　　此節將針對領導者與領導之意涵、領導者之功能與角色來做定義之說明。

一、領導者與領導之意涵

　　團體領導者（group leader）或領導者（leader）指的是在團體中具有

影響力的人，使團體能更有效的達到共同目標，且同時維繫成員間的工作關係（Johnson & Johnson, 2003/2005）。Gibb於1964年表示（引自何長珠，2003）：

1.領導者是對團體性格（group syntality）具有影響力的人。

2.領導者是團體的行為焦點（強調領導者與成員間的情緒關係）。

3.領導者是持有特權者，但領導權為團體成員共同持有。

　　簡要的說，領導者在團體中具重要影響地位，其作用是讓團體達成共同工作目標，同時在成員間的情感聯繫上，也扮演著重要角色。

　　而團體領導（group leadership）或領導（leadership）的定義是：一個相互、交換及轉變的過程，於其中，有人被允許去影響、激勵他人，以促進團體及個人目標之達成（Forsyth, 1990）。Stogdill於1974年曾表示，領導可以是團體中任何一位成員對另一位成員產生的影響（引自潘正德，1995）。Hollander於1978年則表示，領導是領導者與成員的雙向影響過程，過程中需要進行溝通、互動與合作，來達到共同目標或新改變；領導為一種說服他人的智能，以說服、鼓舞與感化，取代對他人的命令、威脅與高壓手段；領導為一種引導團體活動進行、使團體產生預期表現的力量與行動，其改變包括態度與行為（引自何長珠，2003）。領導也是指過程中，一些團體技巧的使用，例如：如何營造團體氣氛、鼓勵士氣、催化活動進行、達成團體目標等（李郁文，2001）。

　　簡要的說，領導是一個相互影響的過程，無論是領導者與成員雙向影響，或是成員影響另一個成員，在這個過程中有溝通、合作、團體技巧的使用，以及態度或行為的改變。

二、領導者之功能

　　此處以Trotzer（1977, 1999）提出團體領導者的功能與角色，茲做摘錄介紹。

1. 增進交互作用

　　此為團體領導者的主要功能之一，目的是為創造一種氣氛，鼓勵成員間誠實、自發的討論，以促進團體的統整。假若領導者傾向於獨斷、評

估、教導，如此可能會破壞原本團體的交互作用；若領導者分享領導責任，鼓勵成員相互支援、共同參與，導向治療性的方向，那麼交互作用自然增加。

連接（linking）和私人性的分享（personal sharing）是兩種可用之技巧。此外，物理環境的安排也有影響。譬如說空間舒適、圓形的圍坐法較易引發交互作用。

2. 引發交互作用

此功能來自領導者能「主動」建構團體中的交互作用，而決定交互作用的重點乃建構進行方式，有助於減輕非結構團體情境中所造成的焦慮。

行動的技巧適用於此時。此外，領導者對團體過程的專業知識與能力，都會影響成功的程度。

3. 催化交互作用

催化作用和引發作用雖同但有其差異。所謂催化是：採取行動以增加某些已發生的交互作用的質和量，所以它是一種反應的功能，有賴於團體提供刺激、導向行動。

可行做法是建議某些方法，以便使溝通變得更有效、更有意義。

4. 導引交互作用

此功能中領導者扮演「參與性觀察者」，有如自動導航一般，當團體出現危機，領導者從中涉入、控制、引發交互作用，待危機解除又再度退回原位，重要的是引導團體走向有益的途徑。

為達此作用，最常用到的技巧是交互作用，其次也可考慮使用調律或發問技巧。本功能需要領導者有能力控制涉入及發生交互作用的速度和深度，他必須要能鼓勵成員認知感情、走向較深層次，而同時能調節團體步伐不致讓成員落後或停擺。

5. 調停

調停（intervening）的功能可用來保護成員及團體過程，以確保每個人都有發言與保守隱私的權力。Dinkmeyer與Muro於1971年舉出適用調停的幾種例子：

⑴當個人被團體的力量所犧牲時（或個人被強迫去接受團體的決定

時）。

(2)當團體為求一致性而產生過度焦慮或壓力時。

(3)敵對性被誤導時。

(4)大多數人的意見未必是對時。

(5)當團體變得太舒服以致毫不採取行動來解決問題時。

當團體並未察覺成員個別的狀況，或是團體形成一種共同的壓力，此時領導者必須使用調停，以保護個人或團體的過程受到傷害。

6. 統合

統合（consolidating，或稱統整性摘要）是領導者先能正確瞭解眾意，然後把事情連結成為團體可瞭解的關連，或摘要一大堆的意見為簡明的概念。同時也應該讓大家瞭解到意見的差異性和一致性是同等重要的。主要目的在使團體每個成員對團體的過程和發展都能有類似的瞭解程度。

可用到的技巧是澄清、摘述和連接。

7. 規則的保持

規則的保持（rules-keeping）是一種技術性、然而又很重要的功能，其用意在維護團體可以在規定、適當的範圍內進行交互作用。領導者可在團體剛開始時頒發規則，也可由大家合作來制訂，或在過程中發展出來。例如Yalom（1995/2001）曾表示較好的規範呈現方式，是向成員呈現一系列行為，然後請成員指出什麼在團體中是適當與不適當的，以引導團體互動。領導者在此之重點是確保規則之持續，並在其可能偏向發展時，以領導者之地位來預防，需要的是領導者的知識和敏感性，而非出以權威。

8. 增加溝通

增加溝通之目的在使成員更詳盡地表達自己、瞭解別人。可從領導者自身開始，先建立具有同理心的關係，此外，主動傾聽和敏感性兩種反應能力也有助於溝通的增加，同時，精密的觀察力也是不可或缺的。

如果領導者能在正確理解當事人的外在言語之外，也掌握其內在參考架構，密切注意個人之需要、顯示真誠關懷，同時保持客觀，那麼溝通的增加勢必易如反掌。

9. 解決衝突

團體的過程中，衝突之發生實屬家常便飯，領導者之功能便在使團體從衝突解決過程中獲益而非生害。要達到此目的，須先瞭解衝突之來源，是個人需要的衝突呢？還是不同目標之衝突？是否與領導者之功能有關？然後才能進一步謀求對策。不論所用策略為何，最重要的乃是領導者應坦白、積極地面對衝突，並盡一切努力以期能建設性地協助團體的成長。

10. 流通團體的資源

此為團體諮商有別於個別諮商的特色。有效的團體領導者要能正確評估團體資源之來源，並促動流通與連結，此點大大影響團體效益。而一個團體愈能相互助益，成員就愈能經驗到自我價值，且提升團體的凝聚力。

三、領導者之角色

領導者的角色主要是有關於領導者如何在團體中表現出交互作用的行為。實際上，領導者之角色乃領導者人格、哲學觀點和團體需要之凝合物，最常被用到的便是形成領導類型之特徵，而影響及於團體的過程（何長珠，2003）。此處所談領導者最普遍的一些次角色（sub-role）包括導引者、催化者、參與者、觀察者和專家，以下依次討論。

1. 導引者

導引的角色乃藉著給予結構和方向來協助團體過程，這顯然是把引導團體的責任放在領導者手中的一種做法。它使得領導者有所決斷，並免於處在與成員曖昧不明的苦境。這種角色的使用須能配合成員的需要，或能引起有益的交互作用。但若過分偏重此角色，將會降低成員自行決定與自發的機會以及團體的彈性。

2. 催化者

催化者對團體而言，像是一個行動的刺激，藉著反應由團體引起的方向或目標，來促使團體過程的發展。此角色將責任放在成員之間的交互作用上，讓成員享受自由，但仍有信心領導者能於必要時給予建議。但是領導者切勿過度的依賴此角色，給予成員自由之餘，還是要將團體目標擺在心上，以免成員沒有方向、產生挫敗而造成不當的壓力。

3. 參與者

Mahler於1969年指出參與性的領導者對團體的士氣和感覺提供有效的影響，經由參與，成員們感覺領導者也是團體的一分子，並且不覺得被強迫去做某件事（引自何長珠，2003）。不過參與的角色對大多數領導者來說是最難的，難在決定何時及如何參與進入團體。有時，成員們只有在需要幫助時，才希望有領導者參加；也有的時候，領導者自以為是團體中具有同等地位的一分子，卻被成員看為是獨斷者。所以在這件事上最重要的是決定參與的量及形式。

4. 觀察者

觀察者的角色最為彈性，因為可與其他角色合併出現之故，例如：參與—觀察、導引—觀察。就其最純粹的形式而言，領導者藉此角色，企圖表現一種客觀然而敏銳的察覺，並且使用其觀察作為仲裁的基礎。雖然事實上觀察是領導者介入團體時一個必然會有的現象，有時卻會使成員因覺得自己被分析或監視而感覺極不舒服，甚至造成不愉快的失和現象。不過，若領導者能善用觀察，發現有意義的意見，那麼領導者的觀察者角色仍是可以得到擁護和維持的。

5. 專家者

最後談論此角色，專家猶如一把利刃，如何使用得當是一門學問，足以對團體產生很大的影響。考量使用技巧與否時，一個可供參考的標準是——行為的動機。通常不樂見領導者使用的技巧是為了自我滿足或是強化諮商員角色；如果使用在個人或團體最有興趣的事，那麼效果很可能是積極的。

導引者主動決定團體交互作用的性質和焦點；催化者對團體中所發生的事做反應；參與者在討論時扮演與其他成員一樣的角色；觀察者在情況需要時，置身於團體之外，評析互動之相關；而專家乃是知識和智慧之泉，協助成員增進團體之過程。當然，這些角色並非完全分立的，但在團體過程中，這些角色的特徵是非常可能一直存在的。角色的交互扮演深深影響團體的過程，因此領導者須仔細評估自身之功能和影響，以便能表現

領導者最積極的態度和團體諮商員專業上的能力。

 第二節　領導之理論

此處自行為、特質與情境之觀點，來探討領導之理論。

一、領導的行為觀點（行為論）

Halpin與Winer於1952年研究列出領導力的四個特質：考慮周到、引發結構、強調生產性和感受敏銳，其結果並發現，前二點是大多數受評者認為最為重要的。（此量表全名為（Leader Behavior Description Questionnaire，簡稱LBDQ）（引自何長珠，2003）。其內容主要包括兩部分——關係性領導與任務性領導，詳見下表。

♣表2-1　領導力行為的兩個基本向度

	概念層次	定義	行為舉例
關係性領導	1.關係導向 2.社會性情緒 3.支持的 4.關係的技巧 5.團體維持	包括能在團體中維持正向人際關係之行為，像相互之信任、友誼、開放、及解釋動機的意願。	1.傾聽別人傾訴 2.友善、可接近的 3.公平對待他人 4.雙向溝通，願做改變。 5.敏銳覺察個別需求
任務性領導	1.任務或目標導向 2.生產力導向（效果、成就） 3.催化工作能力 4.行政管理之技巧	包括引發任務完成，制定規範，督導溝通以及減除欲完成目標中不明確之行為。	1.指定任務 2.表明明確態度 3.批判不良之工作表現 4.重視團體工作能力 5.協調

註：引自《團體動力——心理團體的理論與實務》（頁87），何長珠，2003。臺北：五南。

此兩向度可構成一領導行為座標，依關係性領導（關懷）與任務性領導（結構）之高低，分為四個象限或四種領導方式：高關懷高結構、高關懷低結構、低關懷高結構、低關懷低結構。而何種領導型態最好呢？Halpin於1953年指出：經多數研究驗證發現，成員較期待高關懷表現的領導者，但如果要能發揮團體的領導效能，仍需要高結構行為的配合（引自

李郁文，2001）。

　　呈此觀點，行為觀點重視領導者做什麼、怎麼做，認為影響領導力的主要因素是領導者後天的行為表現，如以關係領導與任務領導作為評估向度，而呈現不同之領導力。然而領導行為的類型和團體績效並無一致性關係，領導的行為論缺乏情境因素的考量，而無法全以領導行為得出團體成效（潘正德，1995）。

二、領導的特質觀點（特質論）

　　此觀點認為一位成功的領導者應具有某些特質，包含人格特質、生理特徵與社會特質等（李郁文，2001）。研究結果所陳列的特質不盡相同，有的較重視心理特徵、有的較重視生理特徵，結論不一，且被廣泛接受的並不多（潘正德，1995）。

　　以下資料整理何長珠（2003）、李郁文（2001）、潘正德（1995）與Johnson & Johnson（2003/2005）有關領導特質論之研究資料，形成表2-2，以說明領導力與下列各項特質間的微妙關係。

♣表2-2　特質與領導之間的關係

<table>
<tr><th colspan="2">特質</th><th>與領導間的關係</th></tr>
<tr><td rowspan="2">生理特徵</td><td>1.身高、體重與年齡</td><td>·Stogdill於1974年調查1948～1974年間的研究，發現領導力與身高的相關是.30，雖然不顯著，但尤其在政商界，領導者通常是較高、體重較重，且年紀較大的。</td></tr>
<tr><td>2.性別</td><td>·Bass於1981年表示女性在團體中擔任領導者的比例很低。
·Crocker與Mc Graw於1984年曾表示一群女性中的唯一男性，通常可成為領導者；反之，「萬綠叢中一點紅」之女性則否。
·Nyguist與Spence在1986表示，即使支配性、攻擊性較強的女性，在同性團體中，也只有37%的機會可以當領導者，到了混合性別的團體中，則下降為只有35%的機會，可以表現自己的支配、領導性。</td></tr>
<tr><td>人格特質</td><td>1.智力
2.精力
3.自信
4.責任感</td><td>·Mann於1969年整理1900～1957共一百二十五個研究，發現與領導具顯著正相關的因素有：智力、適應力、外向、支配性。
·Ghiselli於1971年整理1940前的二十篇研究發現：智力、支配性、精力充沛、自信與領導者之領導效能具正相關。</td></tr>
</table>

	5.支配性 6.適應力 7.其他	·Stogdill於1974年、1984年調查若干個小團體及管理公司，發現大多數的領導者，其智力稍高於整體的平均數。但智力程度極優者，往往做不了領導者，因為會讓大多數人感到「不夠相似」；且發現領導者與追隨者之主要差別在具有較高的精力、適應力、責任感、自信、可信賴感、成就動機。 ·Lord及其同僚在1986年回顧了十三篇研究後的結論，也發現智力、支配性是領導力的主要特質。 ·Corey（1990/1995）則認為有效團體領導者應具備下列個人特質：即時回應與處理、自信與對他人的影響能力、具承認錯誤與冒險的勇氣、願意自我覺察與面質、真摯與誠實、具自我認同、對團體歷程的信念與熱誠、自發的創造性。
社會特質	1.社交能力 2.工作能力 3.經驗 4.專業知識 5.其他	·Stogdill在1974年發現，領導者與追隨者之主要差別在具有社交能力，且工作能力，包括經驗，在領導力因素研究一系列中，居於重要位置。 ·Burke於1974年、Sorrentino與Boutillier在1975年研究發現，在一個團體中，講話比例愈多的人，愈容易被接納為領導者，參與的量勝過於質。 ·Ghiselli於1971年整理1940前的二十篇研究發現，豐富的專業知識 此特質與領導者之領導效能具正相關。

　　這些人格特質不見得皆與生俱來，也不適合被作為單一考量之因素。隨著時代演進，近代領導者的特質可能也有許多變動，這些特質可提供領導者做個人特質之檢視並作為調整之參考依據。

三、領導的情境觀點（情境論）

　　從行為論、特質論的研究中，學者開始重視情境因素對領導的影響，而情境論的理念就是重視情境因素，並因著不同情境採取相對應之措施。此處提出兩個情境觀點的理論：一是由Hersey與Blanchard提出、應用較廣泛的情境理論；一是由House提出、目前常被推崇的路徑—目標理論。

1. Hersey與Blanchard之情境理論

　　此理論由兩個學者於1982年所提出，此理論認為領導的成功與否，或是領導者是否具領導效能，其重點在於：領導者應視被領導者的成熟度，選擇適當的領導風格，而被領導者的成熟度包含工作成熟度（知識、

技術）與心理成熟度（意願、動機），成熟度愈高，愈不需要外在的指導
與激勵（引自潘正德，1995）。

此情境理論有兩個向度：

(1)工作行為（task behavior）：領導者進行單向溝通的程度，為建立
結構與達成工作。

(2)關係行為（relationship behavior）：領導者進行雙向溝通的程度，
包括提供情緒支持與協助他人的行為，再納入成員的預備狀態
（readiness）加以考量，此預備狀態包含成員的成就動機、能力、
願意承擔完成團體任務的意願、教育程度、與團體任務相關的經驗
等（李郁文，2001；Johnson & Johnson, 2003/2005）。

而以這兩個向度交叉作用，便形成了團體的四種領導型態，如圖2-1
所示。

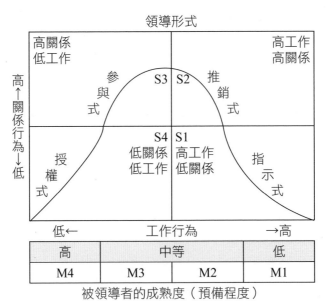

♣圖2-1　Hersey & Blanchard的情境領導型態

註：引自《團體動力─理論與技術》（頁209），Johnson & Johnson，2003/2005。臺北：
　　學富。

茲將上述四種領導型態的主要概念簡述如下（引自李郁文，2001）：

　⑴S1指示式／指導式（telling）──高工作，低關係

　　這類團體成員預備度較低，較無能力、意願或安全感，因此領導者以單向溝通為主，提供較明確的指引與教導，大部分的團體決策也需要由領導者作主。

　⑵S2推銷式／澄清式／說服式（selling）──高工作，高關係

　　此類成員預備狀態中等，雖缺乏能力但對於團體抱持意願與信心，領導者除了提供明確的指示與澄清外，也能嘗試雙向溝通及給予情感支持，讓成員接受並支持領導者做出的決策。

　⑶S3參與式／鼓勵式／合作式（participating）──高關係，低工作

　　成員有能力卻無意願、無安全感，領導者可投入相當程度的鼓勵、催化，與成員進行雙向溝通，以促使成員共同參與決策。

　⑷S4授權式／觀察式／實踐式（delegating）──低關係、低工作

　　此類成員具備能力、意願、信心與自主性，領導者只需從旁觀察、監督即可，便能由成員進行團體決策與行動。

2. House的路徑─目標理論

　　路徑─目標理論是House在1971年所提出，其重要意涵為：有效能的領導者會因著情境不同，而展現具彈性的領導型態（leadership style），協助成員澄清可以達成目標的途徑、減少過程中的阻礙，以利目標達成（引自潘正德，1995）。參見圖2-2簡單述說此理論的重點。

　　路徑─目標理論的假設（潘正德，1995）：

　⑴當環境因素中的工作結構愈模糊、正式權力結構愈不清楚、工作團體存在衝突時，指導性領導行為可以達到成員較多的工作滿足感；反之，則支持性領導行為可以達到較高的工作滿足感與工作績效。

　⑵當成員偏向外控，則較滿足於指導式領導；當成員偏向內控，則較滿足於參與式領導。

　⑶當成員擁有足夠能力與經驗，則指導性領導行為顯得累贅、不需要。

領導者行為
1.指導式（directive）：明確指導工作期望與執行任務。 2.支持性（supportive）：對成員需求表示關切、親切友善。 3.參與式（participative）：決定前先徵詢成員意見與建議。 4.成就取向式（achievement-oriented）：設定挑戰性目標，鼓勵成員發揮潛能。

領導效能
1.成員滿意度與動機（工作滿意度）。 2.團體目標的達成（工作績效）。

情境因素
1.環境因素：如(1)工作結構；(2)正式權力系統；(3)工作團體。 2.成員特性：如(1)內、外控；(2)經驗；(3)能力。

♣圖2-2　路徑─目標理論

註：引自《團體動力學─群體動力的理論、實務與研究》（頁173），李郁文，2001。臺北：桂冠。

　　(4)當工作結構模糊不清，且期望獲得工作績效時，成就取向的領導可以提供成員所期望。

　　在領導的情境觀點中，可發現：團體領導效能是隨著成員的預備狀態（如成熟度、內外控）、多種環境因素（如工作結構、團體內部狀況）、領導者風格（如重視工作或關係）等不同情境因素所影響的，而領導者往往需要視團體成員的狀況，彈性的調整在團體中的角色與領導行為，以便有效的達成團體共同目標。

　　領導者的理論中，行為觀點認為，領導效能如何並非由於領導者是怎樣的人，而是取決於其行為；特質觀點認為成功的領導乃是因領導者擁有某些個人屬性或特質，包括其生理、人格、智力以及人際關係各方面；情境觀點則認為領導應視人、事、地，彈性運用為宜，包括考量領導者特性、成員特性、團體因素、組織因素等。

　　綜合領導的不同觀點，領導可以用特質、個人風格、影響他人的能力、權威階層中的角色來說明，或可定義為達成團體目標、維繫成員間工

作關係時所需執行的功能（Johnson & Johnson, 2003/2005）。最後提出Johnson & Johnson（2003/2005）所述，一個有效能的團體，需要確保所有成員都共享參與權及領導權，此可充分運用每個人的資源，並讓成員感到被納入團體，提升對團體的凝聚力，且能讓成員對自己參與團體的成員身分感到滿意。

 ## 第三節　領導者之權力基礎與類型

此節先介紹領導者的權力基礎，接著說明領導者相關類型，最後將兩者統整說明，讓讀者更明白：常見的領導者類型擁有哪些權力基礎？以及領導者跟權力之間的關係為何。

一、領導者之權力基礎

團體領導者是對團體具有影響力的人，然而要在團體中發揮影響力，領導者手上是握有一些資源與權力的。就領導者握有的資源來看其權力基礎（power bases），French與Raven、Frost與Stahelski提出權力基礎包含：獎賞、強制、法職、參照、專家、資訊等六種（引自Johnson & Johnson, 2003/2005, p.242-244），茲分別簡述如下：

1. **獎賞權**（reward power）：領導者可以提供成員實質酬賞的權力；對他人行為給予正向結果的權力。

2. **強制權**（coercive power）：領導者對於不願服從團體要求的人，可以給予制裁或處罰的權力；對他人行為給予負向結果的權力。

3. **法職權**（legitimate power）：領導者因正式職位或角色職責而擁有的權力，如人事安排、活動批准等權力。

4. **參照權**（reference power）：當成員對領導者抱持認同、傾慕或敬重，希望效法他，領導者便擁有參照權，如魅力型領導者就擁有此權力。

5. **專家權**（expert power）：領導者因其專業知識、技能而擁有的權力；當團體成員認為領導者有一些在達成目標時有所助益的能力，而這些能力是其他人身上沒有的，領導者便擁有專家權。

6.資訊權（information power）：當領導者擁有成員必需的資訊來源，
而該資訊是別的地方無法得到的，例如教宗擁有得知上帝旨意的權
力，可認為是資訊權的一種。其權力產生的效應與專家權有雷同之
處。

資源雖可形成權力的基礎，但擁有同樣資源的人不見得具有同樣權
力，例如在團體中同樣具某資源的女性，可能會受社會權力影響，而與男
性有不同的權力表現。

二、領導者之類型

Yalom（1995/2001）曾表示領導者是團體中的規範塑造者，領導者
的言行舉止，對於成員的行為即具示範作用。通常最具影響力的領導者能
展現多方面的思考，同時也最能修改個人的領導型態以符合團體及成員之
目標。

談論有關領導者的類型，我們常會提到領導的三種風格：民主、獨
裁、自由放任。⑴民主式（democratic style）的領導者會透過溝通討論、
交換意見、相互合作來做決策，並鼓勵成員互動、考慮他人感受與需求；
⑵權威式（autocratic style）的領導者自行決定團體走向；⑶自由放任式
（laissez-faire style）的領導者則不參與團體決策，放任成員自行決定，
而Stogdill於1974年的研究發現，不見得哪一種領導類型／風格對團體的
生產力有一定影響，但成員對於民主式的領導風格最為滿意（Johnson &
Johnson, 2003/2005）。

在心理治療領域中，民主式領導較平等、合作的關係，較接近C.
Rogers的理念：每個人的自我（ego）都需要同樣的東西──愛、尊重、
成長。在此情況下，領導者所需要的應是一套有效的催化態度或行為，例
如：真誠、同理、立即性等，如此才能創造出一種安全、信任的氣氛，使
團體中的每個人，都願意並走向自發性的自我探索和成長之歷程。

接著提出主要的領導類型，為Lieberman、Yalom & Miles（1973）對
團體領導者類型之分類及討論。他們蒐集十七種不同類型（包括T團體、
完形團體、心理劇團體、心理分析團體等）的團體歷程紀錄，並依設定之

主題來加以分析，從而歸納出四種主要的領導功能以及六種心理團體的領導者類型，先簡單說明領導功能以幫助讀者瞭解領導者類型：

1. 情緒激發：常參與團體，為領導者之行為顯示情感，或是挑戰、面質個人價值、態度和信仰；傾向於把團體的注意力導向自己（示範色彩強烈）。（可參考本書表2-4領導者技巧之7、8、11、12、15、17、19、21）

2. 照顧：提供保護、友誼、愛和情感，並表達出相當的溫暖、接納和關懷（可參考本書表2-4領導技巧之1、2、3、9、10、16、17）。

3. 意義歸因（attribution）：提供認知性的解說，對團體、成員的所做所為及其意義同等重要（可參考本書表2-4領導技巧之3、4、5、6、15、16）。

4. 執行能力：設限、定規、決定次序或做時間管理（可參考本書表2-4領導技巧之12、13、14、15）。

接下來介紹六種心理團體的領導者類型，說明如下（引自Lieberman、Yalom & Miles, 1973, pp.237-249）：

1. **魅力型領導者（energizers）：** 其特質為強度的情緒性激發、中度到強度的執行功能、強度的照顧性，並因而顯現一種宗教性之特質。

2. **供應型領導者：** 其特質為高度的照顧性和意義歸因（說明）、中度的情緒激發和執行功能。

3. **社會性工程師（social engineer）：** 其特質為關注團體的社會性功能（規範、系統），具有高度的意義歸因、中度的照顧性和低度的情緒激發，執行功能則不定（有很低也有很高）。

4. **非個人性（impersonal）之領導者：** 其特質為有距離的、攻擊性的領導方式，情緒激發程度為中至高，照顧及執行功能則低。

5. **放任型之領導：** 只具有中度到高度之意義歸因，其他功能均低。

6. **管理型之領導：** 執行功能特高，以控制團體的交互作用，偏愛使用溝通→練習，即暖身活動。

三、領導者之類型與權力基礎間的關係

依上述Yalom等人提出之領導者類型，來談不同領導者掌握的權力基礎，係以表2-3做說明。

♣表2-3　領導者類型與權力基礎之間的關係

領導者類型	權力基礎	說明
魅力型領導者	參照權 專家權 資訊權	因為魅力型領導者敢於突破、製造衝突和改變，往往讓團體更具生產性，而使得成員更易信服於領導者專家的能力，同時也相信他可以提供許多對團體有助益的資源和訊息，進一步能使成員更容易認同他、仿效他，而使得其參照權力也更大了。
供應型領導者	獎賞權	供應型領導者讓團體成員感覺受到很大的照顧和保護，營造出一個溫暖的氣氛，因此常使用獎賞權以增進團體的和諧和凝聚力。
社會性工程師	強制權 法職權	法職權可用來降低衝突，常扮演仲裁者與調停者的角色；強制權部分則是因社會性工程師的領導者常會關注團體的規範、系統性，並以之介入團體之故。
非個人性領導者	強制權 專家權 法職權	非個人性領導者往往有很敏銳的觀察力，常易看到問題所在並指出（一針見血），同時因為其指導性高，故顯示出較強烈的專家色彩、強制執行、以及本身即可左右成員的權力。
放任式領導者	法職權	這樣的人會成為領導者是因為他有這個天命，但往往容易遇到「強將壓主」的現象。像是一個有能力的女性工作者，遇到一個比較無能的長官，這時這樣的問題就會出現。這樣的領導者雖然常說「好好好！」，但都沒有行動作支援，容易在自以為對部下不錯的情況下，讓團體產生無能為力的無奈、低士氣感。
管理型領導者	法職權 專家權 資訊權	較愛利用活動來溝通，所以其本身的專家、資訊權較多，而法職權是因為習慣以活動來領導成員，基本上就是一般領導者常會行使的法職權（即是以其想要的目標去帶領成員的權力）。

以上透過說明領導者所擁有的權力，更清楚看到不同領導者對團體可能採取的領導行為與影響。身為團體諮商的領導者，更要時時反思自己在

團體中的模樣，並抱持調整的彈性。

 ## 第四節　領導者之技巧、意圖與訓練

作為一個團體領導者，不只要學習團體動力學的知識，帶領團體前的準備還包括親自經歷團體歷程、見習團體領導、協助團體領導等工作，從中練習領導技巧與探究領導意圖。

一、領導者的技巧

Corey、Corey、Callanan與Russell於1988年表示，團體領導者在團體生命中的不同時期，需要選擇並使用適當的技巧，以協助成員在團體過程中有所改變。領導者要自己決定什麼時候做什麼，以及如何使用（引自何長珠，2003）。有鑑於此，對領導者而言，瞭解團體技巧就如同瞭解個別諮商所要表現的技巧一樣同等重要。於此，表2-4整理Corey（1990）根據Nolan在1978年的構想，設計了一個關於團體領導能力技巧的表格，如下所示：

♣表2-4　團體領導者技巧總觀

技巧	說明	目標及想要得到的結果
1.主動傾聽	以不批評、不評鑑的態度，注意溝通中的語言和非語言。	鼓勵信任，個案的自我揭露及探索。
2.複述	以稍微不同的話，說出個案所言，以澄清他的意思。	決定領導者是否以正確地瞭解個案的陳述，並提供支持與澄清。
3.澄清	在個案的情緒及思想層面抓取重要訊息的核心，簡化個案陳述。	找出個案情緒與思想間的衝突及混淆，達到溝通中有意義的瞭解。
4.發問	問開放式的問題，引導成員對行為中「什麼」及「如何」的自我探索。	引發更進一步的探討，獲取訊息，刺激思考，增加澄清及注意，提供更多的自我探索。
5.摘述	總括互動或晤談中重要元素	避免迷惑，提供晤談進行的方向，使晤談繼續進行，提供意義。

6.解說	對一些行為、情緒、思想提供可能的解釋	鼓勵較深的自我探索，提供對行為模式思考及瞭解的新看法。
7.對質	要求成員面對語言和行動之間、或口語和非口語之間的不一致及矛盾之處，指出訊息間的衝突。	鼓勵誠實的自我探索，增加潛能的充分利用，引發自我矛盾的決定。
8.反應情感	瞭解溝通中情感的部分	讓成員知道他們被傾聽，且可以理解他們的感受。
9.同理	藉著採取個案的參考價值來認同他們	在同理的情境中促進信任與瞭解，鼓勵更深的自我探索。
10.支持	提供鼓勵與增強	製造讓成員繼續其行為的氣氛；當個案面對困難掙扎時提供協助；建立信賴
11.催化	引發清楚且直接的溝通，協助成員為了團體的方向，接受自己的責任。	促進成員間有效的溝通，協助成員達到自己的目標。
12.導引	藉由活動引發成員的參與，介紹團體的新方向。	避免不必要的團體尷尬情境；加快團體進行的腳步
13.設定目標	計畫團體過程中的特殊目標，協助成員界定具體且有意義的目標。	給予團體進行的方向，幫助成員選擇並澄清他們的目標。
14.評鑑	鑑定進行中團體過程及個體與團體的動力	促進更深的自我覺醒；對團體進行的方向有更多瞭解
15.回饋	藉著觀察成員的行為，表達具體誠實的互動。	提供對他人的看法，增加個案的自我覺醒。
16.建議	提供勸告、訊息、方向及新行為的點子	協助成員發展可供選擇的思考及行為途徑
17.保護	保護成員免於團體中不必要的心理上的冒險	警告在團體參與中可能的冒險，並降低這些危險。
18.自我坦露	告訴成員此時此地發生的事情	增進團體更深的互動，引發信任；示範被其他人瞭解的做法。
19.示範	宣布或示範被要求的行為	提供有效行為的例子，引發成員潛能的發揮。

20.沈默	抑制口語和非口語的溝通	允許反應和同化；凸顯注意力的集中，聚集緊張氣氛；協助團體使用其他的資源。
21.阻止	停止團體中反效果的行為	保護成員；加強團體歷程的流程
22.結束	團體準備結束晤談；終結團體的生命	使成員準備同化，統整並應用團體中的學習於日常生活中。

註：引自《團體動力──心理團體的理論與實務》（頁96-98），何長珠，2003。臺北：五南。

　　Gladding（1991）提出一些重要但未被包括的技巧：⑴連結：將個案的資訊連結到其他成員身上；⑵診斷：基於領導者對成員更多的觀察，做出臨床之評估；⑶真實情境的檢核：使其他成員對某一成員之決定給予回饋，藉此，以便更充分的評鑑該決定。

　　Trotzer的分類與此類似，不過他加上了三個團體的向度，分別是：⑴反應技巧（包括複述反映、澄清、總結）；⑵交互作用技巧（包括執中、解說、阻擋、連結、支持、限制、保護）；⑶行動技巧（包括發問、探測、調律、對質和人性之分享模示）等十八項技巧。其中「執中、限制、探測和調律」四種技巧為Trotzer所獨有，而啟動、主動傾聽、同理、催化、目標設定、評價、回饋、建議和終結等九種技巧，則為Corey所提出（引自何長珠，2003）。

　　吳秀碧、許育光、洪雅鳳與羅家玲（2004）探討在非結構諮商團體過程中領導者之技術運用，其研究以人際歷程回憶的方式，分析三個分別進行十次的團體中第二次到第九次的團體資料，結果發現：

　　1.團體領導歷程中共出現四十九種技術，依其使用功能將之分為四大類：⑴第一類，基本溝通技術九種；⑵第二類，深化與探索技術十一種；⑶第三類，過程催化技術十七種；⑷第四類，行動化介入技術十二種等，而出現次數最高的前十項為澄清、摘要、面質、反映、探詢、同理、聚焦、連結、此時此地、團體歷程評論；前二項屬於基本溝通技術，中間四項屬於深化探索技術，末四項則為過程催化技術。

　　2.由四大類別技術使用情形觀之，基本溝通技術的使用，隨著團體歷

程進展而呈現由多至少的趨勢；深化探索技術的運用在第四次聚會後，有極明顯邊增的情形；過程催化技術的使用於第四次之後呈現邊降的情形；行動介入技術在團體歷程僅呈現緩和增加的情形。可見領導者初期在基本溝通技巧、過程催化技巧使用上較頻繁，而深化探索技巧與行動化技巧則在團體後期的工作階段增加運作。

　　Jacobs、Harvill & Masson（2006/2008）於基本技巧部分提出──積極傾聽、反映、澄清與發問、摘要、連結、小型演說與訊息提供、鼓勵與支持、團體基調設定、示範與自我揭露、眼神運用、聲音運用、領導者能量運用、辨識盟友、瞭解多元文化；內容大部分已包含在前面之內容，其中較特別為「瞭解多元文化」，即領導者需要瞭解團體成員不同的文化，且需要知道成員的文化如何影響其在團體中的參與，提醒領導者在運用各式技術之餘，須留意個別差異。

　　而團體諮商中，能力的差異是否會使技巧使用有所差異呢？Gerstern（1992）之研究以Corey所提出之基本技巧內容為基礎，邀請不同經驗層次的工作者，如督導對諮商員，來評估能力之方式來探討團體諮商技巧使用上之異同，結果發現：

1. 諮商員：自認多做的技巧是支持、示範、主動傾聽，少做的是沈默、解說與自我開放。
2. 督導者：自認多做的技巧是支持、示範、催化，少做的是解說、澄清和自我開放。

　　可發現經驗層次較高的團體領導者，出現較多的催化技巧。至於這些能力是從哪裡得來的呢？比率最高的三項分別是：工作中之督導（60%）、工作得來之經驗（59%）與參與專業發展性（長期）的工作坊（32%），相形之下，大學與研究所課程之收穫只有約20%的比重，依此研究看來，督導的訓練與工作經驗可能是培養能力的主要來源。

二、領導者的意圖

　　Bednar & Kaul（1994）認為團體諮商的治療因素受到普遍認定，但是對於這些治療因素是如何產生的研究仍然不足，尤其治療因素中的

領導者意圖、對成員的幫助以及對於彼此關係的探討更是缺乏。此處提出Stockton、Morran & Clark（2004）蒐集了三十四位團體領導者在所帶領之團體中，任選其第四次到最後一次的團體歷程為資料，共得到八百三十五個領導者意圖，從中歸類為六個介入的背後意圖，分別為：

1. 引導團體（directing the group）。
2. 蒐集資料與評估成員（gathering information and assessing members）。
3. 挑戰成員（challenging members）。
4. 專注於成員的經驗（attending to and validating members' experiences）。
5. 引導自我之瞭解（directing self）。
6. 促進成員間的連結與互動（promoting connections and interactions among group members）。

　　該研究並分析這些類別的關係，將這些意圖區分為四種類組：「領悟（Promoting Insight/Change）、領導（Planning and Guiding）、專注（Attending）跟評估（Assessing Growth）。

　　而在吳秀碧、洪雅鳳與羅家玲（2003）的研究裡，她們蒐集了五位團體領導者在所帶領之三個團體中，以第二次到第九次的團體歷程為資料，分析所有介入技術之意圖，就其關連再區分為十二類，分別為：(1)表達支持；(2)處理情緒；(3)增強與協助個人改變；(4)促進洞察；(5)形成或推進個人目標；(6)獲取資訊與評估；(7)訓練人際技巧；(8)建立團體文化；(9)促進團體凝聚力；(10)催化團體歷程；(11)滿足領導者需求；(12)其他。此處引用吳秀碧等人整理之團體領導者意圖與意圖內涵表格，如表2-5所呈現。

　　而Bednar & Kaul（1994）研究的六大意圖與吳秀碧等人（2003）研究的十二個意圖是有重疊的，分別是：「(1)引導團體—(10)催化團體歷程」、「(2)蒐集資料與評估成員—(6)獲取資訊與評估」、「(3)挑戰成員—(4)促進洞察」、「(4)專注於成員的經驗—(1)表達支持」、「(5)引導自我—(3)增強與協助個人改變」、「(6)促進成員間的連結與互動—(9)促進團體凝聚力」。

　　相形之下，吳秀碧等人之研究意圖未被包括的部分有：(2)處理情緒（或可納入(4)專注於成員的經驗）；(7)訓練人際技巧（或可納入(6)促進成員間的連結與互動）；(8)建立團體文化（或可納入(1)引導團體）；(5)形成或推進個人目標（或可納入(3)挑戰成員）。較不同的地方是吳秀碧等人之研究有第十一項「滿足領導者需求」與第十二項「其他」。

♣表2-5　團體領導者意圖與意圖內涵

意圖類別	意圖次類別	意圖涵義
(1)表達支持	支持個別成員	支持與同理成員
(2)處理情緒	深化個人情緒	協助個人對情緒有更深刻的體驗、探索與覺察
	促進個人情緒宣洩	協助個人表達與宣洩情緒
(3)增強與協助改變	增強個人改變	增強個人嘗試新行為
	增強運用個人資源	增強與運用個人的優點及正向經驗
	增強自我開放	增強與支持成員在團體中主動自我開放的行為
	協助問題解決	協助成員面對及解決個人問題的過程，或要求承諾。
(4)促進洞察	促進自我覺察	促進個人對想法、情感、行為、人際互動，及人生觀等有新的領會。
	促進自我探索	促進個人對問題或自己有新的發現與瞭解
	挑戰個人的不一致	挑戰與面質個人的不一致以促進覺察
	擴展觀點	提供成員從不同觀點或正向觀點來看待自己、他人或問題
(5)形成與推進個人目標	確立個別成員的目標	具體確認與檢核個人目標的內容、可行性與達成程度
	連結到個人目標	幫助個人連結當下經驗與個人目標的關連性
	檢核及推進個人目標	評估個人目標達成程度以促進改變動機

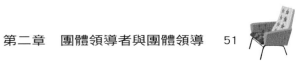

(6)獲取資訊及評估	澄清個人問題	澄清個人問題內容及對問題的思考、情感與行為
	瞭解個人現狀	瞭解個人的動機、需求、情緒、隱含的訊息和個人收穫
	促進自我分享	鼓勵成員分享自己及表達感受
	評估	評估問題的嚴重性與改變的動機強度
(7)訓練人際技巧	學習有效表達自己	促使成員清楚、簡潔、具體的表達自己，或是以「我訊息」做表達，而不是詢問、分析、建議。
	學習有效人際溝通技巧	促使成員學習人際技巧，包含同理、支持、直接、清楚、簡短地表達自己或回饋他人，並用你我溝通的技巧，而非建議、分析、問問題、開玩笑、忠告、說教等。
	檢核人際溝通	透過人際互動的澄清與回饋，以瞭解個人溝通的形態與結果。
(8)建立團體文化	建立團體規範	形成成員互動方式的共識，包含明確的、隱含的共識。
	調節團體基調	調整成員互動的氣氛與團體的節奏
(9)促進團體凝聚力	增加安全感	減少成員的疑惑與焦慮，以增進安全感。
	促進成員間的工作同盟	促進成員間的情感連結，使不孤單。
	促進相互接納與支持	促進成員間互相瞭解與接納，並鼓勵相互支持與協助。
	平衡溝通	平衡成員溝通的質與量，以促進團體初期的安全感。
	促進領導者與成員的工作同盟	建立成員與領導者間的情感與同盟
(10)催化團體歷程	轉換與維持團體焦點	維持團體正在進行的焦點，或轉換不同的焦點以使個人或團體能有效工作。
	確立團體焦點（對象與議題）	探尋團體主要人物或主要議題，並鼓勵成員處理個人議題。
	反應團體	評論成員間的互動關係與團體現象以促進覺察

	結構化	使團體順利進行與結束，包含說明團體性質、進行方式、時間控制，及統整團體經驗。
	推進團體工作	暖化及順利展開團體、促進成員的自發與責任以協助團體向前推進
⑾滿足領導者的需求	協助協同領導者	協助與支持協同領導者
	處理領導者個人需求	減少領導者個人焦慮，思考與選擇諮商介入的方式。
⑿其他	有介入無意圖	領導者對團體有介入，但未說明個人意圖。
	不清楚個人意圖	領導者無法清楚判斷個人介入意圖

註：採自「團體諮商歷程中領導者意圖與聚焦之分析研究」，吳秀碧、洪雅鳳、羅家玲，
　　2003。《中華輔導學報》，13，頁117-150。

三、領導的訓練模式

1. 領導力訓練的重要性與作用

　　在團體的各項領域中，領導力訓練的部分一直是個重點。Shector（1997）便假設，較高層次的學校諮商員訓練將導致：⑴學校對小團體諮商的正向肯定；⑵領導者本身實務上更多的信心；⑶學校部分更普遍的使用小團體諮商。而Graham（1997）分析美國紐約州水牛城學區之訪談資料時亦發現，大多數學校諮商員區分其工作內容，主要分為進行個別諮商及團體諮商，以求增近學生的社交／情緒適應、學術性追求與生涯計畫，同時受訪者亦承認其角色功能與所受到的諮商員教育及訓練密切相關，但亦受到學校主管及學區特徵之影響。Nance（1991）的研究發現也很重要，那就是團體諮商的訓練對初級（beginning）諮商員在認知複雜度之增進上影響最大。其他因素如：教育層次、團體進行之長度與督導等，也都是有關係的。

2. 領導力訓練的方式

　　很多研究和嘗試建立訓練模式有關。例如Zimmick（1999）的系統性團體領導力訓練方案（SCSBC），乃是一個四十五小時的訓練方案，內容包括「教導、經歷、錄影帶與統整」四種方式，藉此來完整地整理一次

團體之經驗（探索、瞭解、行動、視線接觸、身體語言、自我開放、具體化等）；而Speckhart（1999）則提出SGCTV模式，以經驗性與「此時此地」之模式，來訓練三十六位碩士階層之團體諮商員，經多變項分析所得之結果，顯示此類聚焦在立即性之做法，的確可以引發更多的互動與反應，而增加參與者當領導者的自我效能之感。

此處提出具豐富團體經驗的Corey（1990/1995）與Yalom（1995/2001）所認為團體領導者需要接受的五大訓練：

⑴接受個別心理治療：Norcross之研究表示，有一半以上的心理治療師在受訓完曾接受治療，且超過九成的人表示自己從該經驗中獲得許多個人與專業上的收穫（引自Yalom, 1995/2001）。透過領導者本身被諮商之經驗，瞭解當事人在求助及面臨問題時，可能呈現之心理狀態，並從經驗中增進自我覺察。

⑵參加心理治療團體：擔任團體成員的角色，能透過彼此的互動和完全自我探索的各種活動，讓準領導者更清楚的瞭解自己眼中的自己及別人眼中的自我，並感受到團體的正面或負面力量、瞭解被團體接納或拒絕的重要性及衝擊，並學習如何建設性的自我表露。

⑶參加接受督導的訓練團體：此團體是透過體驗、討論、角色扮演等方法，讓成員輪流當領導者，再由成員回饋以及演練團體領導技巧，從中學習接納自己的限制，並能蒐集團體內有用的資料，顧及其所處情境的限制。

⑷觀察有經驗的臨床工作者：Yalom認為準領導者在徵求團體成員的同意後，可透過單面鏡、錄影帶或身處實際的團體之中做觀察，最好至少持續觀察一週進行兩次且至少為期四個月的團體，並在每次團體結束後，馬上進行三十至四十五分鐘的討論，內容包括由觀察者提出其所見而領導者解答疑問，在此過程中觀察員及領導者的關係很重要，否則容易引起雙方不愉快或誤解。

至於成員的反應，領導者可以用較正面的態度與成員溝通，例如：告知「旁觀者清，領導者有時亦需要他人的意見，來使團體進行的更好。」甚至在討論時邀請成員出席；請觀察員在團體結束後與成

員見面，或是邀成員在單面鏡後觀察討論過程，如此既可讓成員及觀察員瞭解如何增加具建設性的透明化，亦可達到對彼此的尊重。

(5)受臨床督導：一套良好的督導制度，一方面可讓受督導者嚴謹的審視自己的帶領過程，瞭解自己為何這麼帶團體的心理動力過程；另一方面亦可就這些錄音、影音資料來發現領導者之盲點並討論之。Yalom建議最好每帶完一次團體後至少有一個小時的督導時間，最重要的是督導可以協助領導者發展出個人獨特的領導風格，也可對方案不足之處提出修正方向。

　　而在接受督導的訓練團體中，近年來顯微訓練（micro-counseling）已被視為教導人際訓練的有效方法，此種訓練形式結合了教導與特殊行為介入的塑造，在此提出Authur J的顯微諮商訓練（引自何長珠，2003），步驟如表2-6所呈現。

♣表2-6　Authur的顯微諮商訓練

第一階段：經歷個別技巧練習、單一技巧之閱讀、觀看示範錄影帶與討論	
個別諮商錄影	被訓練者與每一位當事人（以實際或角色扮演的方式），依據當時的情況，提出兩人皆同意的問題作簡單、非結構性的五分鐘面談。
閱讀、比較	讓學生閱讀有關諮商技巧的手冊，並輔之以錄影帶說明，接著學生將自己所做的面談，與示範錄影帶做比較。
與督導討論	與督導討論單一諮商技巧，督導應與被訓練者維持溫暖支持的關係。
第二階段：單一技巧的檢討與團體動力學的學習	
二次面談	加強練習比較過後所學到的單一技巧，用錄影與督導一起討論。
修習團體動力學	修習三學分的課程，目標是提供學生對團體相關因素（組織、發展、交互作用）之基本瞭解；連結團體動力學之基本資料於實務，以增進學生處理團體現象之能力。
第三階段：更深入之閱讀（介入處理之問題）與團體經歷（督導帶領之團體）	
教導階段	閱讀書籍與錄影帶

經驗階段	學生試著領導團體，並以錄影作為討論和回饋的材料。 督導回饋的範圍包括： (1)良好的視線接觸；(2)放鬆的身體姿勢；(3)語言上的跟隨能力；(4)引發問題討論；(5)深入地探討問題；(6)反應感覺；(7)發問；(8)回饋；(9)自我開放；(10)實習領導者在團體出現下列十種情境時，需要練習介入： ・一個成員為每一成員說話。 ・有成員為另一成員說話。 ・團體成員集中注意在團體之外的人、事、物。 ・有成員在說話的前後，常先尋求他人的認同。 ・有成員說：「我因不想傷害他的感覺，所以我不說了。」 ・有成員認為其問題是由某人引起的。 ・有成員認為「我一直都是那樣」。 ・有成員認為「我只要等待，事情就會轉變的。」 ・團體中有不一致的行為出現。 ・團體變成無效率的漫談。

註：採自《團體諮商——心理團體的理論與實務》，何長珠，2003。臺北：五南，頁114-115。

　　顯微訓練之用意在於將團體行為細分為數個單位，給予操作性的界定，然後形成特殊的、可教導的行為技巧，以協助學生做有效學習。另外，此處提出本作者依經驗、基礎對於不同層次之諮商團體領導者，列出可行之訓練模式（見表2-7），作為不同層次領導者之訓練參考。

♣表2-7　諮商團體領導者的訓練模式

層次	初層次 （團體輔導）	中層次 （團體諮商）	高層次 （團體治療）
1.適用團體性質	・一般成長G ・同理心訓練G	特殊性質G（如自我肯定、T.A.、馬拉松G）社會劇、價值澄清	進階自我成長G（如理情治療、心理劇等長期性治療G）
2.結構／非結構	偏向結構	結構減少，非結構增加。	偏向非結構、低結構

3.目標—1 　人格成長或人性心理學之掌握	瞭解自己、他人在有關金錢、交友、人生觀、合群性等表面價值上之異同與內容（如生涯、人際、性別G）	接納自己、他人某些非正面之特質，如好強、退縮、計較，而不再只自我防衛（如焦點G、處理憤怒或焦慮情緒G）。	能肯定人性心理學之精髓，瞭解每個人都有優缺點，真正意涵是接納並改善，並從認知、行為瞭解人格改變的途徑，且瞭解認知先於行為，最終能自我督促與成長。
目標—2 領導者技巧／能力部分	・專注：身體、著重語言 ・同理：反應感受 ・猜測有關的資料：偏水平層次 ・開放式問句：完成句 ・角色扮演之經驗：如投射價值觀之社會劇 ・導引：不離主題	・高層次同理：此時此地的感受 ・解說、澄清：表面事項 ・支持、保護 ・問題解決 ・決策 ・角色扮演：如偏向個人都會遇到的家庭衝突之社會劇 ・對質：話語、事實間的矛盾	・同理：此時、此地與那時、然後 ・解說、澄清：成員或G內在的事 ・阻擋、限制 ・價值澄清 ・角色扮演：心理劇 ・對質：意識層面的不一致
4.學習方法	以觀察／旁觀學習、瞭解、嘗試練習為主	以觀察、瞭解、練習熟練為主	以熟練及創新、靈活運用為主
5.與溝通活動／暖身的關係	依賴溝通活動，來催化G之進行，L通常以一至二個溝通活動貫穿整個G。	時而使用、較不依賴溝通活動，使用時間不限於G開始時段，其他時段也能使用。	能創造性地使用，視情況刪減、變化內容。

6.成員、領導者及督導角色之練習	·養成有效M之階段 ·觀察、體會L之特徵	·與其他M搭配練習做L，如帶領一次完整週期的G。 ·接受團體中領導、同儕領導及督導的回饋	·督導別人做M與L ·自文獻、同儕及所督導之G中得到回饋（其通常歷經十年的專業養成）
7.與團體階段之關係 (1)以進行十次、每次兩小時之G為例 (2)依Cart Wright區分的六階段為例	·1～3週（階段一）：依賴、順從、迷惑 ·2、3～4、5週（階段二）：對L之抗拒 ·3、4～6、7週（階段三）：出現開放差距 ·3、4～10週（階段四）：工作，談一些個人困擾。	·1～4週（階段一、二、三） ·5～7週（階段四）：漸能引入此時此地的立即性經驗 ·8～10週（階段五）：抗拒轉向自己，出現較強烈的移情、淨化之可能。	·其他階段均較前兩個層次更快通過 ·主要處理「抗拒自己」（階段五）的部分
8.團體內困擾成員的主要來源	·長期沈默不語的M（連續三週以上少言、回答簡短） ·明顯攻擊L之M ·講話離題之M ·防衛性過強之M（我很好、我沒有問題）	·支配、操縱、發表慾特強之M ·懷疑G成效之M ·因開放而受過傷之M ·參與動機薄弱之M	·任何外、內向型（如攻擊或退縮）表現強烈之M ·與領導者人格或領導類型易有衝突之M
9.G內交互作用類型 (1)　　　L 　Ma　Mb　Mc (2)　　　Ma 　L　◄──　Mb	(1)：多（單項集中於L） (2)：G中期後漸多（交互作用分散到M中，但仍以L為中心）	(1)：較快通過 (2)(3)：在G中期較多 (4)：在G末期出現（焦點較平均的分散）	(1)(2)：較快通過 (3)(4)：為G中大部分時候之特色

(3) Ma ⟶ Md L ⟶ Mb　Mc (4) Ma ⟵ Md L　Mc Mb	(3)：後期可望出現（焦點集中於某1、2為成員，L只做必需介入）。				
10.六種L類型（Yalom）及其團體生產性之關係	生產性		生產性		生產性
	高	低	高	低	高
	·管理型L ·供應型L ·社會性工程師	·魅力型L ·放任型L ·非個人型L	·魅力型L ·供應型L ·社會型L	·管理型L ·非個人型L ·放任型L	·能截長補短、自成一格，例如：選擇互補之L；自我成長改變某些特質；在G或M之選擇上，考量一己之長短。
11.評估	·認知性的學習（上課）與團體經驗並重 ·目標在成為有效的M ·測量以各類人格有關的測驗為主		·團體領導技巧之掌握為主 ·目標在成為有效的L ·測量以人格及領導者技巧有關的測驗為主		·團體過程的動力分析（G、L、M）為主 ·目標是成為有效督導 ·測量以領導者技巧及團體有關的測驗，如G氣氛、G階段分析、工作同盟、意圖。

備註：G表團體，L表領導者，M表成員。

註：引自《團體動力—心理團體的理論與實務》（頁117-119），何長珠，2003。臺北：五南。

然而在訓練方面的缺失，王智弘（2008）整理文獻後提出：國內諮

商師目前極缺乏「督導訓練」，督導課程經常僅提供給博士班的學生，然而實務機構的督導者卻典型是碩士學位、三年以上的諮商經驗，且未受正式的督導訓練，是臺灣目前諮商訓練中需要重視的狀況。

統整而言，團體領導者的訓練模式，大致包括「專業知識」與「實務經驗」兩大範疇：

1. 專業知識：包括團諮的基本命題（如過程、領導者、成員）、個諮理論在團諮上之應用、團體動力學之瞭解、團體過程中重要因素之討論，以及統整個人特質於領導實務時的問題處理等項目。
2. 實務經驗：需要經歷的則為成員、同儕領導、助理領導、領導及督導等五種層次的領導體會。

 ## 第五節　協同領導

兩位有類似經驗與權力的領導者，共同帶領一個團體，同時共同分擔領導權，稱為協同領導或協同治療（co-therapy）；而當其中一位治療者具有較多經驗與權力，在團體中負起主要領導責任，也需要訓練另一位領導者的狀況，則稱為雙重領導權（dual leadership），是臨床訓練中常見的安排（Rutan & Stone, 2001/2004）。

依研究與學者經驗來說，協同領導具有優勢也具有潛在危險（Yalom, 1995/2001），本節整理Corey（1990/1995）、Yalom（1995/2001）與Rutan & Stone（2001/2004）在此部分的資料，談論有關協同領導的優點、潛在危險，作為讀者之參考。

一、協同治療之優點

1. 不同觀點以相互彌補，擴大對團體的認知及覺察：兩個人的觀點能對團體有更全面、完整的觀察與洞悉，為團體提供較多資源。
2. 角色分工，減輕負擔：分工可減輕個人負擔，並共同承擔團體責任，能避免專業耗竭。例如：當一位領導者採取主動角色介入團體，另一位領導者可以採被動角色以觀察團體狀況；而當其中一位領導者因故必須缺席時，協同領導可讓團體繼續進行下去。

3. 擴大移情反映的可能範圍；檢視反移情現象，相互回饋：團體成員對於自己與領導者之間的關係，以及對於協同領導者之間的關係，有著不同反應，此關係可作為團體中討論的題材，以及領導者可檢查彼此反移情的狀況，相互討論與回饋。

4. 提供類似雙親的家庭結構：即使兩個領導者性別相同，成員也能在協同領導的狀況下，感受到兩者配對的情況，從中獲得對雙親的移情關係，且提供成員認同的機會。

5. 成員可學習領導者間的問題解決：兩個領導者的互動、衝突處理、表達接納的方式等，都是成員模仿、認同的模範。

6. 減少焦慮，提供支持：協同領導可提供新手領導者支持的感受，且能共同分擔團體中的責任，降低其緊張程度。

二、協同領導可能的危機與缺失

1. 理論取向分歧所產生的困難：領導者之間的理論取向不一定要相同，但如果領導者之間的理論背景對於同一個團體的目的、領導者角色與功能、成員責任等認知有所不同，又沒有彼此瞭解並加以協調，如此團體中的成員很可能無所適從，協同領導也無法有效發揮作用，其結果很可能比一個人帶領團體來得辛苦。

2. 需要面對、溝通彼此的不同：領導者之間需要以「開放」的態度來看到彼此的關係，也必須多花費心思瞭解對方帶領團體的方向，否則很可能產生團體過程的疏失。

3. 權力競爭或衝突可能帶來的負向影響：協同領導者之間也可能產生相互競爭、爭執，例如：追求成員的喜愛，而使團體失焦。

4. 愛戀吸引可能帶來的負面影響：在協同領導者配對關係中，持有對彼此角色的需求，以致互動中產生的情感與接觸，可能會讓兩者陷入某種關係，進而影響團體的動力。

協同治療或是雙重領導常是領導者訓練中的一環。協同領導不該是兩個各自工作的個體，或只是順服、盲從在另一個體的引導下工作，而是兩個獨立個體學習如何在信任、開放、交融的關係中有效合作，以發揮協同

領導對團體的益處。

三、結語

一個有效的團體領導者，除了在認知要具備專業的團體動力知識，以及瞭解團體各個階段之工作內容，在行為也能透過口語表達（清楚扼要、感性描述、幽默智慧等）及非口語表達（聲音表情、姿勢、態度）來善巧運用團體領導技巧，以增進團體中有效因素的運作。另外，各個領導者有其人格特質，可連結至不同的領導型態，若想增進自己的領導效能，便是在認知學習、實務經驗中，求自我之互補，以增加個人專業上的豐富性。例如：一個魅力型的領導者，能有意的增加個人的照顧性技巧，或一個管理型的領導者，願意增進自己的情緒性表達皆是。

最後，不管是已成為或未成為心理治療者的人們要記得，學位、執照固然是成為一位合格領導者的必要，都不能代表訓練已足夠，讓自己維持彈性、開放與持續學習的態度，才能在助人路途中不斷突破自己。

作者的叮嚀

帶領團體時，最重要的影響因素之一即是領導者本身，此章內容主要提供讀者瞭解：身為一位領導者可以發揮哪些功能、扮演何等角色，並時時覺察自己的權利如何影響團體及成員。領導者本身的技巧或訓練固然重要，但更重要的是——領導者需要學習不斷自省、覺察、開發自我的能力，也就是為自己增添新的經驗與後設認知，唯有親身體會並走過的議題，才能更真切的協助到成員。

歷屆考題中，著重探討領導者之角色與特質，對團體之影響力；以及團體領導的實務技巧，例如：特定學派領導者之風格或帶領方式，或團體中發生事件時之介入要點。以下整理加強學習之要項，包括：「領導者特質」、「領導者類型」、「領導者技巧與策略」、「領導者訓練」等四部分。

❖ 第二部分　自我測驗Q&A ❖

Q1

男性／女性色彩對於領導力的影響為何？

A1

　　基本上會使用工作導向／關係導向兩種向度，來看領導者在男性／女性特質上的分配，大部分的人可能會以為男性是工作導向、女性是關係導向，但實際上是要看百分比，每個男性都會有女性的部分、每個女性也都會有男性的部分，這是關於領導力特質探討中，要注意的是——以個人特質而非性別特質，來看領導力特徵。

　　我們來看與工作導向／關係導向相關的向度與工作情形：

工作導向	關係導向
Type A 人格	Type B 人格
X理論	Y理論
採用目標導向：事情能否有效完成？怎麼樣能做的最好？	採用關係導向：事情要怎麼樣讓大家覺得滿意？
·看到團體表現疲累時並不直接處理，而是請大家提起精神上課或提醒。 ·例如：考期將至要加油等說法	·看到大家疲累會關心、瞭解大家疲累的狀況。 ·例如：看見大家在團體剛開始很疲累，就會透過放鬆催眠，來達到：(1)休息；(2)增加學習動機；(3)學習技巧之教學目標。

　　在工作導向／關係導向這一議題上，要注意的是：

1. 為了要達到工作導向之目標，實際上更要注意到關係導向之應用。
2. 瞭解當事人真正狀況與需要，才能做到同理心，而同理心主要是一種態度不是技巧。
3. 理想的領導者特質是要包含男性與女性兩種特質間之平衡，而非過猶

不及的表現。

Q2

有哪些因素影響領導者身上的男性／女性色彩？

A2

關於領導者男性／女性色彩之影響因素，可能依下列因素而不同：

1. 性別差異

受文化歷史因素影響所產生的習慣，事實上是很難以自覺來擺脫的。其實從生理、心理各方面之特徵而言，並沒有科學的依據來證明為何要身為男性才能優秀或堅強？然而目前社會中的女性在工作能力上雖然較以前得到更多肯定，但結婚後仍免不了落入傳統價值觀的束縛——即以人妻、人母與人媳的角色為生命目標。可以說，現在的女性領導者，其實正處在價值轉換的邊緣，一方面覺得自己好像可以改變什麼，例如：做男性做的事——擔任經理；一方面可能又會不自覺落入舊有的架構，如怨嘆主管沒看到自己之能力，而完全不自覺後者正是女性的特質。

2. 性格特徵

家中排行也往往會影響領導風格，例如：排行老大者常不自覺的會替老師做很多小事，領導時的特徵容易產生媚上（自己覺得體貼）和對下權威的現象（例如：我已經做了很多事，你們呢？），而這些經驗亦可能與手足關係有關。大多數人在六歲以前，形成很多有關自我概念和人際關係的經驗，這些經驗往後在其一生中會形成阿德勒所說的「終極神話」（即在潛意識層面影響我們的目標與價值），因此考慮領導力時，還可以加入個體在家庭中的手足經驗，才會更完整。

3. 團體性質

例如學習習慣團體（偏向教育性質）的領導者與心理劇（偏向心理治療性質）團體的領導者，其男性／女性色彩就比較不同，學習習慣團體的領導者可能會做較多目標導向的活動，如價值澄清活動等。

4. 團體階段

領導者需要依不同階段表現不同特質。如團體初期可能需要友善、會開玩笑的特質，但是在長期、成長性質的團體，若領導者只有前述特質，團體便要付出不能深入之代價。

5. 可再從溝通分析的自我狀態來看領導者類型（Yalom之分類），例如：

⑴P（父母狀態高／外在需求高者）：父性特徵高者，亦即批判、指導性高者（CP）為非個人型領導者；而母性特徵高者，亦即照顧性高（NP）屬供應型領導者。

⑵A（成人狀態高）：講究組織、計畫，為管理型領導者。其正面特徵為客觀、理性，負面特徵則為計較、要求公平。

⑶C（小孩狀態高／內在需求高）：順服、合作性高（AC），或是自由、反叛性高（FC）皆屬放任型領導者。

每個人都有其特性，學諮商並不是為了要讓自己成為八面玲瓏的人，而是要在瞭解自己真實的特質之餘（可用不同的面向加以考量，如自我狀態、男性／女性特質等），來判斷適合自己個性的工作，以及與別人相處得來的行為處事，如此才能以「加法」的方式發揮固有的特質。

Q3

領導者類型有一部分受人格特質所影響，其類型也會因為團體階段有所調整，那麼哪一種領導者類型適合哪個階段呢？

A3

談到團體領導者類型，常會提到Yalom（1973）之分類，主要是因為他與Liberman、Miles曾經蒐集過二十三個團體的背景資料，並進行過因素分析之故，可說是到目前為止仍是最完整的分類。雖然說每個領導者的角色都有好有壞，但還是可分成「好多壞少」和「壞多好少」等類型，並且也會因為階段的不同，所需要的「好」有所不同，下面分別敘述：

1. 魅力型領導者

是衝浪高手，敢面對衝突。對他們而言，衝突正是工作的著力點，例如：心理劇的領導者。而他們對團體的影響也是有好有壞，在團體初期可能不適合，但在中期可以讓衝突現形。

2. 供應型領導者

也可以叫做個人中心派領導者，會帶出很溫和、愉快、和諧的團體，但是他通常不會遇到衝突，因為不敢面對衝突，以致很多事情在心裡苦惱卻不敢用團體的方式來處理，因此這種領導者得到的多半是凝聚力，損失的則是生產性。這也是大多數初級到中級的領導者會出現的形式，另外一個現況是：即使不是這樣的人也會裝成是這樣的人，因為這種角色符合社會對安全及溫和的需求，而且不會給自己帶來壓力，它也是在團體初期階段最適合的類型。

3. 社會性工程師

又叫社工型領導，公平為主要判斷依據，也是最依賴團體的工作者，常會把問題丟回團體討論，求判斷結果，社工型領導者也比較適合團體的初期與中期階段。

4. 非個人性領導者

有距離、批判性很高、敏感度很高，例如：理情治療的Eills及典型的精神科醫師風格者皆是，此類型之領導者能讓團體產生洞見或覺察，但要小心的是不夠溫暖之風格，可能會導致成員流失或大頭腦的學習團體風格；並無特別適合的團體階段，但若在團體中期的工作中適當之使用，則是有功能的。

5. 放任型領導者

是低關係、低工作的領導風格，表面上常說「好好好！」，實際上沒能做什麼事。很適合團體的末期階段，否則容易催化團體出現「地下領導者」，而形成團體內的對立動力——領導者對成員或成員間的小團體現象。

6. 管理型領導者

會借助活動來完成帶領任務，也常容易出現於初級領導者或對團體動

力尚不能覺察及掌握的領導者身上，適當的管理型領導，很適合團體的初期階段。

理想上，是可以在不同的階段出現不同的領導，但是一個人很難可以同時擁有這些特質。因此理想的做法是：找不同類型的協同領導者來配搭，使團體更圓滿。例如：魅力型可以找供應型當協同領導者，而非個人性領導者則可以考慮和魅力型或供應型搭配等。

Q4

想增進個人領導力的首要任務是，在認知上瞭解各種領導型態之優缺，以連結個人特質，然後於團體經驗中求互補之設計與經歷，那麼該如何得知自己的領導型態？且在團體經驗中求精進？

A4

1. 如何得知領導型態

　　⑴可看領導者在團體中經常發揮的功能與使用的領導技巧，來瞭解自己偏向哪一個領導類型（何長珠，2003）。先說明領導者在團體中發揮的功能，大致可分為以下：

　　・情緒性激發：強度的情緒激發之技巧，如對質、反映情感；中度的情緒激發之技巧表現是對質、反映情感、催化、導引、回饋、保護、自我坦露、示範、阻止。

　　・執行功能：其技巧如導引、設定目標、回饋、建議與阻止。

　　・照顧性：此在同理心訓練裡面是很重要的，就是一種尊重、專注、很瞭解的態度、姿勢及語言。其技巧如同理，主動傾聽、澄清、複述、支持、建議、保護與阻止。

　　・意義歸因：就是說明，技巧如澄清、發問、摘述和解說，不會主動的給意見，但會設法把成員的意見重講一次，看其他成員同不同意。

　　⑵而不同的領導者類型具有不同強度的功能、技巧與行事風格，要辨別自己是哪一種領導者，可透過上面提到之功能與常用技巧來瞭

解，以下以領導者類型做說明：

- 供應型領導者：特色是高度的「照顧性」和「意義歸因」，以及中度的情緒激發和執行功能。會出現較多「主動傾聽」的技巧，也會做回饋和建議。

- 魅力型領導者：特色是強度的「情緒性激發」和強度的「照顧性」。強度「情緒性激發」所使用的技巧如對質、反映情感；它的照顧含有一種宗教性質，因此大家將魅力型領導者視同是「指揮家」──知道什麼時候要給你很強烈的感受，什麼時候又很有組織的進行團體，但「執行功能」是中度，假設團體過程有衝突發生，他不會馬上介入，且不太緊張地在旁邊看；但如果是「管理者」或「供應者」就會趕快跳進來；本類型之領導者還很會自我坦露。

- 社會性工程師：做的是高度的「意義歸因」，著重團體的「社會性規範」，如出席狀況、搶話情形、欺負問題等，所以他在團體中比較會做互動的連結，例如：「某某人這麼說，不曉得你認為怎麼樣？」他比較不太做「照顧性」和「激發性」之功能。關於「執行功能」有低有高的意思，可能是因為資料分類上之團體型式不一，領導的功能和風格各有不同，如此執行功能也不一。總之，社會性工程師就是很會維持規範，並且很注重表面結構的一種領導特質。

- 非個人性領導者：比較像Freud派的工作者，也就是一般人心目中的心理治療師─Psychiatrist（正確譯名應是精神治療師），Psychiatrist 和 Counselor是非常不一樣的，精神分析工作者通常比較保持距離、有攻擊性，不太會強調跟個案建立關係，也不太關心個案的感受，他工作的重點比較放在當事人對自己有所覺察，使用技巧常出現沈默；「情緒激發」中到高的意思是指，這種領導類型容易引起當事人的情緒反應，不管是正向或負向反應。

- 放任型之領導者：只有在「意義歸因」具有中到高的表現，可能還會加上建議。

- 管理型之領導者：「執行功能」特別高。那麼「管理型」和「社會性工程師」有什麼差別？這其實是風格上的差異，社會性工程師比

較走社會系統的風格，如社工師；「管理型之領導」比較像新手諮商員，如大學輔導諮商系畢業的學生。

(3)或是可以透過作測驗來得知自己的領導型態，例如參考Yalom（1985）的六種領導者類型之資料。

2. 領導者該如何求精進

(1)助人者要瞭解當一個領導者並非只固守某一類型領導者的功能。

(2)身為一個領導者要時時覺察自己在團體中的角色與功能，而能適時的為自己增添不同經驗。例如：管理型領導者在團體中做的目標設定或建議時往往做得很好，可能相對的在情感激發或照顧性的功能就比較弱，而能提醒自己在回應成員時，調整原先給予建議的習慣，建立自己的新經驗——給予專注的傾聽即可，或是練習自我坦露，這也是一種開發自我領導能力的方式。

Q5

對於不同階段的團體，需要特別的團體領導者類型嗎？

A5

團體的初階、中階或高階階段，所需要的團體領導者的類型都是不同的。若從組織心理學觀點來看，領導主要可分：民主、權威、關係等類型，大部分都認為還是民主型領導者最好，而將民主型放在團體諮商之領導時，基本上要把社會供應型、魅力型混合後，才能出現民主型領導者。

而不同階段之團體各有什麼適合的領導者類型：

1. 初階段團體／團體輔導的環境中，比較需要的是供應型領導特質。

2. 中階段團體／團體諮商，能讓團體較有功能性的類型是——魅力、供應、社會性領導特質；功能比較低的類型是——管理、非個人、放任性領導特質；實際上管理、非個人、放任型之表現都比較像是老師的角色，很多老師的確是這種風格的；而很多諮商員都是供應型和社會型，反而是魅力型出現的情況比較少，若非特質使然，就要等待領導

力成熟後才能出現魅力型的領導形式。

3. 高階段團體／團體治療之理想領導方式，原則上是「見客殺雞」，也就是依團體當時情境之需求，來出現適當的領導類型與特質。舉例說明，家族系統排列團體中，領導者會依不同家庭成員之間的反應做連結，例如：「你的爸爸這樣對你說，不曉得你認為怎麼樣？」（此時像是社會性領導者常做的事情），而當發展到扮演當事人的成員出現情緒反應，此時領導者可能會以專注、很瞭解的態度，同理或澄清當事人的感受（此時像是供應型領導者常做的事情），這就是所謂的「見客殺雞」之做法。

Q6

領導技巧中，面質和立即性的差別為何？

A6

以表面定義來看：

1. 面質

領導者指出個體「不一致的前言後語」，或是「不一致的認知和感受」，然後讓對方加以體會。

2. 立即性

可以說是一種「將過去拿到現在呈現」之方式，假設團體中討論領導者要怎麼製造安全的環境，可是領導者實際上卻示範著不安全的領導行為，此時若能把這個現象在當下提出來，這個就是立即性。

舉例來說，當團體中正在談論某個議題時，A成員提出在別的團體中，成員之間在進入團體的準備心態上落差很大，如果領導者打算使用面質，可說：「A，你現在講的，好像不是你此刻真正遇到的事情。」；而立即性的使用則是：「A，你真正想要處理的，好像是團體在一開始就有個別成員（實際上是指A）出現自己想提出很真實、深刻的問題，但其他成員卻還沒準備好的時候，該怎麼辦，是這樣嗎？」所以面質和立即性雖然沒辦法分辨得那麼清楚，但是因為著重之重點不同，所以還是有所差別的。

Q7

Tolbert提到回饋的三個層次:「與目標導向有關的回饋」、「與結構維持和改變有關的回饋」、「與意識轉換有關的回饋」,所指為何?

A7

在團體裡要給團體回饋的時候可以用三個層次來看:

1. 第一層次與目標導向有關的回饋

此層次之回饋以團體主題之「團體目標」為焦點。例如:團體的主題是成長團體,而成長團體最常有的四個任務架構為自我/對他人之瞭解、自我接納/對他人之接納、自我肯定/對他人之肯定、自我改變/對他人的改變(要記得不管是什麼團體,都具有起、承、轉、合的概念),而考量今天團體成員達到自我瞭解的程度有多少,就屬於這一層次之回饋。

2. 第二層次:與結構維持和改變有關的回饋

大部分的領導者會將注意力放在第一層次上,例如:很擔心今天有沒有做到原來設計的目標,可是卻沒有辦法自我覺察「何以沒有達成?」此才是第二層次回饋之重點。例如:在目睹家暴團體中,架構可能包含建立安全感、表達情緒、宣洩情緒、學習因應方法,而在情緒中常被理解的有憤怒、恐懼、愧咎等,但是「矛盾的愛」很容易被忽略,此是因為概念化之經驗不夠完整,還需要發展批判思考能力;又例如情緒的層次中,哪種情緒最容易發洩出來?哪個情緒最不容易被覺察?這都含有階段的觀點。因此需要加強階段、因果或邏輯上的概念,才足以形成調整與改變結構的回饋。

3. 第三層次:與意識轉換有關的回饋

Tolbert認為第二和第三層次是一起的。此處所談之意識轉換,也就是團體輔導(知識意識層面)與團體諮商(感受潛意識層面)兩者最不同之處。若一項事情只是學習到很多方法和技術,都只是在意識層面運作,而潛意識層面沒有被顧及,也可能無法形成效用,因潛意識層面之狀況或問題依舊。例如:一個成員在團體中有所感觸與體驗,在團體中哭泣宣洩,

那就表示他進入了另外一個意識狀態了，此種成員經由體驗得知自己內在的訊息、接觸到較深層的自我，此體驗可說是一種「意識轉換」。而領導者藉此種意識轉換來得知成員的內在經驗，便是得到此層次之回饋。（藉此提醒各位領導者，領導者本身也極需要在團體中自我開放的經驗與能力，不然如何要求別人在團體中開放？）

Q8

如何使用「支持」、「鼓勵」、「催化」、「導引」、「示範」、「設定目標」、「評鑑」、「結束」等團體領導技術？尤其在「沈默」這項技術上，如何使用得當？

A8

1. 依領導者領導力的不同，在技術的展現也會不同。簡述如下：

   (1)支持：不等於「鼓勵」，「鼓勵」是有「你—我、上—下」之分的，鼓勵如：「你上次數學不是考的很好嗎？我相信你這次也可以做到。」；支持如：「不管考的好或壞，只要有努力就是很有價值。」

   (2)催化：很像是「連結」，只是這個連結包括很多範圍，可以連結議題、連結成員，如連結成員與團體、成員與領導者，所以催化有很多可能，目的是引發清楚且直接的溝通。例如：在團體中後期，領導者邀請一位在團體初期負責聯繫許多行政事務的成員，說說看在承擔團體事務這件事情上，他對每個成員的看法，成員得以在這件與所有成員有關的議題上，澄清對彼此的看法，也接受自己的責任，此為領導者所做之催化。

   (3)導引：通常沒有經驗的領導者會做太多「工作方向的導引」，即藉由活動引發成員的參與，以及引導團體的新方向；如果是較有經驗的領導者，工作導引會減少，而增加「關係上的導引」，也就是引導團體表達當下與成員在一起的關係。

(4)示範：有語言和非語言兩種型態，同等重要，團體中的示範並非單純玩什麼遊戲而已，領導者本身的存在和展現就是一種示現、示範，領導者應該注意自己的示範是哪一種，這種示範有很多種意義——看得見與看不見的同樣存在。例如：老師從上課到下課前，都沒有探問學生是否對學習或其他事情有想提問的地方，或只表示：都沒有問題嗎？沒有問題最好。其實便示範了這個老師對於班級中的學習意見開放度較低。

(5)設定目標：如果團體的收穫就是今天大家在團體中的遊戲玩得很高興，這表示領導者與成員的目標設定為不一樣，而這不是真正理想的團體現象，但在現實中卻常發生，特別對於實習級的領導者而言。因此設定目標之重點就是：「將自己對團體設定的目標也變成成員的目標。」例如：此次團體單元目標——學習與他人協調意見，領導者可告訴成員：上次團體大家好像興趣缺缺，今天讓每個人輪流談一下想在團體中做的事情，然後大家試著討論看看在這裡要做些什麼，每個人可以試著想想看、說說看，團體的單元目標就比較可以在成員自發性行為中達成。

(6)評鑑：

・為了得知結果所做的評鑑是「結果性評鑑」，通常會出現在研究中，如對於憂鬱傾向的學生，在團體前、後評估其憂鬱程度，而團體後做的評估就是一種結果性評鑑。

・為了達到某種結果，在過程中加進介入、改變，這是「形成性評鑑」，如領導者為了讓成員感受家庭中不同角色的感受，以求促使新的互動模式，而利用角色扮演，讓成員選擇扮演其他家庭角色，並讓成員分享扮演該角色獲得的新感受等都是。

・使每個當下都能完形：領導者要學習一邊帶團體（正在做的事）、一邊進行評鑑，意即使用後設思考來看這件「正在做的事」的效果，然後再思考還有沒有「可以做的事」，此為評鑑的真正內涵——同時進行結果評鑑與過程評鑑。

(7)結束：重點在於儘量每次聚會都讓對方有所收穫。如對年紀較小的

孩子而言，「複述」在教育上是一個用來凝固學習很重要的動作，例如這次團體活動是盲人走路，活動固然有趣，重點是讓小朋友瞭解這個活動背後的用意；在收穫部分加以「解說」對國中學生也非常需要；再者，例如八次的短期團體，一定要加上「家庭作業」，因為有經驗的工作者都知道——改變往往都是在週與週之間發生的，因此實行有趣、小到成員能做得到的家庭作業是十分重要的。

2. 談沈默技術如何使用得當

(1)先瞭解沈默的意義何在：舉例說明，一個新手諮商師以遊戲治療與兒童個案工作，此個案在遊戲治療中看著每樣玩具，但都沒有伸手去拿；或是個案一直發呆，使諮商師與個案持續了整整一小時的沈默，之間諮商師嘗試了各種方法，但越試個案就越沒有反應。這個沈默的意義是什麼呢？後來才發現事情的真相，那就是：當時做遊戲治療的諮商師，用一般人的想法思考，去買了很多新玩具，目的是為了要讓個案有撕開玩具的快樂，所以所有玩具都沒有拆封，而這個中產階級的思想，卻忘了窮人家的孩子玩的通常是舊玩具，在這種狀況下個案就只能一直發呆、沈默。因此這個經驗中，沈默的意義在於：個案對於眼前的世界感到陌生、不知所措，而諮商師活在自己的世界中，沒能進到個案的內在。

(2)從諮商員的觀點：如何看待「對」與「錯」，來看技術的使用得當。

如上述例子是從錯誤中學習，有時候會使諮商者以為是使用技術（沈默）上發生了什麼事，但其實是當時忽略了真實狀況。因此任何技術如何使用得當，都是從錯誤中學習寶貴經驗，如果沒有負面經驗，不會知道「怎樣是不適當的」，對錯誤要寬容一點，最怕的並不是傷害當事人時自己有所覺察，而是傷害當事人時沒有覺察。除了使用技術，還要學習考量各個層面，例如：看個案的內在狀態、評估外在環境、省思自己的文化影響等，要瞭解諮商的改變不只是使用技術而已。

Q9

一個團體在達成目標上，需要每位成員的合作和努力，而團體經常出現「常說話」和「沈默」的兩種成員，常說話者往往容易吸引團員目光，沈默者較易被忽視，領導者可以如何協助這兩種團員？

A9

對於成員的狀況先審慎考量，再考慮是否要分別做處理：

1. 先考量團體的階段

從團體階段去看，可以知道成員在各階段中的地位，例如A成員的談話表面上滔滔不絕、言之有理，在團體初期是可以增加團體認知性學習的機會，但在團體中後期，此種「專家類型」的成員可能會打斷團體的感受性和立即性，對於團體往深度發展並無幫助；例如B成員極少發言，即使是輪流的情況中也是短短幾句話，此種沈默類型的成員對團體的幫助是容易讓團體注意力聚焦，在中後期則可能會使團體中的主要勢力（如攻擊者或保護者）現身，這對於團體動力其實是有所幫助的，讓公平議題得以浮現（但可惜的是大部分領導者都避之唯恐不及，因為自己本身就可能沒有處理衝突之經驗與能力）。

2. 考量言語的重要性

領導者不只是觀察成員話多、話少，也要看誰說的話較有用和重要，有時即使話少、但字字珠璣，對於團體也是很有幫助；而話多成員講的話若常不著邊際，即使是在團體初期易引起注意，在團體中後期，他就可能會受到團體的制裁或得到其他反應。

3. 可運用「公平」技巧

倘若成員在溝通互動時，明顯的有說太多話和幾乎不談話者，領導者可以運用公平的技巧，邀請幾乎不說話的成員一起加入討論，或是在輪流發言時，給予不常說話的成員多一點等待與支持，製造讓該成員繼續發言的氣氛，或是在小組討論時，給予輪換發言的指令，例如每人講五分鐘。

4. 瞭解沈默的意涵

領導員要瞭解沈默其實有各種不同的意涵，沈默的成員可能等著被邀

請、個人特質所致、正在專心聽其他人說話，或團體令他感到不安全等，領導者要敏感地覺察成員的狀況，才適當的介入。任何團體中都會有話多和話少的成員，這是經常發生的現象，所以不論是內向或外向引發的問題，都是一種有意義的議題。

Q10

就一個非完全自願的小團體中，在團體初期要營造團體信任氣氛時，除了傳遞接納、支持與合作的意圖，與利用信任活動，如遮眼逛大街、信任跌倒等，要如何引導以增進團體信任感？

A 10

重點在於活動之後的引導。

通常成員會討論活動中發生的具體事件，領導者可以提出成員間沒有發現、沒有分享的部分，並且進而引導成員思考「要讓別人信任，可做些什麼？」，如主動為團體做事、願意與其他成員合作、自我坦露、給予其他成員真實的回饋等。因此，這類活動的主要目標其實並不是增進成員信任、也不是讓成員瞭解信任的重要性，而是要讓成員明白——「要做些什麼，才可以讓別人信任」，當彼此做出這些行為時，無形中便增進團體的信任感與凝聚力。

Q11

在團體中透過治療師非指導性的態度，加上團體本身造成的焦慮，可能促成退化，而之所以要促成退化的緣故，是因為要卸下成員們本身的防衛，使之將其內在的世界表露出來；然而，當團體結束之前，領導者是不是也要有一些「儀式」或方法，使成員們再度回到現實中呢？

A 11

團體過程中，治療師會有意（有工作目標的）或無意（個人風格或

潛意識之需求）地促進成員的退化，退化之後會產生混亂，而混亂的過程中，便可以開始回到一個人的「中心」，此時才是最接近成員內在世界的時候，因此治療師在團體當中，可以營造出讓成員退化的氛圍。例如：在團體分享個人經驗時，治療師正確無誤的反映出某成員當下的不安、緊張的情感，引導成員從自己害怕之表面權威的人際關係，回到家庭關係上進行思索，讓成員有機會回到個人的中心感受，退化至過去受影響的個人身上。

　　不過，在團體結束前，治療師還是得透過「總結」或是「統整性摘要」，來幫助成員回到現實，將回到中心時所得到的訊息好好保留住。如成員在退化時哭泣、表露出過去受傷的情緒，領導者可以這麼做：

1. 先同理表示接納該成員的反應。
2. 向團體詢問剛才發生的狀況、該成員的反應為何。
3. 對團體總結剛剛發生的事情，例如：「剛才某成員聽到我說：『我發現你在團體中經常不發言，這可能是受到過去自己感受不好的經驗所影響。』之後，便開始哭泣，她在此刻正重演過去的情形，而無法動彈。」
4. 接著再向該成員反應：「你剛剛心裡面可能經歷了過去受傷的經驗，而在這裡能將情緒表現出來是好的開始，你現在可以慢慢瞭解與思考自己所受過去經驗對現在的影響是什麼嗎？」如此將成員退化的狀況拉回現實，也幫助團體瞭解與學習剛才發生的事情。

Q12

領導者有一項功能為「流通團體的資源」，有效的團體領導者可以正確評估團體資源之來源並促動其流通的效果，那麼一般可利用的團體資源有哪些？如何評估與運用？

A 12

1. **分析團體的資源**

   ⑴具體資料：如性別、班級、年齡。

   ⑵心理資料：如歸屬感、安全感、個人承諾。

   ⑶團體的眾議決：如小團體分享、回饋。

2. **資源評估**

   例如一個十五人組成的青少年團體，有數個成員來自同個班級，帶著原先的次團體來到大團體中，領導者可以這樣評估：

   ⑴青少年處於認同階段，建立凝聚力的原則是借用個人對團體產生的承諾和歸屬感。

   ⑵因成員來自各個班級，所以可利用小團體的凝聚力和歸屬感來形成大團體的凝聚力和歸屬感，會比較快，這種團體資源就是「次團體的凝聚力歸屬感」。

3. **資源運用**

   領導者可以這麼做：

   ⑴先設定一次團體的主題是分組作業，可先以原班級為一組，想像自己的組別是鴿子的哪一個部分，並拼成一個完整的圖，以代表一個完整的團體。

   ⑵向成員說明以後每一組都屬於這個團體的一部分，那麼每一組對團體的貢獻可以是什麼？以拼圖為例，向成員表達如果能每次都到齊，拼圖就會最完整，沒到一兩次拼圖還是可以很完整，藉此詢問其他成員，這個團體可容許的最高缺席次數的建議，以及每次團體每組至少要有幾人出席，才可以讓團體完整（如有來的人可以跟沒來的同學分享團體內容和心得）。

   ⑶讓每一小組（次團體），為自己的組別取一個名字，要說出命名的原因，以及這個名字是屬於鴿子（大團體）的哪一個部分，最後更可以練習編成一個故事，以便更認識彼此。

   ⑷再為大團體取一個名字，例如為鴿子取名，因為這是大家共同的產

出，想出來的過程就會使成員更認同這是他們的團體，而自然達成
團體凝聚力。

Q13

國內團體似乎出現「帶領心理團體，等於帶一、兩個遊戲（活動）另
加上一些問題討論」的現象，探討形成此依現象形成的原因中，有
「專業成熟度」之影響。而領導者似乎總是要對於團體動力有更多經
驗的掌握後，才能發現依賴溝通活動所造成的代價，這「代價」是指
什麼？而溝通活動與團體諮商的關係又是如何？

A13

　　首先可知道：(1)過分依賴溝通活動，是初級領導者的共同特質，這樣
比較不會害怕開天窗，一般現象即是如此，所以可以帶著這樣的瞭解去帶
團體，並沒有什麼不好；(2)可以每次都準備一些額外的活動，當原本準備
好的活動已沒什麼可以再發展時，領導者就可以將這額外、類似的活動拿
來，繼續帶領團體。

1. **過分依賴溝通活動可能的代價——比較不能瞭解、體會團體的真實動
   力**
   (1)**團體可能會一直處於「假工作」的動力中**：通常一個初級工作者的
      心態比較喜歡營造一個「大家都很參與講話，又能夠講的很久，而
      且最後大家都覺得很有收穫」的團體。通常在進入工作期之前，團
      體可能需要成員互相友善、正向的氛圍，可是不能一直在這個狀
      態，若一直持續這種現象，其實很明顯是一個「假工作」的團體現
      象——團體不能真正工作（如無法表達並解決衝突或岐異）。所以
      溝通活動若能促使大家講得很多、很愉快，這對團體初期階段是重
      要的，但不表示這一直是好的團體動力。
   (2)**無法進入真正團體的後期階段**：這個問題需要加入「團體階段」的
      觀點來思考。目前一般在學校帶領的八次團體，常利用溝通活動帶
      完八次團體，很容易只停留在「假團體」的狀態，是常見的狀況。

假若有帶長期團體的經驗，如經驗到忍受沈默、團體因無法忍受某個成員而爆發、團體改變等狀況，這些經驗通常需要是三十次的團體才較能看到的現象，而短期、使用溝通活動帶領之團體便經常無法經歷這些後期階段之經驗。

2. 溝通活動與團體諮商的關係

(1)依靠溝通活動成了團體真正動力的阻礙：對初級領導者來說，溝通活動可能是一個必需品，假設團體在兩次帶領溝通活動下有不錯的經驗，增加了對成員的特性之瞭解，成員對團體或其他成員也增加一些對彼此之好感，那麼前兩次的溝通活動便是有意義的。可是這個必需品如果變成依靠，團體就很容易變成只是帶溝通活動而已，通常會妨礙團體動力，妨礙真正的互動。所謂真正的互動是，一個團體不只是進行「正」的互動（肯定、支持、溫暖），它也會對「負」的部分（對立、抗拒、冷漠）有所工作。

(2)領導者要思考自己與溝通活動的關係：領導者依靠溝通活動的程度為何？是一有狀況就會發慌嗎？而且溝通活動有沒有達到催化團體互動的功能？又達到了多少？若其溝通活動的目標是要催化團體互動的增加，也達到了，那麼這個溝通活動就是有效的、有意義的；可是若領導者只是想靠溝通活動撐過一段團體時間，那這活動就是沒有意義的，所以溝通活動不一定是好或壞的，而是要看團體領導者怎麼樣與它產生關係。

Q14

假設在青少年團體中，某一個成員提出想玩電腦不想上團體的議題，此時領導者常慌了手腳，針對特定成員做反應，而不是對整個團體做反應，可以如何探討此現象？又如何處理這個團體目前發生的狀況？

A 14

1. 現象探討

　　初階的領導者在此事情上常出現自動化反應的現象（如引導或誘導成員之注意力回到原先團體的活動上、告訴成員現實上無法做到、努力應付該成員的要求），也就是領導者把自己歸類為權威或老師的角色，去處理特定成員的難纏要求，卻忘了注意或選擇團體中其他人的意見來作反應，其中可探討的是：

　　⑴個人潛意識中具有的權威認同：領導者根本沒想到要挑戰這個事情，只是迎合這個要求，對於別人的（或權威的）要求一概接受，忘了自己擁有調整、選擇的權利。

　　⑵忽視了團體的特質：領導者忘了團體中還有其他成員，忘了利用整個團體作反應對象，而只針對此特定成員作反應。

2. 處理方法

　　可先讓團體其他意見出來（至少三種），再去處理。當團體中出現這樣的聲音，領導者可向團體詢問：

　　「那這個真的是團體的想法嗎？我們可不可以來看看大家的意見？」

　　「如果你可以使用這一小時，你想要做什麼呢？」

　　「如果團體討論出大多數人都想玩電腦，那大家是否願意花一小時的時間討論你們要玩什麼項目？又要如何才能讓團體的目標也一起達成？」

　　其實只要能達到團體的目標，即使玩電腦有什麼不可以？一起工作對於青少年期的學生是珍貴的經驗，也應該是諮商員展現與其他老師不同之處——尊重這些孩子，同時也教會他們如何尊重他人，如老師。

Q15

當團體領導者遇到提出異議、反對或批評意見的成員時，領導者可以抱持何種態度？可以如何處理？

A 15

1. 這是「領導者如何正面迎接團體挑戰」的議題

在一般回應問題的過程中，我們會依潛意識的內容，例如權威化認同、不能容忍異議的方式來回應問題，其實領導者真正擔心的可能是場面失控，領導者因為自己安全感不足，而假定提出異議的成員之意見是無法改變的，然而此不能容忍異議的代價則是真相無法呈現。人有一種潛意識就是不容異己，經常領導者怕遇到的就是自認是負面的或與自己不一樣的東西，這件事不就是防衛嗎？真正的不防衛是一個很長的學習過程，領導者可以試試看正面迎接團體的議題，這些反對的、批判的異議，這些才是我們真正怕的東西，而不是成員。

2. 正面迎接與真正工作

(1)找出真正需要工作的地方：成員在團體中提出異議，例如想玩電腦，其原因可能相同也可能相異，但「背後的真相與內容」才是領導者真正需要工作和可以瞭解他們的所在。例如成員家中經濟狀況不佳，沒有電腦可玩，想玩電腦是想跟同儕有共同話題；或成員在家中沒有受到父母適當的關懷，成天習慣與電腦為伴，這些都是領導者可以正面迎接團體和加以工作的事情。

(2)練習不防衛：可經常練習的是「不要那麼怕別人對自己有不同的看法。」例如此問題中遇到反對意見的成員，領導者可嘗試雙方進行真實溝通，如領導者與成員（或老師與學生）一同討論團體的過程，有哪些部分可以澄清、哪些部分可以改善、哪些部分可以接受，如此雙方可以比較感覺平等，也更加信任彼此。或者是練習講出一個對某成員不一樣的負面看法；向他人坦露自己最不喜歡別人批評的部分，都是練習正面迎接的方法。

請說明領導者的訓練模式。

A 16

　　依循領導者的能力程度，分為初層次、中層次與高層次，在訓練上也有不同層次，依下列幾個向度做說明：

1. **團體目標之設定**
   - 初層次：多半為自我成長、交友、生涯、社交。
   - 中層次：焦點導向，如憤怒控制、情緒管理。
   - 高層次：心理劇、家族排列等靈性議題之成長。

2. **技巧之訓練**
   - 初層次：專注、同理、在水平層次（廣而不深）蒐集資料、開放式問句、導引、角色扮演（如社會議題劇，演劇過程中投射價值觀，但是不必很細膩的處理自己的事情）。
   - 中層次：高層次同理、解說澄清、支持保護、問題解決、決策、角色扮演（如演出家裡最常發生的衝突，譬如不溝通、冷戰或對質）。
   - 高層次：心理劇（如演出家庭核心問題，如爸爸過於權威、造成自己對任何權威都有反感之心態等）。

3. **學習方式**
   - 初層次：觀察團體領導者之行為特徵（旁觀學習），嘗試練習技巧。
   - 中層次：以觀察、瞭解團體領導者之行為意圖、練習與熟練技巧為主。
   - 高層次：以熟練、創新、視情況靈活應用為主。

4. **與溝通活動的關係**
   - 初層次：每次團體設計一至兩個。
   - 中層次：設計後有所調整，不完全依賴溝通活動。
   - 高層次：因成員的問題而常出現創新活動，能創造性的使用同一種溝通活動。

5. 做領導者之練習
- 初層次：學習當成員及成為有效的成員。
- 中層次：內化自我認同的角色且出現行為，學習與其他成員配搭成為領導者，接受同儕回饋，並從專業督導中，處理自己未盡事務。
- 高層次：經過至少十年左右的專業工作（重點在處理過個人議題，並已能時時覺察），並成為督導。

6. 交互作用的變化
- 初階：領導者對成員談話。
- 中階：領導者連接某A成員至某B成員。
- 第三階段：成員互動開始增加。
- 第四階段：回饋環形成，領導者對某A、B發言，某A對某C發言，某C對某D，某D又再回到某A，這都只是一種假設性的舉例，意即互動的型式要越交叉越好。

團體領導者的訓練模式依循領導者能力層次有所不同，如同由團體輔導開始，接著是團體諮商，最後是團體心理治療，各有不同層次的訓練。

Q17

在多元性的團體諮商中，並不主張以某一個特定的理論學派為思考，是否因問題情況不同而以某理論學派為主會是較佳的選擇？還是說，領導者應覺察自己的思維較傾向哪一學派，如此才能對問題有較清楚的脈絡且更有效的處理？

A 17

當諮商師處於專業養成的歷程時，對於個人的思維傾向屬於何學派，可謂仍在摸索與體會階段，常無法以「全然」的角度決斷說明個人是某一學派理論的力行者。因此，若要協助團體能順利且更有效解決不同階段的問題，且考慮到帶領者個人的理論傾向時，應先從「團體與領導者的發展歷程與成長」來看，才能有較清楚的脈絡，見表2-8說明領導者成長歷程之發展重點與內涵。

♣表2-8　領導者成長歷程之發展重點與內涵

專業養成階段	發展重點	內涵	實例
十至十五年之取得碩博士學位前專業養成階段（約三十五歲前）	1.瞭解自己天性的傾向	每個人都是獨特的，皆具有其天性，無論是崇尚性善或是性惡，都是個人特質及經驗所致。然由於每學派的哲學觀皆有其所不同，因此，未發展不同學派之精熟前，應先瞭解自己本身天性的傾向。	若個人的天性有80%傾向「個人中心」，如此可謂其較相信性善論，亦可能較容易發展出接納、同理的特質。
	2.學習不同的理論學派	在諮商專業養成的過程中，個體應廣泛學習各種不同的學派理論與技術，然後，從中汲取最適合個人的學派傾向，學習其不同的理論與技巧。	在專業養成的過程中，深入學習有關敘事與隱喻的理論（以個人中心傾向之學習者為例）。
取得碩博士學位後約十年間實際工作階段	3.進行完形的統整工作	進入此一階段的個體可謂是在專業成長方面趨於穩健，會開始進行較深化個人心靈層面的成長。	敘事與隱喻學習後再更進一步探索榮格的理論（神話與象徵），也許喜歡敘事與隱喻之學習者，亦會傾向使用沙遊、表達、催眠等表達性技巧。
統合階段	4.因應求助者特性不同而工作	視前來求助者的特性不同而採取不同的工作方式，可謂是一種看人辦事的「處方（策略或折衷）學派」。	因求助者的不同，而選擇不同的治療技術。

綜合而言，要能扮演一位稱職的團體帶領者，應：

1. 覺察自己的特質，並將自己所接受的專業訓練背景與所帶領的團體特性等統合考量。
2. 以統整的視角來看待團體各階段的問題。
3. 在以個案及團體福祉為考量的前提下，協助團體更順利進行工作。
   如此才能有效達成個體及團體的目標。

Q18

關於專業能力與自我限制上之拿捏原則——在雙向溝通中，權威階層仍然會影響成員間的溝通，而在團體中，領導者就是高權威者，要展現自己專業能力，也可能因此掉入不情願顯現自我脆弱的處境，而領導者應如何在真誠與穩固專業間自處？

A18

　　此種問題並沒有標準答案，團體成員面對領導者的專業能力與真誠各有不同反應，例如：有的成員比較希望領導者展現專業能力，有的成員比較傾向領導者真誠的表現自己的弱處，成員的特質很難控制。因此此處從領導者的角色來討論，將領導者的專業水準分成低、中、高的程度來探討領導者可能的反應：

1. 專業程度低的領導者，會比較想要被別人評價為好，所以通常要接受自己的弱點比較困難，因此他可能會迴避成員反應、或是在擅長的部分講得特別多，其目的都只是要去遮掩那個內在自覺不好的焦慮，這是初級領導者常有的現象。

2. 中級領導者則已經知道自己的優點或缺點，所以如果帶團體時遇到有人挑戰他，就比較會作當面的「澄清」。舉例來說，領導者說明理情治療中的對質的定義，但成員A可能急於要證明自己的專業，因而告訴領導者：「你說的理情治療的做法，跟我在美國學的理情是不太一樣的。」這件事表面的意圖好像要攻擊領導者，其實不一定如此，說不定該成員A真正的意圖是要彰顯自己。所以如果水準到中級之後的團體領導者，通常比較能夠接受不同之立場，也比較能夠客觀的來討論這件事情。這時候最好的做法就是「回到團體」，問問其他人的看法為何。

3. 高層次的領導者，遇到上面的案例，成員A跟領導者說：「老師我想要補充一下，我們在美國學的理情之面質不是這樣。」此情況中，領導者可以說：「你引發我的焦慮了，如果你是我，你會怎麼辦呢？」把問題丟回去，看這個成員怎麼處理，這不正是「對質」嗎？高層次

的領導者會跟對方玩，其實不就是在工作嗎？

　　除此之外，不論低中高層次，領導者還可以考慮到Bowlby的依附理論，可以常練習將依附理論連結、運用到實際情況中。

　　例如一個成員常常沒事找事，找領導者討論學理上的東西，他的意圖很明顯，應該是要證明他自己擁有專業，假設這種成員是焦慮依附的人，則焦慮依附的人要遇到安全依附的領導者覺得最為安心。若是領導者也是焦慮依附的人，此時要有自覺的能力，發現自己跟該成員一樣焦慮、可能快出現防衛了，惟有自覺可以幫助領導者有效處理這件事情。還要覺察：自己能夠做得出安全依附的反應來協助成員嗎？做諮商工作的主要訓練目標之一，就是在培養覺察的速度和能力，如此才能幫助領導者在工作時看清自己的習性，並有效工作。

❖　第三部分　歷屆考題精選　❖

一、治療團體的帶領可以單一領導者或協同領導者（co-leader）配合帶領，請論述協同帶領的優點與缺點，並舉例說明可行的協同領導模式。　　　　　　　　　　　　　　　　【97年專技心理師第一次考試試題】

二、試圖舉例說明團體領導者自我揭露（self-disclose）太少或太多對團體的影響，並說明領導者適當與催化性的自我揭露（self-disclose）的做法。　　　　　　　　　　　　　　　【97年專技心理師第一次考試試題】

三、越來越多的研究發現與諮商心理師／治療師相關的變項在諮商與心理治療效果中的重要性。請具體說明團體治療師在團體中的三項基本任務（basic tasks），並各舉一個團體實務經驗為例說明之。

　　　　　　　　　　　　　　　　【96年專技心理師第一次考試試題】

四、名詞解釋：後設坦露（metadisclosure）。

　　　　　　　　　　　　　　　　【96年專技心理師第一次考試試題】

參 考 文 獻

王智弘（2008）。正視諮商心理師缺乏督導訓練的問題。**臺灣心理諮商通訊**，214。檢索於2010年1月21日，自臺灣心理諮商資訊網。網址：http://www.heart.net.tw/epaper/214-1.htm

何長珠（2003）。**團體諮商—心理團體之理論與實務**。臺北：五南。

李郁文（2001）。**團體動力學—群體動力的理論、實務與研究**。臺北：桂冠。

吳秀碧、許育光、洪雅鳳與羅家玲（2004）。非結構諮商團體過程中領導者技術運用之研究。**中華心理衛生學刊**，**17**(3)，23-56。

吳秀碧、洪雅鳳、羅家玲（2003）。團體諮商歷程中領導者意圖與聚焦之分析研究。**中華輔導學報**，**13**，117-150。

潘正德（1995）。**團體動力學**。臺北：心理。

Bednar, R. & Kaul, T. (1994). 'Experiential group research: Can the cannon fire?'. In S L. Garfield & A. E. Bergin, (Ed.), *Handbook of psychotherapy and behavior change* (pp.631-63). 4th ed. NY: Wiley.

Corey, G (1990). *Theory and Pratice of Group Counseling*. (3rd Eds.). California: Brooks/Cole.

Forsyth, Donelson R. (1990). *Group Dynamics*. (2nd Eds.). California: Brooks/Cole.

Gerstern, J. S. (1992). *The group counseling skills of adventure-based counselors: A survey examining nelwant group counseling skills, perceived group counseling skill competency levels and group counseling experience*, DAI-A 53/06.

Gladding, S T. (1991, 2002). *Group Work: A Counseling Specialty*. NY: Macmillan.

Graham, R. J. (1997). *School counselors perceptions of their job role and functions*, DAI-A 58/12.

Jacobs, E. E., Masson, R. L., & Harvil, R. L.（2008）. 團體諮商：策略與技巧（程小蘋、黃慧涵、劉安真、梁淑娟譯）。臺北：五南。（原著出版於2006）

Johnson, D. W. & Johnson, F. P（2005）。團體動力─理論與技巧（任凱譯）。臺北：學富。（原著出版於2003年）

Lieberman, M., Yalom, I. D. & Miles, M. (1973). *Encounter Groups: First Facts*. NY: Basic Books.

Nance, S. M. (1991). *An examination of the cognitive complexity of group counseling Trainees*, DAI-A 53/05.

Rutan, J. S. & Stone, W. N.（2004）。心理動力團體治療（唐子俊、唐慧芳、孫肇玢譯）。臺北：五南。（原著出版於2001年）

Speckhart, D. S. (1999). *An investigation of the experiential component in group leader trainees acquisition of here and now intervention skills*, DAI-B 60/08.

Shecter, N. F . (1997). *School counselove and small group counseling: Levels of training. Perceptions of effectiveness and actual practice*, DAI-A 58/09.

Stockton, R., Morran, D. K., & Clark, M. B. (2004). An Investigation of Group Leaders' Intentions. *Group Dynamics, 8*(3), 196-206.

Trotzer, J. Pr. (1977). *Counselor and the Group: Intergrating Theory, Training, and Practice*. Beleiont Califormia: Wadsworth.

Trotzer, J. Pr. (1999). *Counselor and the Group: Intergrating Theory, Training, and Practice*. Talyor & Francis.

Zimmick, R. (1999). *Basic and advance group counseling skills as a core and theory-based curriculum*, DAI-A 60/08.

Yalom, I. D. (1985). The theory and practice of group psychotherapy (3rd ed.) NY: Basic Books.

Yalom, I. D.（2001）。團體心理治療的理論與實務（方紫薇、馬宗潔等譯）。臺北：桂冠。（原著出版於1995年）

第三章

團體成員

---本章學習重點---

1. 學習區分成員的整體性質。

2. 瞭解團體成員的各類角色。

3. 探討成員的個人心理特質,及對團體之影響。

4. 瞭解成員常見的問題及處置原則。

5. 探討成員在不同階段的改變與挑戰。

❖ 第一部分 理論 ❖

　　人類的行為經常受到所處環境的影響,而行為又影響了環境的變化,在諮商團體中,團體成員的特性與團體情境(例如:凝聚力、團體性質)經過統合運作的過程,包括溝通的方式、內容、目的,與領導者的人格特質、技巧等,能同時促進成員的改變與團體的發展,可知在諮商團體中的觀察可以分為個人行為及團體行為,無論是團體成員的個人特性或是團體性質,皆深深影響團體的互動關係、團體進行的結構與團體動力的運轉,因此,領導者的首要工作便是瞭解成員及其行為,以及每一個成員與團體之關係。成員對於自身參與程度之決定,將影響到團體治療性效果,也就是說,成員必須負起決定自己是否願意投入團體、為團體付出一己之力、抑或只圖私利的責任,然而,即使成員在團體中做出積極參與的承諾,但

是由團體成員所引起的問題還是很多。因此，對於成員動力的瞭解將有助於領導者妥善處理團體的困境。本章便針對團體成員的部分進行說明，包括成員的性質、角色、個人特質、問題成員，及階段性改變與挑戰等。

 第一節　成員組成的整體性質

每一個新的團體都擁有其特徵，這種特徵對其他團體而言，是既不能複製也無法仿造的，是由成員在日常生活中，所表現出來的各式各樣的特性，交織而成該團體的一種特徵。因此，領導者在進入一個新團體之前需瞭解團體成員的組成特性，例如：年齡、性別比例等，因為成員的性質影響從一開始的方案設計、團體目標，到領導方式與團體歷程，都會有很大的不同，領導者應多加瞭解成員性質並保持敏銳與彈性的態度。

最常用來區分的性質是「年齡」，Corey和Corey（1992/1998）在《團體診療歷程與實務》一書中，便依年齡區分不同性質的團體，包括：兒童、青少年、成人、老年人，花了許多的篇幅，針對這些不同性質的諮商團體進行陳述，包括該團體的特殊特質、需求與問題，並且因應不同年齡層的發展和面臨的挑戰，可能需要不同類型的團體，例如：兒童團體中的離婚子女團體；青少年團體中的未婚爸爸團體、戒毒復健少年團體、酗酒子女團體；成人團體中的體重控制團體、物質濫用團體、愛滋病危機團體、亂倫受害者支持團體等；老年人團體中的喪親團體、老人和青少年混合團體等。

除了年齡的區分方式，團體成立的目標不同，便造就不同的團體性質，第一章已介紹各類團體模式，而在實徵研究部分，林繼偉、潘正德、王裕仁（2003）檢視了ASGW分類系統下三種類型團體：任務、教育心理與諮商團體之領導者經驗與團體成員治療因素知覺，共有一百一十三位大學生和七位諮商員參與三類型的團體。研究發現因為團體成員類型的不同，而團體成員覺知治療因素的程度便不相同，整體而言，諮商團體的成員比教育心理、任務團體的成員覺知更多的治療因素。同時，在某些因素上，教育心理團體的成員比任務團體的成員覺知更多治療因素。因此，可

以知道成員組成的性質不同，不但影響領導者的領導方式，也影響到成員的知覺。

徐西森（1997）在《團體動力學與團體輔導針》一書中，對不同特性的成員組成，提出適合該團體的方案設計重點，分為以下幾點：

1. **年齡**
   - 年齡層低：動態性活動設計，例如：國小兒童。
   - 年齡層高：靜態性活動設計，例如：社會人士。

2. **性別**
   - 同性團體：可設計肢體性活動。
   - 兩性團體：可設計分享性活動。

3. **特質**
   - 異質性高：傾向多元化活動設計。
   - 同質性高：傾向情感、支持性活動設計，例如：失婚團體、單親團體。

4. **學歷**
   - 學歷高者：傾向認知性活動、學習性活動設計。
   - 學歷低者：傾向技能性活動、訓練性活動設計。

5. **個性**
   - 內向性者：傾向催化性活動設計。
   - 外向性者：傾向多元化活動設計。

由這些文獻可知，團體成員的組成會有些一致特性，而形成其獨特的團體性質，也因此需要配合其特性，做適合的方案設計、領導模式等。以下以「青少年諮商團體」為例，提出青少年團體的困境、團體設計之原則，以及因應策略。

一、青少年團體的困境

何長珠（2003）在其《團體諮商—心理團體的理論與實務》一書中，提出青少年在諮商團體中的困境，進而造成團體的挑戰：

1. 成員缺少動機，影響團體動力：很多青少年團體是屬於非自願性的，

這些團體可能是學校、法院或機構指定的，因為多數青少年不覺得自己有問題，即使有，或許也會選擇不想與他人討論。當團體是非自願性的，成員本身缺乏參與團體的動機，領導者則可能會遭遇成員抗拒、不願意在團體中自我揭露、無效的參與、缺席或中途流失。

2. 成員不接受團體規範，影響團體凝聚力：青少年常因不知道團體的性質與進行方式，或基於反叛、抗拒心理，而不接受團體規範，如此會破壞團體的信任與凝聚力。

3. 成員無法自我揭露，使團體諮商難以發揮其功效：青少年不知如何在團體中自處、害怕團體情境、缺乏參與動機、抗拒的情緒等因素，導至自我揭露困難，不願在團體中與人討論自己的困擾，拒絕分享感覺、想法與態度，這些狀況會使團體諮商無法發揮其該有功能。

4. 成員難以類化在團體的所學於日常生活中，使團體成效不易彰顯：青少年常缺乏改變意願、或不知如何類化團體所學於日常生活中，使團體效果大打折扣。

二、團體設計之原則

由於上述青少年於諮商團體中的特質與限制，Gazda提出「認知—行為模式」適合應用於青少年團體諮商（何長珠，2003），將「活動和晤談」兩者混合使用於團體諮商中，即先以團體的活動引導，活動後進行討論、晤談。依循此概念，團體領導者在設計青少年團體諮商時應注意下列原則：

1. **團體主題**：成員參與動機較為低落，所以，應以大多數青少年感興趣的、困擾的議題為團體探討的主題，來加強成員的參與程度，團體諮商的目標在於協助成員達成發展任務，更甚於邀請成員深度的自我覺察。

2. **團體時間**：配合學校課程作息時間來安排，以不影響其課程為原則，約四十至五十分鐘。並且，避免安排在精神不佳時段（大清早、中午午休），或是與其他有趣的課程衝堂（社團課程、體育課）等。

3. **團體次數**：青少年團體的凝聚力甚為重要，由於每次進行時間較短，

因此頻率可以較為密集，如一週可進行一至二次，並且為了使團體能有效進入工作階段，團體總次數不能太少，最好能持續十次以上，此外，須考量學校的學期制度，避免因為寒暑假、期中考等，造成團體中斷，而影響團體效果。

4. **團體人數**：以一個成員最好平均至少占有五分鐘的團體時間為原則，八至十人為宜。人數過多將因時間的考量而影響團體的深入性；而人數過少將增加成員的參與壓力，並且較難發揮人際互動、腦力激盪的效果。

5. **活動與媒介物的運用**：為增進團體的趣味性、多元性與成員的參與度，可以善加利用，青少年感興趣的活動或熟悉的媒介物，例如：肢體活動、人際溝通活動、角色扮演等活動；音樂、影片、繪畫、動畫等媒介物。

6. **具有領導者的結構性團體較為適合**：在團體早期，成員對團體進行方式通常不甚瞭解，結構有助於團體運行；反觀，自助式團體或無結構性團體，容易出現團體散漫、沒有方向而無法進行之現象。因此，團體中的領導者可有較多的引導與示範，使成員知道如何在團體中互動。

7. **同質性團體較適合青少年**：因成員有某種相似的情況，較能提供成員彼此的支持，減少衝突、增加凝聚力，較有共同關切議題以利團體發揮其效果。

8. **尊重家長的監護權**：由於青少年未成年，領導者在帶領團體前除徵求其參與團體意願外，最好取得監護人之同意，以免他日產生不必要的困擾與糾紛。

9. **可配合諮詢以增進團體效果**：青少年之困擾經常與外在環境及重要他人息息相關，除了青少年自身參與團體外，必要時可配合提供家長諮詢或諮商，改變環境對青少年的負向影響，或由重要他人提供正向健康的成長環境，都能增進對青少年輔導的效果。

三、因應策略

　　謝麗紅（2002）在其《團體諮商方案設計與實例》一書中，亦曾針對上述青少年團體的問題，提出以下的因應方式：

1. 增強青少年參與團體的動機與意願，減少其抗拒。
2. 儘量引導團體成員討論與澄清，使成員的個別目標與團體的目標能達到一致。
3. 具體設定團體規範，並強調團體規範對團體的運作的重要性。
4. 說明團體的互動與進行方式，讓成員清楚如何參與團體。
5. 將所有成員納入團體的互動過程中。
6. 避免以專斷、訓誡、評論或專家姿態操縱團體。
7. 與成員分享領導者的任務、鼓勵成員彼此協助。
8. 有耐心地等待、鼓勵較害羞的成員說話。
9. 尊重成員參與團體的意願，不強迫成員參與。
10. 注重團體活動安全性，小心保護成員避免身心受到傷害。
11. 指定家庭作業，教導並鼓勵成員落實在團體所學。

 ## 第二節　團體成員的角色

　　以群體動力的觀點來說，角色是團體結構中重要環節之一，所謂「角色」是指在團體中用來區別和指定成員間不同的職位、工作和責任。而團體成員的角色對團體成效影響極大，因為它既建立了團體的焦點，又為協助的關係提供一種治療性的資源。何長珠（2003）認為團體成員的角色常是「受諮商者」、「協助者」、「模範」和「真實性之檢核者」四者之組合，以下分別介紹之：

一、受諮商者

　　諮商團體假定所有的成員，都是因為某些個人問題才來參加團體的。因此，就某些觀點而言，他們屬於被協助的位置，應參與表達自我觀點，若是成員拒絕在團體中探討他個人的問題，那可能意謂著，他尚未準備好扮演受諮商者的角色，放棄了成長和被協助最好的機會，領導者或許可以

考慮請他離開，改以個別諮商，使其再無機會去逃避受諮商者的身分。

二、協助者

　　Yalom認為成員在團體中愈是主動則愈有影響力，其收穫也愈大。而協助者運用傾聽、分享、給予回饋、建議選擇性、對質、或參與角色扮演等活動，對被需要之成員提供可能的協助，以解決其問題。團體諮商的好處之一，在於成員能兼具協助者與受諮商者的角色，當相互協助的流動發生時，對協助者來說，將思緒關懷從自己身上移到別人身上，而獲得某種心理上的平衡，無形中增進其自信和自我價值，也增加了團體的有效性。且協助者愈是自願、創造和有效，團體過程的功效也就愈彰顯。而對於拒絕或不願幫助別人的成員，或是自私的不願放棄被協助的角色，領導者必須適當的介入、澄清、解釋和催化，使其瞭解助人與被助是同樣重要的兩種角色。

三、模範

　　Dustin & George指出團體的成員，往往提供很多示範和增強的資源，並且「行為模仿」為Yalom提出的療效因子之一，說明成員間經由一種替代性治療或觀察治療，嘗試新的行為而獲益，即使成員在仿效模範後，發現不屬於自己的特質，也能得到更認清自己的益處。如果領導者，能找出團體中每個人可為別人模範的地方，就如同受諮商者與協助者的互助一般，團體的生產性效果更可預期。

四、真實性（客觀）之檢核者

　　Yalom（1995）表示團體是社會的縮影，團體成員也代表著外在的世界。因此，真實情境的檢核者在幫助團體以及成員客觀的評量某種想法、做法，並包括選擇可行的答案。Sullivan透過團體的「一致性確認」（consensual validation）將有助於矯正毒性的扭曲（parataxic distortion，又稱人際扭曲），表示團體的客觀回饋，使成員或團體不能不正視事實。因此，唯有在成員們不否定事實、曲扭知覺並誠實表達個人意見時，才能發揮功效。

　　上述四種角色是所有的成員都有義務去扮演其一，或許不能樣樣都

精，但在團體中總能產生互補，也就是說這四個角色是團體預期的「角色表現」，然而並非所有成員都做好這樣的準備，也就是說，部分成員缺乏「角色知覺」，難以認知到在什麼樣的場合需有什麼樣的角色；或是擁有「角色衝突」，行為與該有的角色行為不符合。因此，領導者若能協助成員增進成員角色知覺與覺察角色衝突，將促成團體有效性，李郁文（2002）將成員在團體過程中的角色，以其「角色表現」分為以下三種類型：

一、團體任務角色

主要任務為催化或協調問題解決或目標達成，通常有以下幾種角色：

1. 發起者：給予團體新的思維或刺激，使團體有不同的思考模式或具體行為。
2. 資訊／意見尋求者：從團體中獲得認知上的資訊，提供個人判斷或澄清。
3. 資訊／意見提供者：針對資訊／意見尋求者提供認知上的參考資料。
4. 精心策劃者：對於團體的討論議題，能給予詳盡的分析、舉例、建議和說明。
5. 協調者：能以現實的考量，將想法與現實連結，以避免不切實際的漫談。
6. 方向指引者：能摘要團體的位置並確認前進的方向。
7. 評估者：能描述團體已完成的事物，並評估其有效性。

二、團體激發與維持角色

協助建立與凝聚積極、友善的人際關係，通常有以下幾種角色：

1. 鼓勵者：以讚美、同意的方式接納成員的意見，為團體帶來安全感。
2. 調和者：願意嘗試調解衝突和緊張，使團體保持和諧。
3. 妥協者：能試著尋求他人所能接受的其他選擇，讓團體問題能夠解決。
4. 協助完成者：督促建立團體規範，促使成員積極參與，類似領導者的副手。

5. 團體觀察者：注意團體過程，並加以解釋或連結。

6. 跟隨者：亦步亦趨的跟著團體的走向，可能較少貢獻但是友善。

三、反團體角色

通常只關注個人需求，而不注重團體需要，而抑制團體和個人的進步，通常有以下幾種角色：

1. 攻擊者：對他人表示不贊同，或強加自己的信念或做事方式在他人身上。

2. 阻礙者：執意的反抗大部分成員希望的事，而阻礙團體進步。

3. 尋求認可：利用自我吹噓或其他行為來吸引團體注意。

4. 自我表露者：表露與當下無關的感受或想法，而轉移團體的議題。

5. 放浪形骸者：滿不在乎的態度、冷嘲熱諷的語言。

6. 強勢支配者：嘗試取得權力，例如：打斷他人談話、給人建議、堅持自己的權力。

7. 求救者：以個人的困境、無能，取得團體的同情，得以依賴他人。

8. 高傲自大者：認為自己一定是對的，堅持道德上的公平正義。

9. 告密者：發生在團體外的互動情形，藉由團體外的訊息流動，形成團體內的動力改變。

10. 退縮者：逃避他人的注意和關心，表現出安靜與不參與的樣貌。

 ## 第三節　成員的個人心理特質

雖然團體組成都有其相同的地方，但是還是會有許多不相同的部分，而成員的個別差異會影響團體本身的運作和運作的結果，包含了正向促動和負向抑制的影響，然而成員的差異性愈大，愈有助於成員間廣泛的交流和成長，但是異質性團體在初期運作較為困難，動力較為遲緩，較難產生團體凝聚力，成員會出現觀望、冷漠、抗拒或專斷等現象，例如：少數成員壟斷發言、操縱團體（徐西森，1997）。簡文英（2001）蒐集團體異質性相關文獻，陳述Phillips認為團體的大小（size）愈大及成員的異質性（heteroge）愈強時，「次團體」會較易形成，而次團體形成的主要影響

因素有：成員間擁有共同的興趣、價值和態度；生理上的接近；相似的人個人特質，例如：年齡、智力、文化、性別、能力等；環境背景或經驗上的相似性；能滿足彼此的共同需要；彼此間相互吸引；少數成員所給的壓力；安全感的需要；但也有可能是逐漸整合為大團體的過程。

　　然而，鄧惠泉、湯華盛（2001）更提出了次團體所造成的危險，無論是否屬於次團體的成員，同樣都會蒙受次團體形成所帶來的各種副作用，次團體內的成員，只對次團體表示誠信、保守祕密，而不與其他成員分享，而次團體外的成員可能會有強烈的嫉妒、競爭與自卑的感覺，尤其是當一個人感到被排除在外時，要他去評論自己受到排擠的感覺是困難的，而這樣的情況會阻礙團體的進行。也就是說成員的異質性促成了次團體的出現，而次團體對團體的進行有好有壞，端視領導者如何介入處理。

　　在實徵研究中，黃瑛琪、戴嘉南、張高賓、連廷嘉（2005）針對民國76年至92年間國內青少年生涯團體諮商之實證研究進行搜索，總計研究樣本十四篇，進行文獻回顧整理與整合分析之研究。發現青少年生涯團體諮商對青少年生涯問題的處遇具有立即效果，但在持續的效果則不穩定，在效益量方面，立即效果與長期效果的效益量分別是屬於中度效益與低度效益，然而影響青少年生涯團體諮商效果的仲介變項方面研究發現，在立即效果方面，「成員組成是否異質」與團體型式是否為工作坊是影響效果的中介變項。至於在長期效果方面，則無法從本研究所列的可能中介變項中獲得瞭解。

　　團體中的個人特質、行為皆會影響團體的進行、變化，徐西森（1997）認為成員特質包括：人格特質、價值觀、生活態度、對團體的預先期待、個人的能力、專長、過去經驗、人際互動模式、生理狀況、性別、教育水準等，這些特性都會影響成員在團體中的行為，而從團體中個人與他人的互動情形，又可以將團體成員行為反應分為大頭腦、盲從者、沈默者、玩笑者、參與者、保母、防衛者、攻擊者、退縮者與大嘴巴，共十一個角色。

　　因此，我們可以知道成員的個人特質所表現出來的態度和行為，組成其特質之樣貌，從而影響其與他人（包括心理團體）的交際應對，最終將

對團體動力產生影響。Liberman, Yalom, & Miles在1973年所出版的《坦誠團體的第一手資料》一書（*Encounter groups: First facts*）中，提出影響團體效果的五項指標中，便點出成員個人心理特質的影響力，說明如下：

1. 態度和期望：其內容包括預期有效改變的程度，認為可以開放性的討論和表達個人情緒（包括負面）之程度；態度部分則可包括從安全、社交、真誠到危險、虛假、應酬等理念。

2. 個人的價值系統部分：把生命看成是自我導向的、學術的、社交—政治性的、人際的、親密的抑或是經歷的、改變的。

3. 心理上的適應程度：如自我價值的正或負、好或壞，在人際導向中，自我理想與實際間的統整程度，因應策略的合宜程度和自我防衛的程度。

4. 人格特質：包括Schutz所提出的FIRO理論中的接受控制之程度、表達控制之行為、接受和表達情感之程度、懷疑之程度、權威之程度、仁慈的自我意象以及個人生命空間的決定等。

5. 對他人之概念：視他人為仁慈的程度、對最好朋友的正向看法、人際的複雜度。

針對成員個人心理特質對團體動力的重要影響，何長珠（2003）整理出八種成員類型（見表3-1）。並且與人格的人際向度（見圖3-1）、人際關係溝通分析（TA）的理論結合，提出以下論點：

1. 每一種人格都有其優點和缺點。因此在人際關係中，自然會產生人格不同所導致的衝突。也因此，尋求適配、契合的人格，乃成為關係維持中的一個必要要素。

2. 在人格的不同組合中，人際溝通分析論所提出的幾種人格結構之原形，如批判性父親（Cp），撫育性母親（Np），順從性小孩（Ac），以及自然性小孩（Fc）。似乎恰好可配合圖3-1之分類特性，亦即右上方為Cp，右下方為Np，左上方為Fc，左下方為Ac。只不過其所出現的是這類型負面特質的部分之特徵而已。

♣表3-1　團體成員之角色及其對團體動力之影響

團體成員之類型	特質	表現方式	對團體動力之影響（利）	對團體動力之影響（弊）
1.聖人（法官）	(1)品行高尚、道德完美。 (2)嫉惡如仇。 (3)嚴肅、拘謹。	(1)提示（醒）團體道德、倫理規準。 (2)注重公平原則。	(1)代表外在世界之標準。 (2)「執中」功能之平衡。	(1)引起防衛。 (2)若角色固著，個人無法得到成長。
2.保護者或管家／供應者	(1)如大地之母般的寬容、照顧。 (2)以物質或精神方式表示。	(1)團體出現狀況時（如有人哭泣或出現衝突）會介入撫慰。 (2)以提供服務的方式來參與團體。	(1)為團體提供和諧和溫暖之氣氛。 (2)「圓場」之功能。	(1)有時會破壞團體為達成成長所必需經歷之壓力。 (2)沒有人會想到要來幫助他／她。
3.專家或大頭腦	(1)表面滔滔言之有理。 (2)似乎為團體帶來深度之思考。	在談話過程中，打斷或引用某些認知性的資料來導引團體走向另一種思考。	增加團體認知性學習之機會。	(1)打斷團體的感受性和立即性（往深度發展之條件）。 (2)成為別人不敢挑戰的對象。
4.順從者	(1)很喜歡說「我很好」，「沒意見」。 (2)雖不會引發團體的麻煩，但也不會幫助團體之發展。	(1)不會是最先發言，通常是見風轉舵者。 (2)不容易有問題，但也不會有貢獻。	(1)團體至少需要有一半這樣的人，才能順利進行。 (2)對較無經驗領導者，是較輕鬆之一種團體組合方式。	(1)很不容易引發這一類型的成員去對自己工作。 (2)使初級領導者無法判斷團體的動力情況。
5.沈默者	(1)極少發言，即使是輪流的情況中，也只是短短的幾句話	(1)通常到團體第三、四次才形成可確定的現象。	(1)使團體的注意力聚焦。 (2)使團體中的主要勢力（如攻	(1)是初級領導者最怕遇到的一種類型。 (2)如果團體不夠

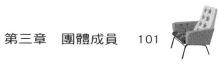

了事。 (2)表情、姿勢均較緊張。	(2)常會成為團體攻擊的第一類對象。	擊或保護），較易現身。	有效，就往往幫不了這類型成員的忙。
6.玩笑大王	(1)嘻皮笑臉，惹事生非。 (2)歡笑之源。	(1)有事沒事惹一下團體（有事時，惹得更厲害）。 (2)路透社（ＩＢＭ）——消息來源。	(1)是最先鋒的救火員（如有人談問題，弄得氣氛很悶時）。 (2)團體初期，適當的引發氣氛，打破陌生焦慮是其貢獻。	(1)分不清楚怎麼做是有效的調律（怎樣又是無效）。 (2)防衛最深的成員類型之一。
7.精算師	(1)進出團體自如（開放的時機與程度，全賴其判斷所得的利益得失而定）。 (2)通常不是自願參與者。	(1)所開放之內容有意義程度甚低，可能僅次於玩笑大王及沈默者。 (2)每次聚會都有講話。唯回想其內容，講了等於不講，沒什麼有意義的資料。	在團體初期的開放表面資料階段，這些人有其貢獻—達到輪流和維持團體之功能。	(1)每一團體通常都有一、兩位這類型之成員。但若人數太多，往往會引發團體的抗拒或攻擊。 (2)是屬於參加團體，也不會有什麼收穫之成員。
8.敵意、攻擊者	(1)有荒野一匹狼之氣質，孤獨而不馴的存在方式。 (2)所攻擊之內容，常是表面有理（有時也真的有理，但又帶了太強烈的情緒狀態）。	(1)常是突如其來的發作方式。 (2)其攻擊對象依團體發展階段而變，依次是對領導者、對團體中的某個事項，及對團體中某人。	(1)引發團體進入真正工作之機會。 (2)當攻擊者能被接納和澄清時，不但本人真正的問題（通常是權威家庭的產物）得到處理之機會。更重要的	(1)不適合初級團體領導者，或在團體經驗中自己沒有經歷過衝突和有效處理之領導者。 (2)此類成員的個人問題若需得到解決，必須搭配以個人諮

			是，團體也因之受到鼓舞，願意開放更深入之問題。	商之處理。遺憾的是，很少團體有這樣一種完成式的做法。

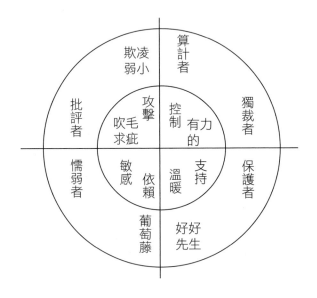

♣圖3-1　人格人際向度

3. 結合表3-1與圖3-1，我們可以發現一場團體過程或每次當團體中發現問題時，其「經」之部分固然與團體階段及人性基本需求（安全、公平等）有關；其「緯」之部分則總是由於人格的不同部分，在發生交互作用（衝突）的結果。

4. 團體過程中的矛盾與衝突：從開始到結束的團體過程，成員會經歷到兩種對立勢力的交戰。例如：尋求指導和抗拒被帶領；想要親密又需要自由；有開懷一吐為快的驅力，然而又怕曝光後的代價（別人會瞭解原來我沒這麼好）；想要成長，但個人習性又難以改變。這種一再矛盾和衝突的心路歷程，既是人生也是團體的真實寫照。

5. 接納負面角色：負面的表象來自人格驅力運作後的結果，第一個原因

是對自己的不滿意，投射到其生活中，便成為對別人（包括團體、成員、或領導者）的負面訊息；第二個原因只有機會學到負面的表達方式之後，他們只能用那種方式來存在，即使他們自己也未必喜歡。當明白內在動力的真相後，則成員表現出來的負面角色，像攻擊、沈默、精算，就不再那麼難以被接受和瞭解。

6. 團體領導者之角色：最好是「成人」（Ａ）居多的一種狀態（介乎 Cp、Np、Ac與Fc之間），以便針對團體中各類成員之心理需要，來調和鼎鼐。此外，領導者須瞭解個人所屬的人格類型，小心處理團體中的移情和反移情，使團體的交互作用，能夠往正向的結果發展。

　　除了學者們的論調，從國內近十年的相關研究中，也可看出個人心理特質對團體之影響：簡文英（2001）整理的文獻中，可知成員對治療因素的知覺與成員對於「自我及他人的接納」水準有關，高自我或他人接納者較重視人際學習，而低自我或他人接納者較重視教導與普遍性，而較重視人際學習、情緒宣洩、自我瞭解、普遍性及替代學習的成員，是較高功能的成員。此外，不同的生活經驗使團體成員有不同的行為，從許碧珊（2001）的研究中可以看出，有較多討論經驗的志工或幹部「自我決定性」較高，沒有討論經驗的一般成員，則較處於「被動服從者」的角色。

　　在實徵研究中，孫鳳岑（2005），抽取南臺灣某地區醫院，四十九位未加入乳癌支持團體婦女及四十九位加入乳癌支持團體婦女（共98位），進行結構式問卷訪談，比較乳癌支持性團體對婦女的各項影響，研究發現支持團體成員中的「自我效能」愈高其團體親密關係愈好，對其他親密關係有重要影響。此外，卓紋君、張淑芬、高琇玲（2004）在探討一位女性成員在完形治療團體中，成為主角進行個人工作的過程，研究者針對其個人工作過程的錄影帶、團體後訪談逐字稿以及治療者自陳所使用的技術等資料，分析促使主角成員投入個人工作的因素，研究發現促使主角成員投入個人工作的因素有「個人的準備度與動機」、「願意真實呈現自己並自我負責」、「對領導者的信任」以及「團體中的支持氣氛」。

　　從上述的研究呼應學者提出的影響團體之成員特質，可發現人格特質、價值觀、對團體的預先期待、過去經驗等，經實徵研究證實是會影響

成員在團體中的反應，進而影響團體動力與成員在團體中的收穫與團體的進行。

第四節　成員在團體中的問題

在心理治療團體中，若病患的行為會持續的干擾及阻礙團體的進行，而治療者已經盡力，仍然無法使該病患在團體中的治療工作有效的進行，就應考慮將這樣的成員移出團體，因為具有破壞性成員在心理治療團體中對團體和他自己都有負向的影響。對團體的影響，例如：威脅團體的凝聚力、打擊其他成員的士氣、增加其他成員焦慮而且會抑制參與意願、破壞團體正常的成熟過程；而對與這樣具有破壞性的病患本身，會增加他的人際孤立感、使他陷入行為偏差的角色、使他減少參與治療的動機並延長他的人際病理。因此，領導者需能辨識問題成員，並加以處理。

延續表3-1的八種成員特質，說明該類成員在團體中可能出現的負面影響（何長珠，2003），要再次強調的是每項特質對於團體皆有其正負面的影響，此處僅說明負面的部分。

一、聖人（或法官型的成員）

1. 特徵：擁有高道德標準，常以道德為其主要論述，而表現出批判、建議或領導之技巧，為團體中的良心或正義之聲。
2. 困境：可能引發成員（包括領導者）的抗拒、敬畏、距離感，而使團體的互動中止。
3. 處置原則：先分享人格特質互補性存在之事實，使其瞭解追求絕對或最後的公平，都只能是相對性的存在；然後才處理其做聖人（法官）的緣由或代價。

二、保護、供應之管家

1. 特徵：常以默默的服務或志願多做事來得到大家的肯定，給人親切、友善、溫暖的感受。
2. 困境：此類成員必須付出「沒人會想到他也會有困擾」的代價。
3. 處置原則：領導者的責任在於察覺此類成員的這種現象，並介入必要

的限制或激發。

三、大腦發達的專家

1. 特徵：是團體中的認知專家，給人好學的、深思的、容易蹙著眉頭來談話的觀感。

2. 困境：由於其發問或評註，通常是引經據典而又深刻入微的，不論成員或領導者都容易為其誤導，踏入「理智思考——那時、然後」的世界之中；而失卻了感受、立即性和對當事人不平衡心智表現之警覺性。此外，成員也有可能隱身在知識之後，來進行對團體、領導者或成員之批評、建議等操縱性行為。

3. 處置原則：領導者須激發其體會，體會感受、體會自己的大頭腦角色、體會情緒，從而得到個人之統整。

四、順從、配合、跟隨者

1. 特徵：這類成員在表面上是最容易配合領導者進行談話的，其人格特質是非決斷性（或稱不自我肯定）。與此密切相關的，便是其傳統導向的價值觀（例如：保守、實際、人情、面子）。

2. 困境：在領導力上的最大挑戰是如何建立信任，突破心防，使其達到開放和自我探索之任務。

3. 處置原則：領導者必須以供應者的角色和社會工程師之結構能力（Yalom之分類）來誘導此類成員，走出自己的第一步。

五、沈默者

1. 特徵：通常沈默者有特質性和情境性兩種，前者很可能是習慣成自然的結果，而後者則可能是還在進行思考，或是擔心開放後之結果。

2. 困境：即使一個人表面靜默無語，其內在思考往往並不曾停止進行，卻因為其沈默，而遭到團體有意或無意的忽略。

3. 處置原則：使成員能察覺（或檢核）如此做之代價，而改變這種習慣少語（不語）的型態；能教導團體如何分辨有效與無效的沈默，適時的尊重其遲疑。

六、玩笑或交際大王

1. 特徵：擁有一種可愛的、求和諧的人生觀，在團體中得到觀戰權力（不在鬥爭之列），不需對團體負起責任。
2. 困境：當團體遇到危險時（例如：有兩人的正面衝突似乎已逼在弦上，隨時可能爆發），可以借重此類成員的插科打諢，而錯失可能成長的機會。
3. 處置原則：此類型成員的行為在團體的不同階段，各有利弊，領導者需加以辨識，當過分時，就是介入和處理的時刻。

七、精算師

1. 特徵：通常不是自願參與者，此類成員可能屬於最無效的成員，因為其不相信坦誠、成長等概念，而與團體保持距離。
2. 困境：難以對團體產生信任感，以及其預期失敗的心理，而出現自驗預言。
3. 處置原則：處理這類的成員，需要有赤子之心和強而有力的專業技巧，若領導者對這種人失去信心，會強化其對坦誠、成長的不相信。

八、敵對、攻擊者

1. 特徵：擁有不合理的憤怒或偏見，並挑明的展現不滿或挑戰。
2. 困境：難以承受「衝突」的領導者，將難以將團體帶向有效的處理。
3. 處置：首先，要瞭解（相信）雖然表面上對方的敵意似乎衝著你來，但這並非事實；其次明白若能容許其發洩，才可能有建設，因此，可製造或協助對方有宣洩的機會。

此外，針對治療性團體，Vinogradov & Yalom（1989/2001）提出影響團體進行的問題病患包含有：獨占者（The Monopolost）、沈默的病患（The Silent Patient）、類分裂型、強迫型或過度理智型的病患（The Schizoid, Obsessional, or Overly Rational Patient）、拒絕幫助的抱怨者（The Help-Rejecting Complainer）、邊緣性人格疾患（The Borderline Patient）、急性精神病患者（The Acutely Psychotic Patient）。而Yalom（1995/2001）也提出八種臨床上的問題病人，說明如下。

一、壟斷發言型

1. 特徵

(1)此類成員似乎難以停止與他人對談，若是他人拿到發言權，就會利用各種技巧插話，例如：不斷舉出別人跟自己問題的相似性。

(2)會鉅細靡遺的描述細節，或是陳述和團體議題只有些微關連的事件，例如：報章上的故事。

(3)利用詢問的方式壟斷發言。

(4)提及奇怪的言論或是與性有關的內容，吸引他人注意。

(5)陳述一些重大的生命巨變，通常可以得到其他成員立即且長時間的注意。

2. 內在動力（原因）

(1)為了自我隱藏而出現強迫性談話：此類型成員藉由談話使自己和團體保持距離，避免和他人產生有意義的連結。

(2)過度重視自己的想法和觀察，並缺乏同理他人的能力或特質，以致無法有所延宕，必須立即的表達。

(3)滿足引人注意及控制別人的需求。

3. 處置原則

(1)領導者須檢視壟斷發言的行為：從團體的觀點來看，領導者須明白「沒有任何壟斷發言型成員會憑空存在，此類型成員總是和一個容許或鼓勵此行為的團體共存」。

(2)協助其他成員的覺察：領導者可以提出此議題「為何團體許可或鼓勵某一成員承受整個團體的沈重負擔」，這樣的修通可以使成員從「認為自己被壟斷型成員剝削」，覺察到他們可以因為不必發言而鬆一口氣，他們讓壟斷發言型成員盡情的自我坦露，而成為眾矢之的，自身卻對團體的治療目標不用負起責任。當成員能覺察並探討自身的不積極時，也就強化了團體歷程的個人承諾，對於團體是一大進展。

(3)壟斷發言型成員的個別處理：他人常無異議的認定壟斷發言者為團體中最主動的成員，但該成員自身不見得如此認為，因此，領導者

須鼓勵團體給予回饋，來幫助壟斷發言者覺察自己的表現以及他人對其行為的反應。必須溫和且重複的使其面對此矛盾，即使他們希望被人接受及尊重，但他們持續的行為只會造成惱怒、拒絕和挫敗。

二、沈默不語型

1. 特徵

如同上述「沈默者」。

2. 內在動力（原因）

(1)對自我坦露感到害怕：擔心遭受挫折或攻擊。

(2)自我要求完美：害怕張口說話或自暴其短而不說話。

(3)與團體保持距離或控制團體：為一種高高在上的沈默。

3. 處置原則

(1)鼓勵其他成員反應他們對他的知覺，接著邀請沈默不語型成員驗證此知覺的正確性，以加速其參與團體。

(2)在給予表達壓力以及允許沈默間取得平衡：領導者要能定期的藉由評斷其非語言行為來邀請此類成員表達，但同時保有讓每一位成員自行調整參與程度的態度，為避免過多的激勵，讓成員變得被動。

(3)若經過三個月的激勵、邀請，此類成員仍停滯不前，會造成團體的挫折和困惑，此時，可考慮同時進行個別晤談，若是仍然失敗，領導者應慎重考量使其退出團體。

三、令人厭煩型

1. 特徵

(1)非常壓抑、缺乏自發性、且不冒險，因此，談話總是「安全的」。

(2)喜歡諂媚且小心迴避任何被攻擊的可能。

(3)是自虐的，在別人攻擊前，會先自我鞭打。

(4)在表達之前，會先觀察他人臉色或社會輿論的方向，說出團體所期待的，而將其他反向的情緒都壓制下來。

2. **內在動力（原因）**

此類成員的潛在動力因人而有很大的差異，但大致有以下三種：

(1)核心的姿態是依賴的：非常害怕被拒絕或被遺棄，所以會逃避任何可能觸發報復的攻擊言論。

(2)拒絕成為完整、分化的個體：混淆了健康的自我肯定和攻擊，無法表現自己的慾望、興趣和意見。

(3)藉著使人厭煩，率先的表達拒絕與遺棄的訊息。

3. **處置原則**

(1)領導者的自我覺察：對自己的厭煩抱持好奇心，問自己：「是什麼使這個成員如此讓人厭煩？什麼時候我感到最厭煩和最不厭煩？」

(2)鼓勵此類成員去除障礙，找出他們潛在的有創意的、生動的、童真的部分。

四、拒絕協助的抱怨型

1. **特徵**

(1)抱怨型成員對團體提出問題或說出抱怨，尋求團體的協助，但又拒絕任何協助。

(2)與成員間的溝通是單向的，幾乎是完全自我中心的只表達自己問題，但對於團體的反應不太注意，或是否定團體給予的想法，常出現「是的，但是……」的語句。

2. **內在動力（原因）**

(1)對依賴性的高衝突感：此類型成員感到無助、而完全依賴他人來建立個人價值感，但同時對權威人物深度的不信任，而造成惡性循環，亦即雖心中充滿需求，但是預期被拒絕的心裡扭曲他的求助形式，而使得預言成真，進而證實自己的預期。

(2)部分成員潛在的動力是想要使他人受挫或被擊敗，就像自己曾經受挫一樣。

3. **處置原則**

(1)避免把成員表面提出的問題，與真正需要解決的問題混淆了。

⑵避免對此類成員表現出挫敗感或放棄，會再次印證其被遺棄的預期心理。

⑶活用團體中的療效因子，打斷上述的惡性循環，藉由不斷聚焦和回饋的歷程，鼓勵人際學習。

五、精神異常

1.在團體初期的篩選階段，必須謹慎的評估。

2.若成員在團體開始後，才出現症狀，精神異常者可能會長時間的消耗大量的能量，將對團體造成危險，例如：成員流失，或以一種隱匿的方式處理該成員。

3.邀請成員徹底的探究相關問題，而做出自主性的決定、計畫，將使其更有意願將計畫付諸實行。例如：成員體認到照顧精神異常者需要大家共同面對，而非領導者個人責任，他們將願意付出更多的心力。

4.搭配其他治療法：如重度雙極型情感疾患者，最好配合藥物治療。

六、性格上難以相處

1. 特徵

此類型成員Yalom提出臨床文獻中，三種人格疾患類型，包括：類分裂型、自戀型和邊緣型，類分裂型成員的特徵為情感平淡；自戀型成員為自我中心主義、過度的膨脹或自負；邊緣型成員在人際關係、自我形象、情感與衝動控制等方面表現出不穩定的型態。若欲瞭解更詳盡的判斷準則，可參閱《精神疾病的診斷與統計手冊》（DSM-IV）。

2. 內在動力（原因）

⑴缺乏撫慰的、讓人感到舒服的內在父母，而是遺棄的、壓抑的、讓人失望的內在父母較為強勢。

⑵運用投射的防衛機轉，將自己內在負面的部分加諸於他人，試圖拒絕或控制他人。

3. 處置原則

⑴類分裂型：

・此時此地的催化技巧：鼓勵此類成員感受不同的成員，嘗試將其劃

分清楚。

- 鼓勵其觀察自己的身體：從覺察與情感相對應的自主反應，逐漸轉化呈心理方面的意涵。

(2)自戀型：

- 運用團體的人際互動，增加其現實感。

- 此類型成員對於批評非常敏感，因此其他成員立即而直接的回應，在增加其現實感的同時，也能引導其體會團體成員的嚴厲，是尊重他有為自己行為負責和改變行為的能力。

(3)邊緣型：

- 團體凝聚力：因邊緣型成員的核心問題為親密感，因此，若該成員能接收到團體提供的現實感，並進入團體產生歸屬，此時團體將成為其重要的支持環境，進而產成療效。

- 領導者須瞭解此類型成員的團體治療歷程並不容易，對於團體歷程和成員都會有所影響，領導者在篩選其是否適合進入團體時須仔細考量。

- 如果使用聯合治療，並且領導者與諮商師之間能有效的溝通，對此類型成員是有益的。

 第五節 成員階段性的改變與挑戰

團體輔導或團體諮商的發展過程，依團體動力的變化，可以區分為幾個階段，雖然學者們在區分階段的觀點不盡相同，但是不變的是，都承認在團體的不同階段會有不同的目標、活動、與成員心態，而領導者的領導技巧也不盡相同，徐西森（1997）便提出在不同階段中，團體成員的心態，以下分別敘述之：

1. 初始期或建立期：平靜、冷漠、期待、好奇、觀望、猶豫、無奈、抗拒、焦慮等。成員的心理與情緒反應個別差異相當大。

2. 轉換期或探討期：懷疑、不信任、競爭、不滿、等待、無聊、依賴、喜悅、痛苦、逃避等。此時期，成員的心理與行為差異性也大，外顯

性增加。有些成員的反應較前一時期有正向的變化。

3. 工作期或信任期：大多數成員表現接受、互助、感動、頓悟、積極、開心、熱誠、專注等正向心理與行為。少數成員仍有前期負向反應，需要領導者多加注意。

4. 結束期：大多數成員會有喜悅、自信、滿足、依依不捨、承諾、高興等正向反應，少數成員可能仍有逃避、解脫、不滿、失望、冷淡及鬆了一口氣等負向反應。

除了有不同的心態之外，成員自我坦露的行為也會隨階段改變，吳秀碧、許育光、李俊良（2003）探討在諮商團體歷程中，成員自我揭露行為的頻率和深度變化，採取臨床個案觀察研究法，以及問卷調查方法進行，以兩個非結構式諮商團體作為觀察對象，在十次的團體中，各觀察第二次至第九次團體聚會單元中成員自我揭露行為，並進行分析，結果發現，自我揭露的質和量確實與團體的進行階段有明顯的關係。團體中的成員自我揭露的次數，確實隨團體歷程之進展而有不同變化：

1. 彼地彼時（there and then）的自我揭露，是指團體成員的自我揭露隨著團體的內容和過程而出現，但所談論的是團體外與自己有關的過去現在較遙遠的過去事件，出現次數在團體歷程由開始至結束，呈現逐漸下降趨勢。

2. 此地彼時（here and then）的自我揭露，所談論的是團體外自己所關注、尚未解決（即未竟事宜），在言談中仍帶有情緒等近期的事件，出現次數則普遍在團體每次聚會，呈現有一定的量的現象。

3. 此地此時（here and now）的自我揭露，所談到的事件或議題直接的與團體內的人或事有關，在團體的當下直接、面對面的對團體、其他成員或領導者說出自己的想法與感受，出現次數則隨團體由開始至結束的歷程，呈現逐漸攀升、增多的趨勢。

4. 情緒的宣洩（catharsis）是指，在言談中伴隨情緒上失去控制（如哽咽或哭泣等），出現頻率呈現單峰的曲線，隨著團體初期至中期逐漸上揚，接著從中期到結束又漸漸下降。此外，彼地彼時與此地此時的自我揭露頻率呈現有此消彼長的戲劇性時間點。

由上列文獻可知，團體進行的階段影響成員的心態、行為，而這樣的影響也因為個別差異有所不同，因此又再次呼應上述不同特質的成員在團體中會有不同的反應。雖其中的交互作用複雜，然而，領導者總希望有個好的開始，何長珠（2003）便針對參與團體的心理準備，提出以下建議：

一、瞭解到團體是導向目的的一種手段，確立個人具體擬定改變的方向

　　適當的動機和確定的擬定改變之目標，是有效學習（高學習者）之必要條件。因此，自客觀測驗或個人思考中所得到之決定目標，並抱持解決個人問題和經歷團體並重的立場，是準備是否可以開始時的重要指標。因此，若是保持著「經歷」的立場，準備來看看團體是怎麼一回事，便降低了個人的責任感和團體產生運作的能量。

　　此外，需對參與心理團體抱持正確的態度，瞭解參與團體是成長導向的一種經驗，每個人都可以藉由團體中的討論和互動，協助對問題或自己有不同的觀點，發現一些自己原先不曾覺察的部分，並不是「有問題（病）」的人，才需要參加團體。

二、主動參與和旁觀治療角色之協調

　　雖然旁觀治療的社會性學習（模仿）效果是團體的重要貢獻之一，但不代表不需要投入團體，基於團體動力學中「多參與、多貢獻」之原則，當成員能有效的主動參與，便比較容易與人發生交互作用，而也能有較正向的獲益。因此，如果想要完整的處理自己的問題，最好的做法，當然還是主動的呈現。

三、決定開放的程度，並考慮（選擇）是否要開放某些壓抑的想法

　　團體會經歷關係深入的一道重要關卡，就是相互坦誠。但在團體中，因為是多人一齊進行，因此個人的任何決定，都會產生舉足輕重的影響。雖然資料顯示中度的開放，能帶來最好的結果，但這種認知，在實行時仍具有困難。在團體中我們會看到兩種極端的成員，一種是對外界極度信任，在他的理念架構中，沒什麼不能談的事；另一種是極度防衛，甚至其

最親密的關係也可能不知道他心中的一些真正想法。無論是哪一種類型，其主要學習目標皆是練習如何的「把關」（如何開放，開放什麼，保留什麼），可參考的向度有：「領導者的領導力是否能得到你個人主觀的信任？」、「團體的成員當中，有沒有你需要特別小心的人？」、「團體的階段是否適當？」、「主題是否碰觸你的心？」

四、學習去信任別人，不要陷在自己的標籤中，並注意來自外界的持續性回饋

「學習信任別人」其實是知難行易的一件事，但只要知道別人跟你一樣想信任別人和害怕受傷等，就可以使你變得比較能開始信任的第一步。其次每個人對自己總有些固定的看法，參與心理團體，對自己的最大收穫之一，是蒐集個人的「社會我」之資料。如果有一個訊息，三次以上的被重複，那麼不管你喜歡不喜歡，大概真的就是你的一部分。換言之，這將可以成為參與團體有待解決的目標。

作者的叮嚀｜「水能載舟，亦能覆舟。」這句話可以拿來比擬成員在團體中的影響程度甚鉅，且領導者對於不同類型成員之瞭解、介入與運用，亦將大大影響團體的運作。因此本章著重瞭解成員的角色、特質，以及其對團體動力之影響。例如：不同成員類型對團體的作用、領導者可以對不同類型之成員做何介入等。可加強學習之要項為：「如何處理不同成員類型所引發之各種問題」。

❖　第二部分　自我測驗Q&A　❖

Q1

面對「大腦發達」、「專家」此種類型的成員，主要工作是讓他增加體會一事，領導者如何具體地讓他們體會感受及情緒？

A1

　　面對這種很會講經的成員，大部分的領導者會使用打岔或轉向，例如先讓該成員講完想講的話，等到能切入時再談原來的主題。較實際的做法是「將目標從認知層次提到身體層次，再提到感受層次」，做法如下：

1. 觀察起點行為

　　首先領導者可以觀察，當該成員講了幾分鐘之後，團體會出現不耐煩的情形，而不耐煩現象產生時，團體大約經過了多長的時間？捉住起點行為後，就能以遊戲的方式與成員互動，讓該成員不是每次都必須這樣發言。

2. 使用活動或遊戲讓介入變有趣

　　如可以加上媒介來幫助你達到自己想達到的目標，例如使用「錄音機」遊戲，讓成員體會看看自己每次在團體中發言的狀況；或是使用「縮短練習」，領導者可以說：「他剛剛講的話，大家可不可以來練習用一句話說出來！」（認知層次）或是請每個人表演一個平常自己表現出的不耐煩的動作或表情（身體與感受層次），就可以把一件很無聊的事情變得有趣，而不是令人受不了的事情。當遊戲玩完之後，可以再回到該成員身上：「如果可以重講，你會怎麼說呢？」

3. 自我覺察增加成員的感受

　　接下來可以跟大家約定，這個團體每次只有六十分鐘，以後每次發言儘量不超過多久，以讓大家都有分享的機會，那領導者就把這個團體規則變成了一個遊戲，且導向「行動」來處理。而該成員只要有被如此介入的經驗，下次講話就會比較能覺察（感受層次）。實際上這些是高創造性的人發揮其特質所產生的方式，若一個人愈放鬆就愈能提出有趣又有效的點子。

Q2

在團體中哪些情況之下領導者可以介入？而這些情況又與哪些類型的成員有所關連？領導者如何處理這些不同類型的成員？

A2

　　成員類型可連結「成員角色」的八種分類，茲將領導者可考慮介入之情境與成員角色做連結。

1. **領導者可以考慮介入的狀況——相關成員類型**

   (1)當某成員為每一個成員說話：此種現象下說話者是「管家」類型成員。

   (2)當團體中的某人為另一個成員說話：「管家」類型成員，但與上面的管家不一樣，上者是大管家，這一位是小管家。

   (3)有人在說話的前後，常需要尋求他人的認同：這是「順從者」類型成員，他甚至還會一面講、一面看著對方。

   (4)某些人會說「我因為不想傷害某某的感覺，所以我不說了。」：這是「攻擊者」類型成員，他講這句話是要誘惑大家說「你說嘛！你說嘛！」

   (5)當有人認為問題都是由某人引起的：「防衛者」類型成員。

   (6)某些人會說「我一直都是這樣，要不然要怎樣？」：「抗拒者」類型成員。

   (7)個體認為「我只要等，事情就會轉變。」：「沈默—退縮者」類型成員。

   其他還有一些領導者可考慮介入之狀況，不過是團體的整體現象：

   (1)團體成員集中注意在團體之外的人、事、物。

   (2)團體中有不一致的行為出現。

   (3)團體變成無效率的漫談。

2. **如何處理不同類型之成員**

   而不同層級的團體領導者會使用不同的方式來處理團體困擾成員，接著以不同類型成員予以說明：

   (1)**沈默型成員**：初層次領導者會以「輪流」的方式鼓勵大家參與，通常這時候領導者明明已經很不耐煩這種成員，但還是得很有耐心的等他講完，講完之後還會習慣性的讚美他一下；中級領導者通常主

要會做「連結」和「試探」，例如使用試探：「我不知道團體中現在是不是有人感覺到不舒服？」；若是高層次領導者，主要是做「概念性的診斷」，其腦中會先浮現沈默可能的原因——成員可能是害怕、習慣還是正在思考等，且能從成員的非語言訊息中分辨出何為害怕的沈默？抗拒的沈默？抑或是習慣性沈默？會先判斷成員的狀態是屬於哪一種，再根據分類來決定如何反應。

(2)**攻擊批判型成員**：初層次領導者面對成員給領導者的批評時，不是過快接受、過度接受，要不然就是過度抗拒，而這些回應只是領導者的直接反應，不是真正在處理這件事，事實上隨便同意別人的立場其實也是一種防衛，因為通常只是不想引起爭端；中級領導者比較不會出現防衛性反應，中級領導者比較不會感覺到這是一件需要防衛的事情，但還是常常落入自己只跟這個成員進行互動的現象；高層次領導者知道被攻擊或被批判都是一般人想躲避的事情，所以如果能夠接納別人對自己的攻擊，並將此攻擊拿到團體中工作（而不只是對個別成員工作），或是能示範對攻擊的回應（例如：你這麼說讓我感到焦慮了，你覺得應該怎麼辦才好？），就是中級以上的表現。

(3)**社交大王、管家型成員**：初層次領導者容易讓短期團體（如八次團體）變成愉快的社交情境，而管家最容易在團體初期受到歡迎，因為他忙著付出，可是到團體中期以後管家就不是有效成員了，因為他失去了讓自己成長的機會；再者，團體中的供應者（社交大王、管家）常是最高級的防衛者，他總是忙著付出，所以沒有人會想到要挑戰他：「你不是要來這裡尋求成長？為什麼總是來這裡發餅乾呢？」且當事人往往是不自覺的，所以這個部分需要領導者來調律：「今天你不准服務大家，你必須要服務你自己。」這是中層次的表現；高層次領導者能適當運用此類成員，也不忘記讓此類成員有獲得成長之刺激，畢竟團體可能很習慣某人幫大家做事，而並不覺得自己有什麼不對。

換句話說，若領導者偏向管家類型，需要別人喜歡或肯定自己，基

本上應該是怕攻擊的人，而這樣的人雖然人際關係會比較好，但不見得能夠做一個有效的領導者，有效領導者不該只有管家角色，而非常需要較多的成人(A)性格。

(4)大頭腦、專家型成員：團體中如果有成員表現得很真誠的樣子，問領導者：「老師，那個又是什麼意思？」初層次領導者通常馬上樂為人師的掉進去這個互動中，過一段時間才會發現怎麼這個成員每次都在提問題，但都不自我坦露；中高層次的領導者就是要做「立即性技巧」，但差別在於高層次領導者覺察的速度更快，而且這個更快的覺察不是放在對團體之反應上，而是要先放在對自己之察覺，如「我又落入認知的反應方式了。」此時領導者可以做的反應包括「對質」，如「我們每次都要弄清楚某某學問嗎？要這樣直到最後一次團體嗎？」重要的是「發現此類成員的心理需求」，團體中偏向專家角色的成員，可能與其人格特質或家庭經驗有關，例如思辨力很強、家庭經驗讓他想證明自己是優秀的、很有看法且有根據的，或是認同某個長輩。雖然這表面上只是一個現象，但要有能力看到現象下面的脈絡，並把它拿出來討論。

(5)操縱和算計大王型成員：操縱者通常是厲害的變色龍，初層次領導者可能沒辦法覺察此類成員之存在或表現方式；至於中、高層次的領導者，理解所謂的操縱者通常就是指成人(A)性格很強的人，他們何時才會配合呢？當他有利益需要的時候，自然就會來配合團體或領導者，否則很難去改變他的。輔導諮商並非無往不利，領導者也未必能全然協助操縱型成員，而是抱持每件事情都努力嘗試，且接受不成功之可能性，此可能性是永遠存在的。

Q3

不同依附類型的人會如何影響團體中社會依附性的合作結果呢？（如團體目標建立、關係建立、心理適應和社會能力等方面的影響）

A3

不同依附類型的人會有不同的影響，依類型不同說明簡單的定義及舉例：

1. 安全依附

在團體具有中、中到高的合群性，是友善的、隨和的、親切的，像是OK先生小姐，是能夠符合社會要求的角色，也是個案類型中所謂的「供應型」角色，特別適合團體初期時的氛圍，也特別有利於凝聚力的擴增。

2. 焦慮依附

如type A人格，其特質偏向工作導向、目標導向、理性導向，99%能很清楚看到所作為何；經常很努力，好比進學校教書兩、三年內即升到副教授的人，很怕別人看不到他。

成員之間即使都是焦慮依附為主之類型，也會因為組合不同，自然改變權力的位置，因為每個人的焦慮程度不同。例如兩人中較低焦慮依附者，可能就往逃避依附移走。

3. 逃避依附

對事情和人都是用應付的狀態，例如參加導師會時以應付立場參與，大體上來說是默默的大多數，不會有很明顯的個性，認識很久還是不知道他是怎麼樣的人，講了很多事情也都認識不了他，在於開放自我上防衛性最高，不怕別人不注意他，好像團體中的「不沾鍋」。逃避依附為主的人很有宿命觀，隨緣就是他們的志業，他們很容易隨緣，不喜歡正面解決衝突，也就是其特質無法離開跟隨者的角色。若成員不喜歡自己跟隨者的角色，領導者可以引導其表達，逃避依附者在團體中的願望會讓別人覺得不重要，主要原因是別人常會不知道他需要些什麼，不表達也就失去了自己的權力。

4. 排除依附

獨立和自我的個性太強，不高興來就不來，自由的不像話；能夠認同自己，就像一個修行人，通常怕承諾、怕負責。若是想為團體付出的人，就是自動自發做事、不跟誰回報、用自己的方式解決自己認為的問題，把

自己的力量發揮最大，具有自我主義的特質，不在乎別人怎麼想，就是這類人的合作方式。

　　每個人都有這四種依附類型，只是比率不同，且每個人解釋自己依附類型的方向不同，就會決定他們參與團體的程度和形式。

❖　第三部分　歷屆考題精選　❖

一、團體治療中面對壟斷發言型的病人及類分裂型病人治療者須運用不同治療策略加以治療，請針對這兩種類型病人之特徵、對團體影響及治療上考量加以分析說明。　【96年專技心理師第二次考試試題】

二、試述以下兩個名詞或情境的差異：

　　㈠封閉式團體（closed groups）及開放式團體（open groups）。

　　㈡異質性團體（heterogeneous groups）及同質性團體（homogeneous groups）。　【95年專技心理師第二次考試試題】

三、你對「壟斷發言型」（monopolist）成員的處理方式為何？
　　　　　　　　　　　　　　　　　【95年專技心理師第二次考試試題】

參 考 文 獻

何長珠（2003）。**團體諮商—心理團體的理論與實務**。臺北：五南。

吳秀碧、許育光、李俊良（2003）。諮商團體歷程中成員自我揭露頻率與深度之初探。**彰師大輔導學報**，**25**，1-24。

李郁文（2002）。**團體動力學—群體動力的理論、實務與研究**。臺北：桂冠。

卓紋君、張淑芬、高琇玲（2004）。完形治療團體中主角成員個人工作之歷程研究。**諮商輔導學報**，**10**，111-142。

林繼偉、潘正德、王裕仁（2003）。Leaders' Experiences and Members' Perceptions of Therapeutic Factors in Three Types of Group Interventions by the ASGW Classification System: A Comparison。**中華心理衛生學刊**，**16**，3，79-109。

孫鳳岑（2005）。乳癌支持團體成員身體心像、自我效能、親密關係探討——以高雄市為例。未出版之碩士論文。高雄：樹德科技大學人類性學研究所。

徐西森（1997）。**團體動力學與團體輔導**。臺北市，心理。

許碧珊（2001）。以充權觀點檢視更年期自助團體成員之經驗歷程。未出版之碩士論文。臺北：國立臺灣大學衛生政策與管理研究所。

黃瑛琪、戴嘉南、張高賓、連廷嘉（2005）。臺灣青少年生涯團體諮商效果之整合分析研究。**諮商輔導學報：高師輔導所刊**，**12**，71-100。

謝麗紅（2009）。**團體諮商方案設計與實例**。臺北：五南。

簡文英（2001）。團體諮商中的改變因子—團體治療因素探討。**諮商與輔導**，**185**，8-13。

Corey, M. S.& Corey G.（1998）。**團體診療歷程與實務**（蔡中理譯）。臺北，五南。（原著出版於1992年）

Vinogradov, S.& Yalom, I. D.（2001）。**團體心理治療**（鄧惠泉、湯華盛譯）。臺北，五南。（原著出版於1989年）

Yalom, I. D.（2001）。**團體心理治療的理論與實務**（方紫薇、馬宗潔等譯）。臺北：桂冠。（原著出版於1995年）

第四章

團體發展的階段

```
本章學習重點
1.瞭解團體階段之意義與相關理論。
2.學習團體主要階段有哪些任務與工作。
3.瞭解團體發展階段之三種常見問題：衝突或爭執、冷漠以及不參與，並
　學習處理之。
4.瞭解個人中心、完形治療、理情治療、現實治療、人際溝通分析等學派
　如何處理團體各階段常見問題。
```

❖　　　　**第一部分　理論**　　　　❖

　　瞭解團體發展過程的各個階段，與需要達成的發展任務，有助於領導
者認識對團體發展有幫助與妨礙的可能因素，以更有效的協助團體工作。
茲分別介紹團體階段的定義與重要性、理論、階段介紹、常見問題與處
理，以及各理論學派對階段中主要問題之處理。

 第一節　團體階段的定義與重要性

　　團體發展階段（stage）的意涵是團體過程當中，存在著某種普遍性
且具系統性的假設模式，其用意並不在於將團體劃成分立的區塊，而是要
探究團體是如何（how）發展的，因為在團體發展過程中，每一個階段都
有不同的工作任務及行為特徵（李郁文，2001）。這些發展階段是動態

的、多處重疊、且非預定的，每個團體不一定會精確地遵從發展階段中預定的段落或時間序列。

　　而團體發展階段的理解，可協助領導者團體在有限的過程中，為團體的自然發展與最佳發展建立清晰的概念，減少領導者的困惑與焦慮、增加帶領團體的方向感與勝任感（Yalom, 1995/2001），使團體發揮效能。

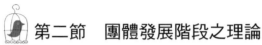第二節　團體發展階段之理論

　　本節擬自個人中心學派與心理分析學派的觀點，試為闡述。

一、個人中心學派觀點的團體階段發展論

　　Carl Rogers根據他多年來領導團體的經驗，認為一個團體的進行過程可描述為下列十五種內容（Corey, 2000/2003）：

1. 兜圈子（milling round）：起初團體成員的困擾不安、尷尬的沈默、禮貌上的寒暄以及挫折的感覺。
2. 抗拒做個人表達（resistance to personal expression or exploration）：剛開始成員坦露較能被團體接受的自我，不願揭露私密的自我。
3. 回憶往事（description of past feelings）：成員正在建立對團體的信任感，開始坦露彼時彼地的個人情感。
4. 表達負向情感（expression of negative feelings）：成員開始表達對領導者、其他成員的不滿。
5. 有意義的自我坦承（exploration of personally meaningful material）：成員開始信賴他人，漸漸說出一部分有關自我的事。
6. 表達此時此地對人際之信賴與情感（here-and-now trust）：明顯地表達對其他成員的感情。
7. 發展治療的能力（development of a healing capacity）：成員開始相互接觸、關切及撫慰其他成員的痛苦及不幸，以具治療性之作用互相連結。
8. 自我接納與改變（self-acceptance and self-change）：成員因自我接納而更接近自己真摯的感情，並樂於改變。

9. 拿下面具（cracking mask）：成員以更深層的自我表露來解除自己的偽裝，團體開始對敷衍的人表示不能忍受。

10. 回饋（feedback）：成員說出對彼此的看法，可得到別人如何看待自己，以及自己對別人有什麼影響，通常能帶來新的領悟。

11. 面質（confrontation）：常是回饋帶來面質，偶爾積極的面質能為互動帶來進一步發展。

12. 團體外之互動（the helping relationship outside the group sessions）：在團體內或團體外，成員彼此接觸與幫助。

13. 基本會心（basic encounter）：成員彼此間有了親切而直接的接觸。

14. 積極的表達情感與親近（positive closeness）：公開表示或接受彼此的親密感情。

15. 行為的改變（behavior-modified）：在團體內或團體外能採取更開放的行為方式，更有效的與自己、他人相處。

　　Roger認為這些現象之出現，並無絕對的次序性可言，依不同的團體而有所改變。

二、心理分析學派觀點的團體階段發展論

　　Bion於1948年提出的概念：「依賴」、「配對」與「爭鬥與逃避」，是心理分析學派常被提起的團體發展模式；另有Bennis與Shepard於1956年提出每個團體（個人）的兩個主要內在區域：一個是「依賴與權威的關係」，Freud認為此通常先成為團體的主題，另一個是「相互依賴與個人的關係」，Freud認為此是個人如何在與他人互動中取得到適當的平衡（既非過分需要別人的肯定，也非完全不在意別人的看法），而統合的過程中，必然有衝突出現，當一個成員或領導者在「權威—自己」以及「人際—自己」間的衝突愈強時，他就愈有可能成為團體的焦點，在另一方面，如果有人能適當的平衡這種衝突，則愈有可能成為團體的重心人物（引自何長珠，2003）。

　　在此提出一團體階段模式，以Erikson的人類發展的階段及Freud的性心理發展階段為基礎，提供團體領導者一個概念架構，如表4-1。

♣表4-1　以Erikson及Freud之發展階段理論為基礎的團體發展階段模式

發展階段	團體工作的啟示	領導者的作為
階段一： 嬰兒期—信任對懷疑（口腔期）	探索不被愛和不被關懷的感受，成員們在團體中回想起早年被遺棄的恐懼感和被拒絕感，團體普遍追求「自己是否得到注意、接受、關懷與讚賞」。	協助成員表達他們所感受的痛苦，協助他們信任別人、充分接受自己的障礙。
階段二： 兒童早期—自律對羞恥和懷疑（肛門期）	接觸對重要他人的情感，重返並體驗過去自己壓抑這些情感的情境。學習表達他們被封鎖的情感、處理內疚感。	提供成員情緒宣洩和重新學習的機會，並從中考察團體的情緒依賴。
階段三： 學前期—主動進取對內疚（性器期）	在團體中成員經驗到性別角色認同的問題，在男女角色上許多受壓抑和固著觀念不相符合的情感，都可以在團體中有所澄清。	提供成員公開表達和討論對性的情感、價值、態度等，允許成員能擁有自己的情感，且真誠的談論自己，對自己的性別有新的認識。
階段四： 學齡期—勤奮對自卑（潛伏期）	團體可能會遇到：依賴、不願面對挑戰、消極的自我概念、對批評採取防衛反應、建立社會關係感到的自卑、矛盾的價值觀、缺乏主動進取的精神……等狀況。	回溯成員童年的創傷事件，使之在團體中重現，讓個案表達他所體驗到的痛苦，藉由團體給予支持，重新用不同角度看待過往。
階段五： 青少年期—認同對認同混淆（以此開始為生殖期）	探索依賴—獨立的矛盾衝突，成員探討「我是誰？」「我將往哪裡去？」在團體中重演自己曾封閉的經驗，開始意識到自己如何來往「順從與自我認同」之間。	提供足夠的安全讓個體能公開表達和探索相互衝突的情感，協助成員探索早年發展時期與重要他人的連結。提供再學習的過程，採用積極的步驟，引導個體為自我生活承擔責任。
階段六： 成年早期—親密對疏離	在團體中的問題常是個人如何與他人建立關係或共同生活，核心問題就是「維護個人自身的獨立感」—「建立親密關係」之間的矛盾衝突，以及確認自己的價值感。	提供機會讓成員重新省視他們的夢想和生活計畫，並確定他們的生活在多大的程度上反映了這些願望。鼓勵成員尋找改變狀況的方法。

階段七： 中年期—生產對 停滯	通常成員被要求做出新的評價、調適與決策，以便獲得新機會並達到新意義。探索有效的新生活方式，也意識到終將死亡（團體將結束）的心理危機。	讓成員探索無望感，促使成員發展對自身的關懷及指導，以自己塑造自己。
階段八： 生命晚期—統整 與絕望	重新評價過去並做出結論，有些人完成自我統整而覺得自己有價值感，有些人覺得不能接受自己的生命過程。	幫助成員認識恐懼以及用有建設性的方式去面對，做出現實性的抉擇與正向的統整。

註：整理自《團體諮商的理論與實務》（頁202-212），Corey, G., 2000/2003。臺北：學富。

　　而Kellerman整理團體階段之相關資料，載自Gibbard、Hartman與Mann於1974年之書籍，提出團體階段三種模式的說法（引自何長珠，2003）：

1. **直線—前進模式**：以Tuckman於1965年提出之團體五階段為代表，包括形成（依賴）、衝突風暴、凝聚與規範、執行階段以及團體任務的完成。
2. **生命—週期模式**：以Mills於1964年提出之五階段論為主要參考。他認為團體會經歷如下五個階段：坦誠、測試疆界以決定角色、創造規範系統、生產、分離。主要在強調團體結束前重返外在世界之準備。
3. **鐘擺模式**：以Slater於1966年、Bion於1974年提出之觀點為代表。認為自始至終，團體的運作都離不開獨立—依賴、衝突—和諧以及害怕—希望等心理動力擺盪。換句話說，也就是一場周而復始的平衡到失衡間的擺渡。

　　在這種基礎上，Kellerman（1979）統整形成他自己對團體階段的整合模式之觀點，如表4-2。

●表4-2　心理分析學派（團體治療）團體階段發展之摘要表

內容　　階段	1.情緒型態	2.內容主題	3.重心人物	4.團體結構	5.團體活動	6.團體的催化	7.主要防衛機轉
階段一：依賴／權力關係　1.依賴／順從	逃避	討論與主題無關之人際關係	具有豐富相關科目經驗之決斷性攻擊性成員	依成員經驗形成多種小團體	與多數社交情境類似的自我導向行為	討論、以結構、分配、公平之原則為主	投射對對權威之貶低
2.反依賴	反依賴	討論組織、談些組織、言不及義的事情、成員間不信任、曖昧。	團體中最決斷的反依賴者與其他人，依賴者則退縮。	兩個很緊密的小團體逐漸形成一領導成員；反依賴對依賴	尋求眾議、如選主席、投票表決、確定有意義之主題。	小團體形成以對抗焦慮	
階段二：相互依賴／個人間的關係　3.解決	配對、密集的介入團體事務。	對訓練者角色之討論	決斷性的獨立者	團體連結起來以追求發展目標並發展內在權威系統	由重心人物團結團體，並逐步走出領導者之影響範圍	成員開始取代領導者所扮演之某些角色	團體移往第二階段
4.魅力時代	配對——逃避；團體變成一體，難以分析。	討論團體的歷史以及有利成益／有利成員或團體的事	參與分配上的現象、有強烈被支持需求者在此時有了盛宴。	融入的、充滿同志愛的，LeBon 稱之為「團體心」。	歡笑、幽默、尋求團體以外的活動交互及參與程度均高，成員與團體相互依賴。	獨立、獲得平衡、衡權威和控制的有效方法。	否定、孤立、理智化（大頭腦）與疏離。

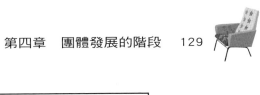

5.去魅力時代衝突—逃避的焦慮時代	重新思考初階段的問題：意義及目標，成員之不信任浮現。	最決斷和反抗依賴型的個人	團體依相似需要開放兩派，分成重新結構為一種競爭的勢力。	團體依下列形式出現分離，缺席、遲到、懶散、倦怠，懷疑團體之價值，偶爾有人出個問題，但會被團體否決。	對團體不實際的期望破滅，反個人性的成員藉此紓解焦慮。
6.眾意有效時代配對、瞭解、接納時代	評估成員角色及貢獻	決斷性的獨立者	團體的小組現象減弱，成員能站在個人之立場，對團體中大多數的事情做出同意的決定。	真性人際關係中能依個人的系統來做溝通；概念性之系統，預測個人行為。接受團體的真實狀態。	真性顯外實，如準備檢討結束，由個人性領導的成員加強方向。

階段三：去依賴

第三節　團體發展階段介紹

　　團體階段可能會因為性質、主題、對象、人數等，而有不同的團體階段，儘管團體的發展存在差異，團體中也存在著某些普遍性的階段模式。

一、團體發展階段簡列

　　大致而言，團體會先經歷初期的摸索、定位階段，接著進入衝突階段，最後邁向凝聚，且逐漸進入人際與個人內在的成長（Yalom, 1995 / 2001）。茲依階段數之不同做分類，整理部分資料如表4-3（引自何長珠2003；李郁文，2001）所示。

♣表4-3　各學者之階段分類整理

學者—年代	階段				
分成三個團體階段					
1. Bales-1950	(1)定向		(2)評鑑		(3)做決定
2. Schutz-1973	(1)接納		(2)控制		(3)影響
3. Yalom-1995	(1)定位、猶豫、尋求意義、依賴		(2)衝突、控制與反抗		(3)凝聚力和自我表露增加
分成四個團體階段					
4. Northen-1969	(1)計畫與定向	(2)探索試驗	(3)問題解決	(4)結束	
5. Gazda-1989	(1)探索	(2)過度	(3)行動	(4)結束	
6. Corey & Corey-1992	(1)定向與探索	(2)轉換	(3)工作	(4)鞏固與結束	
分成五個以上的團體階段					
7. Tuckman-1965	(1)形成	(2)風暴	(3)規範	(4)執行	(5)終止
8. Mahler-1969	(1)形成	(2)接納	(3)過度	(4)工作	(5)結束
9. Trotzer-1977, 1999	(1)安全	(2)接受	(3)責任	(4)工作	(5)結束
10. Hanren, Warner & Smith-1980	(1)引發	(2)衝突與對抗	(3)凝聚力產生	(4)獲得成效	(5)終結

11.Klein-1972	(1)定向	(2)抗拒	(3)協商	(4)親密	(5)結束	
12.Toseland & Rivas -1995	(1)計畫	(2)開始	(3)評估	(4)工作	(5)評鑑	(6)結束

　　大部分的階段都包含第一個形成、定向之階段，接著進入過度時期，包含試探、衝突與接受，接著再進入主要的工作時期，包含做決定、執行、問題解決等，較不同的是Toseland & Rivas提出工作時的評估與結束前的評鑑。

二、團體發展階段說明

　　近來國內學者也從個人工作經驗的角度試圖提出團體諮商的階段理論，如吳秀碧（2005）認為團體諮商與團體治療的歷程發展不盡相同，她根據社會學中有關人際交流的規範和友誼關係發展的原理，提出螺旋式的領導方法，強調在團體中人際關係發展並非直線式的成長，而是螺旋式的發展，個人與團體的連結關係也是呈現螺旋式的發展，因此團體成員可按照自己在團體中的安全感與信任感來工作。而領導者的主要任務是催化團體過程發展，而成員決定問題解決的過程。其提出團體諮商的階段如表4-4所示：

♣表4-4　學者吳秀碧提出之團體諮商的階段

團體階段	階段任務	成員工作	領導者介入
階段一：展開初步關係	・形成團體 ・確定成員個人目標	・處理個人在團體的人際不安全與焦慮 ・尋求明確感	・使用團體諮商過程的結構技術 ・發展團體的人際規範 ・建立團體的文化
階段二：連結關係	・發展工作同盟： (1)連結目標與議題相似的成員 (2)連接人際特質與經	・尋找相似特質或經驗 ・尋展團體中個人的角色與位置連結關係	・促進成員間溝通的質與量的平衡 ・示範與教導人際關係基本溝通技巧

	驗相似的成員		·促進工作同盟的發展 ·連結個人與團體過程
階段三: 友誼與 親密	·建立互助的工作典範 ·處理小團體議題	·去社會角色,以真我 互動 ·將團體作為滿足歸屬 感和關係的來源 ·測試團體可信託的程 度	·聚焦當下的人際互動 ·連結小團體之間的個 人:包括目標、議 題、經驗、情感情 緒、人際特質
階段四: 互助與 合作	·學習解決問題和發展 解決問題的能力與技 巧	·發揮友誼和利他 ·獲得成就與自尊 ·尋求個人參加團體目 標的達成	·使用解決問題的模式 或策略 ·善用團體和成員的資 源
階段五: 收穫與 退出	·統整與鞏固團體經驗 ·正式道別與結束團體	·處理即將失去的關連	·評鑑與回饋 ·協助成員處理失落團 體友誼的情緒 ·協助成員發揮學習遷 移 ·善用終結技術來結束 團體

　　最後,本書作者亦統整三十年來教學、帶領團體所得之經驗,將團體階段分為:初期、過渡、工作及結束四期,分述如下,以供參考。

1. **團體組成前的預備階段:**主要是領導者的準備工作,特別是在個別晤談的過程中,其重點在於當事人的期待、團體領導者的評估,以及個案做的承諾等(何長珠,2003),而團體前個別晤談之說明事項則可參考徐西森(1997)所述:

   (1)團體的性質與目標。

   (2)團體的過程及方法,活動是否適合該成員。

   (3)說明領導者帶領團體的經驗及專業背景。

   (4)團體成員須配合的事項,包括成員的心得寫作等。

   (5)團體費用說明。

(6)團體紀錄（錄音、錄影）的運用。

(7)領導者與成員的責任、權利以及義務。

(8)成員屬性的考量標準等。

2. **團體初期**：其主要動力特徵為陌生、焦慮、依賴、順從。領導者此時需要做的工作較多，其主要任務如下：

(1)協助成員表達期望與焦慮，並建立具體的個人目標。

(2)讓成員瞭解積極參與的原則、用意與重要性。

(3)建立團體規範與澄清團體目標。

(4)多擔任供應角色，照顧成員的生理與心理需求。

(5)展現公平性，確保所有成員都能參與團體互動。

(6)坦承與成員相處。

3. **關係過渡期**：團體內發展凝聚，並出現對領導力（領導者）的試探挑戰。領導者的示範、接納與開放很重要，此時領導者仍處於較主動的角色，其任務如下：

(1)接納異見，以自身的接納與開放作為示範，以創造團體能公開處理抗拒的氣氛。

(2)協助成員認識自己的防衛性反應，且瞭解抗拒或排斥是團體的自然現象，且對團體有益處。

4. **工作前期**：團體出現對開放差距的檢查，意即檢視發言與坦露程度的不同。抗拒方向為團體及某些成員，領導者主要任務為：

(1)找出團體中扮演橋樑的成員，來協助團體建立連結與凝聚。

(2)發揮介入、執中的技巧。

(3)發揮解釋的技巧，讓成員有機會深入探索行為與情緒。

5. **工作後期**：如果上階段能通過，才進入本階段，不然團體會退回到過渡期，其焦點為處理成員與成員、成員與重要他人間之困擾。因此心理劇等感受性偏重的技巧，是此時的適宜做法。領導者主要任務如下：

(1)提供機會讓成員表達和處理團體中的問題。

(2)發揮立即性技巧。

⑶讓成員相互提供回饋。

6.**結束前期**：團體出現工作後的滿意及放鬆。此時已處理個人問題者，往往成為團體中有效的催化員，另外，是開放步伐較慢之成員，若是進行時間足夠，在此時也會逐漸開放並接收回饋。團體逐漸瞭解開放的代價，邁向自主，領導者的任務減輕。此時領導者可以做的是：

　　⑴邀請成員在團體外也向自己的重要他人開放與表達情感。

　　⑵協助團體中較慢熱的成員，在有限時間下對重要的「未完成事件」能有所處理。

7.**結束後期**：檢收成果，出現認知性學習的統整和對分離的情緒反應，若是在團體中處理與自己有關的經驗，會帶來較大的情緒。領導者可以做的是：

　　⑴客觀的評核團體的收穫，如評估團體所達到的階段、將成員分類，以及評估領導者的領導力。

　　⑵進行成員相互回饋，讓成員統整個人在團體內、外的成長。

　　⑶若成員需要，連結相關資源給予支援。

第四節　團體發展階段之常見問題與處理

　　團體中的問題常與三點因素有關：衝突或爭執、冷漠以及不參與、不適當之決策（Bradford, Stock & Horwitz, 1978）。因此，本節針對其表現方式、可能成因和處理方式，加以說明以助瞭解。

一、衝突或爭執

　　衝突是社會的常態，同樣衝突也出現在諮商或心理治療團體中。衝突經常發生在團體的過渡期、試驗期、轉銜時期，對團體具有破壞性與建設性之可能。

　　衝突的意涵是：至少有對立的兩方，在目標、需求上不相容，而發生阻撓、爭辯、敵對或緊張等狀況，且衝突可以說是一個動態的歷程，首先可能具有「潛在對立」，接著對衝突形成「認知與個人介入」，此認知包含了對衝突的知覺與感受，然後再發生外顯的「衝突行為」，最後有其後

續之結果（潘正德，1995）。

目前較常被提及的觀點是「衝突的互動觀點（interaction view）」，此觀點接受衝突的存在，且認為衝突能促進改變、帶來新的可能，例如衝突可能帶來的正向功能有：⑴促使自我檢視：促使個人檢視自我概念，以已思考、決定目標；⑵激發創造力：面對不一致的意見時，會引發個人重新思考問題，發展出具創意的解決方法；⑶影響個人成長及人格發展：適應良好的人，能將這些競爭的力量融入人格中；⑷為團體關係注入新活力：當情緒沉悶時，衝突或其他形式的干擾會激起個人情緒，讓互動更具趣味；⑸警告的信號：代表關係出現嚴重的問題（潘正德，1995；Johnson & Johnson, 2003/2005）。

而衝突若無有效的被處理，對團體也具有破壞性，例如：⑴團體的凝聚力減低；⑵成員病態意志的呈現（衝突過長，會讓團體沈浸在憤怒、挫折和不好的感覺中）；⑶團體受破壞（團體可能在持續緊張中漸趨分崩離析，成員可能因不滿的情緒而缺少參與團體的動機，甚至提早離開團體（潘正德，1995；Johnson & Johnson, 2003/2005）。

而在團體的類型上，Corey（2000/2003）將之分為：成員之間的衝突、成員個人內在參加團體的衝突（常稱之為抗拒）以及成員與領導者之間的衝突（有時被稱之為挑戰）。本文中對於團體衝突的討論多放在人際間的衝突，以下描述衝突之表現方法、可能原因與處理方式。

1. **衝突的表現方式**

⑴彼此之間的不耐煩情緒。

⑵意見未表達清楚前，即遭受批評。

⑶成員分幫成派，拒絕妥協。

⑷反對提議（無論提議來自成員或領導者）。

⑸帶有強烈情緒的表達方式。

⑹成員間的輕微攻擊現象。

⑺表示不信任團體的走向。

⑻覺得團體太大或太小，以致停滯不前。

2. 衝突的可能原因或來源

⑴成員的主要目標在獲得團體中唯一地位時（如爭奪最具權力的、最被尊敬的、最痛苦的、需求最迫切的），因爭權奪利所產生的衝突，自然也在所難免。

⑵團體可能被賦予一個太大的任務，以致成員覺得不可能完成，因而產生挫折。更深入的探討此因素，可能是：

・領導者所提出的每個建議都不夠實際。

・有些成員覺得自己的任務已經夠重了。

・完成任務所需的時間太匆迫。

・成員間沒有足夠的默契，對於他人完成任務的能力沒有信心。

・成員對團體的目標有不同於領導者的想法。

・對於完成任務，每個人有不同的想法。

⑶當成員或團體對某個目標全力以赴時，他們也有可能因此產生緊張和挫折的狀態。更深入的探討此因素，可能是：

・當團體目標是大家所接受的時候，沒人再敢提反抗意見。

・多數的意見都與達成目標可能產生的問題有關時。

・所表達的意見常帶著情緒，容易引發辯論。

⑷成員對團體以外的成員，有利益相關所產生的效忠性需要，如需要效忠好友。

Yalom（1995/2001）亦提出敵對的其他可能來源如下：

・移情或毒性的扭曲知覺，如自貶或迫害妄想。

・成員將自己所擁有但是否認的個人屬性投射到別人身上，也就是對其他成員產生投射性認同。

・人格結構違常時，如妄想型人格的成員，可能經常抱持懷疑與警戒。

・團體成員經歷焦慮或壓力時，在團體中往往會找到其他成員作為「代罪羔羊」，以減輕自己或團體的壓力，也有可能是成員對領導者的不滿轉移到其他成員身上。「代罪羔羊」意即團體的某一成員，為其他人揹負起不是他個人所產生或引起的情緒性感受。

由於上列的因素各不相同，有的可助於團體發展，有的則是會妨礙發展。因此如何在判斷時，維持一個寬廣的視野（即不只瞭解表相，而是深入瞭解成因），乃成為正確診斷團體問題時之重要依據。

3. 衝突的處理方法

　　衝突既然同時具有建設性與破壞性，因此面對衝突時使用的處理模式與因應策略就顯得重要。首先，處理衝突時需要注意兩大事項：「達成個人需求與目標的程度」、「維持人際關係的程度」，如圖4-1之兩個向度，並依這兩個向度發展出五種處理模式（Johnson & Johnson, 2003/2005）。

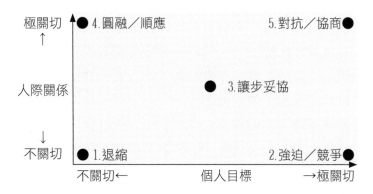

♣圖4-1　衝突策略

註：採自《團體動力─理論與技巧》（頁387），Johnson & Johnson，2003/2005。臺北：
　　學富。

　　此五種處理模式之說明與比喻（Johnson & Johnson, 2003/2005）如下所示：

1. 退縮（烏龜）：烏龜會縮回自己的龜殼中，好迴避衝突。
2. 強迫或一決輸贏的協商（鯊魚）：鯊魚會迫使對方讓步，藉此來壓制對方。
3. 讓步妥協（狐狸）：狐狸對自己的目標和人際關係都保持適度關心。
4. 圓融（泰迪熊）：對泰迪熊來說，關係最重要，個人目標則重要性不高。

5.問題解決協商（貓頭鷹）：貓頭鷹高度重視個人目標與關係。

　　面對衝突時的處理時可能有不同的情形，在使用這些策略時，可以根據自己關切「個人目標」與「人際關係」的程度，來選擇適用於不同情境之策略。無論選擇哪一種協商方式，需注意都要善用同理心、幽默感、傾聽等技巧。

　　而Yalom（1995/2001）認為衝突的處理方式是：

1. 領導者先評估團體階段與成員個人狀況。
2. 讓團體瞭解衝突之下帶來的負面回饋很可能是痛苦的，但若能以正確而敏銳的方式傳達，會有所助益。
3. 建立凝聚力：讓成員瞭解團體要繼續下去，每個人都必須要相互的尊重與信任，促使成員願意探究個人敵意的來源，以及一些自我貶損的訊息。當成員被人接受時，會較願意去探索被否定的自我面向。
4. 建立同理心：使成員瞭解有敵意的人是可能因為幼年生活的影響，促使成員瞭解並接納，進而原諒。
5. 在此時此地工作：協助成員在團體當下做出過去類似情感的表達，並體驗這樣的情感，然後透過回饋與瞭解體驗，重新看待對方與自己。
6. 團體檢核：領導者讓成員回顧團體事件，檢核破壞性的攻擊對團體的影響與意義。

　　Yalom的解決衝突方式，一如其重視此時此地的精神、著重成員之間的關係，嘗試讓成員感受衝突，透過體驗、表達、再理解與回饋，來增進成員對彼此的新觀點，讓衝突不僅是衝突，其作用更是添加人際互動的深度意義，以及成為激發團體能量的新動力。

二、冷漠及不參與／沈默

　　相對於上列的向外攻擊，團體壓力的另一種表現方式是安靜、沈默、沒有意見、也不見動機。這種情況對領導力的挑戰並不下於前者。它會使團體在不確定原因或方向的壓力中感受困擾，而不知該如何反應。

1. 沈默的表現方式

通常是很容易覺察的，例如：

(1)打呵欠或瞌睡，無精打采。

(2)討論不見重點，有一搭沒一搭的進行著。

(3)低參與度。

(4)遲到，早退常缺席。

(5)太快達成決議。

(6)很容易提議延期。

(7)抗拒接受任何新的責任。

2. 沈默的可能意圖與原因

國內學者曾對團體中沈默現象的影響及處理作探討，陳恆霖、戴嘉南（2005）提到，沈默在團體的每個階段都會出現，並將其因意圖之不同，分為十二種類型：

(1)察言觀色的沈默：團體初期成員間不熟悉，試探團體的氛圍。

(2)敵對拒絕的沈默：抗拒的表現，藉以保護自己。

(3)干擾分心的沈默：擔心團體外的未完成事件。

(4)壓力反應的沈默：對於要參與團體之分享討論感到有壓力。

(5)被動應付的沈默：消極應付團體，覺得參與團體跟自己的期待不合。

(6)無法體驗的沈默：跟團體沒有共同感，無法融入團體情境。

(7)壓抑潛沈的沈默：在團體中探索自我、面對自己內在時的不安。

(8)思考專注的沈默：專注於內在自我的思考。

(9)猶豫不定的沈默：尚未準備好如何面對自我的挑戰與改變。

(10)缺乏自信的沈默：對自己沒自信，害怕在團體中出糗的焦慮表現。

(11)擔心評價的沈默：怕其他成員對自己有負面評價。

(12)依依不捨的沈默：害怕面對團體即將分離的事實。

當然，並不是所有的沈默現象都是團體發展中的問題，也不是沈默的成員就是有問題的人（Yalom, 1995/2001）。沈默的原因有許多種，而較需要調整的原因，有下列幾種可能：

(1)團體所從事的事情並非成員所關心的（或其重要性不如成員所關心的問題），或成員並沒有足夠的資料可以做成決定等。

⑵問題的性質可能造成成員的趨避衝突（如開放對不開放之選擇），
　而使團體出現僵局。

⑶團體在解決問題上出現不適當之程序，以致在過程中或後果部分，
　引發反彈。

⑷成員對影響最後決策的權力，自覺有限。此種無力感往往導致參與
　上的退縮，有時也是對權威性領導的一種默默抗議的表現方式。

⑸成員間可能出現一種長期對抗的狀態，其膠著之結果，便是冷漠。

　　自作者的經驗分析，上述幾種可能往往隨著團體的階段而發展，並且
是多因的。如在團體初期，因為領導者介紹團體目標，引發個人動機的工
作未充分完成，而可能出現⑴目標的重要性不同，以及⑶團體解決問題之
程序不適當的現象。另一方面，文化的影響，使大多數的亞洲華人成員都
有⑷「自覺不夠有影響力」的心態，而傾向於壓抑真正的想法，變成只在
表面上合作，跟隨任務指引。最後在團體的工作階段，由於心理團體的處
理性質不是自我概念便是人際關係，因之使得很多成員在面對此一挑戰時
會有自然的防衛現象出來。如果領導者不能有效的催化，或催化出來後未
能有效的處理此防衛（如團體中兩人之間的心結），則結果極可能便是出
現第五種現象。

3. 沈默的處理

　　團體中沈默現象的處理，吳秀碧（1998）提出的方式有：

⑴利用引導性的發問展開活動。

⑵利用結構式的團體活動來處理。

⑶向沈默的成員表示有興趣聆聽他們談談自己。

⑷讓成員瞭解自己的沈默行為對其他成員有影響，並鼓勵成員討論使
　他們保持沈默的原因。例如：將沈默與不沈默的成員分成內外兩
　圈。讓不沈默的成員先在內圈討論，其他成員的沈默帶給自己什麼
　想法與感受；然後內外圈對調，使沈默的成員在內圈討論導致他們
　沈默的原因。

⑸領導者將感受到的團體氣氛告訴成員們。

⑹領導者反應自己對於團體中成員沈默的感受。

領導者必須先瞭解成員沈默可能的意義，再選擇使用適當的方法去處理此現象。

　　而Yalom（1995/2001）則表示除了讓成員自行調整參與程度，領導者要定期評估其非語言行為，例如對姿勢或行為舉止加以觀察，並經常鼓勵其他成員反應對該沈默者的知覺，然後讓該成員驗證知覺的正確性，來增加成員在團體中的參與，但要避免重複的檢核過程，可能讓成員變得被動。

　　雖然沈默有時也能替團體帶來助益、產生建設性的效果，領導者應該要能夠分辨沈默的原因為何，可能是領導者或成員所引起，或是團體當時所處的階段造成。然而領導者有責任協助成員瞭解自己或其他成員的沈默。並用有效的方式打破團體的沈默，促使成員有機會洞察。

三、不適當之決策

　　不適當之決策之表現方式、可能原因與處理方式為：

1. 即使是小事情也要引發一段時間的討論

　　通常是因為團體尚未達到凝聚力，並且在理智層次進行討論的比率偏高。此時可行的做法，一方面是檢查領導者的領導型態與成員之個人特徵，例如領導者偏向放縱或主導、成員較主動或被動，此會影響決策的進行；另一方面則可把工作的重點先放在凝聚力的發展上。

2. 團體往往到最後一分鐘，才能達成決議

　　部分原因是團體的討論時間不夠，或領導者使團體能平均發表意見的介入不夠。

3. 討論常常變成是各抒己見

　　通常是團體缺乏一位連結者（交叉各人意見）和意見統整者所致。在領導力上需要磨練的是更頻繁的設計二至三人一組的對話模式，並於每次討論告一段落之後，設法歸納異同，做出更高層次的統整。

4. 決策權常握在領導者及少數成員之手

　　決策一旦做成，很少有人會再追蹤成效。其原因一方面可能是因為團體仍處於領導者中心的類型，成員並沒有須負責任的歸屬感；另一方面則

可能由於這個決策的性質不夠重要，或非成員所關心在意者。最後，決策權常握在少數人手上，其實是大多數團體的現象，也再度印證中國文化影響下的民族性特徵。藉此，它固然可以維持表面功能的運行。但仍須留意的是，此種決策的型態，其內容能否代表團體中大多數人的意見？如果答案是肯定的，則開明權威的做法可能沒有太大的後遺症需考慮；否則隨著時間的過去，不滿、冷漠、離去或反彈，都是可能的反應。

第五節　各理論學派對團體階段中主要問題之處理

本節擷取Donigian & Malnati於1987年之菁華，作為討論本節資料之依據，依序討論了各學派對於團體階段中主要問題之處理（引自何長珠，2003）：

1.團體初期對沈默之處理，見表4-5。

2.關係過渡期，對團體攻擊領導者之處理，見表4-6。

3.進入工作期之前，對持續保持距離之成員之處理，見表4-7。

4.進入工作期時，對某一成員選擇離開團體之處理，見表4-8。

♣表4-5　各學派對團體中的問題處理模式之比較——團體初期的沈默

團體問題 諮商學派	【團體初期的沈默】
1.個人中心	・常在沈默中開始。 ・團體不著重活動內容及成員做什麼，而是著重成員自己去解決問題，而團體只是提供一種啟發式的經驗。 ・沈默本身就是團體很好的主題。 ・沈默的功能在引發壓力，使團體動力自然浮現，藉著學習等待，某些成員有機會檢查個人的曖昧情境忍受力。
2.完形治療	・分析團體此時的背景因素（人對陌生情境的緊張；人過度擴大自己問題嚴重性之傾向；兩種因素相乘之下的倍增壓力和自覺約束、抑制）。 ・領導者判斷如能讓團體中個人瞭解其共同具有之困擾內容，將對凝聚力之產生極有幫助。

	・因此領導者介入，邀請成員談在「新團體」中的快樂、迷惑與選擇（及其代價）。 ・協助成員體會其可以為不同之選擇和行動。並以角色扮演的方式，即席獲得新經驗。
3.理情治療	・認為這是一個很好的機會和方式來宣導理情治療。 ・以演講的方式開始介紹人類困擾的根源（非理性信念）；說明「必需」的內容。 ・協助成員找出個人最感困擾的部分，在團體中報告，並選出一個例子來作討論。 ・開始教導A-B-C-D模式。 ・並於團體結束前摘要介紹架構、目標、技術（包括家庭作業）並作建議和結論。
4.現實治療	・領導者提前到達聚會場所，主動問候陸續進來之成員，並介紹成員認識彼此。 ・正式開始時，邀請每位成員簡短說明來此之願望與理由；領導者作一結論。 ・團體的沈默開始。 ・領導者表示希望有人能打破沈默；過一些時間後，開始訂立團體規則。
5. 人際溝通分析（T.A.）	・領導者的原則是非語言溝通，結構性活動不多。 ・觀察團體初始因應的做法（例如有人會因焦慮而相互談話；有人會徵求領導者的同意後開始自我介紹）。 ・開始工作時，領導者先以口語表達成員的不安，並提示此點與契約（規範）建立之關係。 ・協助個人界定其契約內容（想處理的部分）處理自願／非自願的問題以及無效契約的內容（依兒童狀態所訂定的）。 ・介紹T.A.的基本概念或閱讀參考書，注意術語的使用。

♣表4-6　各學派對團體中的問題處理模式之比較——團體對領導者之攻擊

諮商學派 ＼ 團體問題	【關係過渡期，團體試探領導者的領導力】：團體是自願組合，最初一、二次似乎進行的很順利——交互作用密集。在這種情況下，有一位成員開放「不希望太太上研究所」的看法，引起團體中性別對立的討論。下次聚會時，大家又恢復有說有笑的場面，不料當領導者指出此點時，卻遭到大家的攻擊，認為他冷漠、有距離、不夠專業。
1.個人中心	·領導者在團體中希望得到的位置是團體之一員（也是一個人），而只有在團體中發生一些現象，大家都未能有效處理時，才（暫時）進入領導者的角色，因此，個人中心學派很反對非參與的觀察角色——專家。 ·既然如此，團體對領導者的攻擊，也就不只是攻擊而已，還包括將領導者視為團體的一分子，也有機會成長的權力，所以此時若採防衛的解說，是最無效的技巧。 ·從實際的團體動力來說，第二次團體不舒服的結束，當然會導致此次開始時的社交性談話。領導者於第二次團體結束時，未以感受的部分來介入，此次又干涉團體求安全感之行動，難怪會引起團體的圍攻（當時應該要針對感受介入）。
2.完形治療	·領導者在動力分析之看法與個人中心學派類似。基本上此情況是一個很值得處理的能量層次，是之前團體被疏忽和誤導的結果（原領導者本身也有抗拒的表現）。 ·領導者認為第二次團體所發生的事件之定義，感受到的非語言訊息都是值得把握的，而處理方式則不一定要嚴肅，運用活動或幽默都是可行的做法。 ·因此，可藉由詢問某些較健談又成熟的成員對上次經驗的看法來展開。 ·換言之，領導者務必面對團體無論是正向或負向的興奮狀態。
3.理情治療	·理情治療認為團體的表現是典型的低挫折容忍力之結果。 ·領導者澄清團體此攻擊現象只對團體本身有意義。其可能原因仍是團體的非理性需要（領導者必須有效，團體才能有收穫）。而感受之外，更重要的是「內言」的內容。 ·領導者駁斥團體對領導者的期望，可能需要處理——領導者冷漠或不關心成員，團體就不能有效運行下去？ ·非常大量的要求且不實際的肯定和支持，其實正是成員來團體中求助的原因。

	·所以本學派的領導者不接受前兩個學派對此問題的解釋，認為團體的指責是團體的非理性需求。
4.現實治療	·認為團體好奇或懷疑領導者之資格是很自然的事，願意藉此向團體說明。 ·願意接受部分的責任在己，同時也開放個人的感受，即團體似乎有所保留，沒人願意冒險，踏出示範的第一步。 ·藉由此種「示範」來催化團體，亦即領導者可接受團體的攻擊，也願意做出一些改變。
5.人際溝通分析（T. A.）	·本派主張在團體中（特別是夫妻共同參與的團體），一個極常見的主題就是「如果不是因為你……」。意即，無論出現形式為何，「控制」永遠是人類的核心問題。 ·因此領導者的挑戰在於連結團體表面所發生的事情之下，其真正議題為何。 ·團體針對領導者的攻擊因此有了新意義——團體要的是像父母般的領導者嗎？為何成員的「父母」不能顯現？ ·領導者另一個可行做法，是挑戰團體中最可能有此類問題的成員，以協助團體走向更真實的交互作用。

♣表4-7　各學派對團體中的問題處理模式之比較——持續保持距離之成員

諮商學派 ╲ 團體問題	【進入工作期之前，團體對開放程度的檢視】：此團體由四男三女組合而成，其目標是增加決斷性行為。最初六次團體，成員皆能適當開放與交互作用，唯有一位成員A例外，雖然他每次都會參與，但總說自己沒什麼問題。到第七次團體，團體終於爆發攻擊，大家紛紛批評A的不真誠，團體變得緊張，因為此成員毫無讓步之意。
1.個人中心	·此學派之領導者認為，A似乎不可能真的沒問題，不然他為什麼要來參加團體呢？但處理抗拒之方式，最好還是順著對方的方向走，直接挑明可能會激起更多抗拒。 ·此外，以往的經驗顯示，有些人雖然參與的很少，但是後來卻自覺收穫很多。 ·且有些人需要較長的時間，因此，領導者需要接納A的狀況，並「判斷誰需要耐心以對」，為諮商水準的表現。

2.完形治療	·此學派之焦點不在於領導者該怎麼做，而是這件事（團體對成員採取攻擊行為）的意義，例如：團體的施壓行為與他們來參與團體時的困擾（不夠決斷）之間有什麼關係嗎？ ·總之，對此學派之領導者而言，此是實際演練「立即性」和「角色扮演」的最佳時機。
3.理情治療	·本學派主張先處理團體。使團體更瞭解與個人有關的動機，以及此情緒反應的合理之處為何。 ·領導者認為不先處理A，而繼續進行先前那種質量均加的交互作用，可能才是引發A開放的最好辦法。 ·最後，領導者建議團體（特別是施壓他人欲其開放者），去設想一個自己最大的祕密，並設想如何才能在團體中開放。在此練習中當然也包括A的練習在內。
4.現實治療	·此學派處理這件事時，會先考慮兩件事： ⑴現實治療的主要內容為何？依Siegel &Spivaek於1976年提出的主張，其內容是：有能力去認知問題、定義問題、想出問題的解決之道，並選擇最好的解決之道。 ⑵其次，在決斷性行為，以Wolpe & Lazarus於1996年提出的觀點來思考，此團體中發生此事的雙方，都算能達到決斷性的表現。 ·要思考的只是當個人選擇了團體，但卻又選擇不開放，其目的為何？以及對施壓他人欲其開放的成員言，其受拒的經驗又是如何？
5.人際溝通分析（T.A.）	·此學派認為當一個人表現出決斷性行為時，不等於立刻保證有正結果。反之，決斷性行為因為會引發別人不同的反應，常帶來負面代價之情境。 ·所以決斷性訓練中應包括建立新契約的心理準備。 ·此外，團體中此時的現象足以說明施壓者與抗拒者兩邊似乎都落入了「自我挫敗」的角本內容中——認為自己的行為是對方造成的，而且無法改變。 ·最後，立即性也是一個可用的技巧。如問抗拒者既然能表現如此決斷的行為，為何還要來參加團體呢？

♣表4-8　各學派對團體中的問題處理模式之比較——某一成員選擇離開團體時

諮商學派　　　　團體問題	【進入工作期時，某一成員選擇離開團體】：團體的組成是因為成員多半覺得有低自尊的困擾，這是第五次的聚會，在此之前團體似乎進行的不錯，通過了一般的過程（試探開放、面質），而且準備好要進入工作期。但就在這時，有一位成員忽然宣布此次之後自己將退出團體，使大家愣在那兒。
1.個人中心	·當然第一個反應不會是很愉快的，那等於在挑戰「你不是一個很好的領導者的信念」。 ·但如果團體鼓勵開放、成長的氣氛，那這位成員的作為毋寧是更值得尊敬的，因為他選擇讓大家知道，而不是單獨私下告知領導者或只留下一個電話錄音。 ·這位成員的做法，因此應該是一種對的行為，因為那是他的選擇與人生，而沒有人比當事人更知道自己要的是什麼了吧！ ·領導者表達上述立場外，也鼓勵團體有同樣權力和當事人就此事有所探討。 ·不過在這些措施之前，領導者最可能做的是「等待」——讓團體決定其第一步。
2.完形治療	·雖然離開是成員的權力，但治療者仍要一探究竟，是為什麼呢？成員覺得團體進行的很無聊嗎？他需要別人邀請他加入而沒有人這麼做嗎？抑或這就是他整個人生的方式？壓抑直到受不了然後爆發出來。 ·在如此探索時，完形治療中一種基本投射—內射（introjection），將被作為一種主要方向來進行。 ·如果我想要對團體工作，則方向可轉為向團體詢問：有沒有人有類似的感受？或對此事的立即反應為何等。 ·最後，對自己領導力的檢討上，我認為團體若由一群同樣具有低自尊的人組合而成，可能不妥，下次應以較異質性的組合取代。
3.理情治療	·本學派先注意到的，是此事對團體的影響，可想見團體會受到驚嚇，繼而產生憤怒而自貶之感。由於團體的背景是低自尊，他們很可能先產生自我批判的反應。 ·因此，領導者先處理的是團體成員對此事的看法，各種有關的理情之技巧均適當地引入。 ·其次，領導者也會瞭解決定離去之成員的理由，並向他說明，日後如有需要時，仍可再加入。

	．處理團體時的重點有二：一是讓團體分辨「不是該成員的離去，而是他們自己覺得自己不好、沒有權力、沒有能力維持一個好團體的信念，讓大家覺得挫敗」；二是讓成員確實體會很糟糕的感覺，並試驗如何在自己可控制的情況下，變成只是不怎麼好而已的感覺。
4.現實治療	．領導者的反應可能是「接受」和「再邀請」。如「對於你要離開團體我覺得傷心，因為我喜歡你也相信你對這個團體會有貢獻。也許你有充分的個人理由，認為有時候結束一個關係比停留在其中更好些（當事人有一次離婚，而目前婚姻也正搖搖欲墜）。但由於這個消息來得太突然，希望你再考慮一個星期，並在下週和大家討論你的決定，也許到時會有更好的處理辦法如何？」 ．領導者本人的預感是這位當事人並不是真的想離開，而是藉此來測試團體對他的關懷、需要和在意程度。
5.人際溝通分析（T.A.）	．首先這種事不太可能在人際溝通分析團體發生，因為有參加團體前簽訂的「團體契約」來預防。 ．其次，治療者認為這是當事人內在角本的表現（無論其方式為孩子式的嫉妒其他開放者的表現，或是父母式的提出一個大家都解決不了的問題來表現權力）。 ．再者，團體對此成員的反應方式，也可視為個人角本的真實存在方式之複演（如有人害怕退縮，有人力圖挽救）。 ．因此，先觀察當下團體的反應（包括非口語的）而不要急著進場作「救火隊」，可能者對領導者是很重要的一個指標。（Berce曾說過「讓團體往前走不一定能保證團體能得到治療」）。

作者的叮嚀

　　對團體階段的瞭解，可作為團體領導者在運行團體時之重要參考依據，以及瞭解各個階段中可能需要達到的任務為何。同時儘管不同理論對於團體階段的分類不一，但其內容大多不脫如何符合起、承、轉、合的原則。協助讀者加強學習的部分為：「各個階段中的工作內容」以及「各理論學派對階段中主要問題之處理」。

第二部分　自我測驗Q&A

Q1

團體階段分為初期、過渡、工作、結束四個階段，每個階段有要完成的重點任務，這些階段任務該如何達成？

A1

在此將團體階段分為初期、過渡期、工作期兩階段、結束期兩階段來說明：

1. 團體初期

主要動力為陌生、焦慮、依賴、順從，領導者的「供應」角色很重要。例如幫大家開門、開冷氣、招呼茶水、講有趣的事讓大家集中精神等，領導者要讓自己不管是帶團體或是自己生活中的團體，都能自主習慣的去照顧別人，這樣才算是真正的供應者。

2. 團體過渡期

團體內發展凝聚，同時出現對領導力的試探與挑戰，此時領導者的示範、接納與開放很重要。其實「開放」與「接納」本身就是一種「示範」，例如對於國中生成員的挑戰，領導者要能接納他們此年齡需要試探自己權力的狀態，並對他們的挑戰表示開放。

3. 工作期第一階段

團體出現對開放差距的檢查，此時領導者的執中、介入、立即性的技巧很重要。所謂「開放性差距的檢查」，就是若發現團體前期有人永遠在發言、有人被問到時才說話，就是開放差距。領導者可抓出團體中每一小團體的橋梁者（主動發言與回答者），因為他們決定了大團體的走勢，若將這些人結盟，團體就能連結。

4. 工作期第二階段

成員主要工作是處理與重要他人的困擾，此時適宜的做法是心理劇等感受性偏重的技巧。例如在團體中處理衝突，看起來可能是成員之間或是

成員對領導者的衝突，事實上是要處理成員和他重要他人的衝突，要知道有兩個狀態在發生：「成員A把成員B當作重要他人，投射成員A與自己重要他人的議題」、以及「成員B的重要他人正在影響成員B」。衝突不是單獨成員的問題，領導者要有所覺察——衝突是一個成員將衝突丟在另一個人身上後，另一個人的問題再呈現出來，而領導者對此有覺察，便可有所處理，而不會被不自覺地受影響。並且能鼓勵成員將團體中做的衝突解決，回到家中對自己的重要他人再做一次，就是真正完成練習。

5. 結束期第一階段

團體中處理問題的人，往往成為團體有效的催化員（另一層意義是領導者也要處理完自己的問題，就比較能幫助別人）。步伐比較慢的成員此時才會開始開放和接受回饋，領導者在此時可以大量回饋成員。

6. 結束期第二階段

做認知學習的統整，以及處理分離情緒的反應，若是跟自己較有關的經驗會帶來較大的情緒。

Q2

不同團體階段中，可能出現的衝突為何？

A2

團體中出現批評，一般而言常發生於團體「承」與「轉」的階段之間，不同團體階段的挑戰或衝突也有所不同，以下作簡單說明：

1. 起的挑戰

在一至二次團體，團體會針對「團體、團體規則」作挑戰，以及對於領導者提出的資料作挑戰，如團體聚會時間的長短或家庭作業的規定等。

2. 承的挑戰

在二至三次團體，團體會針對「成員」作挑戰，以及產生grouping現象，如同儕依附、權威依附、排除性依附（都不參與團體者），替罪羔羊的角色亦於此時出現，也就是團體逐漸確定不被喜歡的成員人選，同時亦

出現團體成員中的領導者（地下領袖）。

3. 轉的挑戰

團體中期，開始對「領導者」有較正面之挑戰；領導者與成員及團體之間往往形成隱形的衝突，如對領導者的發言不予重視、不自覺的依從團體中具領導權成員之意見，之所以如此，是因為團體此時的任務已由對「他人」、對「團體」的挑戰，轉向對「個人」的工作——處理未竟事務，需要學習如何與自己連結。

Q3

在團體前期，沈默以及較少的回應是常見的現象，當有成員開放自我，但其他成員卻以靜默的方式來回應時，便可能會破壞團體中的信任感，因此在團體初期面對這種情形時，領導者可以如何處理？

A3

團體中的沈默，可能原因有「個人特質」、「缺乏安全感」、「團體中有人讓他覺得有壓力」、「過去經驗」等；領導者面對這些不同起因的沈默時，前兩項可以從「個別處理」來做，後兩項則從「團體處理」來做：

1. 個別處理

面對個人特質較為沈默的成員，領導者可以多給他們一些等待的時間，或者是利用小組活動的分式，兩人一組，協助較為沈默的成員能有機會多說話。

若此沈默的成員缺乏安全感，則領導者應該多給一些鼓勵，並且在此成員發言時，多給一些關注，認真聽他說話；此外，沈默的成員也可能具有操縱者特質。

2. 團體處理

在團體成員的組成當中，可能有些成員之間在進入團體前便有其他關係，如同學或朋友，因此在分享時可能就會有些顧慮，故而有沈默的情形

產生，此時領導者可以透過「立即性」處理，主動瞭解成員們在此時此刻的感覺，又或者是有成員對於團體中某人的特質感到有壓力，領導者也可在觀察後進行處理。

最後，若團體有成員曾經在別的團體中有過不好的經驗或可能被傷害過，因此選擇沈默。那麼，領導者可邀請其他成員分享他們參加團體的好經驗，來降低此成員的焦慮或不安全感。

Q4

心理分析學派中，Bion提出的「依賴」、「配對」、「鬥爭與逃避」的模式所指為何？

A4

依照Bion的概念，人的關係可以分成以下模式：

1. 依賴模式

可以分成「上下依賴」跟「平行依賴」。「依賴」比較多的意思是「上下依賴」，例如自己小時候非常依賴媽媽，長大後當父母會叫孩子依靠自己。上下關係，常是被命運所決定的，但是命運所決定的上下關係，很容易影響後來的配對關係。例如一個非常焦慮的母親希望孩子常常都在視線範圍內，孩子長大後，其選擇伴侶有兩種可能：

(1)希望伴侶跟媽媽一樣囉唆，每天都要管控行蹤。

(2)反對這種行為，所以會找一個很放任自己的伴侶。

因此可以說，人類的很多主要情緒狀態都是從幼年生根、青少年時期發展成較固定的狀態，此扎根的現象會從青少年時期形成一種人際因應的模式。

2. 配對模式

指的是較平行的關係，也是一種交換關係。通常在結婚以前會有一個「密友」，結婚以後則換成「先生」，來作為配對關係。配對也就是互補，假設自己已經習慣被依賴，且習慣依賴別人的話，所找交往的伴侶或

朋友就是比較會管自己的，此即是形成了配對。因此，在這樣親密和交換的關係中，就會產生「鬥爭與逃避」的現象，如第三種模式。

3.鬥爭與逃避模式

在關係當中，有時因為過於親密，而想反抗對方的意見進而產生鬥爭或攻擊，一旦提出攻擊後，因不習慣自己的攻擊，心裡也覺得自己不對，所以只好逃避。

從Freud的觀點來看，關係中就是會引發這些行為特質：服從性、反叛性和退縮性，且通常在團體中成員會先對權威作反應，接著是同儕。

這些模式可提供團體領導者思考自己的類型，例如：領導者是配對類型的人，領導方式一定和單獨類型的人不一樣。領導者最核心的依附需求，會影響他在團體中的工作方式。假設是逃避類型的領導者，很少碰觸家庭議題，也從來沒有真正面對與處理個人議題，此種領導者帶領團體就很容易出現兩種現象，一是「結構」，另一種是「活動」，因為自己沒有能力讓別人開放，只好靠活動讓成員開放。因此領導者應該真實的面對個人議題，以更有效的成為助人者。

Q5

在心理分析學派團體治療的階段發展中，主要階段與其內容為何？可以做什麼來達到這些主要工作？

A5

心理分析學派團體治療主要可分為三個階段，依序說明主要內容：

1.階段一：依賴／權力關係

⑴依賴／服從（上下）時期：初期團體結構是依成員經驗形成多個小團體，成員處於依賴權威的階段，對於第一次或陌生的團體，領導者往往要處理其沈默與不合作，可以做的是：

・進行有趣的活動，讓成員產生連結（例如有戴眼鏡的人坐在一起），讓分組產生意義，該意義能讓成員找到共同性，而打破沈

默。

- 問一個不一樣的問題，也就是讓成員能想出意見的問題。而不只問：今天團體有沒有什麼問題啊？這是沒意義的問題，通常成員會沈默，可以問：今天覺得自己最能參與、最能投入是什麼時候，今天對自己有什麼新發現等。

(2)反依賴時期：若領導者在第一次的團體向大家示範自己是一個傳統型的領導者，只僅依照結構與時間帶團體（例如問了讓成員無法回答的問題，以為成員因此沒有疑問），如此到了第二次團體當然可能仍處於依賴狀態，承襲第一次團體的沈默、不發言、不作主張，領導者可以做的是：

- 將團體分為小組（grouping），每次給予一些不同之指令，如同班不能同組、熟的人不能同組、每一組要包含不同性別的人，幾次之後，團體就能產生新的認識。

- 讓團體選出一個小組長，例如領導者不在時負責協助團體事情的人，就可能出現團體中埋伏的領導者。

(3)解決時期：此時成員開始取代領導者所扮演之某些角色。

- 讓成員發展關係及參與團體，其方式如給予成員很小的任務，例如請成員A協助記錄領導者從何時開始對成員B講了多久的話，請成員C注意誰對領導者講了話等，還可以擬定「更小的任務」，很小的任務可以使成員不知不覺就成為領導者。當次團體結束後，領導者可表示：今天團體中小領導者A做得很好，請大家聽聽他看到什麼，可以感謝他的付出。

- 領導者持續觀察團體動力，例如使用Hill團體動力分析，轉謄團體逐字稿，以話語分析方式分析兩百句團體對話，其通常是擷取團體過程中的對話，包含領導者、各個成員的話語；或作互動分析（畫出團體互動線）來解構團體。

- 於此領導者可以開始下放權力，如問成員：如果今天我不在，誰會來帶團體？讓地下領導者出現。

2. 階段二：相互依賴／個人間的關係

⑴魅力時期：可運用產生歡笑、幽默的活動，使參與團體變成快樂的事，成員可能因為來到團體可以看到某成員，而對團體產生輕微的期待，此時即進入魅力時期，團體會有開玩笑、交換新資料的狀況，不再依賴領導者，而是互相依賴，此為魅力時期的特徵，至此團體可準備進入下個階段。

3. 階段三：去依賴

⑴去魅力時期：進入衝突階段。團體最常出現的衝突是：做得多的人會開始「怨」做得少的人。例如團體中原有一半成員經常發言、另一半成員不常發言，到團體成熟後，成員會開始出現的情緒反應如：平常在團體中講話的人都不開口了。然後團體可能會分成兩派，也會出現不同於以往的行為，如遲到、疲倦、打瞌睡，或進入個人所屬團體等。成員對此情形可能有所自知也可能不知道，而領導者的功能永遠是最重要的，要能適時扮演穿針引線的工作。

⑵眾意有效時期：團體進入末期，此時團體小組現象減弱，成員多能站在個人立場為團體作出決定。領導者在此時可評估成員的角色與貢獻，準備結束、檢討收穫。

❖　第三部分　歷年考題精選　❖

一、團體治療在成熟期可能遭遇的問題有哪些？說明如何避免和解決這些問題。　　　　　　　　　　　　　　【93年專技心理師第二次考試試題】

參考文獻

何長珠（2003）。團體諮商—心理團體的理論與實務。臺北：五南。

吳秀碧（2005）。諮商團體領導原理的建構：螺旋式領導方法。中華輔導學報，**17**，1-32。

吳秀碧（1998）。團體諮商實務。臺北：復文。

李郁文（2001）。團體動力學：群體動力的理論、實務與研究（三版）。臺北：桂冠。

徐西森（1997）。團體動力與團體輔導。臺北：心理。

陳恆霖、戴嘉南（2005）。沈默現象在團體中的影響及處理探討。**輔導季刊，41-3**，50-60。

潘正德（1995）。團體動力學。臺北：心理。

Bradford, L., Stock, D. & Horwitz, M (1978). *Group Development*. CA:J. W. Pfeiffer.

Corey. G（2003）。團體諮商的理論與實務（莊靜雯、李曉菁、吳健豪、簡憶玲、魏楚珍、黃靖淑、賴秀玉、洪秀汝、洪佩婷、林金永譯）。臺北：學富。（原著出版於2000）

Donigian, J. & Malnati, R. (1987). *Critical incidents in Group Therapy*. California: Brooks/Cole.

Johnson, D. W. & Johnson, F. P（2005）。團體動力—理論與技巧（任凱譯）。臺北：學富。（原著出版於2003年）

Kellerman, H. (1979). *Group Psychotherapy and Personality: Intersecting Structures*. NY: Grune & Stratton.

Yalom, I. D.（2001）。團體心理治療的理論與實務（方紫薇、馬宗潔等譯）。臺北：桂冠。（原著出版於1995年）

第五章

團體方案設計

本章學習**重點**

瞭解團體方案會因為成員的心理狀態、特殊議題以及領導者的理論架構,而有其設計的原則,本章分別在以下四種類型中舉出一個方案實例,以熟悉團體方案設計:

1. 特定心理成員:以ADHD兒童為例。
2. 特定理論架構:以認知行為治療為例。
3. 特殊方案研究:以社會技巧訓練方案為例。
4. 特定議題:以提升生涯自我效能為例。

❖ ## 第一部分　理論 ❖

　　在團體開始之前,心理團體的領導者須瞭解團體成員特質、人數、團體目標、聚會時間、次數等,再依領導者所受的訓練、個人特質、選定的理論架構等,設計出一系列活動,亦即方案設計。此依據可以是諮商心理學理論,例如:現實治療、理情治療等;或是依據一套訓練方案,例如:壓力免疫訓練、自我肯定訓練等,但大致上來說,每次團體的設計架構,包括以下:

1. 暖身活動:目的在於促使成員進入團體狀況、和增加成員間的互動。
2. 主要活動:是團體的核心活動,達成團體目標的關鍵,通常按照團體目標來設計。

3. 結束活動：目的在於促使成員統整、鞏固團體所學，部分團體會進行家庭作業的說明或下次團體的預告（謝麗紅，2009；何長珠，2003）。

團體方案的設計不但內容要能前後銜接，以達到催化與螺旋式的深入發展；而且每部分內容之份量，又要能大致均等，避免失衡（何長珠，2003）。除了以上原則，謝麗紅（2009）整理團體方案設計之步驟，如下：(1)評估潛在成員的需求；(2)確認團體的性質、主題與目標；(3)蒐集相關的文獻或方案設計；(4)規劃團體整體架構；(5)安排各次單元細部流程；(6)藉由團體帶領前、帶領時、帶領後的評估，做方案的修改；(7)與同儕討論或尋求督導。

本章蒐集國內近十年有關團諮方案的碩博士論文，共九十篇，如表5-1所示，將團體方案分類為「特定心理成員」、「特定理論架構」、「特殊方案研究」、「特定議題」四個部分，並且分別整理一則方案作說明。整理文獻後發現，有以下趨勢：

1. 五年來的研究數量有增加之趨勢：88～92年的研究有二十五篇，而近五年（93～97年）的研究則提升至六十七篇，可見得團體諮商被重視的程度。

2. 「特定心理成員」相關研究：過去較多被研究的族群是針對「特定人格特質者」和「情緒困擾者」，然而在近五年，身心障礙者和老人族群逐漸被重視。

3. 「特定理論架構」相關研究，以「認知行為學派」和「現實治療」近五年來產量增加比例最多。

4. 「特殊方案研究」相關研究中，過去多以「社交技巧訓練」和「遊戲治療」為研究方向，而近五年出現了一些特殊的方案，例如：懷舊諮商方案、冒險式諮商方案、親子互動方案、夢工作方案、性別平等教育方案、身心靈賦能方案、繪本教育方案等。

5. 「特定議題」相關研究中，「學習與生涯議題」和「人際關係議題」，近十年來都極為被重視，近來「愛情議題」也逐漸被關注。

♣表5-1　民國88～97年「團諮方案設計」相關之碩博士論文摘要表

	研究者	年代	篇名	出版處	
A.特定心理成員					
1	曾凊琪	97	身心障礙者手足在兒童團體手偶劇之內涵探索	中國文化大學	心理輔導所
2	郭思琪	97	焦慮情緒當事人認知行為網路即時團體諮商之研究	國立彰化師範大學	輔導與諮商學系所
3	李芳雅	97	精神科日間病房病人自我效能團體實施之初探研究	國立嘉義大學	家庭教育與諮商所
4	林沄萱	96	超越老化支持團體對機構老人超越老化觀感、憂鬱與生活滿意度之成效探討	國立成功大學	護理學系
5	陳怡君	95	藝術媒材介入之團體對國小高年級低自尊學童之影響	國立花蓮教育大學	諮商與輔導所
6	吳淑楨	95	運用即時通訊網路團體諮商對高憂鬱傾向學生輔導之研究	國立臺灣師範大學	社會教育學系
7	江逸萱	94	團體治療對精神分裂症患者藥物治療的知識態度及結盟行為之成果探討	輔仁大學	護理學系
8	許玫倩	94	一位藝術治療團體之ADHD成員在兒童發展中心之歷程與效果研究	臺北市立教育大學	教育心理與輔導所
9	謝秋梅	93	藝術活動對學習障礙與低成就學生自尊影響效果之研究	國立嘉義大學	特殊教育學系
10	劉春男	90	情緒管理團體輔導對國小兒童輔導效果之研究	臺南師範學院	國民教育所
11	許志彰	90	團體諮商對國小偷竊兒童自我概念與自我控制影響效果之研究	臺南師範學院	國民教育所
12	徐大偉	89	國小學生生氣情緒及生氣情緒管理團體方案之研究	國立高雄師範大學	教育所
13	李玉卿	89	國小害羞兒童在遊戲治療團體中互動及改變歷程之分析研究	國立高雄師範大學	輔導所

B.特定理論架構					
1	邱惠琴	97	阿德勒取向家長諮詢團體成效之研究	國立新竹教育大學	教育心理與諮商所
2	劉惠萍	97	焦點解決團體對國中高關懷青少年輔導效果之分析研究	國立彰化師範大學	輔導與諮商學系所
3	楊麗芬	97	問題解決取向諮商架構在成長團體之應用研究—以張老師儲備訓練為例	中原大學	心理學所
4	曾瑞瑾	97	哀傷兒童參與表達性藝術治療團體之成效及改變歷程探究	國立新竹教育大學	教育心理與諮商所
5	謝玉萍	96	團體認知行為治療對門診憂鬱症青少年之成效初探	臺北醫學大學	護理學所
6	陳偉任	95	認知行為團體治療對女性門診憂鬱症患者治療效果之研究	高雄師範大學	輔導與諮商所
7	余葳貞	95	認知行為治療團體對憂鬱青少年的治療成效之研究	臺北醫學大學	護理學所
8	郭雅美	95	運用認知行為取向團體輔導方案對高憂鬱指數高中生的輔導效果研究	國立臺灣師範大學	教育心理與輔導學系
9	周淑椿	95	理情行為團體諮商對國小兒童憂鬱傾向輔導歷程及效果之研究	國立屏東教育大學	教育心理與輔導學系
10	鄭雪伶	95	現實治療團體諮商對身體意象不滿的女性大學生輔導效果之研究	國立高雄師範大學	輔導與諮商所
11	郭怡君	95	阿德勒學派團體諮商對國小兒童自尊輔導效果之研究	國立屏東教育大學	教育心理與輔導學系
12	張妗薇	95	理情取向團體諮商對國中隔代教養學生行為困擾之輔導效果研究	國立中正大學	犯罪防治所
13	王怡蓉	95	現實治療團體諮商對學業低成就高中生輔導效果之研究	國立高雄師範大學	輔導與諮商所
14	劉蕙晴	94	理情團體諮商對國小兒童同儕關係與理性信念輔導效果之研究	屏東師範學院	教育心理與輔導學系

15	張雪吟	94	現實治療團體諮商對提升國小兒童自尊之輔導效果研究	屏東師範學院	教育心理與輔導學系
16	洪嘉蓮	94	完形取向團體諮商對父母離異兒童增進自我概念與情緒適應之效果研究	國立臺北師範學院	教育心理與輔導學系
17	蔡玉華	94	焦點解決團體諮商對國小兒童負向情緒輔導效果之研究	國立花蓮師範學院	輔導所
18	李珮琳	94	焦點解決取向團體諮商成效及其療效因子之分析研究——以國中低自尊學生為例	國立高雄師範大學	輔導所
19	林淑菁	94	認知行為取向團體諮商對國中繼親家庭青少年輔導效果之研究	國立彰化師範大學	輔導與諮商學系所
20	黃怡璇	96	亞斯伯格症學齡兒童認知行為治療方案之療效研究	長庚大學	臨床行為科學所
21	張杉義	94	認知取向團體方案對成人認知信念輔導效果之研究——以臺中縣一所國小學區為例	臺北市立師範學院	國民教育所
22	翁一婷	94	探討一認知行為團體方案對九二一地震受創學童之焦慮與憂鬱問題之成效研究	長庚大學	臨床行為科學所
23	劉育姍	94	理情親職團體諮商對非理性信念國中生家長親子關係之效果研究	國立高雄師範大學	輔導與諮商所
24	陳靜芳	93	理情團體治療對改善門診憂鬱症患者非理性信念及憂鬱症狀之成效探討	臺北醫學大學	護理學系
25	張杉義	93	認知取向團體方案對成人認知信念輔導效果之研究——以臺中縣一所國小學區為例	臺北市立師範學院	國民教育所
26	張鳳慈	93	藝術治療取向團體對高中生親子關係之影響	國立彰化師範大學	輔導與諮商學系

27	李俊珍	93	現實治療團體對藥物濫用者之自我控制自我概念自我效能之輔導成效研究	國立高雄師範大學	輔導與諮商所
28	李伊淑	93	認知治療對憂鬱傾向國中生諮商歷程與效果之分析研究	國立高雄師範大學	輔導與諮商所
29	陳淑芬	93	理情行為團體諮商對國小學生生氣情緒輔導效果之研究	屏東師範學院	教育心理與輔導學系
30	蘇世修	92	焦點解決取向團體諮商對國中男生生氣情緒管理效果之研究	國立臺灣師範大學	教育心理與輔導學系
31	莫惠玲	92	理情團體輔導對單親兒童自我概念輔導效果之研究	新竹師範學院	輔導教學所
32	蕭同仁	92	現實治療團體對少年藥物濫用者處遇效果之研究	靜宜大學	青少年兒童福利所
33	李佩郁	91	焦點解決取向團體諮商對國小單親兒童輔導效果之研究	國立彰化師範大學	輔導與諮商學系所
34	鄭曉楓	91	認知行為取向團體輔導對國小攻擊傾向兒童之攻擊及攻擊行為影響效果研究信念	新竹師範學院	國民教育所
35	簡文英	91	薩提爾模式親職成長團體對國中生家長輔導效果之研究	國立高雄師範大學	輔導所
36	陳麗娟	91	社會適應欠佳兒童在阿德勒諮商團體中改變歷程之研究	國立屏東師範學院	教育心理與輔導所
37	沈鈺珍	91	「理情U型自尊」團體方案對國小低自尊兒童自尊、理性思考與情緒智力之輔導效果研究	國立臺灣師範大學	教育心理與輔導所
38	詹淑瑗	91	「完形取向團體方案」對國小害羞兒童輔導效果之分析研究	國立臺北師範學院	國民教育所
39	林佩郁	91	焦點解決取向團體諮商對國小單親兒童輔導效果之研究	國立彰化師範大學	輔導與諮商所

40	陳奕良	90	薩堤爾模式團體方案對青年情侶輔導效果之研究	國立高雄師範大學	輔導所
41	林梅鳳	90	認知行為治療團體對憂鬱症患者的衝擊與治療效果之研究	國立彰化師範大學	輔導與諮商所
42	江振亨	89	認知取向戒治策略對安非他命濫用者之戒治成效研究	國立中正大學	犯罪防治所
43	林玉彬	89	認知行為取向團體諮商對國小害羞兒童輔導效果之研究	國立臺南師範學院	國民教育所

C.特殊方案研究

1	徐蕾	97	性別平權團體諮商對大學生性別角色刻板印象與性別平權態度影響之研究	國立屏東教育大學	教育心理與輔導學系
2	顏秀娟	97	冒險式諮商對憂鬱傾向大學生效果之研究	國立屏東教育大學	教育心理與輔導學系
3	許素婷	97	繪本教育團體對國小四年級學童性別角色刻板印象之研究	國立屏東教育大學	心理輔導教育所
4	詹杏如	96	當我們只在夢中相見——夢工作團體對成人經歷哀傷歷程之療效因子	國立臺灣師範大學	教育心理與輔導學系
5	張滇琬	96	親子遊戲治療團體之療效因子研究	臺北市立教育大學	心理與諮商學系
6	鄭惠文	95	團體懷舊治療對改善憂鬱老人情感及行為功能之成效探討	輔英科技大學	護理系
7	王三平	95	懷舊團體治療對榮家憂鬱老人之成效探討	國立臺北護理學院	長期照護所
8	劉純如	95	身心靈賦能團體對乳癌成效之探討	臺灣大學	護理學所
9	何文揚	94	當國中生遇上男女翹翹板——性別平等教育團體輔導方案對國中生性別意識發展之影響	東海大學	教育所

10	蔡佩君	94	社會技巧訓練團體對受同儕忽視兒童之社會技巧與自我概念輔導效果之研究	臺中師範學院	諮商與教育心理所
11	林芥佑	94	社交技巧訓練團體對國小高社交焦慮學童之效果研究	臺北市立師範學院	國民教育所
12	王翠蘭	94	遊戲治療對選擇性不語症幼童之介入影響	臺北市立師範學院	國民教育所
13	蔡孟倫	94	社會技巧訓練團體對國小害羞兒童輔導效果之研究	國立高雄師範大學	輔導與諮商所
14	魏雪卿	93	懷舊治療團體於護理之家老人對寂寞、生活滿意、生命意義之前驅性研究	國立臺北護理學院	醫護教育所
15	楊琇博	93	「親子互動團體治療方案」對ADHD兒童的輔導成效評估	國立臺南大學	教育學系輔導教學
16	邱瓊瑩	92	社交技巧訓練團體對國小兒童社交技巧與人際關係之影響研究	國立新竹師範學院	國民教育所
17	劉袖琪	92	父母離異兒童在完形學派遊戲治療之輔導歷程研究	國立新竹師範學院	國民教育所
18	陳麗文	90	高風險家庭父母效能訓練團體研究：以犯罪少年家庭為例	國立嘉義大學	家庭教育所
19	唐育瑜	90	同理心團體訓練對父母離異兒童人際關係之研究	臺北市立師範學院	國民教育所
D.特定議題					
1	翟宗悌	97	國中青少女戀愛關係團體諮商方案之成效研究	國立臺灣師範大學	教育心理與輔導學系
2	陳麗英	96	亞斯伯格與高功能自閉症兒童人際互動團體諮商方案之研究	國立臺灣師範大學	教育心理與輔導學系
3	陳怡蓓	96	人際歷程取向成長團體輔導效果與歷程之分析研究	國立臺南大學	諮商與輔導所

4	黃慧森	96	共許生涯願景──高中生敘事取向生涯探索團體的故事	國立高雄師範大學	輔導與諮商所
5	周雅虹	96	國中特教資源班學生參與探索教育活動取向生涯團體輔導方案之效益研究	國立彰化師範大學	輔導與諮商學系所
6	鍾岱樺	95	實施小團體輔導方案對中年級新臺灣之子自我概念與人際關係成效之研究	國立臺中教育大學	課程與教學所
7	史莊敬	95	焦點解決團體諮商效果與療效因素研究──以人際困擾大專生為例	國立屏東教育大學	教育心理與輔導學系
8	許以恆	95	生涯團體對國中女生生涯自我概念、職業興趣與職業性別刻板印象輔導效果研究	國立屏東教育大學	教育心理與輔導學系
9	周雅虹	95	國中特教資源班學生參與探索教育活動取向生涯團體輔導方案之效益研究	國立彰化師範大學	輔導與諮商學系所
10	許明珠	94	認知行為改變技術之班級輔導方案對國小一年級學童社交技巧與人際衝突之影響	國立屏東教育大學	教育心理與輔導學系
11	張瑞玉	93	中心主題合作輔導方案對提升國小學童自我概念與人際關係成效之研究	屏東師範學院	教育行政所
12	黃雪瑛	91	焦點解決短期諮商生涯團體對大學生生涯自我效能輔導效果之研究	暨南國際大學	輔導與諮商所
13	蘇鍛佩	90	生涯團體輔導方案對國小兒童生涯成熟、性別角色刻板印象、生涯覺察與職業自我概念輔導效果之研究	臺南師範學院	國民教育所
14	黃炤容	89	生涯探索團體方案對高職二年級女學生生涯發展及生涯自我效能之影響研究	國立臺灣師範大學	教育心理與輔導所
15	謝雯鈴	89	女性生涯團體諮商對技職校院學生生涯相關態度之輔導效果研究	國立高雄師範大學	輔導所

第一節　特定心理成員

　　此部分整理十三篇相關文獻，將特定心理成員分為四種，分別為「身心障礙者」，例如：精神分裂症患者、ADHD等；「情緒困擾者」，例如：生氣、憂鬱、焦慮等；「特定人格特質者」，例如：自尊低落、害羞等；以及「老人」，其中以「身心障礙者」最多（詳見表5-2），故選取許玫倩（2005）之碩士論文為例，說明以藝術治療為架構，成員為ADHD兒童之團體方案設計。

♣表5-2　特定心理成員分類篇數

分類	身心障礙者	情緒困擾者	特定人格特質者	老人	總數
篇數	5	4	3	1	13

　　整理相關研究（Cowart, Saylor, Dingle, & Mainor, 2004; Epperson, & Valum, 1992）指出，藝術治療師面對ADHD個案可提供的服務有三：⑴進行主要症狀的評估；⑵提供治療，包括衝動性、注意力不足、過動等症狀；⑶處理ADHD相關的次級病徵，包括低自我概念、低自尊以及不佳的人際關係。許玫倩（2005）認為藝術治療團體的運作，須考量成員的繪畫發展程度，而針對七到九歲兒童，為了增加成員對藝術媒材的掌握能力，必須審慎的選取合適的媒材，有助於成員產生正向的成功經驗，將有利於團體過程中，成員進行探索活動的意願，同時增加其能力感。整理其團體方案如表5-3。

♣表5-3　許玫倩（2005）於「一位藝術治療團體之ADHD成員在兒童發展中心之歷程與效果研究」設計之團體方案

階段	次數	單元名稱	單元目標	單元內容
初始階段	一	宣傳廣告	1.團體成員互相認識，協助成員對新形成的團體有較高的安全感、舒適感。 2.瞭解成員的生活世界。 3.協助成員建立團體規範，以利團體之進行。	・遇見 ・我的世界 ・宣傳廣告 ・我們的默契 ・心情的顏色
	二	我貼、我貼、我貼貼貼	1.藉由暖身活動的引導，讓成員彼此更加熟識，以促進團體凝聚力。 2.透過尋找圖片的過程，增加成員互動與妥協的機會，並提升成員的控制力。 3.幫助成員藉由撕、剪、貼的過程紓解情緒。 4.藉由完成的作品瞭解成員生活中相關的訊息、潛意識內容與價值觀。	・身體語言 ・我貼、我貼、我貼貼貼 ・心情的顏色
工作階段	三	自己／別人眼中的自己	1.認識自己的外在特質與內在特質。 2.覺察「自己眼中的自己」以及「他人眼中的自己」，兩者之間的差異。 3.增進自我認識並統整自我概念。 4.學習與他人溝通妥協。	・大風吹 ・小風吹 ・自己／別人眼中的自己 ・理想中的自己 ・心情的顏色
	四	情緒大嘴偶	1.能辨識情緒與臉部表情的關連。 2.引導成員以繪畫的方式表達自己的正向與負向情緒。 3.引導成員覺察自己的情緒。	・情緒臉譜 ・情緒大嘴偶 ・心情的顏色
	五	描身畫	1.引導成員以肢體、表情表現情緒。 2.成員認識自己，增進自我概念。 3.藉由創作題材的選擇認識自己的情緒。 4.利用媒材宣洩自我情緒。	・臉譜顏色 ・描身畫 ・心情的顏色

六	情緒麵糰	1.藉由捏、揉、搓麵糰的過程，獲得情緒宣洩的機會。 2.在彼此交換麵糰的過程中增進成員與他人互動的機會。 3.幫助成員從「做像自己的動物」製作中自我認識與覺察。	・捏搓揉捶壓 ・捏麵糰 ・心情的顏色
七	動物家族	1.藉由動物作品的投射，促進成員的自我概念。 2.學習媒材的分享以及彼此溝通、妥協。 3.認識自己與他人的互動關係。 4.反映成員的生活狀況與重要人際關係。	・我最像的動物 ・動物家族 ・照相留念 ・心情的顏色
八	我的理想世界	1.提供安全的空間，處理影響成員個人現狀但尚未在團體中呈現的主題。 2.藉由藝術媒材的具體化方式，讓成員清楚看到自己的正向力量。 3.促使成員以樂觀態度面對未來。	・想一想 ・理想世界與我的力量 ・心情的顏色
結束階段 九	送給自己的禮物	1.引導成員從人際互動中思索自己的優缺點。 2.鼓勵成員團體當中的成長與改變。 3.藉由禮物製作的儀式化過程，增強成員的改變並幫助成員自我肯定。 4.藉由具體化的方式幫助成員正向積極的面對未來。	・祕密花園 ・我好棒！ ・送給自己的禮物 ・心情的顏色
十	畢業典禮	1.利用活動方案設計，瞭解成員在團體過程中的改變。 2.統整上課期間之創作，予以正向回饋。 3.幫助成員面對與處理離別情緒。 4.促進成員對自我之期許、展望未來。 5.邀請成員與同儕互相祝福。	・我的世界 ・畢業紀念冊 ・頒獎典禮 ・心情的顏色

　　由於此方案針對ADHD兒童所設計，研究者需要廣泛性的去瞭解ADHD的相關知識，甚至其所屬機構（兒童發展中心）之特殊性，因此，在針對特殊心理成員設計方案時，領導者需將種種因素併入方案設計的考

量，包括瞭解其心理狀態的特性、外顯行為、內在運作等，考量家庭、學校、社會系統之影響，或是藥物治療之作用等。並且在團體實際運作的過程中，保有彈性，在現場發揮臨場反應與創造力，使團體運作更符合成員所需，達到更完善的治療效果（許玫倩，2005）。

 ## 第二節　特定理論架構

　　整合三十九篇相關文獻中，包括有七種理論架構：阿德勒取向、完形取向、現實取向、認知行為取向、焦點解決取向、家族治療取向與藝術治療取向（詳見表5-4）。其中選取陳偉任（2006）之碩士論文為例，說明以認知行為治療為架構，成員為女性門診憂鬱症患者之團體方案設計。

♣表5-4　特定理論架構分類篇數

分類	阿德勒	完形	現實	認知行為	焦點解決	家族治療	藝術治療	總數
篇數	3	2	4	23	7	1	3	43

　　陳偉任（2006）認為認知行為團體治療演進至今，普遍地被認為可以應用各種疾病的治療，例如：運用在處理恐懼症、身心症、飲食失常、憤怒、恐慌症等，其中以憂鬱和焦慮性疾病最常被提及。從認知行為團體治療對憂鬱傾向之成效的整合研究發現，大部分的研究結果皆肯定其效能，對於憂鬱症患者的治療模式，認知行為團體治療是優於其他治療模式的選擇。因此，陳偉任（2006）依循Beck的認知行為理論基礎設計團體方案，由瞭解信念、情緒、行為對個體心理健康之影響，修正自動化思考及家庭作業之練習，以協助個案發展較健康之思維模式。

♣表5-5　陳偉任（2006）於「認知行為團體治療對女性門診憂鬱症患者治療效果之研究」設計之團體方案

次數	單元名稱	單元目標	主要活動
一	認識你真好	1.增加成員的彼此的熟悉度。 2.熟悉認知行為治療的四個要素：健康、想法、行為、情緒。 3.增進團體互動與凝聚力。	1.兩兩互相訪問及介紹。 2.(1)舉例說明認知行為治療的模式。 (2)應用於自己當下的狀況。 3.訂定團體規範。
二	訂自己人生的方向	1.舉例說明目標的本質。 2.協助成員設定屬於自己的目標。 3.瞭解目標的表現方式及本質。	1.分享上週家庭作業執行的狀況 2.舉例說明目標的本質。
三	熟悉情緒收音機的頻道	1.確認自己常用的思考模式為何。 2.學習如何將想法及情緒量化。	1.分享上週家庭作業執行的狀況。 2.分組並以自己的例子來練習。
四、五	想法大挑戰	1.學習如何挑戰自動化的思考。 2.瞭解改變需要花一段時間。	1.分享上週家庭作業執行的狀況。 2.舉例說明改變想法的方法。
六	為生活增添色彩	1.瞭解快樂事件和情緒的相關。 2.學習如何將可行的快樂事件引進日常的生活中。	1.分享上週家庭作業執行的狀況。 2.舉例說明如何增加快樂事件。
七	暫停轉不停的錄音帶	1.瞭解什麼樣的情境會出現自動化的思考。 2.學習如何中斷自動化的思考。	1.分享上週家庭作業執行的狀況。 2.舉例說明如何中斷自動化的思考。
八	人際你我他	1.鼓勵成員彼此回饋和分享及讓成員瞭解別人對自己的想法。 2.協助成員瞭解及運用自己有益於人際關係的特質。	1.分享上週家庭作業執行的狀況。 2.舉例說明人際溝通技巧。
九	我就是CEO	1.協助成員如何定義問題。 2.學習問題解決的技巧。	1.分享上週家庭作業執行的狀況。 2.舉例說明問題解決的技巧。

十	祝福滿行囊	1.引導成員回顧團體歷程，檢視自我的成長、彼此回饋。 2.為整個團體作溫馨的、支持性的結束儀式。	1.回首來時路。 2.(1)送你一份祝福。 　(2)團體規範的再討論。

其研究結果發現：「認知行為團體治療」方案對門診憂鬱症患者「低落性情緒」和「錯誤認知基模」（例如：災難化、個人化、過度類化等）的改善，有立即性的心理治療效果且效果可延宕至少兩個月。

 ## 第三節　特殊方案研究

整合相關文獻十九篇，共有十一種特殊方案（詳見表5-6），相較於特定理論與特定心理成員的分類來得多，可見的特殊方案的研究，在國內是較為多元的；而其中又以社交技巧訓練最多，共有四篇。其中選取蔡孟倫（2005）之碩士論文為例，將社交技巧訓練之方案設計，運用於國小害羞兒童，說明如下：

♣表5-6　特定理論架構分類篇數

類型	篇數	類型	篇數
社交技巧訓練	4	冒險式諮商	1
懷舊治療	3	親子互動	1
遊戲治療	3	夢工作	1
性別平等教育	2	同理心訓練	1
身心靈賦能	1	父母效能訓練	1
繪本教育	1	總數	19

針對社交技巧訓練，有不同的訓練模式（詳見表5-7），一般都包括：情感、認知和行為等三種向度，而蔡孟倫（2005）在方案設計方面，考量成員的害羞特質，容易過度擔心他人的負向回饋、傾向低估自己

的能力,可能在轉譯過程對行為結果有太多負向的預期,過多的負向自我陳述,限制了反應的能力,因此以Argyle社會技巧訓模式為主,分為下列三階段:

1. 第一階段:為「動機與目標」,是指瞭解成員所希望達成的社會目標。
2. 第二階段:分為三個部分:
   (1) 覺察:協助成員知覺到在社會情境中,與目標有關的各種線索,包括聽覺、視覺,甚至是觸覺。
   (2) 轉譯:在成員評估線索後,形成各種適合社會情境的行為反應,在此產生了認知的歷程。
   (3) 動作反應:在轉譯之後,協助成員真正表現出具體行為,包括語言和非語言。
3. 第三階段:經由動作反應與外在環境改變的回饋圈,使成員知覺到自我的社會行為與外在環境的互動,以再次回饋的歷程來修正個體的認知與動作反應。

♣表5-7　社交技巧訓練之策略

蘇素美(2001)	教導、示範、角色扮演、增強、回饋與家庭作業。
Geldard 和 Geldard(1997)	(1)「確認和表達感覺」確認自己和他人的感覺和表達感覺。 (2)「與他人有效的溝通」包括交朋友、處理被冷落和解決衝突技巧。 (3)自我管理。
黃月霞(1993)	具體課程有認識並察覺感覺、表達感覺和情緒、察覺自己和他人的肢體語言、傾聽和回饋技巧、衝突處理技巧、交朋友和維持友誼技巧、交談技巧和尋找自己和他人的資產,共十種技巧。
Goldstein(1993)	(1)楷模;(2)角色扮演;(3)回饋;(4)練習遷移。
Hollin(1990)	(1)說明;(2)示範;(3)回饋;(4)後效增強;(5)家庭作業。
Spence(1983)	(1)選擇目標;(2)教導與理論;(3)示範;(4)角色扮演;(5)回饋;(6)訓練遷移。

整理於蔡孟倫(2005)。

蔡孟倫（2005）特別強調害羞兒童覺察轉譯的過程，透過自我教導的方式，找出負向的自我陳述，加以修正其認知歷程，再以正向回饋的方式將害羞者的社會技巧知識轉化為具體的社會行為能力。設計方案如表5-8。

♣表5-8　蔡孟倫（2005）於「社會技巧訓練團體對國小害羞兒童輔導效果之研究」設計之團體方案

次數	單元名稱	單元目標	單元內容
一	認識你真好	1.協助成員互相認識。 2.建立和諧輕鬆的團體氣氛。 3.營造鼓勵氣氛、引發成員參與團體的興趣。	‧第一類接觸 ‧小小記者 ‧藏寶圖 ‧建立榮譽制度 ‧許願 ‧結語
二	名偵探柯南	1.瞭解自我教導的方法。 2.檢查自己負向的內在語言。	‧大家來找碴 　（增進凝聚力） ‧布偶劇場 ‧想法追補手
三	好幫手	1.尋找具建設性的內在語言。 2.練習正向的內在語言。	‧護蛋行動 ‧布偶劇 ‧情境大考驗 ‧分享與討論
四	勇敢說	1.瞭解說話聲音表達清楚的重要性。 2.學習說話時聲音如何表達才能清楚明白。	‧放輕鬆 ‧回音谷 ‧哆啦A夢百寶袋 ‧行為追補手 ‧任務指定
五	我的眼睛會說話	1.體會目光注視對自己與他人的重要性。 2.學習目光注視與肯定眼神的技巧。	‧肢體雕塑 ‧最佳演員 ‧任務指定
六	好想聽你說	1.體會注視與傾聽的重要性。 2.練習注視傾聽的技巧。	‧歡樂對對碰 ‧任務指定

七	大家來開講	1.瞭解主動與人溝通、談話對人際關係的影響與益處。 2.學習合適的主動談話技巧。	・你說我畫 ・哆啦A夢 　「主動談話技巧」 ・任務演練
八	主動出擊	1.複習主動談話的技巧。 2.練習在真實情境中主動談話的技巧。	・情境大考驗 ・任務指定
九	請問你	1.瞭解主動提出請求對自己的重要性。 2.學習主動提出請求的技巧。	・大收藏家 ・哆啦A夢 　「提出請求技巧」 ・大冒險家 ・任務指定
十	做自己的主宰	1.瞭解在人際相處中處理批評與表達不滿對自己的重要性。 2.學習如何以適當的方式處理批評與表達不滿。	・明日之星 ・哆啦A夢處理批評與表不滿技巧卡 ・任務指定
十一	人際大富翁	1.練習處理批評與表達不滿技巧。 2.複習所有技巧。	・百寶箱 ・人際大富翁 ・總結
十二	一路上有你	1.複習所有技巧。 2.讓成員彼此祝福與回饋。 3.統整團體經驗。	・記憶的典藏 ・洗衣機 ・填寫回饋單

　　蔡孟倫（2005）並整理其研究經驗，提出建議如下：

一、與兒童之家長、師長合作，擴大方案之成效

　　同時組織「家長訓練團體」，主要訓練內容為練習支持兒童將團體中的技巧轉移至日常生活，促進兒童類化及維持治療效果。至於老師的部分，給予社會技巧訓練團體輔導大綱，提供每次團體孩子所要學習的社會技巧目標行為，讓老師可以關注兒童與同儕的正向互動，並增強適當行為，或在課堂中提供口語與非口語表達的機會，以提升輔導效果。

二、關切成員實務練習之情況

　　在團體進行單元開始時，宜先討論家庭作業，瞭解將成員進行的情

況，對於正向經驗加以增強；對於困難的部分，使用角色扮演方式再練習，並對成員的努力給予回饋，如此密切的關注成員的進步情況，可以提升兒童練習的意願，進而對社會技巧更佳精熟；而領導者也能夠視成員的情況，適時的做方案上調整，愈符合成員的需求與狀態之下，團體效能將愈明顯。

 ## 第四節　特定議題

　　整合十四篇相關文獻，可分為三種議題：學習及生涯、人際關係、愛情（詳見表5-9），其中以學習及生涯最多。此處選取黃雪瑛（2002）之碩士論文為例，以提升生涯自我效能為目標，運用焦點解決諮商理論設計之方案，說明如下：

♣表5-9　特定議題架構分類篇數

分類	學習及生涯	人際關係	愛情	總數
篇數	8	6	1	15

　　「生涯自我效能」廣泛的來說，就是指運用自我效能於生涯領域。Lent和Hackett（1987）更詳細的說明生涯自我效能是「個體對於從事與生涯選擇和生涯適應相關行為的個人效能的評價」，也就是個人經由自我效能覺知進行自我評估，而將焦點放於生涯能力的部分；Betz（1992）則認為生涯自我效能是指對於「與個人生涯有關的自我以及環境」的覺察能力，而自我效能的預期，將可能會對個人在做最佳的生涯選擇和生涯發展上有所影響。黃雪瑛（2002）整理出以下三項影響：

　　1.趨避選擇：當個體預期該活動超過他們能力範圍，會加以逃避；而選擇從事他們認為自己有能力處理的部分。

　　2.行為表現：當出現困境時，自我效能高者較有勝任感，會願意投注心力以符合環境要求，而付出更多努力；低自我效能者容易高估問題的困難程度，反在行為上表現較弱。

3.持續力：自我效能感較高者，堅持度亦較高，容易獲至成功的表現；反之亦然。

　　既然生涯自我效能對生涯發展具有影響性，如何提升生涯自我效能感便值得被關注。黃雪瑛（2002）整理Betz提出的四點建議，如下：

一、獲至成功經驗（performance accomplishment）

　　在生涯發展的過程中，若個體能夠親身體會正向經驗，可提高其對生涯自我效能的預期；反之，若該生涯階段發展面臨挫折或失敗則會降低預期。例如：透過生涯諮商協助他們解決生涯困境，或者可藉由訓練課程，提升個體需要的職業能力，以促使其對未來職業更具信心。

二、替代學習（vicarious learning）或示範（modeling）

　　有時成功經驗不見得發生在自己身上，而是源自於替代性經驗的學習，因此，有意義的學習楷模讓個體感到認同，而有激勵的效果，不只是正向經驗的學習，個體在觀察他人面臨生涯阻礙時的解決方式，或是他人克服困難的成功經驗，將能夠成為其生涯自我效能的來源，認為自己若是堅持投入，也有機會成功。

三、情感激發（emotionalarousal）

　　在面對生涯困境時，焦慮感提高，而降低生涯表現的水準，連帶的將影響其生涯自我效能的降低。因此，情緒管理變得重要，可利用放鬆訓練、自我對話與思考中斷法等技巧，幫助個案減緩其焦慮，以及後續的效應。

四、口語回饋（verbalpersuasion）

　　語言是一種潛在的影響因素，口語回饋的暗示性，可使個體相信自己能夠去克服生涯阻礙，藉著對話中的回饋與肯定，能增加個體賦能感，而這也顯現出重要他人或諮商師的鼓勵或支持對能增強當事人的自我效能。

　　由前文可以得知，影響生涯自我效能的來源，包括：獲至成功經驗、替代學習、情緒激發、以及口語回饋。黃雪瑛（2002）將此概念融合於焦點解決短期諮商中，提出以下四點，並設計團體方案如表5-10：

1. 焦點解決短期諮商團體強調「潛能與例外」，更能幫助成員尋回並重新啟動自己的成功經驗。
2. 焦點解決短期諮商團體的「團體學習（grouplearning）」治療要素亦達到替代學習的效果。
3. 焦點解決短期諮商團體的「團體支持（groupsupport）」和團體樂觀（groupoptimism）」兩項治療要素可以有效影響情感激發。
4. 焦點解決短期諮商團體「運用語言的力量進行口語回饋」使成員獲至賦能。

♣表5-10 黃雪瑛（2002）於「焦點解決短期諮商生涯團體對大學生生涯自我效能輔導效果之研究」設計之團體方案

次數	單元主題	單元目標	單元活動
一	團體形成	1.協助成員相互認識，建立開放融洽的團體氣氛。 2.澄清團體目標、性質、進行方式及成員參加的動機。 3.協助成員建立團體規範已力活動之進行。	・相見歡 ・團體規範
二	認識生涯	1.增加團體信任感與凝聚力。 2.瞭解生涯意義。 3.探索自己生活型態根源。	・生涯大富翁 ・家族樹 ・我的風格表
三	認識職業興趣	1.提升成員自我效能。 2.認識 Holland 職業興趣量表。	・我能……接力 ・江湖前後傳 ・心中桃花源
四	生涯隱喻	1.讓成員用自己語言建構獨特生涯型態。 2.培養成員描繪自己未來的生涯藍圖。	・生涯隱喻
五	生涯魔法石	1.探索未來職業藍圖與瞭解努力的方向。 2.拓展成員對生涯資源的運用與認知。	・奇蹟出現／五年後的我
六	結束與祝福	1.團體結束，成員和領導者相互告別。 2.統整團體歷程，成員彼此回饋與祝福。	・音樂冥想 ・珍重與祝福

　　焦點解決短期諮商團體強調讓成員自行決定目標，而非順從領導者認為應該要的目標，藉此激發成員負起改變之責。當成員對於日常生活事件越有信心，將越容易建立自我價值感，進而提升生涯自我效能。並且由上述可知，焦點解決短期諮商的特色與提升生涯自我效能的重要因素有類似的觀點，因此，當領導者設計特定議題之團體方案時，可以運用與該議題有相似觀點之理論，將更有事半功倍之效，像是此研究（黃雪瑛，2002）發現成員真正受益的是在團體中所體會到的焦點解決精神，反倒活動設計僅是暖身和催化的功能，主軸仍舊回到團體諮商的基本面上。

> **作者的叮嚀**
>
> 　　經由前四章的學習，希望讀者在瞭解關於團體、領導者與成員之知識後，能嘗試練習設計團體方案；瞭解領導者在團體開始之前，如何憑藉著對於團體成員特質、人數、團體目標之瞭解，以及領導者所受的訓練、個人特質、選定的理論架構等，進行方案設計；本章提供數個團體方案，並再次說明將不同理論融入團體方案時之設計原則。建議考生可針對現今較受重視之議題，如：自殺、家暴等，練習進行模擬的方案設計，將有助於精簡應試時的思索時間。

❖　第二部分　自我測驗Q&A　❖

Q1

　若要將不同理論之治療方法放進一個團體（如將理情治療、問題解決、自我肯定訓練要放在處理「攻擊」問題之團體方案中），有哪些地方需要注意？可以如何排序？

A1

　　延續性的方案設計應注意以下兩個部分：

1. 每個主題的設計，要與主題背後的理論相連結

　　例如主題是處理攻擊，可以從認知行為理論、問題解決模式，或可以從壓力管理等來看攻擊，可見攻擊的本身就可以有不同的範圍，所以在方案設計的時候，可以考慮用一套理論來做，或是統整不同的理論來做。在這裡的統整之定義與「拼盤式」的方案設計是不同的（拼盤式的方案設計，可能只是憑直覺把幾個方案合起來），因為統整式的方案設計需要能解釋哪些方案要放前面、某些方案要放後面，其內容的本身要根據所查的文獻資料，才能決定次序與步驟。

2. **安排次序要合乎邏輯——這是設計活動時最重要之考量**

　　⑴在安排理論的次序上，若以理情理論為主軸，首先要先知道何為「理性、非理性」，其次練習「駁斥非理性」，最後才進行「自我肯定」（後面加入自我肯定訓練）。

　　⑵其中理情又可以分為四個因素：「完美絕對」、「悲觀預期」、「非自我肯定」、「低挫折容忍」，而這四個因素若依邏輯排出發展的順序，則應該是：非自我肯定→完美絕對→悲觀預期→低挫折容忍（一剛開始對自己沒什麼信心，可是又期望能達到完美的地步，但要追求事事完美幾乎是不可能的，因此一旦無法達到完美，便對自己感到失望，認為自己什麼事情都做不好，最後即使是小小的失敗，也覺得自己非常糟糕，而感到十分挫折）。此時，對於這四個因素之邏輯安排，可再回到文獻中搜尋相關理論的支持，以便形成團體方案的安排。

　　可見每次方案之內容與活動選擇，都應該是經過討論、判斷、和思辨後之結果。

Q2

在一個大學生六次的減壓團體中，主要目的若為教導成員學習放鬆方法，其放鬆方法可如何設計？

A2

放鬆方式的實施順序可為：腹式呼吸→漸進式肌肉放鬆→幻遊放鬆→正向的催眠放鬆，內容如下：

1. 腹式呼吸

腹式呼吸放在第一個放鬆方式是最合適的。先體會自然呼吸，再進行腹式呼吸，執行的方法可體會以不同的姿勢來感受不同的呼吸狀態，如先站、再坐、再躺下來，過程中，可以使用數息法（關注在1～10之數字上，並重複）或觀想（當每個雜念生起，便輕輕放下），最後目標是可以在生活中做到自然使用腹式呼吸，或者經常能在放鬆狀態下、或有需要時使用腹式呼吸幫助自己。

2. 漸進式肌肉放鬆

通常是從頭頂到腳底，例如從額頭開始、到眼睛周圍的肌肉、臉部肌肉、頭部、頸部、肩膀等，將身體劃分成許多部分，逐步放鬆，可引導成員想像溫和／明亮的光（視狀況需要）照射在身體部位上，以協助聚焦與放鬆。

3. 幻遊放鬆

使成員利用腹式呼吸放鬆法或是漸進式肌肉放鬆後，引導成員想像中性化的圖像，引導語例如：你來到一片草原，風輕輕的吹著，你看到了什麼、聽到什麼、或者聞到什麼，接著你往前走，來到一間房子旁邊，房子旁邊種了好些花，然後你離開那間房子，又回到那片草原……。亦可找坊間協助催眠的CD播放，以協助成員進行放鬆。

4. 正向的催眠放鬆

最後這個方式適合領導者先對某成員實行，再讓成員兩兩練習，步驟與相關說明如下：

⑴領導者先詢問團體的立場：例如相不相信有神？或是相不相信光能為自己帶來力量？若成員願意接受再繼續進行。

⑵建立心中的守護神：請成員想像「心中的守護神是什麼樣子」（如耶穌、菩薩、十字架、母親等等），也可以觀想心中有一個很亮的

地方，並引導成員思考「想要守護神對自己說什麼？」

⑶接著開始進入催眠放鬆：催眠者需要先讓自己放鬆，然後坐在被催眠者右側，兩者位置呈90度，視彼此關係考慮是否將左手放在被催眠者肩膀上，以增加信任感。伸出右手兩根手指且併攏，手指放在對方眼前約六至七公分的位置，且手指方向與被催眠者之眉毛方向平行，請對方的視線隨著手指移動，接著催眠者開始上下移動手指，往上不超過眉毛、往下不超過嘴巴，來回一次約六至七秒，提醒對方放鬆眼皮。

⑷給予指令：當被催眠者視線逐漸沈重、眼睛快睜不開時，是「給暗示最好的時機」，催眠者給予指令如：「你感到越來越放鬆，眼皮就快撐不住了，你想要睡一分鐘，在這一分鐘裡你可以獲得很大的休息，你會感覺到守護神已經在你心中，祂永遠會在你的旁邊保護你，你可以放心。」當對方快闔上眼時，用自己的手指順勢幫他輕輕蓋上眼皮。

⑸等對方休息一、兩分鐘左右後，引導他：「在你醒來之後你會發現自己比剛剛有精神，你現在可以慢慢睜開眼睛，3，2，1。」給予成員一點回復意識的時間，再分享或繼續進行團體。

⑹告訴成員只要每次遇到困難時，就給自己幾個緩慢的深呼吸（腹式呼吸）、把手放到胸前位置或握著十字架，此時就能接觸到自己的守護神，感覺到守護神在心中，並得到保護。

Q3

請設計一個中、高年級的家暴目睹兒童團體，人數約七至八人，次數約六次，說明每次的團體目標為何？如何達成？且帶領時需要注意哪些原則和事情？

A3

　　要先思考這個團體為何僅是六次團體？必須要先有安排六次的解釋，再去思考每次團體內容。

1. 每次團體目標與實行方法

　　團體過程中可運用活動設計來協助每次目標的達成，以下說明六次團體之目標與可進行的方法（團體活動設計）。

(1)第一次團體（讓成員瞭解團體主題、進行方式；擬定團體規範；成員彼此認識）：領導者介紹團體各次主題、進行方式，澄清成員對團體的期待或想法；「製作名片」並介紹自己；成員相互討論後彙整成「團體規範」。

(2)第二次團體（認識家庭暴力）：介紹家庭暴力的意義；導讀「繪本」來引發成員對家暴內容的思考，邀請成員畫圖並分享。

(3)第三次團體（認識與覺察情緒、宣洩情緒）：將受家暴的情緒（包括憤怒、恐懼、愛的矛盾），畫在「面具」上，分別運用聲音、語調、動作表現面具所代表之情緒；利用「出氣棒」在團體注視下宣洩情緒，可以直接叫出加害人的名字，例如「我很討厭你，爸爸！」讓成員知道他的忿怒可以被宣洩，對他來說是「一種能量表現」，此意涵是：假設這個孩子被打了還能夠活下來，他心裡一定有很多正向力量，可能是逃走或想殺爸爸的忿怒，但這些其實都是正向的力量，只是這些力量要經過討論，並從團體中獲得回饋，讓負向情緒被團體所接納（建議有督導在旁比較安全）。

(4)第四次團體（具體分解家暴過程，討論對策）：做家暴流程之「具體雕塑」，討論並假設引發施虐的狀況，例如：「爸爸何時會打你？喝醉酒時嗎？」（成員何時要進入警覺狀態）

→「此時你通常是什麼反應？逃或躲是不是讓爸爸一進門沒找到人就要打人？」（什麼情況誘發加害人家暴）

→「爸爸都用什麼工具打？打哪些部位？打到什麼程度？爸爸何時停手？」（何種情況能停止受虐，此為最重要的一環）

→進入討論，如「家暴發生時，其他人在哪裡？在這樣的事情中，你現在最想做的是什麼事情？」開始討論對策。

(5)第五次團體（回饋與指出成員的力量）：領導者可對著團體將成員正向的能量指出來：「前面幾次團體，我們可以看到A成員是如何

的有力量，B成員有怎樣的力量……」（正向力量不等於讓家暴事件消滅，請慎思），或者讓成員之間彼此回饋成員的力量（運用團體活動設計）。

(6)第六次團體（強化學習經驗、回顧與統整團體內容、彼此回饋祝福）：運用搶答的遊戲方式回顧團體歷程，協助成員強化學習經驗；透過寫卡片的方式祝福、感謝每位成員。

2. **注意原則與事情**

(1)團體成員最好必須是同質性的。例如身體上的家暴與性的家暴，其問題類型就不一樣，放在一起並不適合。

(2)看這些成員之間是否合得來。假設只有六次團體，但六次團體都在處理成員吵架的情況是沒有意義的，如果領導者從第一次團體中，就發現有成員會妨礙團體的進行（可能是問題太大、已超過適合直接用團體處理的範圍），便需要跟主辦單位商量，協助該成員離開團體並轉介到個案諮商，這樣才能專心的以六次時間來處理問題程度相似的團體──以宣洩及建立同盟支持為目的。

(3)以一個當事人的故事來工作。因為僅有六次團體，具體雕塑時演一個人的故事就夠了，但須選擇具有共通性之題材，以使其他成員也能從中受益。

(4)對象越年輕，做法就要越具體化。以具體雕塑為例，可以將家暴過程作分解為幾部分，如引發情境、主要對象、常用話語及場景、施暴過程、結束方式、恢復正常等，讓過程循序漸進地進行，且能隨時更改，如此在後來討論對策時才夠具體、才能有用。

Q4

針對低自尊的國中生，如何將提升凝聚力設計在主題活動中？且如何依團體成員的年齡與特質融入活動規範？

A4

1. 團體凝聚力常在成功經驗裡產生

設計一個容易成功的團體任務，例如團體一開始可以請成員為自己取一個「新綽號」，並說明取這個綽號的理由，而且得到大家的同意，它可能為個人帶來新鮮有趣、好奇的感覺，同時也對團體氣氛很有幫助，藉著來參加團體而形成新的團體。

2. 將團體規範變成有趣的活動

對於青少年來說，要將團體規範從可怕、有限制的任務變成有趣的約定活動，才能吸引他們的注意與投入，例如用新綽號來約定進入團體的祕密暗號（或姿勢）與活動規範，會更符合青少年之動機需求。

Q5

若一個十人所組成的青少年團體中，已存在二至三個次團體，且已出現既定的我團體——他團體之偏見，其現象如有些成員有固定的講話對象，並忘我地吵鬧，而使得另一些人可能無法進入他們的情境而顯得較安靜，或是小團體之間各自互動和接話，但各小團體間則較少互動，領導者可以如何處理這個團體狀態？

A5

領導者首先要思考的是——次團體間的行為一定有礙於團體動力的進行嗎？要團體達到完美的狀態是不是領導者本人過高、不合理的期待？

團體初期時，領導者可用以下方式來處理次團體的狀況：

1. 分析團體動力

先瞭解團體中的小團體，如共有幾個小團體、誰是領導小團體的人，並瞭解團體的互動線索（如A→B、B→C），作為團體動力分析的參考。

2. 設計大家都有興趣的活動，促進彼此認識

在第一次到第二次團體中，領導者可設計有趣的分組活動，並讓溝通活動的設計變成大家的責任（如每組取一個綽號，然後小組綽號須得到他

組之同意），且設計能增進彼此認識的活動，其內容偏向自己知道、但別人不知道的事，例如可分享周哈里窗的「自知我—我知道但別人不知道的我」，也可以設計如生命曲線圖或生命年譜之類的活動，並以演默劇的方式來讓大家猜想，讓個人的重要事件能更具體描述出來。目的是讓活動變成遊戲，但又能增進對彼此的認識。

3. 使用「去類別化」及「再類別化」之技巧

在第三次到第四次團體中，活動改成不一樣之形式，如以小組方式進行，並用遊戲方式打散小團體，或是以不同的方式進行成員分組（如同星座、同興趣為一組等），然後藉由比賽讓小組之間有所競爭與合作（如兩人三腳、比手畫腳等）。

目的是讓混合的小組成員產生新的情感，同時減少團體成員落單的機會（如讓三個小組來搶某個未被納入組別之個人，看誰能成功地邀請到他），將有助於打破一開始既有、固著的小團體，並且可以藉由比賽的過程，使活動變成凝聚團體的一種資源。

4. 增加個人對「他人眼中我」的瞭解

在第五次團體中，活動內容偏向分享「他人眼中我—我不知道但別人知道的我」，並持續讓不同組別的成員都能在互相認識，藉以拉近每個小團體內的不同成員。

❖　第三部分　歷屆考題精選　❖

一、假設你被某國小輔導室（處）主任邀請去帶領一個針對受到霸凌學童的小團體，該主任表示只有12小時的經費給領導者，且因行政人員時間的考量最好安排在週末。此外，就學校所掌握的名單中，被霸凌過的兒童有11人，其中有5人是小五，3人是小四，3人是小三；而被霸凌且會霸凌他人的高年級兒童有3人，其中1人是小五；主任不確定是否都要放進團體之中。請問：身為團體領導者的你會如何規劃此團體？具體而言，你會如何篩選出哪些成員？考量為何？團體形成之

前你還有哪些事項要加以注意或完成？請以某一個團體治療理論為設計的根據，提出你對此團體的方案規劃（含聚會型式、幾次聚會以及理由）、每次的目標以及可能會應用的活動。

【99年專技心理師第二次考試試題】

二、若一社區性諮商中心欲針對現代人的壓力問題，舉辦一個有關面對壓力與調適的團體，請擬定一份團體計畫書說明你對帶領此團體的計畫。

【92年專技心理師第二次考試試題】

三、假如再發生九二一的災難事件，你須負責為災區無人財損失的青少年規劃一個團體方案，以何種性質的團體方案為宜？事前你需要有哪些考量？主要目標與重點當如何？

【91年專技心理師考試試題】

參 考 文 獻

何長珠（2003）。**團體諮商—心理團體的理論與實務**。臺北：五南。

許玫倩（2005）。一位藝術治療團體之ADHD成員在兒童發展中心之歷程與效果研究。未出版碩士論文。臺北：臺北市立教育大學教育心理與輔導所。

陳偉任（2006）。認知行為團體治療對女性門診憂鬱症患者治療效果之研究。未出版碩士論文。高雄：高雄師範大學輔導與諮商所。

黃雪瑛（2002）。焦點解決短期諮商生涯團體對大學生生涯自我效能輔導效果之研究。未出版碩士論文。南投：暨南國際大學輔導與諮商所。

蔡孟倫（2005）。社會技巧訓練團體對國小害羞兒童輔導效果之研究。未出版碩士論文。高雄：國立高雄師範大學輔導與諮商所。

謝麗紅（2009）。**團體諮商方案設計與實例**。臺北：五南。

Betz, N. E. (1992). Counseling uses of career self-efficacy theory. *The Career Development Quarterly, 41*, 22-26.

Lent, R. W. & Hackett, G. (1987). Careerself-efficacy: empirical status and future directions. *Journal of Vocational Behavior, 30*(3), 347-382.

Cowart, B., Saylor, C., Dingle, A. & Mainor, M.(2004). Social skills and recreational preferences of children with and without disabilities. *North American Journal of Psychology, 6*(1), 27-42.

Epperson, J. & Valun, L. J. (1992). The effects of stimulant medications on the art products of ADHD children. *Art Therapy: Journal of the American Art Therapy Association, 9*(1), 36-41.

第六章

團體評估與療效

─ 本章學習重點 ─

1. 瞭解團體評估的定義。
2. 學習團體評估的原則以及練習使用團體檢核表。
3. 瞭解團體評估之向度。
4. 瞭解團體療效因子及其相關研究。

❖ 第一部分　理論 ❖

　　在心理團體的工作者的學習歷程中，不斷的進修以及持續發展一種「檢核─分析─自我回饋─設定下一階段的學習目標」是重要的，而其中療效因子為團體評估的重要依據之一，因此，本章針對團體評估之定義、原則、向度及療效因子等部分來闡明之。

 第一節　評估之定義

　　在進行評估前，需要先問自己幾個問題（何長珠，2003）：「評估的目的何在？」、「評估要回答的是什麼問題？」、「評估者願意或能夠做到的「眾意假設」（consensual assumption）是什麼？」、「評估的對象是誰？」、「完成此一評估之最有效的方法為何？」、「評估者是否已具備評估所要求的能力和技術？」這些問題都在提醒著評估者，評估

之目的為「根據特定標準和系統性判斷之原則，來探討目標達成的有效程度」，也就是其發現在團體中，「是什麼」以及「應該怎樣」的過程。而在團體歷程中，最常使用的是形成性評估（formative evaluation）與結果性評估（summative evaluation），以下分別敘述兩者：

一、形成性評估

形成性評量可用口頭或文字的方式進行。其回饋的方式又包括結構的（如分成團體、領導者、成員及該次主題等項目）或非結構的兩種（以隨想的方式自由選擇評估的主題）。同時，在團體尚未熟悉此種模式之前，領導者不妨先談一些個人的回饋作為開始。

實施的時間，可以在團體結束前的五至十分鐘，詢問整個團體對本次活動的感想；或是在每次團體開始時實施，它通常發生於領導者想介入能給予某些建議時出現；也可以是在團體進行的過程中，視情況需要而隨機引發。而其實施的重要性如下（Levy, 1983）：

1. 形成性評量為重新思考或判斷的機會：如果領導者曾做出任何不適當的措施，此時便能修正或改變計畫、活動、領導方式等補救措施。
2. 藉著主動引發評估，領導者可催化或示範給團體成員瞭解，雙向及平等的溝通是可能的，進而交互作用的質和量都望得到改善。
3. 評估常牽涉到回饋，而回饋又常觸及個人價值及感受。經由這種表達和討論，不同的意見或需要，因此得到一個被處理的機會。
4. 「立即性的捕捉」以及「接納感受」的經驗：對大多數心理團體的成員而言，他們需要一個機會，去「學習、體會個人的感受是如何受到拘束的」以及「如果能與當時的感受共存，一個人才真能瞭解自己和別人」。不但對成員，即使對領導者，也是有意義、值得一再經歷的過程。

二、結果性評量

相對於形成性評估，結果性評估是比較正式的，多半以文字的形式出現，也多半會與研究產生關係。其使用時機多半在團體的最後一次聚會中舉行。如果是研究的情境，則往往還要加上追蹤評估的設計。不同於形成

性評估的是，結果性評估的重點是在驗收成果，包括：團體、領導者、成員等，但主體往往是成員。因此成員的改變或新行為之獲得與否，常是結果評估的焦點。為順利完成此一任務，領導者需瞭解評估之原則。

第二節　評估之原則

　　建構評估系統的主要目的在增進專業效能與自我成長，因此，參與者應有權參與此系統之設計。而所謂成效是以可觀察的行為為評量依據，並且為使評估達到的真正的效益，評估系統須持續接受修正和改進。即使是失敗的結果，也同樣具有參考價值。以下列出能有效評估之原則（何長珠，2003）：

1. **製定完整、具體的方案目標說明書。**
2. **確認有效效標**：應決定符合評估目標與團體目標的評量方式或量表。
3. **觀察的項目應包括主觀和客觀兩個向度**：如客觀的檢核表與主觀的文字意見，皆可幫助確認問題真正的狀況；尤其建立工作流程檢核表，可使得實施評估時，能遵循檢核表，以增加有效性，如表6-1為焦點解決式諮商技巧檢核表；而主觀意見的表達需要經過檢驗或回饋才能確認。
4. **評估的對象應廣泛**：不只限於方案的參與者如學生或成員，可以包括直接相關的工作者，例如：領導者或觀察員；以及間接相關的人或機構，例如：參與者之父母、同學等。
5. **有意義的評估還須包含「回饋」和「追蹤」**：發現到問題之存在，不等於解決，除了「診斷」還必須「處理」，也就是說，評估的結果資料應被運用於團體的改進或修正，否則這些資料的實際意義，仍是非常有限的。因此，若單是封閉式問句的評估設計，會因為無法瞭解對方真正的涵義而降低實質意義，為了有更加有效的回饋，若能增列口頭的溝通及開放式問題，足以彌補紙筆評估之不足。
6. **結合形成性評估與結果性評估**：最有效的評估做法，是以口頭回饋的方式持續進行，並於一段時間後，加作正式性質之評估。

♣表6-1　解決式諮商技巧檢核表（Webb, 1999，引自何長珠，2004）

		檢核項目	勾選次數及說明
思考	1	你要的是什麼？（變被動為主動）	
語言	2	減少問題「強度」之敘述句	
	3	「我們」團隊的立場	
	4	避免專業診斷詞彙	
	5	積極性描述的方向（你想……）	
	6	把問題用過去式表達	
	7	減少出現頻率	
	8	問when來預想未來解決之畫面	
	9	問題及反應的常態化（同理的不同用法）	
	10	評量等級	
	11	「例外」之尋找	
	12	增強對方的能力感（怎麼辦到的？）	
	13	圖畫的表達方式（形狀、色彩）	
	14	重新定義問題（可達到的外在目標）	
客觀檢核	15	哪種方式較可能解決問題？	
	16	如果解決，會有怎樣的改善？	
	17	如果不解決，會有怎樣的結果？	
	18	你已付出多少的努力來改變情況？	
奇蹟	19	不再有此問題時，有什麼感覺？	
	20	如果有奇蹟，這件事會如何改進？	
	21	你認為可行的奇蹟是什麼？	
動機增強	22	當你能找到解決之道時，會送自己什麼禮物？	
	23	誰會第一個注意到你的改變？	
	24	找到一個你佩服的人，他會如何解決這問題？	
	25	再想出一個你沒用到的資源？	

練習	26	你的特長中，有哪些是可用來解決此問題？	
	27	視覺化預演（一天三次，決定從何時開始）	
	28	睡前播放想像的「解決錄影帶」一次	
	29	列出個人有正向改變的家庭作業	
	30	預演對挫折之預期與對抗（錄音帶）	
	31	讓當事人決定可以做完此部分練習之時間	
檢討進步（計畫前／中／後）	32	生活中（一天及一週）最好的部分？	
	33	感受（快樂、希望、抗拒）	
	34	事情好轉時時光，地點以及與過去之關係	
	35	幫助你改變的人或事？（新增加的資源）	
	36	怎樣做到的？（想、做、說的反應）	
維持與改進	37	打賭	
	38	實驗遊戲（「彷若」的扮演）	
	39	講「好」的壞話（太過分了！成功得太快！）	
	40	互動鼓勵	
	41	列出增強物的檢核表	
	42	放置「解決箱」	
	43	寫下個人的「解決」標語	
	44	列出本次學到的新方式（思考、感受、行動）	
慶祝	45	享受增強物	

7. **正向、積極的立場**：在言辭和觀點上，若較為正向積極，將更有效的促使團體的改進和成長。

8. **覺察個人專業取向上的影響**：同為觀察一個團體，社工訓練出身的工作者，所評估的焦點可能是人際導向的問題解決策略；團諮訓練出身的可能是看領導技巧或團體動力等。因此，瞭解個人評估時所切入的

方向，自然有助於對盲點的覺察。

9. **觀察者需有督導或同儕觀察員，以供諮詢**：例如以錄音、錄影的方式，確保資料的雙重檢核可能。這尤其對診斷有困難的團體、領導者或成員情境時最為理想。

團體諮商強調人與人之間的動力運作，而評估者也是動力中的一環，因此身為評估工作者，若能同時注意到人性的一些共同特色，也就是反移情的可能性，此評估將更加客觀：

1. **相似性所產生的主觀**：當諮商員與個案之間，擁有愈多人格或價值上的相似性時，就愈容易對對方增加正評價。

2. **熟悉性的問題**：熟悉會增加正評價的可能。不過如果這評價是負的，則也會隨著熟悉度的增加，更信任自己的判斷是客觀的，而出現「好的愈好，壞的愈壞」之情況。

3. **第一印象的影響**：雖然我們都知道有些人格特質需要時間才能展現，因此太快的打印象分數是不客觀的。但不可否認的，每一個人在初相遇的前幾分鐘之內，都會給對方打下一個這樣的分數，因此，在觀察的過程中，謹防「標籤」的影響是必須注意的倫理。

總結來說，評估時最須注意的事項，為「敏感性」、「客觀性」與「統整」。而其以「敏感性」最為重要。當評估者能敏於覺察，自我疆界常保持開放和彈性狀態，便能蒐集到接近客觀之資料，而當所有的客觀都交集之後，所得到的自然就是完形的統整了。

 第三節　評估之向度

在掌握了團體評估的重要性和原則後，便可從團體的不同面向進行評估，大致可以分為以下幾個向度（何長珠，2003）：

1. **團體歷程**：從團體歷程中會出現的現象進行評估，例如：非語言訊息、自我揭露程度、團體規範、凝聚力等。

2. **團體目標**：依據團體目標評估達到成效，而大多團體目標會包含：人際學習、對團體與經驗之結合、自我瞭解與接納、瞭解與接納別人等

四個主要因素。

3. **領導者類型：**領導者特質對團體有重要的影響力，因此，可由團體領導者特質進行評量，例如：領導者的自我瞭解、尊重、接納、彈性、專業知能、合作、敏感性、幽默、成熟等。

4. **領導者技巧：**除了領導者自身的特質，其在團體中運用的帶領技巧，例如：引發、互動和行為等也影響著團體之走向；尤其是，領導者對團體問題情境之介入技巧，如「對成員的問題表示瞭解」、「當團體出現操縱場面時，能出面阻止」、「真誠、開放、分享個人的資料」、「指出不一致」等。

5. **成員自我評量：**團體成效之評估，除了由所謂的專家來評估，成員的主觀感受也是重要的一環，例如：團體經驗對生活之影響或改變、領導者對自身的影響、改變持續的程度、參加團體後的不同、參加團體的正負經驗等。大致可分為「改變程度」與「滿意度評估」兩項，前者評估改變的向度，並且不會是全有全無的絕對性轉變，而是線性的程度轉變，如「自我中心」到「關懷別人」；「不信任別人」到「信任別人」；「不瞭解自己」到「瞭解自己」等；後者則是對團體各方面的滿意程度，例如：團體的目標；人際關係的關懷、信任，以及對團體的領導者整體而言的滿意程度等。

　　因此，統合來說，團體評估的重點有四：⑴團體達到任務的程度，亦即生產性；⑵團體氣氛，包括安全、信任、開放、支持等；⑶個人學習成長的程度；⑷個人對團體整體的滿意程度等。在評估原則的陳述中，提到領導者的敏感性是重要的。因此，領導者在團體過程中應有自我評估的後設認知，可利用美國國家實驗訓練室（National Training Laboratory，簡稱NTL）在領導者訓練方案中，評估一個團體是否為好的「功能性」團體之效標，如下：

一、外在功能

1. 能表現出民主式的領導風格。

2. 團體的設定或團體活動的設計，是公開透明的：團體方案之實施，不

僅受到領導者及成員的瞭解和支持；與此團體有關的機構間（平行或上下關係間），也能達到共識。

二、內在功能

1. 能滿足成員大多數人的需求，能增加成員問題解決的社會性能力。
2. 實現個人成長的終極目標。

第四節　療效因子

在助人領域中，團體諮商已然成為一重要且在應用上相當普遍的助人方式，其成效也受到相當的肯定，然而，其成效該如何去判斷？呂坤政（2006）整理相關文獻表示：陳秉華、王麗斐曾指出，團體成效主要是探討團體的處理或介入策略，對於團體成員所造成的效果；那麼，究竟存在著哪些因素讓參加團體的成員，能在團體的過程及結束後認為自己有所成長或收獲，以至於解決或減輕了原本的困擾，便成為團體諮商中，非常值得探討的主題（王文秀，1990；王麗斐、林美珠，2000；簡文英，2001；引自洪寶蓮，2000），Yalom則將這些因素稱之為「療效因子」（therapeutic factors）。

一、療效因子之探討

1. 團體療效因子的源起

如表6-2所述，綜合過去有關團體諮商療效因子的研究，學者們運用各個不同方式來找出對成員有益的療效因子，以下分別作說明（王文秀，1990；洪寶蓮，2000；簡文英，2001；李玉嬋，1995）：

⑴整理分析有關文獻中的治療因素：有關團體療效因子的研究，首推 Corsini & Rosenberg在1955年的研究，他們將1955年以前與團體療效因子有關的文獻，以因素分析整理出九大類因素，分別為「接納（歸屬感）、普遍性（自己的問題別人也有）、現實的考驗（對於現實中，如防衛、家庭衝突等現象有清楚的認識）、利他性（覺得對他人有幫助）、情感轉移（對治療者或成員有強烈的情感依附）、旁觀者的治療、互動、理性化、宣洩。」而這項研究即開啟

♣表6-2　學者對療效因子之發現

學者	Corsini & Rosenberg (1955)	Hill (1957)	Berzon, Pious & Parson (1963)	Dichoff & Lakin (1963)	Yalom (1995)	MacKenzie (1997)
研究方法	整理1955年前三百篇團體諮商中有探討治療因素之相關文獻，再經由因素分析而得	訪談十九位團體領導員之發現而來	以問卷法調查團體成員認為團體中的重要事件，將之排序（共二百七十九件，分成九類）。	也從團體成員之觀點來看治療因素	運用這些療效因子在二十位病人進行Q分類研究，共六十個項目。	將Yalom所提出之十一項療效因子分成四大因素
提出之療效因子	・接納 ・普遍化 ・現實的考驗 ・利他性 ・情感轉移 ・旁觀者的治療 ・互動 ・理性化 ・宣洩	・宣洩 ・歸屬感 ・旁觀模仿的治療 ・頓悟 ・同儕的經驗 ・社會化	・增加對情緒動力的知覺 ・再認識到與其他人的相似性 ・來自於他人的積極關注與同情 ・由別人眼中看到自己 ・在團體中真誠而肯定地表達自我 ・誠意勇敢開放地去證實或表達對他人的情緒	・支持—減少疏離感、普遍性、分享問題、學習表達自我 ・壓抑—宣洩 ・行為工具—瞭解問題、領悟到人際與個人本質	・利他性 ・團體凝聚力 ・普遍性 ・發展社交技巧 ・傳達資訊 ・宣洩 ・行為模仿 ・原生家庭的矯正性重現 ・灌輸希望 ・自我瞭解 ・存在性因子	・支持的 ・自我表露 ・學習 ・心理的處理

		·感受來自他人的反應 ·在團體中常感到溫暖親密 ·公開地宣洩情緒			

了探究團體療效因子之路。

(2)訪談團體領導者所得之療效因子：Hill在1985年訪談了十九位團體領導者而發現，宣洩、歸屬感、旁觀模仿的治療、頓悟、同儕的經驗替代、社會化等六個團體療效因子，而這些療效因子可以提升團體效果。

(3)從團體成員觀點看療效因子：Berzon、Pious和Parson於1963年透過問卷調查的方式，發現團體成員對於每次團體中覺得重要的事件共有二百七十九件，且依重要順序可分為下列九大類：「增加對情緒動力的知覺、再認識到與其他人的相似性、來自於他人的積極關注與同情、由別人眼中看到自己、在團體中真誠而肯定地表達自我、誠意勇敢開放地去證實或表達對他人的情緒、感受來自他人的反應、在團體中常感到溫暖親密、公開地宣洩情緒」；而同年Dichoff和Lakin也從團體成員的觀點來看療效因子，也發現了三大因素：「支持—減少疏離感、普遍性、分享問題、學習表達自我；壓抑—宣洩；行為工具—瞭解問題、領悟到人際與個人本質」，這些皆對於成員的改變有所助益。

2. Yalom之十一項療效因子

在眾多探討療效因子的學者當中，其中還是以Yalom所提出的最具代表性；他將團體中對成員產生效果的因素歸為十一項（見表6-3），並整理分述如下（王文秀，1990；李玉嬋，1995；Yalom, 1995/2001；洪寶蓮，2000；簡文英，2001）：

♣表6-3　Yalom十一項療效因子之主要內容

療效因子	主要內容
注入希望	1.看到成員更好而振奮我。 2.知道成員與我相似的問題得以解決。 3.看到成員與我相似的問題得以解決。 4.看到其他成員增加勇氣。 5.看到團體幫助成員處理與我相像的問題而鼓舞了我的希望。
普遍性	1.學習到我不是唯一有問題的。 2.學習到我不是團體中的特殊分子。 3.知道其他成員也有同樣的念頭或感受。 4.看到自己的問題如同其他成員。 5.學到其他成員也和我一樣有家庭的不愉快經驗。
提供訊息	1.領導者建議或勸告我去做一些事。 2.成員建議或勸告我去做一些事。 3.成員告訴我做什麼。 4.團體給我一些生活問題的明確建議。 5.成員勸我對生活中的重要他人採取不同的行為。
利他主義	1.助人給我更多的自尊。 2.將他人的需求放在我的前面。 3.忘了自己並考慮幫助別人。 4.分一部分自我給他人。 5.助人並對其他成員的生活很有重要性。
原生家庭的矯正性重現	1.從團體中瞭解我成長中的家庭。 2.團體幫助我瞭解過去和父母、兄弟姊妹或重要他人之間的關連。 3.在團體如家中，只有在此時對家庭有較多的接納與瞭解。 4.團體幫助我瞭解如何在家庭中成長。 5.團體有些像我的家庭——有些成員或領導者像我的父母或其他的親人，經由團體的表達，我瞭解我過去和這些人的關係。
發展社交技巧	1.改善我與人相處的技巧。 2.對團體及他人覺得更信賴。 3.學習關心成員。 4.學習接近他人。 5.走出我和特定成員間的困難。

行為模仿	1.試著像團體中比我適應好的人。 2.看成員冒險獲益使我願做相同的冒險。 3.適應團體成員的不同風格。 4.尊敬並效法領導者。 5.發現有些成員可以成為我的模範。
人際學習	1.團體教導我對他人的表達方式。 2.學習如何發現他人。 3.成員坦誠告知他們對我的看法。 4.成員指出我的一些態度或習慣。 5.學到我有時會以假話來混亂他人。
團體凝聚力	1.隸屬並接納在同一團體中。 2.和成員之間持續性的接近。 3.在團體中說出個人困擾的事，仍被團體成員接納。 4.在團體中而不再感覺孤單。 5.屬於一個團體，這些成員瞭解並接納我。
宣洩	1.我的事情不積壓在心裡。 2.向成員表達正、負向的情感。 3.向領導者表達正、負向的情感。 4.學習如何表達我的感受。 5.能說出我的困難而不積壓在心中。
存在性因子	1.承認生活有時是不忠實與不公平的。 2.承認沒有人能夠逃離痛苦與死亡。 3.承認無論別人和我多親密，我仍必須獨自面對生活。 4.面對生死的基本問題會使生活真實。 5.不論別人多麼的幫助與支持我，我必須對我的生命負起責任。

(1)注入希望（Instillation of hope）：希望的灌輸與維持，對所有的心理治療都是重要的。「希望」不僅讓病人繼續治療，也讓其他療效因子發生作用，更何況，對於治療方法的信心本身就具有治療效果。若成員在進來團體前或參與團體的過程中均抱持合理的期望，將有助於其改變及成長；而在團體過程中看到其他成員有與自己相似的困擾及挑戰，且能有所進步或改善時，也可產生正向的鼓勵作

用，激發其改變動機；甚至於團體領導者也要相信自己及團體的成效，才能感染給團體成員，提升他們對團體治療的信心，使此因子的效能完全發揮。

⑵普遍性（Universality）：在治療團中，特別是初期階段，對病人的獨特感不予肯定，就是一種強而有力的紓解方式，聽到其他成員坦露與自己相似的困擾，會使其產生共鳴感，意即「同是天涯淪落人」、「身處同一艘船上」、「我們都是這樣熬過來的」的感覺。而這種感覺會讓成員更有歸屬感，並願意正視自己的問題，重拾價值感；不過，使自己更有歸屬感，只是普遍性的第一層次，當成員感受到自己和別人的相同處，並分享他們最深刻的憂慮時，伴隨而來的宣洩及來自他人的完全接納，才是使成員走出自憐自艾的第一步，減少問題的困擾程度，使其獲益良多。

⑶提供訊息（Imparting of Information）：提供訊息指的是領導者所提供的教導式指引（didactic instruction），包括心理健康、心理疾病，和一般精神動力學，以及領導者或其他病人對生活問題所提供的忠告、建議或直接指導。經由團體的互動，彼此提供訊息，將有助於成員增加對問題的瞭解與掌握，進而激發出更多解決問題的方法，以便能從更周延的觀點來面對問題並發展更多資源。然而，領導者要能注意到提供訊息之適當時機與方式，不一定凡事要由領導者表現出「萬事通」的樣子，使其角色被塑造成過分權威，而降低了其他成員參與之可能性。

⑷利他主義（Altruism）：團體中令人最感動的，是成員透過給予而有收穫，不僅由相互施與受的關係中受惠，也由給予的行為本身得到收穫；當個人不再將焦點放在自己身上，而將視野放寬進而學會關懷他人，給人支持，感覺自己是重要的，將有助於提升自尊與再生感，並可增加對本身問題的覺察與體認，也有可能使原本視為極端嚴重的困擾因而淡化。

⑸原生家庭的矯正性重現（the corrective recapitulation of the primary family group）：團體在許多方面都類似家庭，成員可將團體視為

一個家庭的縮影，每位成員在團體內的思想，情感、行為，均受其家庭成長經驗的影響，成員的原生家庭是充斥於團體治療室中，無所不在的鬼魂；在經由領導者的催化與導引，以及團體的運作，而使成員重新連結過去之體驗與現在之表現，並達到頓悟矯正的作用，而這同時也是在修通很久以來的未竟事務，以獲得成長。

(6)發展社交技巧（development of socializing techniques）：在良好的團體氣氛之下，原本較不知如何表達自我、缺乏良好社交技巧的成員，開始能夠透過團體中的演練、角色扮演以及與其他成員的互動及回饋，逐步的瞭解自己，修正並熟悉與人建立良好關係的技巧與方式，並運用到實際生活情境中。

(7)行為模仿（imitative behavior）：人際間的互動過程是非常微妙且複雜的，在一對一的關係中，一個人的思想、行為常常會有意無意影響到另一個人；行為模仿在早期階段的角色通常比後期更重要，成員會在此階段找尋較資深的成員或領導者而加以認同，如同Bandura所說的，模仿是一個有效的治療力量，藉由觀察相同困擾之成員經由嘗試新行為而獲益，即為一種替代治療（vicarious therapy）或觀察治療（spectator therapy）。

(8)人際學習（interpersonal learning）：人之所以會有問題，大都來自於人際互動，團體中的成員就像鏡子一樣，透過反映而看到自己的一些行動、想法、做法以及給人的印象；依Alexander, F. 在1946年從心理分析觀點提出「矯正性情緒體驗」（Corrective emotional experience）的概念，領導者應該營造一個溫暖安全的團體氣氛，協助成員面對並體驗以往不敢處理的情緒。而這種情緒體驗又包含三層次：①對他人強烈的負向情緒，如忿怒、恨意、恐懼；②正向的感受，愛、關懷、瞭解他人；③強烈的自我表露。領導者的任務便是讓成員有機會去重新體驗並表達出這些情緒，進而做一個真正的自我。

(9)團體凝聚力（group cohesiveness）：凝聚力是指加諸於所有成員身上，使其留在團體中的所有力量，更簡單的說，意即「團體對其

所有成員的吸引力」，使成員願意投入、接納、支持整個團體，並願意在團體中表達真實的感受與看法；凝聚力包括整個團體的凝聚力和成員個別的凝聚力，且兩者是相互依存的，並隨著團體進程而大大地波動。而在凝聚力高的團體當中，流失率相對就低，且成員較能提升自尊、更願冒險，使團體有穩定的發展，並藉此團體經驗類化到其他團體中，形成正向的遷移。

⑽宣洩（Catharsis）：意指成員在團體中能表露出個人正負向情緒、內在想法與感受，當成員能自在地在團體中如此表現時，便能激發自身能力去面對及解決問題，因為在宣洩的過程中，同時整理了困擾的所在，或接受指引而跳脫出來。不過，領導者要注意的是，單單選擇情緒宣洩為其重要事件的人，反而較易傾向獲得負向的團體經驗，獲益大的成員普遍重視情緒宣洩，再加上某種認知的學習。

⑾存在性因子（Existential factors）：成員透過團體過程瞭解生命的真實與個人的存在，領悟到生命的有限性與無窮性；再者，又體認到人終究是孤獨的，但面對孤獨並不是無法忍受的事，反而更能珍惜此時此刻的經驗；因為，只有與結束生命的力量達成和諧的關係，才能真正嚴肅地看待自己的生命。最後，為自己的過程、現在及未來負起責任，而非逃避或推卸。

而後在1997年時，MacKenzie（引自唐子俊、唐慧芳與孫肇玢，2004）又將Yalom的十一項療效因子分為四大類，分別為：

⑴支持的：成員會感覺到自己是屬於這個團體的，包括：成員間問題的共通性、接納、利他，以及希望；而此因素亦為團體凝聚力的重要部分。

⑵自我表露：自我表露、宣洩主要是認知和情緒兩個主要分別的面向。

⑶學習：透過教育、輔導、交互學習以及示範。

⑷心理的處理：人際學習與洞察（自我瞭解）。

3. **焦點決解取向團體諮商治療因素**

受後現代主義思潮的影響，以及現實中時間與金錢的考量，傳統上那

種花費大量時間去探討當事人的過去經驗，與隱藏於潛意識層面的內在問題，已開始轉換成在有限的治療次數中設法看到成效，而焦點解決取向的團體諮商也因應而生。由於其聚焦在「活動性」、「行動取向」以及功能良好的團體治療因素上；因此，與Yalom所提的十一項療效因子便有所異同之處。Yalom所提之療效因子中，唯有「存在性因子」，與焦點解決取向團體諮商所指之團體賦能，雖未能彼此相對應，但在其他療效因子上，彼此就有相似之處，整理如表6-4（邱美華，2005）。

♣表6-4　焦點解決團體諮商療效因子與Yalom所提療效因子之比較

焦點解決團體諮商	Yalom之療效因子
團體支持	1.普遍性。 2.團體凝聚力。 3.宣洩。
團體學習	1.提供訊息。 2.人際學習。 3.發展社交技巧。 4.行為仿效。 5.矯正原生家庭經驗。
團體樂觀	注入希望
幫助他人的機會	利他性
團體賦能	無
無	存在因子

4. 團體成員特質與療效因子之關係

　　許多研究指出，雖然性別、年齡或教育等因素沒有造成太大差異，但有證據指出成員個人一般功能的高低與療因子的排名有關（Yalom, 1995/2001；簡文英，2001），整理如下：

　　⑴功能較高的門診病人，重視人際學習勝於同團體裡功能較低的病人，且對於普遍性也較重視；而功能較低的則是對於注入希望較為

看重。

　⑵學習能力高者比學習能力低者更重視替代（旁觀）學習。

　⑶對自我／他人接納度高者，較看重對人際關係及家庭結構的洞察；
　　對自我／他人接納度低者，則重視普遍性以及提供訊息。

　⑷高親和者的成員由自我瞭解中獲益較多，低親和者則是由人際學
　　習、自我坦露及利他性中獲益。

　　因此，我們可得一個結論便是，並非每個成員都需要同樣的給予，也
並非以同樣方式對團體治療有反應，他們會各依其需要、社交技巧及個性
去選擇不同的療效因子來獲益並成長。

二、療效因子之評判

　　Yalom在1985年整理出臨床研究上，最有價值的十一項團體療效因
子，其中最重要者依次為：⑴人際學習；⑵凝聚力；⑶普遍性；⑷自我瞭
解；⑸宣洩等因素。可見團體治療過程的核心，是在情感的處理以及人際
互動中反映出自我的層面，而產生團體治療因素效果的；至於原生家庭的
矯正性重現、提供訊息、行為模仿三因素，則是相對價值性沒那麼高的療
效因子，而這也反應出團體治療應重視情感的處理與人際學習兩因素外，
也該以「此時此刻」為焦點（洪寶蓮，2000；李玉嬋，1995）。

　　從Yalom所提出的十一項團體療效因子的比較中，除了可以探討團體
諮商策略對團體效果的影響之外，的確可以幫助我們去評估團體成效，並
更深入地瞭解團體諮商的影響力；然而必須注意的是，這十一項因素的相
對重要程度會因團體時間長短、成員不同自我功能程度及不同形式團體等
而有不同的變化，而且，各因素間互相依賴亦是其特殊性。因此，從中便
可發現其限制有下列幾點（Yalom, 1995/2001；李玉嬋，1995）：

　1.**不夠周延**：並非每個團體均具備這些療效因子。

　2.**療效因子本身沒有絕對的重要程度之分**：每項因素的重要程度，會因
　　不同團體特性而有不同的變化，整理如下：

　⑴住院病人團體較重視「注入希望及存在性因子」。

　⑵戒酒匿名會及康復協會則重視「注入希望、提供訊息、普遍性、利

他性及團體凝聚力」。

⑶精神科醫院的出院規劃團體則使用較多的「提供訊息及發展社交技巧」。

⑷一般自助團體著重的則是「普遍性、提供訊息、利他性及凝聚力」。

另外，在不同的團體階段，會有不同的療效因子發揮其效用；在早期，團體要忙著求生存，忙著建立界限及維持成員穩定，在此階段，像是注入希望、提供訊息，及普遍性便顯得特別重要；而利他性及團體凝聚力則貫穿整個治療，但其本質會隨團階段而改變。而且重要的是，成員的需求和目標會隨團體歷程而改變，即使同一團體的成員彼此感受的治療因子亦有個別差異。

3.十分主觀：治療因素的評估會因成員或領導者的主觀判定而有不同的結果，故易失之於主觀。

雖然Yalom治療因素有這些限制在，卻是團體歷程研究本身的限制，仍不失為研究治療改變機轉的好方法，並且可以從成員對團體的正負向反應回饋中，來作為領導者改進目標與技巧的基礎。

三、團體療效因子之國內相關研究

Yalom提出的療效因子廣為學界所運用，然而，就如同所有諮商理論皆須經過本土化的過程，國內學者，從團體的不同階段、不同的團體成員、不同的團體模式等部分研究療效因子之變化，整理如表6-5所示：

♣表6-5　國內「療效因子」相關碩博士論文與期刊研究摘要表（依年代排序）

作者	年代	篇名	對象	結果
陳若璋等人	2004	本土性侵害加害人團體之氣氛變化及療效因子	針對監獄或社區中接受身心治療之性罪犯，實施為期二十次以預防再犯計畫為主的團體心理治療計畫，計得有效樣本八十人。	在團體早期至中期時，成員覺得家庭重現、感到普同感、及讓成員覺得有更深的自我瞭解等，皆具療效；而中期至晚期則以人際學習及希望灌注為最重要的療效因子。

周少華等人	2004	義工癌症病人之團體治療效果評估	兼具「癌症患者義工」與「癌症患者」兩種身分者	十二類別項目團體療效因素排序結果，利他性排序最高，次為普同感，再其次為人際學習付出和認同。
李珮琳	2004	焦點解決取向團體諮商成效及其療效因子之分析研究——以國中低自尊學生為例	研究者以高雄市立某國中一年級兩位低自尊男生與四位低自尊女生為研究對象	1.領導員的引導占非常重要的地位，尤其是在引導成員建立改變目標、找尋成功經驗或找例外，以及重視自己正向資源和助力部分的引導更為重要。給予低自尊學生支持、提供其幫助他人的機會，而經由同儕的互動中學習，強化自我價值，而達到提升自尊之效果。 2.「團體的支持」、「團體的學習」，以及「幫助他人的機會」都是引發成員彼此互動且產生療效的重要因子。
趙淑員等人	2005	懷舊團體於護理之家的發展及其對住民之療效因素探討	護理之家六十五至八十五歲之住民	1.懷舊團體使成員能分享自己的經驗來幫助別人，而有助於發現自己對他人的重要性，而增強自我價值與自信。 2.宣洩老年帶來的無用感，並得到成員的支持與接受。 3.存在性因子：體會生命意義、自我實現等。
黃國峰	2005	心理衛教暨身心靈賦能團體治療對臺灣男性憂鬱症患者成效之初探	男性門診憂鬱症患者	個案分享自團體的獲益可歸納為六項：情緒宣洩、指導、自我瞭解、人際學習——付出、普同感及團體凝聚力。

王珊妮	2006	自我決斷訓練對女性海洛因濫用者人際關係效能之輔導成效	主要用藥為海洛因之女性受戒治者	實驗組成員個別訪談內容指出，於團體過程中學習到不少溝通技巧，並能勇敢表達自己的想法和感受。並且成員間和團體領導的互動良好，能學習到各種人際互動技巧。瞭解自己、肯定自己和有助於人際關係的互動。
陳若璋	2007	性罪犯團體治療十年研究之回顧暨展望	性侵害相關實證研究及與九位實務工作者訪談之質性資料	1.團體的早期至中期，效果集中在家庭重現、自我瞭解與希望感、普同感；而中期至晚期則以人際學習為主要療效。 2.情緒宣洩、指導、認同、存在問題與利他性，則未被提起。
陳若璋等人	2007	比較強暴犯與兒童性侵害犯接受團體治療之療效評估	本研究樣本分有，實驗組與控制組；並各組中分為「強暴」與「兒童性侵害」兩類	1.強暴組：在團體治療前期排序前三高的變項分別為人際學習的付出、利他及存在因素；團體中期為家庭重現、利他性、宣洩；後期則為人際學習的付出、家庭重現及宣洩。 2.兒童性侵害組：在團體治療前期排序最高的三因子分別為：希望灌注、家庭重現、及人際學習的付出；中期為人際學習的付出、希望灌注及家庭重現；後期為家庭重現、宣洩及人際學習的付出。 ※兩組均重複肯定的療效因子是，家庭重現與人際學習的付出。

詹杏如	2007	當我們只在夢中相見—夢工作團體對成人經歷哀傷歷程之療效因子	因經歷失落而自覺處於哀傷過程，並曾做過與經歷失落相關的夢境，且有意願透過參與夢工作團體，以對此夢境與個人哀傷歷程之關連進行探索與覺察的成人。	1.內在運作之療效：回憶與情感的交織觸動、存在與靈性的探尋、自我賦能感、處理與逝者關係、覺察自我與人際議題、親人同在團體的支持、認同學習他人。 2.互動經驗之療效：催化自我覺察、以投射表露情感、利他性行為、經驗無私照顧、自由揭露分享。 3.團體氛圍之療效：包括產生希望感、普同感包含差異性、被接納支持的歸屬感、關係的連結與滋潤、學習夢工作知識。 4.現實生活之療效：外在重要關係的轉變、支持團體的延續、增進個別諮商的效能、經歷真實哀傷宣洩。
張湞琬	2007	親子遊戲治療團體之療效因子研究	參加親子遊戲治療團體的成員	1.個別成員部分包括：自我覺察、成長或改變的行動與動力、希望感、信心、利他、自我揭露、高學習動機、意義感、存在感。 2.團體成員部分：包括互相學習經驗、方法、策略、互相支持、同理、普同感、嘗試練習與修正經驗、激勵作用、經驗的生活化、團體氣氛、認知重建、現實感和團體成員同質性。 3.領導者部分：包括領導者個人特質、理論背景的架構和團體帶領之專業技巧。

				4.團體外的療效因子：包括類化學習到的技巧與策略於日常生活中、家庭作業的反思與整理、成員團體外的連結形成支持系統、機構的預備度、領導者回饋信的延續性、重要家人的支持與分享和團體回饋表與遊戲紀錄的反思與整理。
翁淳儀	2008	臺灣家族系統排列團體之心理效果初探	由十三位參與一學期排列的團體成員中，取五位志願者為研究對象。	家族系統排列之主要團體療效因子包括：家庭情境重現、情緒宣洩、人際學習與自我瞭解等。

　　團體的價值在於能產生促成成員改變的機制，而本章中所探討的，大都是團體內的療效因子，然而，在團體之外也存有療效因子，像是配偶、朋友、社會機構等。而這也代表著，治療師或團體不需要做全部的工作，通常外在事件是附屬於治療的，團體只是推動了成員去運用一直都存在的環境資源（Yalom, 1995/2001；林美珠，王麗斐，1998）。而最後要提醒的是，在探討療效因子時，我們依舊要看到其中所形成的「人」的部分，畢竟，成功的治療還是得靠治療師和團體成員間，彼此信任、溫暖、同理地瞭解和接納的「關係」來推動和催化。

作者的叮嚀

　　在團體開始進行之時，療效因子便開始產生；為使領導者更有自覺與彈性，團體評估也需開始使用適切的方式進行，以有助於團體之成效。歷屆考題中，療效因子所占比例偏多，尤其各療效因子中的理論及名詞解釋部分，更是試題常客，期待讀者透過本章的閱讀能有所深入，並活用於帶領團體的經驗中。本章「作者的叮嚀」整理加強學習之要項包括：「有關研究的問題」、「有關療效因子的問題」。

❖ **第二部分　自我測驗Q&A** ❖

Q1

在學校實習的督導要求下，進行團體時必須錄影，但另一方面領導者又期待與成員間雙向溝通，在這種情況下，領導者可以做些什麼讓自己不落入單向溝通？

A1

　　要提醒領導者的是，不用先入為主的預測成員必定會抗拒，以下的做法可以視團體成員的反應作調整。

1. 邀請成員錄影時，可以告訴成員，如果在團體中出現不希望被錄下的談話或畫面時，之後可以要求刪除。
2. 此外，也可以在第一次的團體中，花一些時間讓成員看剛剛錄下的影片，並與成員分享感受及想法。

Q2

治療中「最無效的忠告（advise）」是「直接給建議（suggestion）」，要作忠告又不要給建議，此兩者之間有什麼不同？

A2

1. **忠告（讓對方知道這件事情可能要付出的代價，並協助對方預先做價值澄清）**：例如可以跟當事人討論：「如果你這麼做了以後，你覺得媽媽會有什麼感想呢？」「你以為你這麼做，對你男朋友來說是最好的做法，那麼你媽媽呢？你覺得她不重要嗎？」這些就是價值澄清的做法，其重點在擴增當事人思考的完整性與客觀性。
2. **建議（是給予對方具體進行的方向）**：在諮商過程中，當事人常會執著在某個價值觀上。例如：當事人因為外遇，而對於自己將來的感情路途感到躊躇不定，此時即使諮商員告訴當事人頭腦要清醒一點，也

不見得有用，如果向當事人說：「如果你懷孕的話，要怎麼養活自己？（此算價值澄清）要怎麼跟對方拿一筆錢來養活自己，才不算太吃虧？（此就落入建議的範圍）」所以雖然忠告和建議表面上很像，但這些都反映出諮商員的主觀與客觀價值，通常建議會反映較多諮商員的主觀價值，兩者仍是有所差別的。

Q3

何謂矛盾性的扭曲（parataxic distortion）？一致性確認（consensual validation）又該如何進行？當事人在理解團體成員對於某件重要事件的觀點後，其看法改變的轉折為何？

A3

1. 矛盾性的扭曲

「矛盾性的扭曲」意即個體受到自己不自覺的價值觀控制，而且此一價值觀是負面的、對自己有不好的影響，例如不自覺的憤世嫉俗或總是希望依賴別人的習性等。矛盾性扭曲這種不自覺、造成負面影響的價值觀，通常是受到過去重要負面經驗所影響，當事人常不瞭解是自我的觀念與行為造成人際關係上的困難，往往要靠團體回饋才能增加客觀的自我覺察。

但是若瞭解自己在人際中特殊的風格，經過自我覺察後，仍願意為此選擇付出代價，就不算是矛盾性扭曲。

2. 如何進行一致性確認

⑴「一致性確認」就是在團體成員互相信任的關係下，當事人（矛盾性扭曲者）透過接受其他成員共同的看法或建議，也就是透過Yalom常用的人際回饋，來檢視自己與他人觀感之間的差異，而獲得自我調整與改變的機會。

⑵進行一致性確認的時機是當團體中出現某個成員困在對自己具有負面影響的習性中，而其他成員指出他不適當的行為時，此時領導者可讓大家一起來看團體中剛剛發生的故事與過程。

⑶以下舉例說明團體如何進行一致性確認：團體中有一個年過六十的成員M1，他在國外花了四年的時間唸完碩士，且擁有沙遊治療的證照，回到臺灣後發現要當心理師必須先通過國內的標準——唸完心理相關科系之碩士且修足學分，才能擁有考心理師的資格。而M1一直想從事心理治療，但目前的身分又不合規定，領導者引導其他成員（M2至M5）協助M1思考此狀況：

L　：假設你很想要的東西或事情無法達成時，你會怎麼辦？（向團體詢問）

M2：我會覺得很生氣。

L　：嗯，那麼生氣完會有什麼行為？

M2：可能就儘量取得心理師的資格吧！

L　：甚至包括重讀學位嗎？已經取得國外碩士學位且擁有證照，然後再回來重讀臺灣的研究所，以便成為心理師？你會這樣做嗎？（眼光環視所有成員）

M3：不然就是去國外。

L　：去國外做什麼呢？

M3：可能國外的制度不一樣。

L　：國外也是一樣啊！一個系統的養成都需要十年，若是年輕或許可以這麼做，但若是你到了六十歲也會這麼做嗎？（問團體中較少發言的M4）

M4：如果我是M1嗎？

L　：因為這個故事也可能發生在我們身上，假設這就是你的故事，有一個你很想要得到的東西，然而在現今制度下，你唯一的辦法就是要重讀研究所？（團體中無人說話，大家停頓了一會兒）或者呢？還有其他的辦法嗎？

M4：可以走其他的路。

L　：什麼路呢？

M4：就不一定要做心理師。

L　：舉例看看做什麼呢？（向所有成員詢問）

M5：做別的想做的事情，例如就待在國內當講師。

L　：因為很明顯M1有國外沙遊治療師的執照，若是把這個專長發揚光大，你就可以成為專家，不用跟年輕小伙子搶位置，可能你陷在裡面沒有看到，而這是我們旁邊的人的看法。（對著M1講）

進行一致性確認的過程也可使用「角色扮演」，例如演出一個有壟斷者之團體情境，先讓每個人決定自己的角色，其角色最好接近個人的原本特質，並用攝影機拍一段二十分鐘的影片，此影片可分成三段：前面先是壟斷者掌控整個團體的情況；中間是大家顯得不耐煩、又不得不忍受壟斷者的情況；最後階段才有人出來攻擊壟斷者，導致團體分裂與混亂，被攻擊者與攻擊者激烈辯論，其他成員有人觀望、退縮，有人則企圖介入扮演和事佬。演出結束後，成員彼此回饋自己看到對方的樣子，成員即可從中得知其他人的觀點，以及最後分享對自己的新發現。

3. 看法改變的轉折——可跟Yalom的療效因子作結合

成員可否從團體中得到看法的改變，主要是看這個團體是不是互相信賴、願意冒險說實話的團體（此種團體應屬於「諮商或心理治療團體」），團體如何讓成員之間產生信任的關係，可結合Yalom的療效因子來作說明：

(1)**普同性**：這不是一個人的問題，是大家的問題，例如本來覺得別人的自信心都比自己強，因而感到壓力並產生退縮；但參與團體後，才發現所謂的強者也都有其軟弱之處，因而減輕自己原先在人我競爭中的自卑感，並增加表達自我的信心。

(2)**資訊傳授**：是團體輔導的主要進行方式，主要為領導者與成員之間交換資訊，以產生對自己有益的幫助。

(3)**利他性**：有利他性成員是團體成功的重要因素之一，這種人通常較不計較公平原則、能主動幫助別人、願意吃虧，因此容易讓團體產生信任和凝聚；通常一個團體至少會有一到兩個利他性成員，而領導者的任務乃在善用之，但也能讓這種成員擁有個人的成長。

⑷模仿行為：團體通常至少要相處十次或三十小時以上的時間之後，此行為才容易出現，其形式包括模仿其他成員（包括領導者）的姿態、穿著、講話與反應方式等，屬於認同內化之現象。

⑸情緒宣洩：團體中的成員與領導者每個人都有自己帶來團體的議題，而當團體中出現冒險行為時，如果領導者引導適當，讓成員得以宣洩情緒，會更增加團體的凝聚感。

⑹存在性因子：由某一個特殊事件之引發，讓團體得以思考、反應出一些內在與存在有關之議題，例如莫拉克風災引發個人面對生命與死亡之無常感等。

Q4

團體的吸引力有數種來源：(1)過程的社會性；(2)實踐個人需要的許諾；(3)對個人問題伸以援手的期望，所指為何？

A4

1. 過程的社會性

當團體走到一個階段，成員會期待這個星期團體的來到，這就是過程的社會性，因為來這邊可以講一些自己真正想講的事情，而且很多人參加團體之後，即使沒有交到知心的朋友，但至少也增加對其他同伴的心理瞭解，從而增加人際覺察的能力。

2. 實踐個人需要的許諾

例如家庭排列工作坊或是心理劇中，擔任不同角色的成員或是多次都沒有當任何一個角色的成員，他們也仍能得到旁觀學習的效果，也同時滿足了彼此之間同舟共濟、「我們是同一國」的歸屬感，這就是實踐個人需要的許諾；又例如乳癌團體或單親媽媽團體中，每一次團體個人都會聽到一些自己從來不知道的故事，這種對於不同經驗感到好奇、驚訝和尊敬的本身，就是個人「同情心」或憐憫心的起源，也是個人能得到的一種需求。

3. 對個人問題伸以援手的期望

這可歸屬於Yalom的「注入希望」。在團體中，當互相分享及得到回饋成為一種新的相處方式時，成員自然而然會對自己原先視為汙點或祕密的問題，改變看問題的立場，也增加開放的勇氣或是有興趣去尋求旁人不同的觀點，而這些都是解決個人問題時最好的開始，也是團體吸引力之一。

Q5

Yalom的十一項治療因子，在團體的週期中，有沒有發生的先後次序？

A5

任何團體都可分為三個階段：初、中、末期，初期以建立對領導者、團體及個人之信任為重，中期開始到後期之間才開始工作，即焦點回到問題本身，因此成員看法改變的轉折，主要由中期開始，而Yalom的十一項治療因子之可能發生次序（或介入次序），可依團體階段而有所分類：

1. 灌輸希望：初期。
2. 普同感：初期到中期間出現。
3. 傳達資訊：初期到中期。
4. 利他主義：中期到末期。
5. 發展社交技巧：中期到末期。
6. 行為模仿：中期到末期。
7. 情緒宣洩：中期以後出現。
8. 原生家庭的矯正性經驗之重現：中期到末期。
9. 存在性因子：指的是「死亡、焦慮、孤獨、自由」四個議題。若團體或個人沒有真正進入心理（情緒、情結、自我議題之焦點）或心靈（主要是指靈性的立場如利他性、普同性）的狀態，則這些存在性因子會一直存在；若團體有機會深入，則這些議題會因得到處理而降低

對團體的影響程度。

10. 團體凝聚力：如果團體進行順利，則凝聚力會逐漸提高，自中期開始到結束前達最高。

11. 人際學習：在各階段中、都一直出現，收穫則因人而異。

❖　第三部分　歷屆考題精選　❖

一、請說明團體評估的方式有哪些？要評估一個團體是否有功能的指標有哪些？　　　　　　　　　　【99年專技心理師第一次考試試題】

二、根據Yalom，「人際學習」（interpersonal learning）是團體情境中特有的歷程。請說明：⑴「人際學習」對團體工作的重要性；在團體工作中，如何透過「人際學習」而產生療效；⑵團體領導者如何促進團體的人際學習。　　　　　　　　　【97年專技心理師第二次考試試題】

三、Yalom認為團體治療進行中三個「最有助益」的療效因子（therapeutic factors）為何？請說明治療師如何運用此三個療效因子導致團體成員做積極改變，並加以舉例分述之。

【96年專技心理師第二次考試試題】

四、何謂「團體中的矯正性經驗（corrective emotional experience in group）」？團體心理治療大師Yalom認為團體治療中的矯正性經驗應包含哪五個元素？　　　　【94年專技心理師第二次考試試題】

參考文獻

王文秀（1990）。團體輔導的治療因素。諮商與輔導，**54**，32-35。

王珊妮（2006）。自我決斷訓練對女性海洛因濫用者人際關係效能之輔導成效。未出版之碩士論文。國立中正大學犯罪防治所，嘉義。

王麗斐、林美珠（2000）。團體治療性因素量表之發展與編製。**中華輔導學報，9**，1-24。

李玉嬋（1995）。小團體輔導的歷程及其產生的有效治療因素。**諮商與輔導，109**，6-12。

呂坤政（2006）。團體治療因子之中文探討。國立嘉義大學，未出版手稿。

何長珠（2003）。**團體諮商—心理團體的理論與實務**。臺北：五南。

李珮琳（2004）。焦點解決取向團體諮商成效及其療效因子之分析研究—以國中低自尊學生為例。未出版之碩士論文。國立高雄師範大學輔導研究所，高雄。

周少華、黃以文、廖以誠、黃靜宜、邱南英（2004）。義工癌症病人之團體治療效果評估。*The Changhua Journal of Medicine, 9*, s, 261-266。

林美珠、王麗斐（1998）。團體治療性與反治療性重要事件之分析。中**華輔導學報，6**，35-59。

邱美華（2005）。焦點解決取向團體諮商治療因素。**諮商與輔導，231**，24-28。

洪寶蓮（2000）。團體輔導效果探討。諮商與輔導，**174**，2-7。

唐子俊、唐慧芳、孫肇玢譯（2004）。**心理動力團體治療**。臺北：五南。

翁淳儀（2008）。臺灣家族系統排列團體之心理效果初探。未出版之碩士論文。南華大學生死學研究所，嘉義。

張滇琬（2007）。親子遊戲治療團體之療效因子研究。未出版之碩士論

文。臺北市立教育大學心理與諮商學所，臺北。

陳若璋、鍾明勳、陳筱萍、沈勝昂、林正修、唐心北、吳嘉瑜、黃健、黃介良、施志鴻、張益堂、林佩芸（2004）。本土性侵害加害人團體之氣氛變化及療效因子。**中華團體心理治療，10**，3，1-15。

陳若璋（2007）。性罪犯團體治療十年研究之回顧暨展望。**中華團體心理治療，13**，2，3-27。

陳若璋、劉志如、林烘煜（2007）。比較強暴犯與兒童性侵害犯接受團體治療之療效評估。**中華輔導學報，22**，1-31。

黃國峰（2005）。心理衛教暨身心靈賦能團體治療對臺灣男性憂鬱症患者成效之初探。未出版之碩士論文。臺北醫學大學護理學研究所，臺北。

詹杏如（2007）。當我們只在夢中相見——夢工作團體對成人經歷哀傷歷程之療效因子。未出版之碩士論文。國立臺灣師範大學教育心理與輔導學系，臺北。

趙淑員、劉杏元、陳曉容（2005）。懷舊團體於護理之家的發展及其對住民之療效因素探討。**健康促進暨衛生教育雜誌，25**，1-20。

簡文英（2001）。團體諮商中的改變因子—團體治療因素探討。**諮商與輔導，185**，8-13。

Levy, L. H. (1983). Evaluation of Students in Clinical Psychotherapy Programs: A program evaluation perspective. *Professional Psychology: Research and practice, 14*, 497-503.

Yalom, I. D.（2001）。**團體心理治療的理論與實務**（方紫薇、馬宗潔等譯）。臺北：桂冠。（原著出版於1995年）

第七章

團體倫理

―本章學習**重點**―――――――――――
1. 學習團體諮商倫理之內涵。
2. 分別瞭解一般諮商倫理守則與團體諮商倫理守則。
3. 從團體實務之角度，瞭解團體諮商之困境與面對原則。

❖❖　　　　第一部分　理論　　　　❖❖

　　在心理團體中，倫理是領導者的行事準則，因為領導者在團體歷程中的行為與決定，影響了團體的方向和成員的利益，所以團體領導者除了具有專業的知能與技巧，更須擁有正確的倫理觀念，以保護成員之利益，並保障諮商服務的專業品質。本章分為「諮商倫理之內涵」、「一般諮商倫理守則」、「團體諮商倫理守則」、「團體諮商之困境與面對」等四小節，說明倫理議題。

 ## 第一節　諮商倫理之內涵

　　諮商倫理是諮商工作者自身的一種價值與自我行動的展現，因此，自我覺察是重要的，覺察自己的價值，如何影響著與當事人的互動，覺察這些互動過程，是否是以當事人的利益為前提、為出發點。而這不是一個教條或標準，而是出自於諮商工作者自發性的道德意識（周志建，

2008），本節整理學者與組織提及之倫理內涵，如表7-1。

　　吳武典、洪有義、張德聰（2008）提出團體倫理之重要性有三：(1)諮商是一個微妙的發展過程，需要專業而嚴謹的看待；(2)領導者若能保有一定水準，成員便能透過團體得到協助，才能保持專業的品質；(3)團體歷程中，所牽涉的不只是諮商工作者與單一成員的關係，更廣泛的涉及到成員間的互動的複雜關係，而需謹慎處理。

♣表7-1　團體倫理之內涵

團體	內涵
美國諮商協會（ACA）（2005）倫理守則	諮商關係、權益和保密、專業責任、與其他專業工作者之關係、測驗和評量、督導和教育、研究和出版等
臺灣輔導與諮商學會（2008）諮商專業倫理守則	總則、諮商關係、諮商工作者的責任、諮詢、測驗與評量、教學與督導、網路諮商等
Corey（2003/2007）團體實務中的倫理和專業議題	1.團體參與者的權力。 2.團體造成心理傷害的危機。 3.領導者的工作倫理。 4.領導者的價值觀對團體的影響力。 5.多元文化諮商的倫理議題。 6.團體技術的使用和誤用。 7.團體領導者的能力。 8.不當處理與責任承擔。
Gladding（1995）團體工作中的倫理問題（引自吳武典、洪有義、張德聰，2008）	1.團體領導者的訓練。 2.團體成員的篩選。 3.團體成員的權利。 4.保密的權利。 5.團體成員與領導者的個人關係。 6.雙重關係。 7.成員之間的個人關係。 8.團體技術的應用。 9.領導者的價值觀念。 10.照會與轉介。 11.團體結束與追蹤。

Gumaer & Martin（1990）團體倫理模式（GROUP ETHICT）（引自何長珠，2003）	·G（Getting）：做好準備。 ·R（Reviewing theory）：回顧文獻及研究。 ·O（Organizing）：組織及設計。 ·U（Understanding）：瞭解接納的立場。 ·P（Providing）：提供資訊及專業發展。 ·E（Engaging the group and evaluation）：參與團體並做評估。 ·T（Training in use of techniques）：技術部分的訓練。 ·H（Helping group to work）：協助團體發生工作效能。 ·I（Identifying individual work）：確定成員個人可達成的任務。 ·C（Counseling, confronting, confidentiality and consultation）：諮商、面質、諮詢及守密。 ·T（Topping the group）：協助團體，以達其巔峰。
田秀蘭、陳淑琦、劉玲君、王櫻芬（2003）兒童諮商團體的倫理議題	兒童與家長的自主性、受益性、不受傷害、公正、忠誠保密、領導者的能力
謝麗紅、翁毓秀、張歆祐（2007）團體諮商專業倫理行為	1.瞭解機構（督導、任課老師）對領導者及團體諮商工作所訂之相關原則、規定或程序。 2.維護團體及成員的權益。 3.能為即將帶領的團體做好準備。 4.告知成員在團體中的權利與限制。 5.保密原則的討論、維護與處理。 6.審慎處理移情及反移情的現象。 7.能尊重成員參與或退出團體活動之權利。 8.領導者具有適切的領導團體之專業知能和經驗。 9.領導者提示成員保密的倫理責任，並預告成員重視自己的隱私權及表露個人內心隱密之限度。 10.不強加個人價值於成員身上。 11.尊重團體成員的意願，不強迫團體成員參與活動。 12.瞭解個人專業能力的限制。

第二節　一般諮商倫理守則

　　從臺灣輔導與諮商學會（2008）制訂之《諮商專業倫理守則》與吳武典、洪有義、張德聰（2008）《對輔導人員專業倫理的一般守則》之說明，可知諮商的主要目的在維護當事人的基本權益，協助其學習解決問題的知識和技巧，進而促進當事人及社會的福祉。因此，諮商工作者應遵守社會之道德標準，瞭解個人之專業操守會影響本專業的聲譽及社會大眾的信任，認清自己的專業、倫理及法律責任，維護諮商服務的專業品質。在不違反專業倫理的原則下，服務於學校或機構的諮商工作者應遵守學校或該機構的政策和規章，但若與服務學校或機構之政策發生衝突時，應表明自己須遵守的專業倫理守則責任，並設法尋求合理的解決。以下幾點說明：

一、諮商關係

1. 當事人的福祉

　　諮商工作者應確認其與當事人的關係是專業、倫理及契約關係。在關係中，諮商工作者應尊重當事人的人格尊嚴與潛能，鼓勵當事人自我成長與發展，避免其養成依賴諮商關係的習性，或造成當事人身心傷害的任何不道德行為，例如：利用當事人滿足自己的需要或圖利他人。因此，諮商工作者應根據當事人的需要、能力及身心狀況，共同討論、計畫諮商目標，不應強為當事人作決定，或強制其接受諮商工作者的價值觀。此外，為避免危害當事人之權益，諮商中不宜有雙重關係，即對自己的家人、朋友從事諮商。

2. 當事人的權利

(1)自主權：諮商工作者有責任向當事人說明自己的專業資格、諮商的過程、目標、可能有的歷程，並尊重當事人的自由決定權。若當事人為未成年時，諮商工作者除了關注當事人的最佳利益，也應尊重父母或監護人的合法監護權，應徵求其同意。

(2)公平待遇權：當事人應被公平對待，不得因任何因素而被歧視。

⑶受益權：諮商工作者應為當事人的最佳利益著想。

　　⑷免受傷害權：諮商工作者應謹言慎行，避免對當事人造成傷害。

　　⑸要求忠誠權：諮商工作者應對當事人忠誠，信守承諾。

　　⑹隱私權：當事人有天賦及受憲法保障的隱私權，諮商工作者應予尊
　　　重。

3. 諮商機密

　　基於當事人的隱私權，諮商工作者有責為其保守諮商機密，並妥善保
管諮商機密資料，未徵得當事人同意，不得外洩任何資料。但在部分特殊
情況下，例如：自殺或殺害他人之企圖，諮商工作者可提供相關資料，但
仍應先考慮當事人的最佳利益。

4. 轉介與結束諮商

　　因故不能繼續提供諮商時，諮商工作者可徵求當事人同意結束或轉介
諮商，不得忽略或遺棄當事人，而諮商工作者應熟悉適當的轉介資源，協
助當事人獲得其需要的幫助。

二、諮商工作者的責任

1. 諮商工作者的專業責任

　　諮商工作者應熟悉專業倫理守則、專業知能、能時常的充實新知，並
覺知自我專業知能的限制，避免接受超越專業能力之當事人；以及對個人
的身心狀況有所覺察，若發現自己身心狀況欠佳，例如：得癌症或產生強
烈反移情，則不宜從事諮商工作，可做適時的停止、或轉介。

2. 諮商工作者的倫理及社會責任

　　諮商工作者應培養自己的倫理意識，提升倫理警覺，並重視個人的專
業操守，盡好自己的倫理及社會責任，當公開陳述其專業資格與服務或以
任何形式做諮商服務宣傳時，應符合倫理守則之要求，維護當事人的基本
權益。

第三節　團體諮商倫理守則

依循上述一般諮商倫理守則，說明在團體中應注意之倫理（臺灣輔導與諮商學會，2008；Corey, 2003/2007）：

一、團體成員的權利

1. 諮商同意權

在參與團體前，應明確告知成員有關團體的目標、型態、歷程、基本規則、使用的技術，及預期效果和可能的心理危機等。領導者可以透過團體組成前面談或第一次的聚會，討論團體歷程、性質和領導者等部分，是否適合成員需求或文化、價值觀，並由成員自由決定其參與意願。

2. 自由選擇權

團體歷程中，成員有選擇參與或拒絕參與領導者所安排的技術演練或活動，或是透過討論之後，退出團體。Corey（2003/2007）認為欲離開之成員有義務向領導者和其他成員說明原因，因為離開成員感受到負向經驗，若未經討論便離開，將為自己和其他成員遺留一個「未竟事宜」，會傷害到團體的信任感和凝聚力，因此，領導者可鼓勵成員把自己想離開的想法提出來討論。

3. 受益權

團體領導者的主要責任是尊重團體成員的人格完整，為其最佳利益著想，例如：領導者應協助成員將團體中的改變，擴展到日常生活中；紓解過度的團體壓力，包括不逼迫成員參與練習、作決定或自我揭露或是接受他人的價值觀。因此，領導者需去區分治療性的壓力和破壞性的壓力，治療性的壓力可以協助成員突破自己的盲點，而破壞性的壓力會帶來沒有必要的焦慮，而造成成員的抗拒或挫敗等負向經驗。

4. 免受傷害權

在團體開始之前，領導者應審慎甄選成員，以符合團體的性質、目的及成員的需要，並維護其他成員的權益。運用團體諮商技術及領導活動時，領導者必須就自己的專業知能、技術及活動的危險性，做好適當的安

全措施，以保護成員免受身心的傷害。Corey（2003/2007）提出三點團體可能造成的心理傷害的危機如下，領導者應有所敏覺，並有能力面對與處理：

　⑴生活改變所造成的破壞：當成員越來越有自我意識時，就可以在生活中作改變，但可能身邊的家人或朋友並無法接受其改變，而帶來危機或混亂，例如：已婚婦女意識到自我實現之重要，而對原有的家庭生活模式產生某種抗拒，進而導致婚姻生活之緊張。

　⑵某個成員可能會在無意間變成團體的「代罪羔羊」：當某成員成為負向情緒的發洩對象時，領導者應該採取堅決的步驟消除此現象。

　⑶誤用「面質」：面質是具有價值和有利的工具，但是若被拿來攻擊他人時，就變成強制性的干預，常會導致負面的結果。

　⑷具傷害性的社會化：部分時刻的社會化，如：團體聚會，可以使成員真誠和自然的與人建立關係，但若是造成團體的分裂、次團體之對抗，而發展出隱藏在團體中的議題，將造成團體療效的停滯，成員也難以達到個人目標。

二、保密原則

　　團體成效能夠彰顯，成員間凝聚力、信任感是重要因素，而「保密」正是使成員感到安全、尊重的基礎工作（鄭雅薇，2002）。臺灣輔導與諮商學會（2008）之《諮商專業倫理守則》說明：「領導諮商團體時，諮商工作者應告知成員保密的重要性及困難，隨時提醒成員保密的責任，並勸告成員為自己設定公開隱私的界線。」在實際執行方面，可在團體開始前的面談期間，就將保密原則確切的告知成員，而在團體進行的初期，再一次的向所有成員作確認，提醒成員不慎洩密的危險性，將有助於將此概念深植成員心中，而非單方面由領導者來要求或規定；若是發現遵守此原則的執行是有困難的，就應該在團體過程中，將此議題做充分的討論（Corey, 2003/2007）。但領導者應避免藉由強調「保密」來強力邀請個案坦露，而忽略過度開放後的傷害；並且應告知保密的例外原則，並以不傷人傷己為原則（鄭雅薇，2002）。

若需要在團體過程中錄音或錄影時，領導者應先告知成員錄製的目的及用途，徵求團員之同意，並寫下同意書。成員有拒絕或是要求暫停的權力，而領導者有嚴守保密原則的責任，包括：成員有權查閱檔案，除非這些資料可能對其產生誤導或不利的影響，領導者不得拒絕；若為研究、發表演講、著作、文章、或研究報告，需要利用成員在團體歷程中的資料時，應徵求其同意，將成員的身分保密，必要時候應讓成員預閱稿件的內容，才可發表等（臺灣輔導與諮商學會，2008；Corey, 2003/2007）。

三、團體領導者的責任

1. 專業責任

領導者應具有適當的領導團體之專業知能和經驗，包括：理論學科、諮商技術、團體動力學、團體諮商理論等。Corey（2003/2007）更表示對團體諮商工作者訓練的三項附加條件：(1)接受過個人諮商：主要在增加領導者的自我意識，團體中容易出現許多情感轉移的情況，個人諮商能夠協助領導者覺察自我的反移情，並能夠處理干擾領導功能發揮的個人未竟事宜，而更有效的運用自己；(2)參與團體諮商或個人成長團體：身為各類團體的成員經驗，可以使領導者體驗自己在團體中的反抗、恐懼等不舒服的情緒，以及被面質或處理團體問題的過程，更可以經歷到建立信任和具凝聚力的團體所需的條件，因而更能協助團體成員處理掙扎、困難；(3)參與訓練或督導團體：有助於發展出有效的介入技巧，學習對批評的反應、被認同的需求、以及使用權利時的掙扎等。

2. 倫理責任

(1)覺察自我價值觀如何影響領導風格：Corey（2003/2007）認為雖我們都明白理想的做法是保持中立，將自我價值觀與領導力作區隔，然而，這實際上是不可能執行的，與其在諮商歷程中謹慎小心的保持價值觀中立，不如清楚和公開的說明自己的價值觀。因此，領導者需要能夠察覺自己的價值、態度信念和行為，並避免將此強加於成員身上。

(2)領導者避免為了自我需求，選用具危險性或超越自己知能或經驗的

技術或活動。若是為了團員之利益，需要採用某種具挑戰性技術或活動時，應先熟悉該項技術或活動之操作技巧，可採用協同領導，並事先做好適當的安全措施。

　　為協助團體領導者有一簡要的團體倫理檢核依據，何長珠（2003）特蒐集並綜合國內外有關機構與學者之研究，及其實務上之經驗，發展出「心理團體領導者之倫理檢核表」，見表7-2，以供實務工作者之檢核和參考。

♣表7-2　心理團體領導者之倫理檢核表

一、專業訓練部分	
1.知識	⑴瞭解影響小團體動力的主要變項及運作方式（結構、凝聚、溝通、決策等）。 ⑵瞭解領導者、成員之類型、技巧與團體階段之問題處理策略。 ⑶瞭解團體的組成，方案設計與評估等之內容與做法。
2.經驗	⑷有參與不同類型之團體（包括基本的自我成長及進階的特定主題之團體）為成員（包括做觀察員）、領導者（包括協同領導）及督導（包括被督導）之經驗（以錄音、錄影及文字轉錄之方式進行者）。 ⑸在諮商員訓練的養成教育中，此部分經驗應被納入為課程內容來作考慮（Yalom 亦指出在其調查中，有60～70%的訓練方案提供類似訓練。其中1/2的方案屬於強制性的要求）。至於做領導者之受督導時數，對諮商及心理教育工作者而言，約為三十小時（Corey, Corey, & Callanan, 1993）。 ⑹以高階學生來做學生經驗性團體之領導是比由任課教師擔任領導者更合適之做法。 ⑺個人成長：Yalom（1985）強調團體領導者有瞭解個人隱微的移情和反移情線索之必要性，本作者亦根據個人經驗，建議此方面之從業者，有最少連續十至十五次，每次兩小時左右被專業工作者進行個別諮商，瞭解個人人格重要特質、移情、反移情之引發因素，及情節問題之處理的經驗。 ⑻工作坊：不定期但持續參與相關係性質之工作坊或研討會之經驗。 ⑼研究、教學及發表上之經驗。

二、相關能力部分	
3.人性	(10)瞭解團體領導者的信念與行為在諮商倫理的迷失。 (11)瞭解人性的基本需要及表現方式（如愛與關係，自利／利他之關係等）。 (12)瞭解人際關係中之重要議題（如公平、互惠、表達力、自我肯定）及其在互動上之影響。
4.背景	(13)探討組織中諮商師常見的倫理衝突。 (14)瞭解團體倫理的一般內容（如資格、保密、成員、權利、轉介等）。 (15)瞭解個人所屬專業結構之特殊倫理規範。 (16)特定成員（如酒癮、亂倫）、文化（如地區、教育）及不適合成員（如精神病發作期間之當事人、危機仲裁時之當事人等）之內含。
三、團體實施部分	
5.方案之設計	(17)客觀設定具體目標（包括對象、時間、長度、方式、場所、招募、收費、評估等）之能力。 (18)設計依文獻和理念邏輯架構而定出之團體方案計畫。
6.成員之甄選	(19)決定招募之方式，取得所在組織最大合作的可能。 (20)處理志願／強迫的問題。 (21)盡量完成簡短的組成前之篩選。
7.始業輔導	(22)說明團體的目標、做法及參與心理團體的可能利弊（心理上之冒險）。 (23)告知成員之權利（如退出團體、開放的程序）與限制（保密、發展關係及退費之規定等）。 (24)如需錄音／影或做研究，宜取得成員之口頭／文字同意書。 (25)說明有關團體的一些迷思，以協助對團體的瞭解也是不錯的做法（Kottler, 1982）。 (26)定立團體契約，如守祕、守時，尊重自己及他人的發言權，以及鼓勵成員於團體結束前，盡量講出個人重要感受（以免累積未盡事務）。
8.技術運用	(27)原則上，領導者只帶領個人有經驗，並有把握的技巧（或在督導之協助許可下，嘗試使用）。 (28)生理或心理上（如身體接觸、面質、祕密會串等）較冒險或深入之活動，原則上須在團體較後（成熟）階段才出現。 (29)當團體出現應深入而無法深入，或深入後又退回前一階段時，皆表示團體動力進入一較具挑戰的階段。此時，最好的做法是尋求同儕諮詢

或資深者之輔導。當兩者皆無可能時，最起碼也應在團體中正面處理此事（「立即性」的做法），以避免個人及團體的防衛機轉，同時「卡住」。

(30)團體中有某人受到一或兩人或全體的圍攻或團體趁某人缺席而出現負面回饋，或某人總在向團體道歉時，皆是成員可能受傷的情況；領導者要能警覺，而做出挺身而出的中立立場。

(31)由於領導者與成員總代表著權力的兩個方面；因之在團體過程中，偶爾一次的缺席，往往可以看出團體動力的另外一些資料（因此領導者的偶一缺席，並非「不倫理」，但宜於事後說明）。

(32)注意團體中形成的小團體（彼等潛伏著滋生友誼或衝突的可能）及其對正在進行之團體的影響（以公開化為原則）。

(33)於協同領導之情境或兼為當事人之個別諮商及團諮領導者或與當事人之個別諮商員之間，如有衝突的部分出現時，宜尋求協議式之處理（如在兩次聚會中間安排討論機會），以免困惑當事人。

(34)當事人之攻擊，如係針對領導者而來，領導者最不適合的做法是解釋、澄清；比較理想的做法是同理、反映。

(35)團體中難免出現倫理的兩難式情境；此時，可以採用Dan Hoose & Paradise（1979）所設計的問題取向的倫理決定模式來尋求決議。

(36)面質技巧之使用宜考慮兩種做法，其一為適當的關係之建立；其二為假設式語氣之使用及客觀事實之引用。

	(37)保密的提醒，不是第一次團體的任務，應使之成為成員的習慣（如每次提醒）。
	(38)保密的限制，除了與法令及當事人權益有關外，也與領導者及當事人的個性型態有關。因此，於提醒「保密，有話當面講」、「只在團體中講；團體外，須有三人以上之成員在場，且須於下次聚會時，簡要報告情況」等原則時，同樣重要的原則是每個人應自訂其開放的尺度並負起相對的責任。
9.保密	(39)當團體成員間因為對領導者產生抗拒，而不願開放某些部分之資料時，部分成員私下所做出的保密承諾（即不讓領導者知道某些事）原則上是許可的但不是最適當的。此時，如果有某仍持反對立場，團體本身宜尋求協議之道，而不是以眾意決的方式，使該成員被迫放棄原先主張。
	(40)領導者難免要引用某些個案的例子來協助成員的學習。此時之原則，除了匿名以外，如果擔心聽眾會做出正確的猜人反應；則須更大的幅度的改變當事人之資料，務使資料本身中立化為原則。

10.雙重關係	⑪領導者、協同領導者及成員，三者之間均不鼓勵有超出團體所規範關係之關係（如好友、男友關係及對立或衝突之關係）。尤其在團體進行之階段為然。
	⑫契約關係結束後（如團體或個別諮商），當兩人能以平等（而非操縱）之關係來往時，這種情況通常無法加以約束（但如APA等機構，則有兩年內不宜往來之說明）。惟身居較有影響力之一方者（如領導者或諮商員）之準則，為不以個人之利益及心理需要，去傷害、妨礙對方人格之成長為前提。
	⑬當領導者覺察到對團體中之某人，出現強列的性吸引或討厭等負面情緒時，宜公開處理。使可能的移情，因透明化之做法而得到控制及消滅。
	⑭領導者應覺察個人需要別人肯定部分之資料，以免驅使整個團體為領導者而瘋狂或陷入與其他領導者間敵對（潛意識衝突）之情境（Forester-miller & Duncan, 1990）。
	⑮當領導者覺察團體中之某人需要加做個別諮商時，如果只是一、兩次的情況，可以由領導者兼為諮商員。如果當事人的問題須長期處理，則宜考慮適當之轉介。不過，當然以取得當事人之同意為前提。轉介之名單可以由領導者推薦或經由其他專業管道獲得。
11.觀察、研究與評估	⑯領導者進行與此團體活動有關的任何性質之評估（正式、非正式），均宜先向團體介紹並說明。一般的原則是得到口頭或文字之同意書。並註明該部分資料使用之目的、方式、存放與銷毀之辦法。有需要時並須註明，如果出版時之保密做法為何。
	⑰觀察員參與及非參與式之觀察及紀錄，均為訓練團體領導者之重要過程。惟使用此方面之資料於課堂討論時，須敏覺於資料本身或當事人之敏感性。較安全之做法，是使觀察員及其團體共同決定可用為討論之範圍。
	⑱小團體的研究，由於人數上的限制，在量的統計方法所得之改變之證據，其解釋力及類化的周延性，均頗有限制。改善之道，除了介入過程的互動之評估，增加多角度回饋（當事人之重要他人，團體外之人際關係）；增加對當事人主觀資料之質性分析（如感受卡等）外，如何自個案研究的角度來切入為團體評估之一種來源，應是可見的趨勢（陳若璋、王麗雯，1987；潘正德，1995）。
	⑲團體研究評估時的時間，多為團體結束後的當時或一個月之內。即使有追蹤評估，時間距離也往往不長（一到三個月左右）。如何能建立一個半年到一年所蒐集的追蹤評估網絡是研究法上值得加強的倫理觀點。

⑸小團體研究結果之類推性說明之不夠周延（加以幾個遊戲治療個案研究之成效，來聲稱遊戲治療之有效），是目前此範疇內一個相當大的「非倫理」現象，如何來結論討論上不忘附加限制，是很重要的立場。

 ## 第四節　團體諮商之困境與面對

諮商倫理是一個對自我的基本要求，然而有了諮商倫理守則，不代表就擁有了一個絕對的行為準則。在諮商實務中，我們常因為某些特定個案情況、特定的機構文化，而有所限制。此處整理洪莉竹（2008）發表之倫理困境議題，說明諮商限制或困境如表7-3，其中，很常被提及的困境便是「輔導諮商人員應對誰負責」，因為專業環境中來自各種不同期待或相對應的角色會出現衝突；不同機構間的倫理守則有時會產生衝突；甚至，同一機構中也可能發生專業倫理與一般倫理之間認知不同等（洪莉竹，2008；何艾倫，2008）。也因此，諮商倫理常備受討論，何艾倫（2008）認為諮商員在面對兩難問題的思考過程，包括了以下三項，並且經常是以不等同份量的混合使用：⑴「正義導向」指個人與他人視為各自分開的客體，而客觀地希望他人如何看待自己，就如同自己如何看待他人，屬於公平互惠原則；⑵「關懷導向」是在人際關係上採取互相信賴的態度及信念，個人總是以與他人的關連來界定自己；⑶「自我導向」則為個人如何設想自己與倫理問題之間的關連。

♣表7-3　諮商倫理的限制和困境

Mabe和Rollin（1986）	1.守則不能涵蓋所有實務工作可能發生的事件，有些問題不能在守則的條文中處理。
	2.有些專業倫理規範或守則執行上有困難；或社會大眾認為專業協會和公會對倫理規範或守則的執行不夠嚴謹，因其僅提供認知上的參考，並不完全具有約束性。
	3.無法在制訂專業倫理規範或守則的過程中，有系統地顧及所有當事人的權益，仍會有疏漏之處。

	4.法庭上的判決結果，有可能產生與專業倫理規範或守則相衝突。 5.可能發生與專業倫理規範或守則相關的衝突情形：例如專業倫理與一般倫理之間認知不同、守則與機構政策之間不一致、不同專業機構所制訂的守則間相互衝突、專業人員的價值觀與守則的要求不同等等。 6.專業倫理規範或守則中的議題有限，是針對已發生過的事情做共識性的處理，有些新的問題尚未被涵括，而對新興的問題則缺乏處理的能力。
Stein （1990）	1.所訂定的倫理守則不適用某些特定的情境。 2.倫理守則的內容可能和其他守則、法律和法院裁定互相衝突。 3.倫理守則中有許多論點未能說明諮商工作者要如何在實務情境加以實踐。
Schank （1994）	雙重關係，專業能力限制，與當事人價值觀不同，專業同儕出現不合倫理的行為等。
McLeod （1998）	1.輔導諮商人員對誰負責。 2.諮商工作者是否有權積極說服與挑戰當事人。 3.雙重關係的存在。 4.對當事人的性剝削。
Corey 和 Callanan （2003）	1.有些問題不能單憑倫理守則加以處理。 2.有些守則不夠清楚精確，導致執行上的困難。 3.倫理守則之間、機構專業規範之間，有時會產生矛盾或衝突。 4.倫理守則常是事後回應，而不是事先預期到的。 5.實務工作者的個人價值觀與明文規定的特定倫理守則可能產生衝突。 6.倫理守則可能與機構政策或實務工作相衝突。 7.倫理守則必須在文化架構下加以瞭解，因此規範必須適應不同文化要求。 8.不同專業機構有不同的觀點，因此不是所有人都能贊同機構所訂的規範。
Corey, Corey 和 Callanan （2007）	1.有些問題不能只單憑倫理守則來處理。 2.一些缺乏清楚說明的守則會造成執行上的困難。 3.倫理守則與手冊的簡單學習不足以提供諮商工作者處理倫理實務問題所需的訓練。 4.尋求諮商服務的顧客缺乏足夠的知識與經驗去辨識治療師的諮商歷程是否合乎倫理。 5.倫理守則對專業人員的保護，比對社會大眾的保護多。

	6.不同機構間的倫理守則有時會產生衝突。 7.同時參與多個專業組織的開業者，取得州的證照、國家證照，他可能同時要對不同組織的倫理守則負責，而這些守則內容也許並不相同。 8.倫理守則傾向對於情境作反應，而不是主動的活動。 9.諮商員的價值觀可能與明文規定之守則相衝突。 10.守則可能與機構政策及實務工作相衝突。 11.倫理守則要隨著不同文化而有所改變，以適應當地之風土民情。 12.由於每個組織內都存在著不同的看法，所以並不是每個組織裡的成員都贊同組織所訂出來的所有守則。
何艾倫 （2008）	1.原則衝突：專業體系規範的法定職責與倫理義務彼此出現衝突。 2.角色衝突：專業環境中來自各種不同期待或相對應的角色出現衝突。 3.責任衝突：應負起的倫理責任之間彼此出現衝突。 4.利益衝突：專業人員和關係人之間有不同的利益考量而出現衝突。

整理於洪莉竹（2008）、何艾倫（2008）。

　　林曉玉、洪莉竹（2006）也提出面對倫理兩難問題時的「倫理決策七步驟」：⑴描述並分析情境中的相關資料；⑵界定可能涉入的潛在問題，找出關鍵點、澄清並辨識問題；⑶參考相關的倫理規範與守則，瞭解可運用的法律及規章並諮詢其他專業人員的意見；⑷評估有關個人及團體的權益、責任與福利；⑸擬定每一問題的解決方案、評估可能的後果；⑹評估每一項決定的利弊得失；⑺做出決定。

　　由上述可知，在面對倫理困境到做出決定之前，諮商工作者需要在自我覺察、反思和取得相關資訊間不斷的重複進行。而在這樣的過程中如果領導者忽視了人的差異性，將很難做出對成員最大利益的決定，因此，多元文化團體諮商的倫理議題，更應該被重視。多元文化諮商強調諮商師和當事人來自不同的文化脈胳，而產生不同的文化價值觀和信念、感受、生活型態，諮商師應在文化差異的條件下，嘗試著瞭解、認識和接受彼此文化背景的不同所進行的諮商（余挺毅，2006）。Corey（2003/2007）針對多元文化倫理議題給了團體領導者以下建議：⑴知識：對多元文化的知識和技巧有所涉獵；⑵覺察：領導者需覺察「自己」是如何影響工作，包括：自身的文化背景、態度、價值、信念和偏見等；⑶承認：我們難以

完全客觀的放下自己，承認自己的民族性和文化會影響行為；(4)尊重：有時難以完全體會個案，但領導者應尊重其文化中的精神信念、價值觀、宗教、家族和社會的階級角色；(5)削弱壓迫：領導者要盡力降低偏執、偏見和歧視，並且發展自我對壓迫的敏感度，例如：性別、種族等議題。

而Frame & Williams（引自余挺毅，2006）更是具體的提出「多元文化倫理判斷模式」七階段，說明如下：

- 第一階段：確認和定義倫理判斷過程中的倫理困境（dilemma）。
- 第二階段：發掘倫理判斷過程中動力的脈絡（context）。
- 第三階段：評估當事人的文化適應（acculturation）和族群認同發展（racial identity development）的水準。
- 第四階段：在倫理判斷過程中尋求諮詢（consultation）。
- 第五階段：在倫理判斷過程產生二擇一的選擇（alternative solutions）。
- 第六階段：在倫理判斷過程選擇一個行動的課題（course of action）。
- 第七階段：在倫理判斷過程評估所作的決定（Evaluate the decision）。

本章最後，整理在實務工作中，不同情境下的倫理議題以及建議，以作參考（如表7-4）。

♣表7-4　實務情境中的倫理議題與建議

作者 （年代）	情境	倫理議題	建議
林曉玉、 洪莉竹 （2006）	於軍中處理 自殺個案	1.與當事人建議信任關係與遵守專業倫理間的掙扎，例如：是否給電話號碼。 2.面對當事人與組織間的角色兩難，例如：諮商師希望能真誠對待當事人，然而在軍中自殺行為是會背叛軍法的。 3.兼顧尊重當事人意願與面對組織責任的挑戰，例如：無法全然保密。	1.軍中諮商工作者需要理解此場域不同於一般諮商場域。 2.軍中諮商工作者要敏感專業角色與定位，並適時的調整。 3.軍中諮商工作者面對倫理衝突時，須敏感自己的決策歷程和影響自己作決定的因素。
蔡碧蘭 （2007）	多重關係倫 理議題	發生多重關係的情形： 1.團體成員之間有多重關係：成員參加類似團體，或同時參與兩個以上治療或團體等團體外的關係。 2.團體領導者與成員之間有多重關係：如督導、同事、學生、主管、朋友甚至親戚。 3.督導與被督導者之間有多重關係：督導可能有教師、諮商員、諮詢者、朋友等角色，來適應被督導者的需求。	1.評估及檢查團體多重關係，並加強對多重關係的認知與覺察力： (1)應注意角色關係對諮商歷程產生的影響，仔細評估各項情形，包括潛在風險或受損權力、利益衝突、治療成效等檢查。 (2)可利用甄選參與成員或採取自行招募方式，減少成員之間多重關係組成；團體開始時，先建立一致但有彈性的關係界線。 (3)若無法完全避免多重關係時，應以「團體與成員福祉為重」。 2.因應學校組織或機構無法避免團體多重關係情況： (1)調整學校輔導教師的角

			色及立場，確立學校諮商師專業角色。 (2)提升學院或機構團體心理治療之倫理訓練質與量。 (3)積極建立一個監督團體多重關係的專業組織。 (4)落實民眾正確諮商服務專業的觀念，保障權益。
李玉嬋 （2008）	陪伴重病患者和其家屬面對治療抉擇與生死難題	1.當事人無法表態而家人也無法要求放棄對其救治。 2.家屬與病人意見不同時，權衡病人自主權與家屬決策參與權。 3.評估病人自主能力與內容，尤其是未成年病人。	1.不論自己、家人或照顧的病人，要懷抱希望又不至於不切實際去助人。 2.檢視自己擁有的健康價值信念與醫療照護知能是否正確合乎效能。 3.擴大包容與尊重去推進個體與家庭做出自己想要的醫療決策與健康行為。 4.不斷自省所作所為是否合倫理，縱使沒有標準答案，仍能不退縮地去發掘最合乎倫理的可能做法。 5.以E.L.Trudeau的話自我提醒：「醫事人員只能偶而治癒疾病，經常可以解除痛苦，但永遠可予安慰。」透過醫療團隊的支持與關愛，給病人他自己想要的。
洪莉竹 （2008）	於國民中學進行輔導工作	1.倫理守則規範不清楚時，難以判斷該如何做才正確。倫理守則的規範存在不少灰色地帶，例如對於保密範圍、保密對象、通	1.重視建立良好關係：輔導人員認為與教師、行政人員、家長建立良好關係非常重要。 2.重視當事人的權益福祉：

| | | 報與否的規定與學校情境常遇見的狀況並不相同。 | 輔導人員強調不能傷害當事人，要思考怎麼作對當事人「好」；在不違法及不侵害他人權利的情況之下，以當事人的利益為最大考量。 |

報與否的規定與學校情境常遇見的狀況並不相同。

2. 難以要求學校人員遵守諮商專業倫理規範。

3. 難以改變缺乏專業素養的專業同儕。

4. 兼顧保密原則與工作關係的兩難：例如：行政單位要求輔導人員提供輔導資料，行政主管、導師或其他人員詢問學生之訊息。

5. 輔導人員和學生間存在雙重關係。

6. 不易維護當事人權益福祉：例如：因「龐大工作量與個案量」及「缺乏足夠適當空間」難維持良好的諮商品質，或輔導人員需要承擔超過其能力的責任等。

7. 通報與否的兩難：例如：家暴事件、性侵害事件、吸毒案件、幫派案件等，在實務工作上要考慮的向度很複雜，由於難以掌握通報後的處理流程及後續效應，輔導人員時常要面對「是否要通報？」的兩難困境。

輔導人員強調不能傷害當事人，要思考怎麼作對當事人「好」；在不違法及不侵害他人權利的情況之下，以當事人的利益為最大考量。

3. 考量個人權益：輔導人員會考量個人行為是否會違法或違反相關規定，個人的生活、權益是否受到侵害等。常藉由責任分擔的方式來自我保護。

4. 強調角色責任：輔導人員處理倫理困境時，重視責任承擔的相關問題。

5. 兼顧多方需求：輔導人員希望盡可能找方法兼顧全體利益與特定當事人利益，兼顧關係建立與專業責任，兼顧體諒行政要求與維護倫理規範，兼顧相關當事人的需求等。

6. 依據不同對象而有不同因應方式：面對倫理困境時，輔導人員會評估對方的特質、權力、能力、和自己的關係等，而有不同的應對方式。

隨著助人實務工作的發展，倫理是近年來越來越受到重視的議題，在瞭解諮商倫理的內涵、遵守諮商倫理守則之外，助人者要如何讓自己的工作更「符合倫理」呢？作者想藉此提醒讀者，遵守倫理守則是符合倫理的基本立場，但倫理並非絕對而是相對的，所以除了心中應有一把尺，謹慎的衡量自己的態度與作為外，也需要更多的瞭解人性的共通性與特異性，才能真正完形倫理的實踐。

歷屆考題中，近來常出現「多元文化的倫理議題」，是讀者在閱讀時可多加注意的部分。

❖ 第二部分　自我測驗Q&A ❖

Q1

影響成員開放的因素有四，分別為：「參加團體所抱持的猶疑心態、心理上的騷擾、團體的吸引力、對成功深切而真摯的願望」，其中在猶疑心態的部分，當成員面臨決定自己是否開放的趨避衝突時（例如當成員遇到問題所引發的痛苦越來越大時，就愈可能將開放的危險放到一邊），此時領導者可以做些什麼來協助成員？

A1

「趨避衝突」意思是：個人面對自己的需求或選擇，同時感到想要、又不想要，也就是「既期待又怕受傷害」時，所面臨的衝突感最大（此題的例子就是成員一方面很想向團體開放以減少自己遇到的痛苦，一方面又覺得向團體開放是一種冒險）。因此在處理這類問題時的原則，必須注意下列幾點：

1. 考慮團體所處階段

假設在工作階段中，在「工作前期」到「工作中期」本來就會出現「要講、還是不要講」這個可預期的狀況，此時成員可能會依循一些因素來決定是否在團體開放，如在團體中感受到自我開放能否獲得安全感或有

效的處理、自身問題的急迫性與壓力。

2. 考慮團體目標與性質

假設團體性質屬於一般成長團體，就要視開放的議題來給予不同介入。目前學校的成長團體多半只進行八至十六次左右，像此類團體諮商之進行階段一般只能達到和諧相處之工作前期，不容易達到可以真正處理個人問題的工作後期，加上領導者的訓練層次多半是達到能帶領諮商團體的水準（情緒感受之處理），而非心理治療（人格或核心衝突之處理）之水準，因此要視成員開放的議題與該團體之性質、目標的合宜性。

例如在為期十次的生涯探索團體中，一個成員表示不知如何處理自己面對重要他人時引起的強烈情緒反應（如憤恨），像這個情況中，成員開放的議題不見得適合生涯探索團體（一般成長團體），且這個議題也很可能不是團體主要想處理的目標，並不適合在此團體中繼續探討下去，於是在團體進行的當下，領導者以不介入為原則，然後可以在團體結束後與該成員討論此狀況，若需要則可讓成員在參與團體的同時，接受另一個諮商師之個別諮商或心理治療。

3. 評估成員的問題程度

作為專業團體領導者之一員，要養成評估成員問題程度的習慣，若將困擾程度以1～10來評估，可分為：輕度困擾（L）為1～3之評等、中度困擾（M）為4～6之評等、重度困擾（H）為7～10之評等。這種建立分類指標的習慣，不僅是為了保護當事人，也包括保護團體和自己，可說是團體領導力之倫理中最重要的原則之一，並且要將此評估作為領導者是否介入的判斷，並思考何為適當的介入方式。

例如：一個成員在團體中表示自己面臨跟男朋友分手可是自己卻又懷孕了的狀況，此時當事人的情緒困擾明顯已經到了很高的等級，就不適合拿到成長團體中討論。

所以當成員在團體中的困擾狀況為重度困擾（H）或處在高度危機時，專業上的判斷就是考慮轉介個別諮商或個別心理治療，不適合做團體諮商（但進行團體心理治療或心理劇等，則不在此限）。

4. 如何處理成員突然開放的狀況

假設到了團體末期，一個從未在團體中坦露自己的成員，忽然在團體中開放，說這學期一直都很煎熬等，這時領導者的反應以不深入處理為原則，而是給予支持或轉介，如轉介個別諮商，此考量是即使對此成員有所處理，也很可能沒辦法在團體結束前完成對當事人的介入與兼顧團體的需求。因此，團體跟個別諮商之使用，要能相容和相互為用最理想。

Q2

假設國小輔導人員期望一個身為碩士生的領導者，到學校帶一個「學習團體」，這些經轉介而來團體成員被導師認為「學習態度不佳」，而領導者帶領團體前發現這些學生在學習上出現的問題，其實與家庭狀況有所關連，在領導者無法將家庭資源拉進團體的情況下，領導者該怎麼做？

A2

領導者可以往下列幾方面思考：

1. 團體主題是否契合實際需求

領導者若發現原先學校設定之團體目標（改善學生學習態度）與問題行為產生之原因（如家庭因素）之間，無法產生有效連結，可能需要與行政單位進行溝通，表達該狀況實際上比較有幫助的處理可能是另外成立親子溝通團體或是親子教育團體。

2. 連結周邊資源

領導者認為這些孩子帶著問題來到學校，卻無法將家庭資源拉進團體的情況下，可以去理解導師對孩子做了哪些工作？不僅可多瞭解孩子，也善加利用導師及學校輔導的資源，讓導師成為幫手之一，或透過導師與家長有所聯繫。

3. 考量團體的類型

若學校如果期望領導者帶一個學習團體，到底領導者要帶「學習方法、學習態度、還是學習習慣」的團體？除了要針對成員的性質來決定團

體主題，還要考量團體的進行次數，若團體能進行八次，可以帶「學習方法」團體，如果可進行十六次，可以帶「學習態度」團體；而在成員的篩選上，學習團體適合「同質性」的組合。這些都應該在決定團體類型與設計時，先行與行政單位溝通。

4. 表達立場與溝通

領導者能否有立場跟校方表達，假設團體只有八次，在成員篩選上請老師提供這個團體高智商低成就、或是有動機沒方法的學生，作為團體組成的成員，如此團體可發揮的效果才比較高，也比較能幫得上學校、學生與領導者的忙，領導者要知道即使配合校方，也仍然可以溝通、協調，以促進更有效的設計。

❖　第三部分　歷屆考題精選　❖

一、訓練團體領導者的倫理考量，下列何者正確？

(A)保持訓練方案規格一致性　　(B)避免要求親身體驗團體過程

(C)明列訓練的考評標準　　　　(D)探討個人議題後提醒危險性。

【97年專技心理師第二次考試試題】

二、有關多元文化的團體倫理議題，下列敘述何者不適當？

(A)當政治議題持續在團體歷程中被討論時，團體領導者可以表明自己的想法和信念，因價值觀的表達比隱藏對團體的影響較少

(B)宗教信仰是文化脈絡的一部分，因此被視為團體領導者訓練的課題之一

(C)民族性的瞭解和覺察，是處理多元文化的基本能力，領導者可藉成員的互動和外在資源獲得資訊

(D)接納、尊重、瞭解多元文化的差異性是團體領導者的基本態度，因此不需直接介入處理文化議題。

【97年專技心理師第一次考試試題】

三、有關中國輔導學會諮商專業倫理守則的規定，下列哪一選項正確？

(A)諮商工作者領導諮商團體時，首先應審慎甄選成員

(B)運用團體諮商技術及活動時，應以其效能為優先考量

(C)帶領團體應預先做好適當的安全措施，以保護成員

(D)設計團體應優先考慮團體的性質與目的，其次是成員的需要與權

益。　　　　　　　　　　　　　　【96年專技心理師第一次考試試題】

四、關於參與團體前成員應被告知的事項，以下說明何者為正確？

(A)在團體中會絕對的保密，請成員遵守與放心

(B)參與團體時所會涉及可能的心理危機，並可邀請成員簽署願意在

團體中探索與工作的契約

(C)說明成員應先判定團體是否能滿足他的期待，一旦團體開始，就

不應再離開，以免影響團體進行

(D)告知成員在同意接受團體錄音或錄影後，須簽署不毀約同意書。

【95年專技心理師第二次考試試題】

五、一位有效的多元文化團體領導者應具備怎麼樣的團體態度、知識與技

巧？假若你要在社區諮商機構帶領一個外籍配偶支持團體，從多元文

化觀點進行團體時，你會注意哪些工作原則？

【98年專技心理師第一次考試試題】

參考文獻

田秀蘭、陳淑琦、劉玲君、王櫻芬（2003）。兒童團體輔導能力的內涵與評量研究。**中華輔導學報，14**，89-116。

何艾倫（2008）。心理諮商人員專業倫理思考導向與相關影響因素之探究。未出版之碩士論文。臺北：國立臺北教育大學心理與諮商學系。

何長珠（2003）。**團體諮商—心理團體的理論與實務**。臺北：五南。

余挺毅（2006）。國民小學輔導教師多元文化諮商能力及其相關因素之研究。未出版之碩士論文。高雄：高雄師範大學輔導與諮商所。

吳武典、洪有義、張德聰（2008）。**團體輔導**。臺北：心理。

李玉嬋（2008）醫療場域諮商工作的倫理疑義—重病與瀕死的諮商倫理問題。**諮商與輔導，274**，52-59。

周志建（2008）。「諮商倫理」的實踐—從電影「那山、那人、那狗」談起。**諮商與輔導，276**，39-44。

林曉玉、洪莉竹（2006）。處理自殺個案的倫理衝突——以一位軍中諮商心理師的經驗為例。**醫護科技學刊，8**，4，318-328。

洪莉竹（2008）。中學輔導人員專業倫理困境與因應策略研究。**教育心理學報，39**，3，451-472。

臺灣輔導與諮商學會（2008）。諮商專業倫理守則。http://www.guidance.org.tw/ethic_001.html。

蔡碧藍（2007）。團體心理治療的情感錯亂——多重關係倫理議題之探討。**輔導季刊，43**，2，21-30。

鄭雅薇（2002）。團體諮商倫理中之「保密」課題。**諮商與輔導，194**，8-11。

謝麗紅、翁毓秀、張歆祐（2007）。團體督導對碩士層級準諮商工作者團體領導能力督導效果之分析研究。**輔導與諮商學報，29**，2，99-116。

American Counseling Association (2005). *ACA Code of Ethics*. http://www.

counseling.org

Corey. G.（2007）。**團體諮商的理論與實務**（莊靜雯、李曉菁、吳健豪、
簡憶玲、魏楚珍、黃靖淑、賴秀玉、洪秀汝、洪佩婷、林金永譯）。
臺北：學富。（原著出版於2003）

第八章

團體動力

─本章學習 重點 ─

1. 瞭解團體動力之定義與歷史發展。

2. 學習團體動力各種理論，以幫助瞭解與剖析團體動力。

3. 學習團體動力的影響因素與內容，其內容包括：角色、規範、凝聚力與溝通，為關注團體動力時主要的變項。

❖❖　　　　第一部分　理論　　　　❖❖

團體動力（Group Dynamics）此一名詞最早被使用，是K. Lewin的貢獻（引自何長珠，2003）。本章將由團體動力的定義、歷史發展、相關理論、影響因素與內容作說明。

 ## 第一節　團體動力的定義

Rutan & Stone（2001/2004）認為團體動力（Group Dynamics）指的是一些相互作用的力量，這些力量影響著團體如何發揮功能。而這些力量使得團體是一個直接或間接產生影響的動力性整體（Yalom, 1985）。再進一步說明，團體動力指的是團體中行為的科學探索，是團體成員在團體內的一切互動歷程與行為現象，以及團體運作與發展的歷程，此探索是為了增進對團體本質與團體發展的認識，以及增進團體與個人、其他

團體甚至社會間的相互關係之洞察（宋鎮照，2000；Johnson & Johnson, 2003/2005）。

　　潘正德（1995）則認為團體動力的定義有四：

1. 在任何時間內，發生於團體中，一些覺察或未覺察到的現象及力量（force）互動所出現的反應與改變。

2. 為社會科學中的一環，主要是利用科學的方法（假設、觀察、研究、一套應用知識或理論）來蒐集團體的現象，並整理而成為理論。

3. 由過去的研究累積而成，形成團體行為的基本公式與知識。

4. 為一種實用性知識，將基本知識加以驗證，變成實用的原則和方法。

　　而團體動力便是一門探討下列基本問題的學問（夏林清，1994）：

　⑴個體在團體中之感覺、認知及行動。

　⑵當個體相互產生關連時，團體這個集合體是如何運作著？

　⑶團體作為一個整體，它和外界的環境產生著什麼聯繫及作用呢？

　　最後，何長珠（2003）給予團體動力的統整性定義是：

1. **團體動力乃是團體一旦開始運作後，所產生並持續改變的一種影響力量。**

2. **它通常經由領導者的特質、經驗，表現成一種氣氛或感受。而接收到此訊息的成員們，又再度以個人的特質、經驗所形成的期望、動機、反應（表現、行為），反過來影響團體運作中的角色、規範、溝通、參與等向度。**

　　這兩種主要的變項（即領導者對成員以及成員對團體），再加上其他因素（如自願對強迫參與、時間長短、地點適合與否等）之總合，便構成一個團體「獨特的現象場」。此獨特性的有效與否，往往會影響團體的兩大產出，即凝聚力（關係）與生產力（工作）。

🐦 第二節　團體動力的歷史發展

　　此處以何長珠（2003，頁38）團體動力的歷史發展表格作為基礎，補充Johnson & Johnson（2003/2005）、潘正德（1995）有關團體動力的

歷史資料，整理出團體動力的主要發展，見表8-1。

♣表8-1　團體動力的歷史發展

時期	主要內容
十七世紀	1.社會開始關切社會本質，及人與群體之關係： ・Hobbes、Locke、Smith等人開始關切此思維，後來形成當時社會對抗專制政府的革命思維與運動。
十九世紀	2.認為個體的心路歷程，不能完全解釋團體產生的現象： ・Comte、Spencer致力研究群眾運動之習性行為，並以Emile Durkheum對互動歷程之研究為代表。
二十世紀初	3.Hare、Borgatta、Bales表示關於社會性控制的研究，在早期實驗研究中為數最多，例如： ⑴Mead、Cooley曾研究小團體中的社會性控制因素。 ⑵Tripplett於1898年研究團體中的動力效果，係針對旁觀者對個體完成任務之影響所做研究，是團體動力實驗研究之祖，開啟許多社會現象的研究，如社會互依性、社會閒置等。 ⑶Terman於1904年對兒童團體作領導的心理學與教育學之研究，為小團體研究的重要創作。 ※以上自心理學角度所作研究，為早期團體動力研究樹立良好典範。 4.Lindeman於1920年提出實證觀點： ⑴Lindeman質疑對團體採取社會學的研究方法，而建議採實證研究，例如調查法。 ⑵Follet從社會工作福利的實務工作中，體驗以功能性領導來取代職位／人格領導的必要。 ⑶Freud亦於此時提出團體中的「凝聚」與「控制」之觀點，並認為團體領導及形成等情感因素，更重於意識層面的組織因素。
二次世界大戰期間（1939～1945）	5.許多重要的事件發生： ⑴Lewin於1930、1940年代，主張個體之行為應放在所屬環境下來檢視，以「場地論」為理論基礎，進行整體性的、對各變項做分析的實驗研究。 ⑵Moreno & Jennings於1934年創立「社交測量法」，以觀察互動。 ⑶Cattall於1948年以統計上因素分析之觀點來說明團體之現象及領導者之特質。

	(4)Bales等於1950年在哈佛以單面鏡錄音／錄影之方式，來研究互動分析。 (5)社會團體的工作方式由敘述式進入行動式（action-research）。
二次大戰後十年間	6.NTL的設立成為團體動力發展之里程碑： (1)由Lewin等人推動之「國家訓練實驗室」（National Training Laboratories, NTL）」，其所設立的「專業實驗室」遍布全國，形成一個網絡影響全（美）國的人際關係訓練運動。 (2)同時期，在英國則有Tavistock機構擔綱此一角色。 7.有關期刊書籍大量出籠： ‧如Bales於1950年出版《互動分析》，Cartwright & Zander於1953年出版《團體動力研究與理論》。
1960～1970年代	8.此時期，團體動力眾多理論與型態相繼興起： (1)如Hill於1961年發展出評量團體過程中口語互動的評量工具；Fisher於1978年發展出系統理論，重要性在於團體之整體不等於個別的總和。 (2)團體的名稱及內容更為豐富，如T團體、會心團體、馬拉松團體、完形（gestalt）團體、人類潛能訓練、組織發展課程及AA（匿名戒酒）團體等，不一而足。 9.研究單位快速擴展，專業文獻急速增加： (1)形形色色的機構及專業都介入此一問題之研究。其代表方向是由顯微（micro）團體之觀點，如小團體，走向鉅觀（macro）團體之研究。 (2)在專業論文之數量上，Raven之統計是：1965年有3,137篇，而到1975年增加到5,157篇；期刊於1972年時多達四十三種。 10.大眾傳播的熱潮： ‧大眾傳播、通俗雜誌書籍的熱門排行榜中，均出現此類與人際關係訓練有關的主題。基督教會之領導力訓練設計，亦融入此模式。
1980～1990年代	11.研究方法遇到的困難大致克服——例如：克服方法學、統計學上的問題。 12.各領域對團體議題之研究，各有重心： ‧社會學的研究重心放在權力議題、支配階層、團體結構上；社會心理學研究的焦點關注於合作、衝突調解、群際關係、跨文化互動等團體議題；臨床心理學則強調當事人與治療師的兩人關係，並以系統的觀點，使研究對象不再限於個人而延伸至家庭。

第三節　團體動力相關理論

本節整理潘正德（1995）與李郁文（2001）對團體動力相關理論的說明，介紹幾個團體動力常提及的理論，如場地論、社交計量理論、因素分析論、互動過程分析論、精神分析理論、系統理論，這些理論均有助於我們對團體動力的瞭解與剖析，最後提出Hill的互動矩陣作為參考。

一、場地論（the field theoretical approach）

場地論由Lewin所創立，主要觀點來自物理學及完形心理學的影響，理論假設：「團體存在一個心理場地，這個場地中有一些力量與變項，且影響著團體行為。」認為應把情境視為一整體，在情境中須考量各種相關因素，採取較多面向、仔細的分析，以避免對單一事件（要素）驟下定論。

場地論主張可以用數學公式來表達其場地論的概念：$B = f(P \cdot E)$。即團體成員的行為（B）是個人內在特質（P）與其周遭生活環境因素（E）交互作用所形成的結果。（引用李郁文，2001，頁57）

二、社交計量理論（the socio-metric approach）

Moreno & Jennings於1934年創立社交計量理論，此理論重視團體中的社交狀況，藉由社交關係計量測驗來執行，測驗題目可依研究者研究主題所需來加以設計，常見題目例如：在團體中，你認為誰最適合帶領大家？你認為誰最值得信任？以得到之答案來形成社交圖（sociogram），來瞭解團體成員間的人際關係互動，或藉此得到團體心理結構的發展概況。

三、因素分析論（factor analysis theory）

Cattall於1948年，將Spearman創立的因素分析論，以實證研究方式加以發揚推廣，並使用個人特質（traits）與團體特質（syntality）來解釋個人和團體的行為，認為個體人格乃是由七個不同特質所組成，例如：

1. 表面特質：外顯的，例如：個體出現攻擊行為，可能被認為是具攻擊性的。

2. 潛源特質：內蘊的，能形成表面特質，為數較少，但比表面特質重要，如智力。

3. 環境塑造的特質：主要是環境影響所形成的特質。如困苦的環境可能造就勤儉特質。

4. 天生特質：多是內在的生理狀況或遺傳因素影響所形成。

5. 能力特質：此特質決定個人做事成效，如學業能力、藝術天賦。

6. 氣質性特質：包括情緒性、衝動性、支配性、敏感性及自尊心等特徵。

7. 動力特質：包含態度（attitude）、情操（sentiments），這些特質促使個人從事有目標的行動。

　　而團體特質是指每一團體（如家庭、學校、宗教、國家）均具有某種特質結構，而團體特質對於個人人格的影響力很大，例如：原生家庭的特質結構常對個人影響很大。

四、互動過程分析論（Interaction-Process Analysis theory, I. P. A.）

　　Bales等人於1950年在哈佛大學透過單面鏡觀察、錄音或錄影，來研究互動分析過程，認為個體的外顯行為和他人、環境的互動，是團體過程的主要題材。並使用過程分析紀錄之技術，來觀察團體中的行為表現，將之歸類為四種行為模式：社會情緒性行為（積極反應與消極反應）、工作任務性行為（嘗試回答與詢問問題）。這些行為模式導引出Bales認為團體必須處理的兩方面問題：

1. 任務工作性範圍（task dimension areas）。

2. 社會情緒性範圍（socioemotional dimension areas）。

　　兩方面的問題均需要被處理、保持平衡後，團體方能運行。

五、系統理論（system theory）

　　系統理論的重要觀點為：團體是一個系統（group as a system），裡面有其要素，且互相關連。這裡整理Fisher與Homans（1950）在系統理論中提及的觀點：

1. **Homans指出系統理論包含三個概念**

⑴活動（個體在團體中一般的行為、動作）。

⑵情感（個體在團體中的情緒、感受、回饋或反應等）。

⑶互動（團體中成員彼此接觸的行為）。

這三個要素交互作用，互相影響。潘正德於1995年歸結三個要素的關係為：

⑴互動頻率高或互相喜歡的人，彼此情感較佳。

⑵團體中領導者的情感（sentiments），比成員的情感對團體更有影響力。

⑶互動（interaction）越多，成員的行為就越相似。

2. **Fisher於1978年提出系統理論具有整體（wholeness）的概念**

⑴認為一個系統是由相互依賴的部分所組成，其作用被視為一整體，且團體此一整體（the whole）不等於個別的總和（the sum of the parts）。

⑵提出團體有其結構（規則與資源）、功能（職掌與隸屬關係）、發展沿革（歷史）、與開放（交流不隔絕）等部分之內涵。

六、精神分析理論（the psychoanalytic approach）

精神分析理論重視潛意識層面，強調與團體歷程有關的情感因素，也強調情感因素對人格的影響。Freud曾提出團體中的「凝聚」與「控制」之觀點，認為團體領導及團體形成等情感因素，比意識層面的組織因素更重要。此一導向大多在治療性團體中，透過對過去經驗與個案紀錄的分析解釋來處理問題。

七、Hill互動矩陣（Hill Interaction Matrix, HIM）

為Hill於1961年發展出評量團體過程中口語互動的評量工具，其架構主要從兩個向度來評量團體中的口語互動：

1. 內容型態（content style）：每次團體討論的口語內容（verbal content），包含主題中心——談有關團體外、團體運作的主題；成員中心——談有關成員、此時此刻關係的主題。

2.工作型態（work style）：團體過程中成員的口語型態（verbal style），包括工作前——多為反應式、社交導向、自我肯定式的陳述；工作後——為理性推測式、面質式的口語型態。

下列圖8-1可見Hill互動矩陣之安排，所有口語互動會被細分為十六種型態。詳細說明請參見本章第二部分Q&A之內容。

			內容型態			
			主題中心		成員中心	
			主題I	團體II	個人III	關係IV
工作型態	工作前	A	IA	IIA	IIIA	IVA ─反應式
		B	IB(1)	IIB(5)	IIIB(9)	IVB(13) ─傳統式
		C	IC(2)	IIC(6)	IIIC(10)	IVC(14) ─肯定式
	工作後	D	ID(3)	IID(7)	IIID(11)	IVD(15) ─推測式
		E	IE(4)	IIE(8)	IIIE(12)	IVE(16) ─面質式
			II		IV	

此時此地

♣圖8-1　Hill互動矩陣

註：採自《團體諮商—心理團體的理論與實務》（頁382），何長珠，2003。臺北：五南。

就團體而言，其口語內容若能進展到以個人關係為主的成員中心型，且口語型態以推測式、面質式為主的工作型式，則團體的表達愈深刻，也較具治療性。同時觀察成員們所填寫之互動矩陣圖，亦可看出成員在團體的不同階段（初、中、末），亦會出現不同的互動趨勢，也就是越往右下的型態，表示互動的質地越佳，換言之，其互動也就對團體愈有價值。

第四節　團體動力的影響因素

對團體動力可能的影響因素，一般會提到Yalom的十一項治療性因素，在本書第六章已作說明。此處探討可能影響團體動力的因素，Jacobs等人提出影響團體生產性的十二項因素（引自Gladding, 1991, pp.

132-133）：

1. 團體之大小：以不超過十二人為宜，否則會導致更多的小團體出現。
2. 聚會的長度：由於多數的團體須花費約三分之一的時間來暖身，及三分之一的時間來準備作結束，因此每次聚會的時間為九十到一百二十分鐘為宜。
3. 場所：大小適宜並且安靜，如八人的團體以十坪左右為宜。
4. 成員組成的同質性或異質性：一般性目標之團體以異質性組成較有收穫，但特殊目標之團體（如乳癌患者）則不在此限。
5. 善意的程度（level of goodwill）：當成員具有中度的動機時，最能催化團體中的互動。
6. 承諾的程度：領導者應協助成員設立團體中之個人目標，作為個人努力之方向。
7. 信任的程度：能對自己和別人開放，是催化信任和鼓勵冒險最重要之因素。領導者在團體初期之任務，亦在於創造一個開放、接納的氣氛。
8. 成員對彼此之態度：與上項相關，通常愈正向之態度能產生愈多之連結。
9. 成員對領導者之態度：領導者愈被視為是正向的，就愈可能引發跟隨與模仿。
10. 領導者對成員之態度：當領導者能向所有成員傳達一種開放的感受時，能促進團體的一體感。
11. 成員與領導者交互作用之類型：各成員間的雙向交互作用愈多，其所具有之歸屬感與責任感也愈高。
12. 團體的階段：每個團體都最少經歷過三個以上階段的發展過程，而每一階段的交互作用之狀況亦是不同的。

　　Ohlslen. Home與Lawe於1988年提出團體中的成員希望感受到的力量：⑴被團體接納；⑵瞭解他人對自己的期望；⑶歸屬感；⑷安全。當團體缺乏這些力量時，成員會傾向負面、敵意、退縮與無動於衷。領導者要注意到這些力量在成員身上正負動力的產生（引自何長珠，2003）。

此外，何長珠（2003）亦認為，領導者思考以下問題將有助於調整團體動力：

1. 每位成員對參加團體有什麼感覺？
2. 成員們是否瞭解團體期望？
3. 是否每位成員都清楚他們為何要參加團體？
4. 每位成員如何面對團體情境？
5. 成員們是否喜歡彼此？
6. 成員們相處時是否感到舒服？
7. 成員們對團體是否有歸屬感？
8. 成員們對領導者是否感到舒服？
9. 領導者的角色可運作哪些權力？

以上問題將有助於領導者瞭解成員對團體與對領導者的感受。

第五節　團體動力的內容

Vander Kolk於1985年出版之《團體諮商與團體心理治療緒論》一書中，指出團體動力所包括的內容可自角色、規範、凝聚（和諧）、溝通及非口語行為四大方向來討論（引自何長珠，2003）。

一、角色（role）

此部分之討論，可自定義、作用及類型來說明：

1. 角色的定義

其定義為：「某一職位的所有者，相對於其他職務，有其界定、被期待、應當的合宜行為。」（Johnson & Johnson, 2003/2005）。Biddle於1979年曾表示角色是具特質的，此特質存於脈絡之中（如文化、家庭、經驗、組織形式），也可以是與情境相關的（引自何長珠，2003）。

2. 角色的作用

其作用在於確保團體成員的工作行為適切連結。為達成團體目標，團體或成員對於某一角色義務的期待可能會形成衝突，就可能產生角色衝突（role conflict），例如：成員們對領導者的期待相互矛盾時；另一種角

色衝突是，某一角色的需求與另一角色相牴觸時，例如：領導者被要求扮演多重角色時（Johnson & Johnson, 2003/2005）。

團體中有另一個重要因素在影響團體中的角色狀況，那就是——領導者的特質及其所扮演的角色方式。由於團體任務本身常在工作和情感兩個向度中交織前進，某一特定團體的成員，配合特殊取向特質的領導者時，常會形成不同的交互作用及團體歷程。如Bales於1970、1980年做的研究，發現團體的交互作用有三個向度：支配／服從；友善／不友善；工具性控制（instrumental controlled）／情緒表達，而這三個向度依個人所具有之程度，可為其中一種、兩種或三種，共可構成二十六種不同的角色（引自何長珠，2003）。

3. 角色的類型

依Vander Kolk對團體角色的分類，則有下列三種方向（引用李郁文，2001；何長珠，2003）：

⑴催化者：此類角色主要催化、協調有關問題解決或目標達成方面的問題。其角色如引發訊息者、意見徵詢者與提供者、策劃者、協調者、導引者、評估者、記錄者。

⑵激勵和維持者之角色：此類角色被稱為「團體建構」（group building）角色，主要協助建立積極、友好的關係以及增進共識。其角色如鼓勵者、和事佬、協調者、督促者（像是領導者的助理）、標準設定者、觀察者、跟隨者。

⑶反團體之角色：此類角色被稱為「個人角色」（individual rule），往往將個人需求擺第一。其角色如攻擊者（阻斷）、惹人注目者、遊戲人間者、訴苦認罪者、拯救者、只有自己最對的道德完人、永遠追求正確答案的人、支配操縱者、依賴者、為反對而反對者、慎思者，或是退縮、不參與、沈默者。

二、規範（norms）

此部分可自定義、形成與特性、類型等方面來討論規範：

1. 規範的定義

規範的作用在於引導團體互動。其定義為：「有關團體成員合宜行為、態度與知覺的共同信念，是一系列預期的行為標準，是規範成員行為的規則，具有內隱（implicit）與外顯（explicit）的性質，內隱的規範是在互動中形成，依循意識或潛意識的需要，因人而異；而外顯的規範是指團體列出的行為規矩，如準時出席、生病請假等。」（何長珠，2003；Johnson & Johnson, 2003/2005；Yalom, 1995/2001）。

2. 規範的形成與特性

規範的形成通常是團體開始一些時間之後，逐漸經由成員信念和行為模式之互動而形成的（何長珠，2003）。Yalom（1995/2001）則認為規範是在團體早期所建立，且規範是由團體成員的期待、領導者與較具影響力成員之外顯或內隱的引導所形成的，認為領導者具有重要的影響力，不僅是外在的言語或行為，其態度、價值也是同等重要，即使領導者有意或無意提出規範，領導者一直都在塑造團體規範。

而這一種由外在約定形成之規範，到後來則有可能內化成為人格和信念的一部分（Johnson & Johnson, 2003/2005）。團體成員對規範之反應，可分為服從、反服從以及獨立三種類型。前者可視為是人格上的場地──依賴型（field-dependent），後兩者則可視為是自恃（self-reliant）或內控型（何長珠，2003）。

對於規範的特性，Forsyth於1983年曾精妙地描繪出規範的六項重要特質（引自李郁文，2001）：

(1)規範描述了可行／不可行之行為規則。

(2)規範常包括一種評估之過程。

(3)規範不是產自團體外，而是在團體中逐漸形成。

(4)規範常被其團體成員行而不察，直到有人打破某一規範才發現。

(5)規範成為個人內化之價值時，個人便不再是受逼於壓力而遵從。反之則是為了滿足個人需求而遵行。

(6)違犯規範雖然會得到負結果（或懲罰），唯適當範圍的偏離，仍在許可範圍之內。

此外，Johnson & Johnson（2003/2005）認為規範亦有其特性：

(1)規範是透過團體在賞罰制度下所認可的預期行為，帶著「應該……」、「必須……」的意味。

(2)不同規範其寬鬆程度不同，也並非針對所有成員而設定。

(3)規範非強制被施行，而是成員透過互動發展而成。

(4)規範在成員覺察、能接受並且遵守之下，方能發揮影響。

(5)規範使個別成員受團體意見所影響。

統整規範的特性，其重點有四：(1)規範在團體過程中逐漸形成；(2)規範形成團體內的預期行為（應該與不應該），但非強制被執行；(3)規範有內隱或外顯的規則；(4)規範常影響成員，可能形成人格的內化。

3. 規範的類型

規範的類型，因學者之觀點而有異。唯大體上來說，比較重要的，仍是與獎懲有關的規範，可歸納為如下幾點（引自何長珠，2003）：

(1)關於公平原則的規範：即參與貢獻愈多者，理論上也享有較多酬勞（多種多收之意）。

(2)關於權力（power）與需要的規範：即一個團體中，有較高職位者，通常擁有較多作決策之權力；同時，在資源分配時，需要的程度（或能力的程度）也往往形成行使公平原則時之依據。如有能力者常被期望要付出較多，以扶助弱小等。雖然，在這種情況下，利他原則似乎是與互惠原則有所衝突的。

Liberman, Yalom & Miles（1973）於其"*Encounter groups: First Fact*"一書中曾提出五點經因素分析的團體規範（p. 272）：

(1)強烈情緒之表達（占所有變異數的27%）：身體、溫暖的接觸、哭泣、求助、要求給予個人回饋，焦點放在對團體進行事情上的意見表達，且說很多話，但不包括顯示感受。

(2)開放的程度／疆界（表達外在和個人性的資料，17%）：常開玩笑，常把團體以外的主題帶入團體，開放與本團體有關的外在資料，拒絕遵守團體規則，帶朋友到團體中，描述個人私人的白日夢。

⑶作對及批判式的對質（11%）：批判某人的行為應如何改變，反對
領導者所下的意見，繼續探討已表示不想再談的成員的看法，談論
有關於自殺之類的話題，貶低某些剛開放某些資料的成員，憤怒的
對某成員說話，打斷別人正進行的談話，教導、建議別人該如何
做，試圖說服別人某事的對錯，坦白告訴某人對其之想法。

⑷反轉移及依賴（9%）：認為領導者應對團體的計畫及活動有最大
之責任，支持、討好領導者，在大多數聚會中極少發言。

⑸同儕控制（7%）：企圖取得團體的領導權，或操縱團體走向個人
想要的方向，支配團體的討論超過一次以上，在大多數聚會中極少
發言，對別人以冷漠的方式表現，常缺席，全盤否定某個成員之價
值並表示不在乎。

團體規範是團體動力中的相關重要因素，Liberman等人所提出之團體
規範，可看到團體、領導者、成員間許多互動，而團體規範也對團體動力
中其他因素有所相關，例如：在兒童團體中，個體的社會行為與學習行為
是否符合團體規範，也會影響同儕對其接納程度（蔡其螢，2004）。

規範是團體互動的憑藉，經常用以檢視成員的行為與角色，也具有整
合成員行動之功能。

三、凝聚力／和諧（cohesion）

此部分可自定義、指標、相關因素來討論凝聚力。

1. 凝聚力之定義

大體而言，適當的凝聚力有助於團體進行，以下整理及引用學者對凝
聚力定義的說明（引用李郁文，2001；潘正德，1995）：

⑴Vander Kolk認為凝聚力是一種團體的吸引力，以及在團體擁有的
一種安全感。

⑵Ellis & Fisher認為凝聚力是一種對團體的忠誠度、個人對團體的承
諾；Johnson & Johnson認為凝聚力讓成員想留在團體並維持與團
體的關係。

⑶Corey & Corey認為凝聚力是團體成員彼此間開放、自由分享、互

相關照、形成有意義的工作及真誠地給予回饋，是各種因素交互作用的結果。

⑷Yalom（1995/2001）認為凝聚力是團體療效因子之一，可簡述為「團體對其所有成員之吸引力」。

⑸Johnson & Johnson（2003/2005）認為凝聚力是成員之間的相互吸引力，以及這股吸引力影響之下，成員待在團體的意願。

簡述凝聚力的定義：「是團體成員間的相互吸引力，會反映出成員想待在團體的意願，並讓成員想對團體開放、真誠、維持承諾或關係之力量。」

2. 凝聚力之指標

Johnson & Johnson（1982, 2003/2005）曾整理列出個人與團體的若干項指標，來作為團體是否到達凝聚力的判斷基礎。

⑴個人的指標為：

- 承諾認同團體之目標。
- 有意願或者易接受指定的任務和角色。
- 較容易服從團體規範，另一方面是可能施壓或否定那些不服從團體規範者。
- 對團體更忠誠。
- 對團體的任務能更有動機、更堅持，願意承擔困難、忍受辛勞。
- 缺席狀況與流動率降低。
- 對團體之滿意度較高。

⑵團體的指標為：

- 更具生產力（設定目標較順暢以及達成目標可能性高）。
- 交互作用更友善、更民主。
- 決策時更能影響彼此。
- 更能接受並傾聽他人的意見，彼此能以平等而非公平的立場進行合作（Sattler, 1991）。
- 為了團體的利益較能忍受痛苦及挫折。
- 協力對抗對團體之批評或攻擊。

3. 與凝聚力相關之因素

在影響凝聚力的因素上，提出幾項研究（引自何長珠，2003）如下，供為參考：

⑴Englander於1989年之研究，認為領導者在第一次團體時，若能提供一份清楚完整的契約（包括費用之討論，成員擁有開放的自由等），有助於提升該次凝聚力。

⑵Hintz認為當成員相似性高、分享性高及相互認同高時，凝聚力會增加。

⑶Rubenstein於1987年之研究建議，在團體初次聚會中，如能採行一種漸進式的鬆弛活動，將可有助於初次聚會時凝聚力之增加。

⑷Cartwright於1968年提出成員間的吸引力、相似性、相互依賴的形態及溝通方式，團體之目標、氣氛、人數、活動性質，以及領導者的參與程度及領導型態，都會影響團體凝聚力（引自潘正德，1995）。

Dickoff & Lakin於1963年的研究發現：凝聚力對於成員而言，可增加其參與團體的次數、經驗到較多的社會接觸、認知到團體的治療價值；而Kapp等人研究發現成員知覺自己在人格上的改變與對團體的投入程度，與團體凝聚力有顯著相關；而Liberman, Yalom & Miles對小團體的研究上，更發現低凝聚力與團體流失率有顯著相關，且團體凝聚力與治療效果成正相關（引自Yalom，1995/2001）。

最後，凝聚力在團體中，實是建立信任、真誠的健康關係、維持團體（不至於流失或失去功能）及達成目標（有效解決問題並得到學習）的不二法門。

四、溝通與非口語行為

溝通是所有人類互動的基石，也是一切團體運作的基礎，透過溝通，團體成員才能對彼此瞭解並建立信任。而有效溝通是團體運作的先決條件（林欽榮，2001）。此處討論有關團體溝通的定義、模式與影響其效能的因素。

1. 團體溝通的定義

溝通是一種傳達訊息的行動或動作，而團體溝通（group communication）為：「團體成員向一或多位收訊者傳遞訊息，意圖影響後者的行為。」亦可廣泛的定義為：「其他團體成員所知覺到的口語及非口語行為。」（Johnson & Johnson, 2003/2005）可得知其訊息包含口語及非口語行為，且Birdwhistle於1970年曾發現，溝通中的非語言訊息占的比重比文字訊息還多（引自何長珠，2003）。

就語言訊息此點來說，Johnson & Johnson（2003/2005）提供八個溝通上傳達言語的訣竅：

(1)用第一人稱（我）的方式來表達個人訊息。

(2)以完整、具體的方式表達。

(3)統整個人的口語和非口語訊息。

(4)稍微作重複。

(5)要求對方給予回饋。

(6)配合對方瞭解之程度或接受之架構。

(7)以名字、行動及圖形來描述感受。

(8)對他人行為之描述，不予評價。

而在接收外在訊息時，有幾點技巧值得參考：

(1)主動傾聽：此可表現在非語言行為上（如坐姿、視線、表情、點頭），但更重要的是，傾聽時心中不作評價，而是以連結下一點來傳達理解。

(2)摘述：確定個人之瞭解是否符合對方的真意。除了作內容摘述，還需要加入感受的摘述（運用同理心）。

(3)意義的溝通：除了同理情感層面，再加上闡明當事人的價值觀。目的是讓當事人感覺到自己被理解、接納，同時看到自己的價值判斷。

(4)自我開放：其原則是比當時兩人之間的開放程度，再稍微深入一點最適當。

接著討論有關非口語溝通，Walters曾列出一表來表示與成員狀態有

關的非語言行為（引自Gazda, 1989），摘述如表8-2：

♣表8-2　與成員狀態有關的非語言行為

感官表情＼情緒	頭	臉	嘴	眼神接觸	手	姿勢
1.失望	低	眉尾下垂	往下撇	很少接觸	自閉性行為	胎兒蜷縮姿勢
2.幸福	有韻律的動	生動	笑（開口）	到處迎接別人的目光	擴張性動作	常改變，誘惑性的。
3.焦慮／害怕	不安的動著	緊張	磨嘴	窺視（迴避視線直接的接觸）	緊握，流汗。	不安律動，聳頸抖肩。
4.反對	頸與下巴向前聳起	眉心打結	唇前嘬	防衛的	緊握空拳	坐在椅子邊緣
5.依賴或被某人吸引	頭微低，但保持視線接觸。	輕微的表達	帶著微笑	多	接近之動作	有點向求婚的樣子
6.抗拒學習	轉過身	嚴肅	緊	逃避	看錶	四肢緊張、硬

From「團體諮商中之非口語溝通」by R. P. Walters, *Group Counseling: A Developmental Approach*. (4th Ed.). MA: Allyn and Bacon.

　　林欽榮（2001）認為溝通的功能具有個人性與社會性，包括增進人際關係、適應社會期望、形成相互的人際認同、達成團體目標、滿足個人的心理需求、化解衝突、顯現自我概念、促進資訊交換、促動關係運作與建構人際合作等，個人透過溝通形成自我的人格，且在與社會性的各種團體組織互動中，完成許多人生的任務與目標。治療者可以觀察成員之間的非語言溝通，並協助成員以溝通建立與心理工作團體之間的關係。

2. 團體溝通的模式

此處提出溝通模式的兩個觀點：

(1)互動分析：可透過不同互動層次的分析，來看團體成員間的溝通模式，有三個層次可供分析（Johnson & Johnson, 2003/2005）：

- 溝通的相對頻率（次數）與長度（時間比例）——誰說過話？
- 溝通的對象（欲表現者、欲爭取支持者，還是預期會唱反調者）——誰向誰說話？
- 帶動溝通與被帶動的成員——誰帶動誰說話？

  領導者可觀察成員之間在溝通上的相對身分與權力，一般來說高權力成員較容易自在地打斷低權力成員的談話。相關分析系統如Bale發展的互動——歷程分析觀察法，他們以此觀察法得到的結論是：獨特的任務角色與社會情感角色，往往會在團體中浮現，若社會情感議題未能定期處理，其累積的緊張可能會讓團體在目標或任務達成上受阻礙。

(2)溝通網絡：以下舉出五種團體之溝通網絡，每一個團體由五人組成，說明其溝通路線的安排，主要特色、成員士氣、工作績效與領導狀況等，表列如表8-3所示。

♣表8-3　各類團體溝通網絡比較表

溝通類型	主要特色	成員士氣	工作績效	領導方面
網式溝通網	團體成員均與其他成員直接溝通	成員士氣相當，處事同等熱忱。	決策緩慢，但處理周延。	沒有明顯的領袖出現
圈式溝通網	團體成員均只與兩位成員進行溝通	所有成員士氣相當，滿足感也相同。	解決問題迂迴緩慢	沒有明顯的領袖出現

鏈式溝通網	團體成員易形成無形的層級節制體系	處於中心地位人員較具滿足感，最末端成員士氣較低。	解決問題較具時效，溝通有一定結構程序。	有明顯的領袖出現
Y式溝通網	團體成員形成一定結構體系	處於中心地位成員滿足感較高，邊緣地位成員士氣較低。	解決問題較具時效	有明顯功能性的領袖
輪式溝通網	為一個有秩序的團體	團體領導者最具滿足感，其他成員滿足感較低。	解決最具時效，但易出錯。	有強有力的領袖

註：整理自《人際關係與溝通》，林欽榮，2001。臺北：揚智。

對於上述的溝通模式，網式（交錯型）與輪式的領導者都能與所有成員互動，因此其溝通管道均較鏈式順暢，訊息的傳達相對也較為快速；使用鏈式溝通工具的領導者可以藉由分工的方式減少自己的負擔；使用輪式溝通工具則因只有領導者和成員之間的互動，但成員間卻缺少互動，所以領導者的負擔是最大的；使用網式（交錯型）溝通工具則因為每個人都能互相溝通，因而溝通管道最為順暢（陳建宏，2001）。

Artyle（1989/1997）表示每一種溝通網絡的有效性因其團體目標而有所不同，以速度為考量時，輪式與網式（交錯型）溝通網絡較有效；以正確性為考量時，則選擇鏈式與輪式；而輪式最能凸顯領導者；如果考慮到成員的滿足感，則網式最好，輪式最差。

有效的溝通（effective communication）是訊息接收者在訊息的解讀上符合傳訊者的本意，而如何促進團體有效溝通則有兩個重點：(1)營造合作的團體氣氛；(2)鼓吹每個成員的觀點都值得關注（Johnson & Johnson, 2003/2005）。因此在上面的人際溝通模式中，雙向互動愈多、每個人幾乎都能傳達自己意見的「網式溝通

網」，最有可能促使團體內的有效溝通。

3. 影響溝通效能的因素

此處將可能影響溝通的因素，分為成員、領導者與其他因素，以下加以討論。

⑴成員方面：

Satir（1991/1998）曾提出個體與他人溝通時呈現的型態，一般可分為：

- 討好型：以對方為主，唯唯諾諾稱是。
- 責備型：以自己為主，對方全都不是。
- 電腦型：冷靜，冷漠，理性不主動，無反應。
- 打岔型：以表達自己意見為主，讓對方無法完整的表達意見。
- 一致型：真實的雙向互動，使彼此都清楚意向，達到共識。

個體若持著一致型的溝通型態，較容易接觸到真實的自己、他人與外在環境，可能也較容易達到有效的溝通。

而在互動過程中，不同性別與特質也會影響到溝通的狀況。在性別上，例如男性較喜於發表意見，而女性則較在意他人提供的想法，男女成員在團隊會議過程中可相互調和；在特質上，外向性特質高的人在會議中居於主要發言人的位置，但宜人性特質高的人卻在會議中較少發表自己的看法（張翊祥，2003）。Johnson & Johnson 於1989年提出成員之間若能增加合作，溝通會更開放、完整與坦承；若成員之間呈現競爭，往往會降低溝通效能（引自Johnson & Johnson, 2003/2005)。

⑵領導者方面：

領導者對團體而言一直是個極其重要的關鍵因素，其溝通行為中的「意見接納」、「情感介入」、「任務掌握」、「訊息提供」皆會影響其溝通效能（高明秀，2004）；且領導者對部屬的信任感也會決定其溝通方式（張恆瑜，2004）。領導者還可以使用自嘲式、得體的幽默來增加團體溝通效能（Johnson & Johnson, 2003/2005）。

而領導者在團體溝通上可能產生的影響，與一個很重要的因素相關
——傳訊者可信度（sender credibility），也就是收訊者（成員）
對於傳訊者（領導者）的話所知覺到的可信任程度。這個可信度取
決於：①作為資訊源的可靠程度；②動機；③親切友善態度的表
達；④可信賴度；⑤專業；⑥動力。成員若在這些層面上正向的看
待領導者，此領導者便是可信度高的傳訊者，較易與團體建立有效
溝通。

(3)其他影響溝通效能的因素，舉例如下：

・物理因素：

①團體規模：規模愈小，成員（或部屬）覺知領導者的溝通行為與
　溝通效能較佳（高明秀，2004）。

②場地：可以注意的是地點、時間點與時間長度、空間的音響效
　果、照明、溫度與通風，其可能促成或阻礙團體中的有效溝通
　（Johnson & Johnson, 2003/2005）。

③座位安排：儘量讓成員之間視線能輕鬆接觸，可提高其友善度、
　互動頻率與合作意願（Johnson & Johnson, 2003/2005）。

・情境因素：可細分為下列幾種（游婷熙，2002）：

①物理情境：包括成員溝通時的位置、身體距離。

②社會情境：對象不同（如家人、朋友、熟識者、同事或陌生人）
　有效溝通亦不同。

③歷史情境：過去溝通事件所達成的共識會影響溝通效能。

④心理情境：每個人帶進溝通之中的心情和感覺。

⑤文化情境：信仰、價值觀生活規範等因素。中國人在考慮「事」
　與「人」的溝通上，若無法兼得，則傾向世俗行為中「人情世
　故、細水長流」的溝通，通常優先考慮「人」的溝通（嚴竹華，
　1999）。

　　由上述可知，影響溝通效能的因素涉及廣泛，包含了情境、文化等多
元面向，因此，為能確實掌握溝通的品質，應對其間的影響因子有一全面
性的考量。

總結來說，團體動力是一群人交互作用時，所產生的角色（一方面是固定的，一方面又受到交互作用之對象影響而有不同）、規範（有正式的、非明文規定的、因某一類型領導者所特有的等）、凝聚力（又牽涉到信任、開放、衝突、生產力等變項）及溝通（語言與非語言、同理、有效表達與接收）的總匯（何長珠，2003）。此處引用何長珠（2003）整理影響心理團體動力的變項，作為此團體動力內容的總結，見表8-4。

♣表8-4　影響心理團體動力的變項

一、團體初期：一至三次團體（以八次團體為例）		
1.結構	(1)團體的大小	·6～12人為佳 ·9人以上互動減少；17人以上更少。 ·14人以上發展次團體，凝聚與滿意度漸少。
	(2)時間長度	前10～15分鐘暖身開始，常以90～120分鐘為理想，後10～15分鐘結束。
2.成員	心理態度	·學習性、希望 ·信任、開放 ·善意、助人利他 ·成員對領導者及領導者對成員的正面、接納態度
3.領導者	(1)個人特質	例如認知性或感受性
	(2)專業程度	·訓練 ·實務經驗 ·理論取向，例如認知、感受、行為；或是導引、非導引。
二、團體中期：四至六次團體（以八次團體為例）：此期間影響滿意（凝聚）與生產力的有三個變項：規範、角色、權力		
1.規範（norms）	(1)該做、不該做的行為（如溝通的方法）	·視為當然 ·認同、可內化的 ·權力愈大，某些程度之違抗愈可能被接受。 ※舉「公平」的規範為例，它受到幾件事的影響：如投入與輸出之比例，互惠原則，及權力的大小。當這些都具備時，便會形成滿意（凝聚力）之結果。

	(2)在團體經歷形成期及風暴期後出現，是發展而來的一種現象。	
	(3)有外在（每個人遵守的）、內在（有個別差異）之分	
2.角色 （role）	(1)有四種困難	・角色混淆：團體內外對領導者之期望不同 ・角色不稱：如領導者的能力不足 ・角色困擾：不能確定個人之定位，如非結構團體。 ・角色的轉換：不同團體階段之有效角色不同
	(2)有三種團體的角色	・團體初期之目標，應讓成員產生歸屬、認同──團體彼此交互作用。 ・團體中期，是維持期也是衝突期。此時團體的角色在開放正、負感受，學習正面處理衝突的新模式。 ・達到個人角色：攻擊、阻斷、認知、笑鬧者、壟斷者、管家、退縮者
3.權力 （power）	(1)會導致競爭（fight）與衝突	衝突的結果有三： ・服從 ・抗拒 ・操縱
	(2)有三種來源（性質）	・資訊的（消息、資料） ・威權的（職位） ・影響力的（魅力）
	(3)表達方式	為直接之威脅或間接之說服；以及理性之邏輯或理性之感情。
4.團體之文化	基於上述三向度因素：規範、角色、權力，所形成的該團體的特質，分別可表現在活動、結構、價值即標準等事項上。	
5.團體之情緒	不同文化團體所具有之情緒狀態，如興奮的、嬉玩的、冷漠的、生氣的。	

註：採自「影響心理團體動力的變項」何長珠，2003。《團體諮商──心理團體的理論與實務》，頁50-51。

作者的叮嚀

　　瞭解上述團體諸相關因素後，便可開始學習以較全面的視野來看團體動力的變化，從團體動力之定義、歷史發展、相關理論，到其影響因素與內容等，都是學習的範圍。此外，更要明白團體內、外存在的動力是相互影響的，且在介入之前需要對團體動力有細膩的觀察與分析。因此，本章整理加強學習之要項包括：「團體動力分析與處理」、「團體動力之實例問題處理」。

❖❖　**第二部分　自我測驗Q&A**　❖❖

Q1

例如一個中輟生團體，在團體初期時，領導者邀請成員訂定團體中應有的規範，然而並非訂出的規範成員都能執行，例如即使訂出尊重他人的團體規範，也仍會出現成員嘲笑某特定成員，此時領導者該如何觀察、看待這樣的團體動力？

A1

　　闡明團體動力前要瞭解團體背景，並對團體動力加以假設與分析，例如可應用社會計量或是家庭動力中的卡普曼三角型來進行分析。內容如下：

1. **闡明團體背景**

   (1)瞭解成員組成：成員的年齡、性別、班級，舊成員與新成員各是誰？

   (2)瞭解成員性質：其特性為何，例如中輟生或是目睹家暴兒童即有其不同特性；瞭解成員彼此熟識程度。

   (3)瞭解次團體：哪些成員組成團體中的次團體？團體中的老大與最常被排斥的成員是誰？注意被排斥的成員是否有很特殊的特徵：如家境很差、身體有異味、有特別的說話方式、特別的行為模式等。

2. 闡明與假設團體動力

⑴可能的家庭權力現象：團體成員若接近一般家庭成員的人口組合數（如六人），可能出現一般家中權力大小的合縱連橫之次團體現象，例如年級較高的幾個成員可能較不理會年級較小的成員。

⑵熟悉程度產生的動力：若上學期一起參與團體的舊成員們，出現排斥新成員的行為，可假設這是舊團體成為新團體的一種測試方式，換句話說，可說是團體的挑戰之一，例如在國中生的行為表現上，可能就是以嘲笑的方式來展現新關係的建立。

3. 團體動力之分析

⑴社會計量方式之應用：以此試探成員在團體中的地位，以推估其可能反應。方法如下：

・透過問成員以下兩個問題，排出團體成員間的階層勢力：

①誰最能讓大家聽話？（編號為1號）

②誰最能代替團體中的1號？（編號為2號）

・畫出動力圖：將成員之社會地位由高至低排序，依數字1開始排列，並畫出互動線（雙向互動為雙箭頭；單向互動為單箭頭，箭頭方向由主動者指向另一人），畫出社會地位時將個性、特質納入考量。圖例如下：

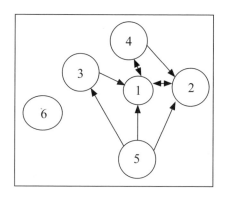

・進行圖例分析：

1號：位於權力中心，位置穩固，所以不會刻意陷入權力競爭的遊

戲。

2號：與1號有雙向互動，權力受影響的情況也不大。

3號：與1號未有雙向互動，未居重要地位，加上易與人競爭的個性，常做出突發的行為來引人注意。

4號：雖然與1號交情好，考量其個性不與人爭，因此權力位置放在3號後面。

5號：會向團體表達自己的聲音，即使不受認可，仍會表達出來，權力顯得較6號為大，但也因此易陷入被攻擊者之角色。

6號：是團體的新成員，有討好的個性，當團體其他人有意見時，會附議或不作聲，因此很少表達自己的意見。而5號與6號之間可能出現競爭，因為兩人都可能是團體中最容易被排斥的人（權力最小）。

- 以社會計量之假設來分析其可能狀況：團體初期，假設6號成員受到3號成員的嘲笑，可能因為6號是新成員。而3號則因不穩固的地位與易競爭的個性，需要去攻擊權力較弱的成員來證明自己，「其攻擊行為之目的在於維護自己動搖的權力，以及吸引他人注意」。

⑵卡普曼戲劇三角（Karpman Drama Triangle）之應用：團體中常會存著三種角色：如想要一直領導、指揮別人的「壓迫者」；常覺得自己可憐無助、被欺負的「犧牲者」；與看到別人受欺負，會想要主動幫助別人的「拯救者」（王麗斐，1991）。

- 領導者可觀察不同時間上，動力關係的改變。如在上學期與當學期的團體中，團體中的「壓迫者」、「犧牲者」與「拯救者」分別是誰？動力有何改變？新成員的加入有何更動？例如：此題案例中，上學期團體的壓迫者是3號、犧牲者是5號、拯救者是2號；到了這學期，團體中的犧牲者變成6號，「主要是因為6號是新加入的成員而受到團體的排擠」。

- 以卡普曼三角的假設分析為：團體初期，通常成員注意的焦點會在團體或是領導者身上，但因活動中要求成員訂定團體規範，因此顯現出團體動力，看到成員間彼此的關係。以此題案例來說，「成員

間出現嘲笑之排斥行為並非團體衝突」，而是「權力競爭遊戲」，為成員之間的權力之戰，而權力之爭其實也是團體必有的現象。

團體中之衝突若是隱形、未顯的，團體領導者可以如何處理？

A2

領導者可以創造性地應用社交評量圖，放進活動中，如下：

1. 第一步，先引導團體成員分別在一張畫有九宮格的紙上，在紙中間設定一個團體中的議題（例如：此團體之發言狀況），然後每個人依自己的想像將成員的可能位置畫上去，畫完之後大家做比對，與大部分人意見相近之資料就可視為是團體實相。例如A將自己畫在離中間不到半格的位置上，其他人對A的位置想像也與A相近，表示A在團體中的自我概念與別人對A的看法趨近一致。

2. 第二步，在地板上做出一個接近團體實相的九宮格，然後大家在那九宮格裡面做動態的進退調整，調整的原則是向自己較喜歡的成員靠近，然後遠離自己較不喜歡的成員。例如：A喜歡B，所以A面向B，並且往B的位置靠過去；可是B討厭A，反而又後退一步，且背對A。

　　而且這個遊戲通常最適合對不熟悉的人（如團體成員）來進行，因為熟識的人之間本來就互相瞭解，而不熟的團體成員才容易對彼此產生很多投射。例如：在九宮格內移動後，B原以為自己討厭A的事情，A並沒有發現，然而A早有被B拒絕的感受。此時，團體中很多事情——如隱形的衝突，就可以拿到團體中討論，或是輪流給予個人真實感受的回饋。

溝通網絡之模式，要如何套用在實際互動中？

A3

可從家中的溝通模式開始練習，其步驟與說明如下：

1. 先畫一個九宮格代表家庭，並畫出大門代表出口的位置（通常放左下角）。

2. 再將家裡主要成員畫在九宮格內，要記下畫出來的順序，然後依距離、面向方位，來瞭解家庭成員之間的親疏關係，例如距離愈近、彼此面對面表示愈親密。

3. 以箭頭表示溝通的狀態

   (1) 單箭號「←」表示「單向溝通」。例如：父親會直接給弟弟意見，然後弟弟都不會給父親回應，就從父親此端畫一個單箭頭朝向弟弟那端。

   (2) 雙箭號「↔」表示「雙向溝通」。例如：父母之間溝通時雙方都會回應彼此，且是平等的，那麼父母間就是雙箭頭；但雙箭頭也有很多內涵，譬如說「良好溝通」或「吵架溝通」，可以在上面加文字說明；若兩者之間畫有不同長短的箭頭，也能以此看出兩人溝通位置的高下。例如：若母親常給父親意見，而父親給予很少回應、或回應很微弱，可從母親這端畫出較長的箭頭指向父親，而父親這端畫出較短的箭頭指向母親那端。

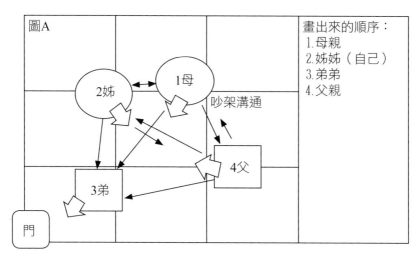

♣圖A　以箭頭表示溝通之圖示

4. 關係的分析

(1)**第一個層次**：先從父母關係的好壞來看，可以「＋」、「－」來表示，再加上親密程度的高低，可以分成低—L、中—M、高—H三種。例如：父、母親是在祖父母要求下結婚，是命運對兩人的決定，彼此沒有緊密的情感聯繫，但仍會彼此溝通，所以會寫「＋－M」。

(2)**第二個層次**：將自己與父母的關係寫出來，例如：自己與母親關係非常好，關係是正向的、高度親密，就是「＋H」；自己與弟弟的關係不算好，偶有互動，偶爾吵架，關係是負向的、中度親密，就是「－M」。又如父親對自己有很多期望，自己都做到了，可是自己並不覺得很高興，所以會寫「＋－L」。

(3)**第三個層次**：用畫圓圈的方式，把家裡的次團體畫出來，家裡可能不只有一個小團體，或是有成員是中間立場的，可用此去看自己與手足間的關係。

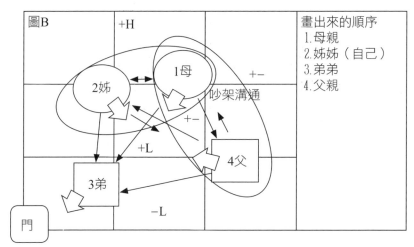

♣圖B　加入關係層次之圖示

這三種層次的分析很重要，會反映、影響自己與社會互動的方式，包含與上司、同儕、部屬之間的關係，以及自己是用什麼方式與其他人溝通的。以此圖為例，父母之間屬一般婚姻關係，親密關係尚可，但父親地位

低則可能造成兒子的離家傾向（因為男人在家沒地位）；而母親是家之重心、但對兒子無奈（因為兒子無反應）；而當事人（姊姊）認同母親，所以對父親及弟弟的關係與母親類似，將來結婚後也有很大之可能會重複此一模式。

Q4

Hills互動矩陣中的口語互動是如何呈現的？

A4

Hills互動矩陣中的口語反應（IA～IVE），若愈往右下走，則代表愈往此時此地、成員中心的方向進行，是互動愈深時的表達方式。但在團體初期或短期團體中，則以左上方的互動類型為多。

工作前階段—ABC 主要在試探			內容型態				越有距離的表達方式 ↗
			主題中心		成員中心		
			主題I	團體II	個人III	關係IV	
工作型態	工作前	A	IA	IIA	IIIA	IVA	一反應式
		B	IB(1)	IIB(5)	IIIB(9)	IVB(13)	一傳統式
		C	IC(2)	IIC(6)	IIIC(10)	IVC(14)	一肯定式
	工作後	D	ID(3)	IID(7)	IIID(11)	IVD(15)	一推測式
		E	IE(4)	IIE(8)	IIIE(12)	IVE(16)	一面質式
工作後階段—DE 開始真正工作			II		IV		↘ 愈深的表達方式
				此時此地			

以下就五種口語表達形式，提出某些互動類型、舉例說明如下（舉例說明──Hill之所屬口語型態）：

1. **反應式**：非語言的、沒有特殊意義。例如：嗯哼、嗨，只是要幫助後面的語句，在記錄上並不登記。

2. **傳統式**：和事實資料有關的、簡短的。例如：請問我們今天要上的是自我肯定還是問題解決—IB(1)

3. **肯定式**：感受的、正負面都支持。舉例說明如下：

   ‧從剛剛發生的事情來說，我們今天的團體都有達到原訂主題，也就是有達到自我瞭解—IC(2)

   ‧從剛剛發生的事情來說，我們的團體都有達到自我瞭解的程度，都做得很好—IIC(6)

   ‧今天你看起來好像很累，是不是需要一點休息，想要喝點水嗎？—IIIC(10)

   ‧雖然你平常不常在團體中發言，但我覺得你是很能夠接受大家回饋的，我們每個人的學習方式都不一樣，並不是常發問的人就是學習最多的人，默默學習也可以學到很多，大家可以更進一步體驗這件事情—IVC(14)

4. **推測式**：屬於澄清的、不確定的、目的是導引與深入。舉例說明如下：

   ‧自我概念的觀點從依附類型來說，有焦慮、逃避、排除這些類型，那我們的團體是哪種類型？你們有沒有找到跟自己依附類型相似的成員？—IID(7)

   ‧每位成員知道自己是哪種類型的嗎？—IIID(11)

   ‧我看到你眼睛紅紅的、就要掉淚了，看起來這個議題好像對你有很深的影響—IIID(11)

   ‧我們的團體好像大部分的人都是擅長關心與付出，請想想看你跟家庭中重要他人的關係是不是也是如此？—IVD(15)

   ‧你的媽媽並不知道她過去做的那些事情，影響你這麼多—IVD(15)

5. **面質式**：促使個體面對其逃避的狀況，使之看到自己的真實情緒，目的是增加洞察。舉例說明如下：

   ‧此刻我們正在團體中嘗試解決衝突，大家覺得目前為止進展到哪

裡？—IIE(8)

- 為什麼團體中都沒有人說出自己真實的感受—IIE(8)
- 你在團體中處理了衝突，更需要的是將上次的過程，再對你的重要他人處理一次—IIIE(12)

　　這個矩陣分類之瞭解與學習，能幫助領導者，不只能透過時間上的覺察（過去、現在）、現象場的覺察（團體內、外），還能增加其從上往下看（當事人與所處環境）的統整能力。換言之，能以更深廣的脈絡去理解當事人，就更能帶來深刻的領導方向之覺察；因此是有效領導力訓練過程中，不可或缺之一環。

Q5

　　一位女性領導者帶領一國中生團體，成員由兩位國三、兩位國二與兩位國一之學生所組成，其中一位較強勢的國二成員A常對國一成員罵髒話，或是出現將國一成員辛苦做好的黏土成品故意用手壓扁的行為，也因為開玩笑不知分寸，易惹火國三的成員，導致團體發生衝突。此女性領導者遇到這些衝突狀況，常不知該怎麼辦，又因國二與國三成員在團體中是較常發言的角色，為了不破壞關係以及希望團體繼續進行，領導者經常扮演和解者，但心中並不滿意此種角色。如此一個「表面上和解，但事實上在討好」的領導者，跟這個團體的關係為何？

A5

　　有兩個議題可以探討，一是領導者本身的議題，一是團體成員的議題，這些議題在團體中交互作用，也影響著團體，說明如下：

1. **領導者自身議題**

　　⑴性別文化議題：可用Kaplan家族治療理論中的戲劇三角——壓迫者、犧牲者、拯救者的立場來看。團體領導者為了讓團體繼續進行下去——自以為扮演拯救者，然而為何女性會認為只有「和解」才能讓團體進行下去？這背後的議題為——女性的潛意識中存在著自己是受害者的意識狀態，以及受中國文化從小學習以和為貴的信念

所影響。這樣的情況呈現出領導者本身不自覺的性別文化議題，也就是當領導者遇到比自己強勢的對象時，潛意識會出現討好的反應，而產生自我的無力感。

(2)中產階級議題：中產階級反應模式即是合作的、正向的、問題解決的導向，但其實世界上並不是所有事情都是依此模式來工作，團體並非總是合作、愉悅、沒有衝突的，若長久處在避免衝突的情況下，也多是假團體的表現，而非真實團體現象。

(3)好學生議題：諮商員通常是好學生出身，對衝突過程、如何處理衝突等可能並不熟悉。例如：領導者可能從未深入理解國中生通常是如何發生爭吵、打架，其背後的故事可能不同於自己的經驗，而造成面對與自己經驗不同的狀況常會不知所措。

2. 團體成員出現攻擊行為之議題

(1)事實上成員在挑釁領導權威：假設成員A知道領導者在討好自己，還故意用手壓扁國一成員辛苦做好的黏土成品，表面上好像在攻擊國一成員，事實上等於在挑釁領導者（或其他成人）的領導權威！如此解讀才可以進入真實的現象場。

(2)成員A可能在重演他心中的家庭故事：領導者必須思考，當成員A出現攻擊行為而自己做出傳統女性反應（如委婉屈膝地說：你不要這樣子嘛，這樣團體就不能進行了啊！），此時成員A是如何回應的。

當成員A出現攻擊行為時，其實可能是重演他心中的家庭故事——將領導者當成自己家裡的某個成員，對領導者產生投射。例如：成員A的大哥經常對大嫂施暴，成員A可能對大哥產生反向認同，經常在學校出現攻擊行為；同時成員A又看不起忍氣吞聲、求家庭和樂的大嫂，而將對大嫂的反應投射在領導者身上（看不起大嫂→看不起領導者）。

因此團體領導者越是做出傳統女性反應，可能就越朝著成員習得的「角色故事」走——攻擊行為下，一方只能用和解來處理，同時領導者也在團體中被自己的議題困住。

Q6

團體領導者常會出現不知道如何處理團體中的議題，而害怕將之掀起的狀況。例如在團體中常攻擊他人的成員，後來說出自己被家庭成員攻擊的經驗時，領導者只串連該成員與其他被攻擊成員之間同樣有被欺負而不舒服的感受，之後就不再探討此議題，然而此連結並沒有真實處理團體的狀況，領導者可以做哪些工作？

A6

　　領導者常可能因為欠缺經驗，不知道該如何處理團體議題而有所退縮，這是很自然的事，但假設領導者還能繼續處理的話，可以嘗試繼續停留在現場做一點事情。這部分可簡單分為對團體議題處理之工作與領導者自身覺察之工作兩部分：

1. **團體議題處理之工作**

　　(1)站在皆能同理攻擊者與受迫者之立場：當團體出現狀況，領導者心中常會出現對與錯的判斷，且通常易趨向對的、討厭錯的，很容易失去真正的中立性。事實上，領導者必須對雙方都有同理，讓雙方都有新的感覺出來——這就是所謂「執中的立場」。亦即當團體遇到衝突，領導者勿將焦點放在自身焦慮來作反應，需要的是「抽離」，依據雙方的心理背景，採「執中」的立場，對攻擊者與受害者公平。可以試試看同理攻擊者和受迫者共同的經驗：

　　・好像你很看不慣那些很弱的人！

　　・好像攻擊別人會給你帶來快樂！

　　・好像你很不喜歡別人那麼軟弱，這會讓你很不舒服！

　　這種做法之焦點為：停留在對現象的同理，對雙方都同理。這也是保護成員的做法。

　　(2)對團體工作：此時領導者可評估團體議題的危機程度，若為中度以下的危機問題，可使用「go around」（團體走一圈）的方式，詢問其他成員的意見；若評估為中度以上之危機問題，則要做「立即性」的處理，而這個立即性要用心理動力的理論來瞭解現象。

例如：領導者可能向攻擊者表達「你欺負他是因為你不能報復你爸爸！」可能向受迫者表達「你讓自己處在受害的狀況，是因為你認同這是你媽媽獲得關係的方法。」這些是很深的心理動力的說法，不能隨便亂用，需要深入理解、審慎考量與有所準備才能使用。

2. 領導者自身覺察之工作

領導者在衝突的現場，除了回到衝突雙方的背景資料以外，還需要覺察自己處理團體議題時，是否加入了自己的議題。

例如：當我們內在自我尚未完全分化時，看到別人一些破壞行為，其知覺立場會覺得這個人就是壞人、可怕的人，可能再加上自己負面的幼年經驗和記憶，所以容易失去執中的立場，因而忘記真實的現象是：「任何好的都有壞的一面，壞的也都有好的一面」，又怕自己無法處理而不敢介入，因而選擇忽略或逃避。

因此領導者對於自己的議題應有所覺察與處理，帶領團體時儘量不以個人原始的焦慮來反應，而是環視團體狀況，在保護、幫助成員的原則之下，再作反應與仲裁。

Q7

五個國中生組成之第四次團體中，團體成員對於團體規範的態度雖然呈現順從（行為改變但內心未接受），但人際互動狀況並無改善。例如：依照團體中的權力階層來看，3號成員常口頭攻擊5號成員，此時領導者提出3號成員違反團體規範，3號成員表示自己並不在乎，而領導員試圖澄清5號成員的感受時，3號成員起身換座位，同時4號成員也跟著離開，使得5號成員被孤立。領導者可以如何瞭解、分析此團體動力，並有所處理？

A7

在此以小團體動力排列的方式作團體督導，過程是督導帶領學習督導之數個學生，在受督者（原團體領導者）面前，做團體動力之演練、分析，並嘗試發現新的團體動力，處理團體的人際互動。

1. **先將團體的動力作劃分**

(1)團體中的權力階層圖例：

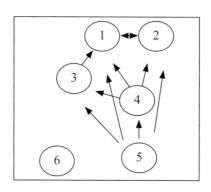

(2)動力說明：根據團體成員在團體中產生的動力，其實亦可反映出個別成員在原生家庭的資料，在此根據團體中1～6號成員來作說明（說明中之1號即代表1號成員，以此類推）。

「1號、2號算一個次團體，4號、5號算一個次團體，此兩組的人數雖然一樣多，而4號還想向1號、2號靠攏，表示1號和2號有特權，就像爸爸媽媽在家中有特權一樣，可能是1號對其他成員具有吸引力，例如在團體中常講笑話、受人喜歡而享有特權，而讓4號想要接近他，但是1號、2號沒什麼興趣。那麼4號要如何讓1號、2號來喜歡自己？身為國中生，4號可能會出現逗別人、以身體接觸別人，或向著1號、2號的意見靠攏等方式來引起他人注意。而3號在團體中具有一定的影響力，例如可能是高年級的學生，因話不多，排在2後面，一樣不喜歡6號，只是不會有明顯的排斥行為。」

2. **進行小團體動力分析**

(1)由參與團體督導的學生，來扮演案例中的團體成員。例如：欲督導的事件是4號排擠6號，而4號比較想靠近1號，便可以請三個成員分別扮演1號、4號跟6號。督導（小團體動力排列之領導者）引導成員深呼吸後，準備好進入該角色，並請扮演之成員在團體的空間

中先站出彼此目前的相對位置。

小團體動力排列圖例一：（箭頭表示臉的方向）

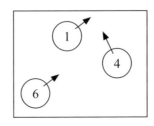

(2)站定後，每個角色輪流發言，並透過發言內容來分類依附類型與心理角色。例如：

6號：「我討厭4號，好像要霸占別人。」→排除依附

4號：「我想靠近1號，但我討厭1號一直想要躲我。」→焦慮依附

1號：「我覺得這樣很好。」→逃避依附

同時督導也提醒受督者，要注意自身的依附類型會影響對團體的處理，例如團體中的領導者若是焦慮依附類型，當狀況一來，可能會急著想處理，且把團體責任都放在自己身上。

(3)此時督導介入，問：「還有五次團體要進行下去，你們想要繼續維持目前這個樣子嗎？還是可以移動一下彼此的位置，並運用智慧，找出三個人可以共存的方法。」成員接受引導，調整自己的位置，當三個人都暫時定位，督導會請成員分享在目前的團體狀況中自己想說的話，然後再讓成員持續調整位置，到覺得無法再改變時才結束。

‧小團體動力排列圖例二與對話：

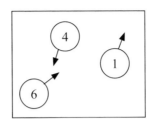

4號：「我覺得6號還可以再前進一點。」

6號：「可是我不想要有機會跟你（4號）面對面，我發現當你站在我對面，我就覺得不舒服；我希望1號可以維持這樣，雖然他現在只是側著對我，但我已經覺得滿足。」

‧小團體動力排列圖例三與對話：

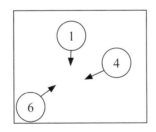

6號：「當你（4號）面向我，不管這個面向是什麼，我就會覺得自己沒辦法進去團體，然後我會想要靠近1號，可是只要我一移動，整個圖形位置就會改變，我還是進不來。」

4號：「他（6號）已經在遠離我，然後我也不想再接近1號了，我現在想要接近6號，可是他不理我。」

1號：「我一開始的念頭是想要接近6號，可是中間有4號擋住，後來調整方向之後，即使可以跟6號面對面，但還是距離很遠；而對4號我沒有想接近，也沒有想要遠離。」

3. 動力改變的討論與發現

⑴督導指出動力的改變：「一開始是1號吸引著4號、6號，而動力轉變的重點在於現在反而是1號跟4號想接近6號。」

⑵請扮演團體成員的學生分享對於動力改變的看法。例如：

　　6號：「聽到4號的態度在改變，會想這改變是真的嗎？會不會4號還想捉弄我？而發現1號對我的態度好像是不錯的。」
　　　　　「我想透過1號來跟4號保持距離。」

　　4號：「聽完6號說的話，會覺得很生氣，我都已經試著靠近你了，為什麼你還是想巴著1號，你這樣跟當初的我有什麼兩樣，就是想依靠權力最高的人而已。」

⑶督導讓大家進行「去角儀式」，結束團體動力演練，並提醒學生，記得剛才表述的關係立場，並試著將此立場跟自己在家中的狀態形成關連，如與手足、父母間關係可能的連結，回歸自身的思考。例如：

・1號對人對己都保持距離，可能是屬於逃避依附。

・4號為最戲劇性的角色，在前半段中4號會在意6號有沒有看1號，此屬於手足間的競爭，推測4號跟其手足間可能有議題，與有被重要他人拒絕的經驗，而團體中的1號則是扮演他的重要他人；4號為焦慮依附。

・6號屬於逃避依附，雖然逃避但沒有停止互動；而6號在兩次的位置上都沒有太大的改變，有趣的部分是6號表面上在等待拯救者，希望1號來拯救他，可是6號卻不會走到前面向1號表達希望被拯救的態度，所以6號屬於所謂的「被動—誘惑」（passive seductive）的類型；另一個議題則是，6號沒有辦法覺察4號已經改變了，卻仍維持對4號的負面印象。其問題在於，6號一開始是被拒絕的角色，到後來變成團體中決定性的角色，但6號並沒有覺察到，所以仍然只體驗到被拒絕的感受。

⑷督導探問受督者（原團體領導者）的新發現，並統整動力分析的狀況。例如：

- 團體後來的焦點變成是6號，因為1號跟4號都對6號產生心理反應。在團體的實際狀況中可能會發現，團體前期4號會攻擊6號，以及4號非常需要接近1號，而到後期，4號變成想要讓6號進來團體，所以現在團體的狀況不只是4號欺負6號這樣而已，而是6號完全沒有發現自己也會影響別人，只有感受到過程中的挫折。
- 6號未能覺察到其他成員的轉變，而保持自身被團體拒絕的角色，反而會讓4號和1號的態度持續轉變。

⑸關於實務督導部分的演示，因為實際上運用的是家族排列之原則，所以對於沒有這方面訓練體驗的領導者來說，可能會覺得困惑；建議可直接連絡何長珠老師（ccho@mail.nhu.edu.tw）尋求訓練或督導（主旨請寫團諮督導）。

❖ 第三部分　歷年考題精選 ❖

一、團體中何以會出現次團體？其納入或排斥其他成員對團體的影響各為何？團體領導者在介入上的考量有哪些？

【98年專技心理師第一次考試試題】

二、試述以下兩個名詞或情境的差異：歷程闡述（process illumination）及大團體詮釋（mass group interpretations）。

【95年專技心理師第二次考試試題】

三、名詞解釋：遁逃—對抗（flight-fight）。

【95年專技心理師第一次考試試題】

參 考 文 獻

王麗斐（1991）。諮商與心理治療的理論與實施。臺北：心理。

何長珠（2003）團體諮商—心理團體的理論與實務。臺北：五南。

李郁文（2001）。團體動力學—群體動力的理論、實務與研究。臺北：桂冠。

宋鎮照（2000）。團體動力學。臺北：五南。

林欽榮（2001）。人際關係與溝通。臺北：揚智。

高明秀（2004）。國民小學女性校長溝通行為與溝通效能之研究。未出版之碩士論文。臺北市立師範學院國民教育研究所。臺北。

張恆瑜（2004）。領導者口語溝通內容、領導行為與部屬信任之探討。未出版之碩士論文。國立中山大學人力資源管理研究所。臺北。

張翊祥（2003）。團隊成員人格特質組合對團隊效能影響之研究—以團隊互動過程為中介變項。未出版之碩士論文。中原大學企業管理研究所。臺北。

游婷熙（2002）。非營利性組織溝通品質之研究：以兩個社會團體為例。未出版之碩士論文。大葉大學工業關係研究所。臺北。

陳建宏（2001）。溝通模式與網路溝通工具對於學習成效之影響。未出版之碩士論文。靜宜大學資訊管理研究所。臺北。

蔡其螢（2004）。國小中年級受同儕歡迎兒童與被同儕拒絕兒童其社會行為之研究—以三年級為例。未出版之碩士論文。臺中師範學院國民教育研究所。臺北。

潘正德（1995）。團體動力學。臺北：心理。

嚴竹華（1999）。溝通能力與溝通態度對溝通效能影響之研究。未出版之碩士論文。中原大學企業管理研究所。臺北。

Artyle, M.（1997）。工作社會心理學（李茂興、余伯泉譯）。臺北：巨流。（原著出版於1989年）

Gazda, George M. (1989). *Group Counseling: A Developmental Approach.*

(4th Ed.) MA: Allyn and Bacon.

Gladding, S. T. (1991, 2002). *Group Work: A Counseling Specialty*. New York: Macmillan.

Johnson, D. W. & Johnson, F. P. (2005)。團體動力—理論與技巧（任凱譯）。臺北：學富。（原著出版於2003年）

Lieberman, M., Yalom, I. D. & Miles, M. (1973). *Encounter Groups: First Facts*. NY: Basic Books.

Rutan, J. S. & Stone, W. N. (2004)。心理動力團體治療（唐子俊、唐慧芳、孫肇玢譯）。臺北：五南。（原著出版於2001年）

Satir, V.M., Banmen, J., Gerber, J. & Gomori, M. (1998)。薩提爾的家族治療模式（林沈明瑩、陳登義、楊蓓譯）。臺北：張老師。（原著出版於1991）

Yalom, I. D. (1985). The theory and practice of group psychotherapy (3rd ed.) NY: Basic Books.

Yalom, I. D.（2001）。團體心理治療的理論與實務（方紫薇、馬宗潔等譯）。臺北：桂冠。（原著出版於1995年）

第九章

團體諮商之理論基礎與比較

─本章學習**重點**─

1.學習團體的理論基礎，以及心理學基礎。

2.能夠瞭解各諮商心理學學派之團體理論，並能區分不同學派在主要觀點與技術、團體目標、領導者角色、貢獻與限制等部分之異同。

❖　　　　　　　第一部分　理論　　　　　　　❖

本章第一節先由心理團體的理論基礎說起，包括文化脈絡和團體社會理論；進而，在第二節陳述心理學基礎；最後整理諮商心理學理論基礎於第三節。

 ## 第一節　團體的理論基礎

一、文化脈絡

文化脈絡影響著團體的互動時的價值規範，因此，或顯或隱的操縱著成員彼此間的刺激和反應。何長珠（2003）從性格特徵、社會取向及利他行為三種角度，說明華人之文化脈絡如下：

1. 性格特徵

華人在思考或行為上，傾向於順服大多數人的意見。而過於追求與眾人相同的結果，使得部分時候顯得虛假流俗、作表面文章；反之，敢於

表達異議者，往往先被投射以負面的假設，並常招致大眾團體的反對。綜合而論，在中國傳統所影響下，華人之性格大致上來說，是理想的、道德的、外鑠的、齊一的、常常有個第三隻眼在窺視、批判的；換句話說，是一種「理想我」超過「真實我」的存在方式。

2. 社會取向

最符合中國傳統的社會取向是「人際融合」，意指融合性較強、自主性較弱，屬於社會取向；而隨著現代化的程度日深，「個體支配」取向也愈趨明顯，意指融合性較弱、自主性較強，屬於個人取向。但大致上有以下四種取向：

(1)家族取向：華人在家族認知上，強調家族和諧、團結、富足、榮譽及延續；在家族情感上，喜愛一體感、歸屬感、榮譽感、責任感及安全感；對家族意願則是繁衍子孫、崇拜祖先、相互依賴、忍耐抑制、謙讓順同、長幼有序及內外有別等。

(2)關係取向：華人對關係的注重，是基於對待的彼此間的互利（互惠或公平）性而存在的，這未必只局限於物質性的互惠，可能還包括精神性、情緒性甚或行為性。而關係的本質是互補共生，不一定是平等的，但「給和受」的兩方，總應達到某種程度的平衡，關係才能持續。關係中之困難有兩種類型：(1)主觀一方所認為的平衡，另一方未必有相同感受，而兩者之間的差距，往往便成為是悲傷、怨恨、不公等人際紛爭與苦痛之來源；(2)關係取向中的另一個困難是「人情」與「面子」的壓力。基於中國傳統文化中的重和諧（面子）及公平互惠（人情）兩種立場，使華人對衝突具有某種程度的恐懼心態。因此，相對於將問題「弄個水落石出」，華人較傾向於「打圓場」的調解式做法。而此種不願或不敢衝突之特質，不僅用在人己之間的糾紛處理上，甚至也運用到了對待自己時的做法上。譬如說：宿命觀與緣的因果論，都是在加強「順、受」逆境的能力與工夫。

(3)權威取向：華人普遍具有權威情結，例如：對權威敏感（一見面先交換名片，以便確定尊卑，從而決定態度和角色），權威崇拜（容

易聽信、接受有權威人士的意見，不會想到要批判或反對）乃至於
要依賴權威感（如在權威面前，渾然無我或過分恭順，失去個人原
有的立場或甚至變得毫無主張）等。推而至於在心理團體中，對領
導者的領導力不敢挑戰、對成員中之強勢者亦習慣忍耐以對，因之
也無從產生自我開放等現象。

⑷他人取向：他人取向的內涵是顧慮他人、順從眾意、關注規範以及
重視榮譽，因而容易出現表裡不一的個人心理狀態。也因此在與人
交流前，心中已有太多的期望、利益或算盤等，因此，較難以與別
人建立平等的關係。

二、團體的社會理論

1. 社會性認知

「社會性認知」所包括的範圍有：⑴語言部分的語意內容和聲音特
徵，包括：強弱、高低、快慢、悅耳與否等；⑵眼神上的接觸習慣，像是
直視、瞥視、柔和的目光、敵意的眼神等；⑶臉部表情加上身體姿勢所顯
示出來的情緒，例如：厭惡、決斷、幸福、恐懼等；⑷相貌、體態、穿著
所造成的整體印象，例如：乾淨平實的穿著或圓臉、小嘴、小眼睛、圓腹
所造成的形相等。

基於認知過程之習慣性所造成的錯誤狀態，人的認知偏差更是不可避
免的。包括以下：

⑴月暈效應（過度類化）：即根據部分線索來推論其他屬性亦具有相
同特性，例如：假設成績優秀者，亦必然處處成功等，「以偏概
全」即屬此例。

⑵主觀效應：這是最難處理的一種特質，因為每個人在成長和經驗的
過程中，已不知不覺形成一套穩固的評價系統；而尤以自我概念特
別肯定或年紀及社會成就較高者，更容易有這種自以為是的價值
觀。

⑶視暫時為永遠：這是指思考架構不夠完整、彈性所造成之影響，例
如：某次撞上某人正在生氣時，往往形成「此人之脾氣不好」之推
論。

⑷刻板印象：如見某人之風采與自己所熟悉之某人極相似，因而不自覺會把此人的其他特徵也作類同的猜想。

⑸投射：即把自己不喜歡的某種特質，投射到對方身上之做法，例如：怕吃虧的人往往不自覺的強調並介意公平之議題等（何長珠，2003）。

2. 人際知覺

Tagiuri認為在團體中，喜不喜歡（選擇和拒斥）其他成員，將直接影響團體的互動。因此他修正社會計量之範圍，而提出所謂「關係分析」（relational analysis）分為三種向度：

⑴正確性：意指受試者知覺別人對其感受的正確程度，為自知之明。

⑵相互性：意指受試者對其他成員的感情，與其他成員對自己之感情間相互一致的程度，為知人之明。

⑶相合性（congruency）：意指受試者對其他成員之感情與其個人所知覺的其他成員對受試者之感情，其間一致之程度。

在團體中視個人的特質及團體的階段而有不同，往往造成關係中的不一致，以致產生失調，而須嘗試恢復平衡，此時「同理」（empathy）能力，便顯得重要。同理是指站在別人的立場，來感受、思考、行動和知覺外界之能力。一個人愈具有同理別人的能力，通常也就愈容易產生正確的溝通，同時也比較容易被同理；同理能力低者、通常較缺乏處理具體情境之能力，並具有較僵固之性格、內向、自發性低（何長珠，2003），導致人際關係中自己或別人之困擾。

3. 自我與他人之關係

在人的一生中，不外就是自己這個「我」與外界無數個「他我」連續不斷互動影響的過程。於其中，自我概念與社會我之間的重複往返修正，便成就展現了這場互動關係。因此，在談互動時，也必須對「社會我」作一探討。

社會我的核心，一般說來，便是個人對真實自己形象的認知，一般稱做自我意象，或自我概念，可以合成為一個統整的意象，也就是「好」或「不好」的一種自我評估；也可以分開來看，如田納西自我概念量表，將

自我概念分為心理、生理、家庭關係、社會技巧等各部分來瞭解。

　　根據Freud的看法，人對自己總是相當欣賞的。欣賞的適當，我們叫「自愛」，欣賞的過了頭，我們會說，那個人是自戀狂。其實，即使是自我概念不好者，雖在表面上做出許多像是破壞（不好）的行為或事情，如自貶或過分自私自利等。但荒謬的是，其所以如此做的目的，還是為了對抗自己內在不夠好的那個概念。因之，可以說其目的仍是在追求「自己是好的」的那個概念。因此我們可以說，「人對他自己的自我概念（有人稱之為「本體我」）總是好的」。這種「好的自我概念」才會產生自尊（自我價值感），供其一生作為追求成長、交換生存的條件。但不幸的是，對人類中的少部分人來說，他從小到大的「周圍人」（重要他人）所回饋、供應的卻未必是正向或好的訊息，這使得其自我概念及通常的自我價值，均受到很大的傷害。對一個自我概念愈不好、自我價值感愈差的人來說，其真實我與理想我之間的距離會愈大。而這種大差距，正向來看，能催化個體更努力或更成功；但在壞的一面則可能使其終身都不得真正休息，像是保有心靈上的自若、平衡狀態。並且，他還會把這種未必正確的知覺，例如：總是覺得自己做得不夠好，或認為別人欠自己，在人際交往中，以不知不覺的投射到所接觸的關係中。繼續生成新的負環境，回到其個人的接收環境中，再度輪迴，增強其「不夠好」的概念。因此，要解決「社會我」的問題，正本清源之道，還是在於如何增加自我概念的正面意象（何長珠，2003）。

第二節　團體的心理學基礎

　　團體的心理學基礎，可包括自我概念的（如榮格的MBTI之分類方式），人生的目的／價值的（如Tillich分類的愛、權力與公平），人的需要層次論（如Maslow的五種層次論），人生發展階段論（如Gazda引申Erikson的階段任務而來的發展性模式）以及人際關係模式論（如Johari Window）等數種理論系統（何長珠，2003）。

　　在社會或團體生活中，種種負向的關係，像是不信任、攻擊、抗拒、

防衛、投射性的批判別人或巧取豪奪等習性,從Kohout的觀點解釋,認為可能因為從小沒經歷過愛的人會缺少自我的價值感,會較容易覺得情緒上的空乏,而造成Maslow所謂的為了適應這種被剝奪的情緒經驗,人往往發展出「有缺陷的愛」的方式(deficiency love)。Tillich則認為愛是人類一致性的需要,是一種對欲望歡樂的追求滿足,它可以增加生命之價值,它也就是關係帶來之滿足感。Patterson更補充說明,愛有四種屬性:「給予、被包含、連結和相互性」,而愛也是引發改變和達到成長或治療的重要條件(何長珠,2003)。

　　而心理治療工作中的兩項主題:移情與未完成事件的處理,也正是針對此點而來,其差異在於過去和此時此刻。就移情而言,不管是發生在成員身上或領導者身上(反移情),通常都代表著當事人的過去情結,因此處理的焦點可以是「過去的」,而未完成事件則代表當事人的過去在現在正在經歷,因此,處理上可以用「此時此刻」的焦點(何長珠,2003)。

　　若心理團體能藉由示範表達同理,有可能減弱當事人對過去所擁有的負向經驗。在新產生的正向經驗中,每個人生而具有的愛的能力便得到釋放。在被開放和接納中,源源不絕的似滾雪球效應,使成員學到對自己,進而對他人的開放與接納。這種新的存在方式,使成員發覺到自己可以改變自己,可以經歷美好的事,更可為他人之存在,帶來新的力量(成長的能量的信心)。Bugental認為這是人恢復心理健康的第一步要訣:體會自己能有所控制的力量(何長珠,2003)。

　　當愛與權力能平衡的結合時,它是溫暖的、關照的;但當它失去平衡時,則有可能是強迫、操縱的,從而使接受者產生避開或抗拒的反應。由於權力或力量的存在,本質上是促使人成就、有所表現的動力,因之適當的表現本無不可,而且此時團體作為一種「社會顯微鏡」(social microcosm)的功能更可發揮;也就是說,在覺察與回饋的過程中,團體中不當的或過分的勢力(force),得到一種檢核,以確保個人或團體,都能有更客觀的、更公平的,也就是更有效率的一種運作內容呈現。

　　由以上對愛和價值的陳述,我們可從Maslow的需求層次論,更清楚

的說明人在世界的存在，首先考慮的是生理上的安全或需求的滿足，接著便需要在與人的互動中（家庭、工作、社會），經歷愛與被愛，公平的而且能控制的人際關係。在這種過程中，一個人逐漸瞭解自己的價值之所在（長處與短處），從而才能再做更進一步的自我實現（美、藝術、道德、宗教）之追求。在這樣的歷程中，不同的諮商理論便有不同的著重點：存在心理關注人的價值，心理分析重視早年的經驗，完形心理使人重新統整自己之未完成，認知心理檢核非理性的自動信念等等，其目的均在於幫助成員對人（包括自己和他人）的問題有所瞭解或覺察，此部分下節會再詳細陳述。

　　不同於個別諮商，團體之著重點在於人際的互動，當心理團體的歷程開始時，成員往往會經歷「安全—接受—責任—工作—結束」這五種心理過程（何長珠，2003）。同時成員嘗試人際開放的歷程，主要亦經過三階段的交互作用：(1)團體初期進行最表面的社會性之交互作用；(2)隨著熟悉感之增加，人開始顯露一些特殊的喜好厭惡等個人性的資料，可以以自我表露或給予回饋的方式出現，使瞭解別人和使別人瞭解自己的部分，均大有擴充；(3)藉著這樣較深入的交互作用，進入私我部分的交流，人的潛能才有機會更進一步的挖掘出來。「周哈里窗」（Johari Window）是在團體中常被運用的基本原理，由圖9-1，可以看出人的行為特質分為四個領域：

自己

		知	不知
他人	知	公開我	盲目我
	不知	祕密我	未知我

♣圖9-1　周哈里窗示意圖

　　每個人的行為特質都有這四個區塊，當公開我愈大，愈容易自我實現；反之，則愈自我萎縮，其心理能量多用於自我防衛。而在團體的歷程中，可以透過自我坦露，以減少祕密我；透過成員間的相互回饋，減

少盲目我；透過嘗試和澄清，減少未知我；這些的目的都是為了開拓公開我，以達自我瞭解與自我肯定（吳武典、洪有義、張德聰，2008）。陳雅鑽（2007）認為周哈里窗理論是一個自我瞭解與統整自我的學習歷程，透過互動的經驗，學習到自己是怎麼樣的人，學習越來越開放的自我揭露，而開放自我的歷程中，不但可以讓別人多瞭解自己一些，還可經由他人的回饋，重新詮釋自己的行為，而增進自我認識與成長，於是在這樣的循環中，逐漸的達到自我統整與提升；因此，在其碩士論文〈以新加坡一間小學校園欺凌調查報告為例：分析和探討校園欺凌行為及行動方案之研究〉，使用周哈里窗理論，設計班級輔導方案，而成員在團體後對此理論的回饋，表示可以透過團體瞭解到自己，不只是認知上的瞭解，而是在彼此瞭解、回饋的過程中，帶出的情感連結，而更有信心可以面對欺凌行為。周哈里窗理論對人際互動的著重，可說是適合運用於團體的主要因素之一。

 ## 第三節　諮商心理學之團體理論

在第五章的「特定理論架構」中，曾整理國內不同派別的團體諮商之運用，並且預期讀者在準備「諮商與心理治療理論」的考科時，對各取向的諮商理論已有一定的瞭解；因此，此處針對諮商理論中與團體相關的部分，進行撰寫，並且分為「主要觀點與技術」、「團體目標」、「領導者角色」、「貢獻」、「限制」等部分，以利讀者統整（Corey, 2003/2007；吳武典、洪有義、張德聰，2008）。然而，此部分確實為諮商心理師考試中重要的部分，建議讀者可選擇針對諮商理論的專書進行更詳盡的研讀，例如：Corey的《團體諮商的理論與實務》及Yolom《關於團體治療部分之闡述》等。

一、主要觀點與技術

1. 心理分析取向

心理分析取向關注人的潛意識、生與死的本能，以及超我、自我、本我之人格結構，故會使用夢的解析、催眠或自由聯想等技巧，來將潛意識

意識化，增加成員之洞察力。因重視早年經驗之影響，故將團體內的互動比擬為「早期家庭」，而關注成員之移情及反移情；並強調不同性別領導者對團體成員可能產生的戀父或戀母情結之覺察；在技術上，「投射性繪畫」、「解說」、「澄清」、「夢的解析」以及「歷程闡釋」都是其重要貢獻。

2. 存在主義取向

存在主義取向肯定人存在的四種本質——死亡、孤獨、焦慮、意義；強調真誠對待（authentic encounter）覺察此時此刻之重要和選擇之自由與責任。此取向模式強調覺察，因此，沒有一個特殊的方法或技術，但領導者可以借用其他治療的技巧，來促使成員對心理世界的瞭解和探索，將對治療工作有更深層次的進步；其最大貢獻包括提供一個對存在議題的「哲學性思辯」以及「意義治療（敘事治療之前身）」之重要；技巧部分則以「面質」、「坦誠遭遇」（authentic encounter）為精華。

3. 個人中心取向

此取向肯定每個人都有自我成長之潛能，強調用無條件的接納、瞭解、愛來協助成員，因此，著重在領導者的態度跟行為，而沒有太多的架構跟計畫方式。主要的技巧包括：積極傾聽、情感反映（同理心技巧）、穩定而持續的支持（同理心態度）；另外Rogers所提出的領導者應考慮介入團體時的十二種現象之說明，亦為團體實務中之重要工作指標。

4. 完形心理取向

此取向重視人格部分的統整，使用一些遊戲式之實驗，例如：重複說「NO」，但聲音要越來越高，來讓成員更有辦法意識到自我身體的緊張狀態，意識到自己害怕一些身體及情緒上的接觸，進而讓成員有機會實驗一些新的行為，放鬆他們的感覺，而產生完形狀態之恢復。例如：以演劇（表演個人故事）的方式，達到宣洩，恢復平衡和準備改變之成長任務。

主要技巧以行動為先，增強成員獨特的經驗並意識到自己「現在」的狀態，這些技巧包括：面質、空椅、對話的遊戲、繞圈子輪流對話、幻想法、「互換」的過程、演練技巧、誇張的行為、跟感覺同存在、跟自己對話、跟其他特殊的人對話、夢想自己在工作等。

5. 溝通分析取向

溝通分析取向承續心理分析學派的人格結構觀點，從人格中「父母—成人—小孩」的不同比例，來討論人格的分類及改變。在團體中，使用手稿分析條例，或是問卷的方式（自我狀態量表），來探討個人從早期生活中所發展出來的心理遊戲、腳本、生活地位、家庭模式之種種內涵。因為若要使團體出現療效，成員的自我平衡是重要的，因此，領導者會協助成員協調超我與本我之間之衝突，而得到新的更成人取向之心理與人格狀態：此種理論亦可分化為「你好—我好（成人型）」、「你好—我不好（適應性小孩之特徵）」、「我好—你不好（父母型）」以及「你不好—我不好（破壞型小孩之特徵）」等四種分類，協助成員更多的瞭解自我。

6. 認知—行為取向

基於行為跟學習的準則，本派取向領導者強調行為不論好壞，都只是學習的結果，因此，著重在行為的改變，認知的重新架構，以及生理調節心理之可能和重要性。而此派領導者認為改變是一連串練習重複之結果，故特別重視改變過程的具體化和系統化。技巧包括：系統減敏感法、洪水療法（explosive therapy）、嫌惡療法（aversive techniques）、自我肯定訓練、自我幫助技巧、家庭作業之指定等；在團體實務之應用中，則以連續性（每次聚會之間）家庭作業之指定與認知扭曲內涵之探討（例如：理情治療中ELLIS的十一項非理性信念之探討等）與價值澄清（各式各樣生活單之探討）最有貢獻。

7. 現實治療取向

現實治療取向認為每個人的行為動機都是善意的，是為了自我增進或達到控制。領導者可以在團體中協助成員檢查目標與行為間的不一致性，以不否定但也不放棄的立場，協助當事人從事改變的學習。使用技巧包括：角色扮演、面質、示範、幽默的使用、對照、對行動的特殊計畫等。

二、團體目標

1. 心理分析取向

心理分析的主要目標是重建成員的性格與人格系統，使潛意識的衝突

實現於意識層面，而心理分析取向團體可以有以下幾項目標：

⑴提供成員一個重新經歷早期家庭關係的環境。

⑵藉由這樣的環境與氣氛，領導者可以催化成員去發覺內在被埋藏的感覺，尤其是與過去的事件相關，並影響現在行為的感覺。

⑶進而，幫助成員洞察自我錯誤心理的根源，而經歷矯正性的情緒經驗。

2. 存在主義取向

團體是一個微縮的社會，成員因為尋找自己是誰而聚會，在團體中嘗試自在的生存並發揮功能，而開始了尋找自己的歷程，因此，存在主義取向團體的目標如下：

⑴提供環境讓成員開始傾聽自己，擴大自我覺察，經由自我探索，將能減少成員成長的阻礙。

⑵幫助成員發展，和應用自由選擇，並對自己的選擇負起責任。

⑶覺察死亡和孤獨是生而為人之本質，並自此中體悟個人自由選擇和負責之重要性。

3. 個人中心取向

⑴提供安全的氣氛：讓成員能放鬆的探索自我的感覺。

⑵使成員經驗對新經驗的開放，並發展對自我和對自我依賴（reliance）能力上的信心。

⑶經由同理心技巧之練習和領導者同理態度之示範，增加對社會性與利他性之敏覺。

4. 完形心理取向

⑴完形治療取向的領導者相信「覺察」是基本目標，有了覺察便能夠瞭解自我的困境，而從自身尋找到改變的資源和可能性，因此，團體目標是讓成員學習將注意力放在現在（此時此刻／亦稱立即性）的感覺，而能夠覺察並統整那些被自己疏離或否定的層面。

⑵鼓勵成員對完形之覺察：藉由種種感受擴增之練習，如舞蹈、姿勢、聲音和夢境重演，進而讓成員平衡其理智與感受，而增加對自己與他人，完整思考、判斷和因應環境的機會。

5. 溝通分析取向

溝通分析取向認為成員之問題在於未能擁有適當的生活腳本，而腳本是可以重新決定的。因此，團體目標為去除既有不好的腳本或遊戲（例如「你大我小」的腳本可能導致「陽奉陰違」的遊戲），做出新的抉擇。領導者幫助成員在團體的交互作用中，挑戰成員審查個人的早期決定，練習不再受過往腳本及遊戲完全的影響，基於意識考量（可以用團體的價值澄清活動來協助達成）做出新的決定，進而能夠更多主控自己的生活。

6. 行為取向

行為治療取向較類似一種教育的過程，首先須讓成員瞭解新的觀點，並願意嘗試新的行為，接著把遠大的目標分散為比較具體的小目標，使用逐步進行的方式，幫助團體成員減少不適應的行為，學習新的更有效的行為模式；因此其目標之特徵可包括具體性、系統性、立即增強、自我控制等四原則。

7. 理情行為取向

理情行為治療團體的主要目標為消除成員的非理性信念與自我挫敗。因此，領導者會教育團體成員，為自己的情緒困擾反應負責，幫助成員訂定合理內言及放棄情緒困擾下的自我內言，進而減少成員不合理及自我挫折的生活態度，用比較寬容客觀的態度代替之：其在團體中進行時（面質／駁斥），有在團體中作個別諮商之傾向，因此可以考慮加入遊戲和競賽之特質，以活化團體之過程。

8. 現實治療取向

現實治療團體的主要目標為促使成員學習更真實、更負責的行為，在團體歷程中增強成員對自我的責任感、積極接受現實，以滿足自我需求。領導者必須教導成員對自己的行為做出有價值的判斷，並做更有效的行為計畫。

三、領導者角色

1. 心理分析取向

(1)心理分析取向之領導者會保持匿名、客觀中立，較為隱匿個人身

分，以便催化成員對領導者發展出主觀的投射。

⑵將移情視為有效工作的契機，在團體中提出抗拒與移情的徵兆，並闡釋其意義，協助成員勇於面對與處理。

⑶領導者會注意團體內破壞性的結盟，而為團體設下一些限制。

⑷當團體進入工作期，領導者從指導的角色退居在旁，讓團體決定自己的方針，團體成員提出議題，並從他們的意識中製造出這些討論之材料，成員會學習建立闡釋的關係後，便可分享他們對其他人的洞察力，跟其他人變成輔助的治療師。

2. **存在主義取向**

⑴存在主義取向治療者不是使用技巧治療當事人，而是將焦點放在與當事人相處時，如何瞭解其內心世界並與以回饋，因此，存在主義取向團體領導者之關注，是成員「此時此刻」的感覺背後之存在議題。

⑵領導者與成員是一種合夥關係，鼓勵成員真實的投入團體，創造個人跟他人之間的關係，藉此發現自己真實的存在。

⑶領導者依據跟存在有關的主題來架構團體討論之內涵，例如：自由、責任、焦慮等。

3. **個人中心取向**

⑴領導者是催化員：幫助團體建立信任的氣氛，有效的運作與互動，提供非常少的架構及方向，而不是去引導團體。

⑵處理團體溝通上的困難：領導者會創造出一個寬容與試驗的環境，使成員勇於自我坦露，並且練習傾聽自己、貼近自己；成員在團體中被視為有能力尋找有意義的方向。

⑶領導者呈現真實的自我：對成員表現關懷、尊重與瞭解（供應型領導），通常會以團體中一員之腳色，直接參與活動，並藉由團體中發生的事情，分享自己的經驗、感覺與印象。

4. **完形心理取向**

⑴提供意見和方法以增進成員的「體驗」，並留意他們的各種身體訊息（眼神、姿態、聲音），以使其覺察並克服干擾自己的未完成事

務。同時，領導者也有責任去意識自己當下的感受，並使用這些經驗作為催化團體之材料。

⑵幫助成員訂定、處理一些妨礙現在行為的未完成事務。

⑶把焦點放在成員的行為與感覺：促使成員主動的表達感受，並學習用自己的方式作澄清。領導者可適時的介紹適合的技巧來強調情緒處理之重要性。

5. 溝通分析取向

溝通分析取向之領導者常扮演一種「教導」的角色，教導成員如何去瞭解自己的遊戲，其關係是平等的，領導者與成員間的責任是相互分擔的。領導者須引導成員去體認自我型態，以及早期決定所造成目前的自我挫折狀態，以發展適當的人際相處策略與生活計畫。

6. 行為取向

行為治療團體領導者是一位行為矯正專家，通常是老師或是訓練者的角色，主動的傳授資訊、教導應變技巧，以及提供修正的方式，並且鼓勵成員逐步將所學到的新技巧實際的運用於團體之外。

7. 理情行為取向

領導者以教師的態度來對成員進行解釋、教導和重新教育，帶有指導性和面質性，協助成員正視，並積極面對他們不夠邏輯的想法（例如：「只要我努力、就應該會有好結果」），進而確認非理性信念（例如：「完美主義所造成的絕對之價值觀」）和自我挫折行為（例如：若不成功就認為需要更多之努力）的關連，最後，教導成員去改變思考及行為的模式。

8. 現實治療取向

現實治療團體領導者扮演楷模的角色，示範負責的態度，鼓勵成員評估自己的行為是否符合自己需求，並做出決定，形成與實行改變計畫，以使其可以完成他們在社會上被接受的需要。鼓勵成員建立關係，讓別人分享自己的經驗，合作解決問題。促使成員面對非真實存在的狀態，並對於實行改變計畫負起完全的責任。

四、貢獻

1. 心理分析取向

　　心理分析取向團體永遠在「看得見和看不見」兩個層面上運行，例如：生與死、意識與潛意識，而此一取向之領導者往往較其他取向能夠用心體會「看不見」的部分，在團體設計上，也至少包括一次以過去為主的探討或分享。

　　而在多元文化的觀點下，心理分析取向將團體中的互動等同於家庭動力，因而認為領導者與協同領導的性別，最好是不同的。尤其對重視家庭關係的民族更為受用。

2. 存在主義取向

　　此一取向之中心架構著重在瞭解成員的現象世界，包括文化背景，因此有助於引導成員在受壓迫的社會中擁有能力的地位，例如：東方社會下之女性較易有不自覺的服從權威之傾向；也可以幫助成員在文化的框架中，檢視自我可以改變的選擇性。領導者會平衡團體中開放成員對不開放者之可能攻擊，以解說和資料分享的方式讓團體瞭解如何開放，才能導至生產性的效果。而且讓團體體認到「在危機到平衡的過程中，反而更容易催化開放和凝結」。

3. 個人中心取向

　　Rogers對於打破文化藩籬和打開文化種族間的溝通做過很大的貢獻。此派領導者相信人有自我成長之潛能，特別有利於那些本質上較難以自我肯定的成員（如自貶或憂鬱者）。強調尊重成員不同文化所造成的價值觀（例如：男／女、優／劣），積極傾聽，接納不同的意見，不批評別人的態度，讓成員決定他們想發展的議題，尊重各種多樣性。

4. 完形心理取向

　　完形心理取向接納「分裂」是每個人常可經歷的狀態，不論其形式是「人—己」的或「內—外」的。而透過持續的分化和統整，才有可能達到更完整的境界，因此團體中領導者教導成員的是「如何面對和處理衝突，而不是避免衝突」，在外面的世界已做太多避免衝突了。

　　著重非語言的表達自己，有助於不同文化的領導者和成員間不受文化

影響的訊息連結，使得成員更能自由自在的表達他們的感覺，有助於成員瞭解自我的衝突所在。以演劇的方式達到情緒宣洩，不但有助於個人，也有助於團體發洩敵意並生成凝聚力。

5. 溝通分析取向

溝通分析取向的主要概念「父母─成人─小孩」，很符合實際團體的架構，例如：團體初期的緊張、抑制是Ac（順應小孩）特色的代表；此時須以親切、友善、主動觀點的Np（撫育性父母）來呼應之。而中期階段則可以成人（A）成熟的統整來兼顧理性與感性、個人與環境需求的人格狀態，這不但是領導者，同時也是成員及團體共同需要的。

6. 行為取向

此種重視習慣的觀點與國內柯永河的觀點有異取同工之效，可以跟很多文化相符合。幫成員準備，教導成員設定團體的目標，輔助成員學習實用的技巧，並教導成員如何集中焦點進行團體工作，強調自我管理的策略。其中，「具體化」是團體中很有用的一種技巧。而家庭作業也有助於凝固學習，是一般諮商工作中，最易被實務工作者所輕忽之重要議題。

7. 理情行為取向

著重在處理思考跟理性上，可以讓他人較能接受的內容之探討，例如：完美主義在強調競爭的環境中，被接納是一個好的價值觀；但在理情治療的分類中，它可能影響一個人快樂和接納自己與他人之能力；它也提供很多方式去探討個人的信念，例如：使用「羞恥攻擊」，故意去做尷尬的事，以發現其實沒那麼可怕。辨別沒有用的價值觀，對強調「應然」文化的中國傳統來說，是個有效的利器。

8. 現實治療取向

此取向認為人的行為動機是善意的，有助於成員的自我開放。著重在成員自己做自己行為的評估，包括如何應對自己的文化，使用客觀檢核、價值澄清等技巧，經由個人的評估來決定對自己的需要與要求有多少滿意度，可以在保存自己種族特色及綜合社會上實際價值觀點中找到平衡點。同時，因為本學派抱持不否定與不放棄的立場，運用於學校或家庭中，處理不情願或行為習慣不好的問題，最為有效。

五、限制

1. 心理分析取向

　　大部分學習者喜歡學習的是立即可用的因應技巧，針對外在壓力及情況有所處理，相對的，對洞察力、精神內部動力等需長期治療的部分，通常都不會欣賞其價值，尤其是大部分文化價值觀不強調內在專注，例如：當生命中出現失落事件，常常是勸人「不要想太多、只要專心於工作，讓時間來消化一切」，而非洞察內在動力。

　　此外，本學派領導者的訓練強調相當長期的被分析（投射）經歷（三年到五年），更容易使一般學習者卻步。

2. 存在主義取向

　　存在主義的價值觀包括個人化、自由化、自律性、自我瞭解，因為傳統中國的文化價值觀強調的是集體主義，尊重傳統、服從權威、互相依靠，因此易產生文化價值觀之衝突。此外，死亡、存在之孤獨、焦慮、選擇的自由等議題，亦是「事到臨頭方知真」；對一般人而言可能仍是有點陌生和抗拒的議題。

3. 個人中心取向

　　個人中心取向強調尊重和接納的立場，這種基本的中心價值觀可能會無法跟傳統文化之立場協調。特別當成員希望從有經驗的領導者身上尋求即時之回答與幫助時為然；此外，如果諮商員尚未能內化同理心概念為其基本人格的同理態度時，在實際應用上可能出現「嘴巴同理、心理評價」的衝突狀況；又有些新手工作者，會誤會同理就是只能接納，導致有「只能陪伴不能工作」之結果出現。

4. 完形心理取向

　　某些文化鼓勵個體控制情緒，成員受到影響（特別是對男性為然），便難以接受完形心理取向的引導，將情緒宣洩。因此領導者須注意在沒有建立良好的關係之前，最好不要太逼迫成員表達他們的感覺，否則部分成員可能無法瞭解，對現存的感覺有意識為什麼能解決問題；此外針對某些經驗不足之諮商員，可能只學到催化和鼓勵情緒之表達或宣洩；但卻未經驗到如何導引宣洩之情緒，便有危險「只會開刀、未縫好傷口」，對服務

倫理而言是很不恰當的。

5. 溝通分析取向

溝通分析取向之領導者須挑戰成員的生活腳本，還有文化跟家庭的命令，在這之前必須先有完善的溝通，建立一套清楚的說明來知道成員要的到底是什麼，例如：表面上是為結婚而結婚，探討下去卻變成為家族期待與可以入贅之男人結婚；前者可視為是文化對女性之壓力；後者則成為特定家庭之問題。否則，成員可能因過多的溝通分析術語及用法而分心。此外，也要考量到不同文化對家庭祕密的看法，當領導者在探測家庭形式時，必須很小心。

6. 行為取向

行為取向著重行為上的改變，然而有些時候成員的改變在現實生活中無法得到認同，例如：家庭成員可能無法接受成員剛剛學習的直接溝通之新模式，因此，領導者必須幫助成員評估在行為上做改變可能造成的後果，以及教導成員如何因應他人的排斥感。

7. 理情行為取向

理情行為取向領導者會有些強迫性的指導話語，例如：不強調同理，認為同理本身便可代表文化所制約出來之一種個人需要，意即「為什麼要別人對你好，才代表自己是有價值的人呢？」，這種立場可能造成某些成員的反感和退卻。因此，領導者在達到工作期之前，須先瞭解成員的內心世界，避免讓成員不理解領導者的用意，而覺得是無理的要求。

8. 現實治療取向

現實治療取向強調成員有權力與義務管理並改善個人的生活，但有些成員期待改變外在環境，例如：外勞的媳婦常易淪為該家族之集體傭人，如果這是事實，她能做的第一步便不是與先生溝通（假事實），爭取更平等之待遇；而是瞭解生活環境中之資源人事或機構（真事實），以便能逐步站穩自己的腳步。領導者必須注意各種不同歧視的角度，幫助成員面對社會上及政治上的真事實和假事實。

作者的叮嚀

　　團體諮商之理論基礎為領導者之重要依據之一。理論基礎意味著領導者之人性觀，此種不自覺的思考觀點，往往深刻影響著團體的進行與發展——從具體的方案設計，到潛在的團體動力之流動，無處不受其理論背景所影響。因此在此部分，特別建議讀者藉由本章理論之比較，反思個人之人性觀對團體之影響。在歷屆考題中，此章節也是重要出題方向之一，期待讀者能對各理論學派，有較為統整性之概念，本章之「作者的叮嚀」補充特定理論在特定情況下之運用。

❖　第二部分　自我測驗Q&A　❖

Q1

不同理論傾向之團體領導者，面對「逃避依附型」成員，有何不同的反應方式？

A1

　　一位成員在每次團體的分享中，什麼都講、就是不講個人內在感想（逃避依附），等到團體結束時，他反問領導者：「為什麼你上了一學期的團體，我還是不瞭解你是誰？」此時領導者給予該成員的回應，即可表現出個人學派傾向，如下：

1. 你為什麼會有那樣的感受？你為什麼怕跟我接觸？→心理分析立場。
2. 我好像也不瞭解你，你害怕跟我認識是嗎？→心理動力立場，與心理分析立場不同之處為加入情緒反應。
3. 一學期下來，感覺你十分迷惘！是不是需要更多時間，可以讓你來瞭解我。→當事人中心。
4. 我看到你好像總是比較安靜的樣子。→說出這學期對該成員的觀察，表示關心但沒有處理到當事人的探索，沒有顯現特定學派。

由以上每個回答，均可發現領導者不同的立場和意圖，可看出來是屬於某一種學派，當然也繼續影響其後的談話內容與發展方向。

Q2

不同學派各有不同工作方向，若是採取折衷，在理論學派和團體階段上該如何展現折衷觀點？

A2

可用團體階段作支架，再將適用的學派放進去，如此將理論學派與團體階段作連結，來展現折衷的觀點。之後試說明可能影響折衷的因素。

1. **團體階段與學派的連結**

   以十次的聚會設計為例，團體約可分為四階段：

   ⑴起：此時之團體任務為信任、試探，因此可考慮採用「案主中心、行為治療模式、現實治療」之方式。

   ⑵承：團體呈現表面的合作、凝聚、順從，屬工作前期，此時可考慮採用「阿德勒學派、溝通分析、行為治療模式」之方式。

   ⑶轉：此時為工作期／衝突期，此時可考慮採用「心理分析、心理劇、完形治療、行為治療模式、理情行為治療」之方式。

   ⑷合：結束期，此時可考慮採用「存在主義、行為治療模式、現實治療」之方式。

2. **可能影響折衷做法的因素**

   ⑴個人特質：每個人都有自己的特質，例如：思考力強者，傾向認知學派，因此其學習目標可能是增加感受之表達；個性擅於接納而不喜歡改變別人者，較適合發展個人中心學派。

   ⑵家庭背景經驗：個人來自雙親或單親等的家庭成長經驗，或是家中民主到不民主之間的種種溝通模式，這些家庭經歷會形成個人不自覺的價值觀和溝通模式。例如：權威家庭中成長的領導者，可能習慣以服從方式來面對事情。

(3)社會文化：就連諮商員所受訓練的學校地點、系所教師之訓練導向與學校氛圍，也都會在領導者身上呈現不同文化和觀點之影響。例如系所對於團體諮商的訓練，多傾向認知行為學派之訓練，接受其訓練的領導者就可能沒有機會經驗其他學派的團體進行方式，而在折衷的使用上，可能就會偏向使用多一些認知行為學派的理論或方法。

(4)個案特質：以個案為例，如小學生和大學生，同樣是憂鬱和家暴問題，諮商中的介入方式卻有所不同。所以學習發展、人格和變態心理學等課程，都可以協助分化個案問題之類型與因應方式，方能在帶領團體時使用更適合該成員特質的學派。

(5)諮商員本身個性、經驗之影響：像是逃避依附類型的領導者，其基本風格是迴避面對問題，因此在接受督導時，督導者可運用心理動力之立即性來給予對方覺察之機會，否則問題之處理往往停留在表面層次；另外像年齡階段不同、生活經歷不同等因素，也都有所影響。

(6)專業訓練的水準：折衷雖然是大多數實務工作者之風格，然而碩士班階段之學習目標乃在學習和嘗試應用每個學派，也仍處於嘗試與統整的過程中。以何長珠多年來教學之觀察，不同層次之領導者使用折衷模式來工作，也有不同樣貌，如大多數的碩士班學生都傾向「依靠活動來進行團體」，到博士班水準之諮商員才會出現半結構團體或不帶活動的非結構團體，而只有經驗更豐富（如有二十年的專業助人經驗、或有三百個小時以上的團體帶領經驗）的助人者，才能出現看當事人的狀況來帶團體之能力，也就是領導者無論是帶領結構或非結構團體，其純熟的敏銳度都可以幫助團體把當場真正的感受成為學習的材料，這也就是立即性技巧，或是Yalom的歷程闡明（process illumination）之運用。

❖　第三部分　歷屆考題精選　❖

一、在一次的團體工作中，某位成員帶入了「夢」的主題，這時團體領導
　　員想要進一步在團體中進行夢工作。如果你／妳是團體領導員，請說
　　明在團體中進行夢工作時，你／妳會援引哪個理論、模式或治療學派
　　作為夢工作團體之基礎，請說明該理論、模式或學派的基本概念與精
　　神；根據前述理論、模式或學派，請闡述夢工作團體進行的步驟。

【97年專技心理師第二次考試試題】

Corey. G（2007）。**團體諮商的理論與實務**（莊靜雯、李曉菁、吳健豪、簡憶玲、魏楚珍、黃靖淑、賴秀玉、洪秀汝、洪佩婷、林金永譯）。臺北：學富。（原著出版於2003）

何長珠（2003）。**團體諮商—心理團體的理論與實務**。臺北：五南。

吳武典、洪有義、張德聰（2008）。**團體輔導**。臺北：心理。

陳雅鑽（2007）。以新加坡一間小學校園欺凌調查報告為例：分析和探討校園欺凌行為及行動方案之研究。未出版碩士論文。南投：暨南大學輔導與諮商研究所。

第十章

班級經營

━本章學習**重點**━

1. 探討團體氣氛之內涵與評估方式。

2. 瞭解團體規範之特性，以及團體規範和團體動力之交互影響。

3. 瞭解教師領導風格與領導行為之類型，及其對班級經營之影響。

4. 瞭解合作學習之內涵，及實施合作學習之要素。

❖　　　　　　第一部分　理論　　　　　　❖

　　班級團體不只是一群人在一間教室內，而是有其獨特的文化或社會特質（吳武典、洪有義、張德聰，2008），故本章將探討「團體氣氛」與「團體規範」。進而，探討影響教室學習之相關因素，雖然師生是相互影響的，但大部分的時候，教師的影響較為明顯，而教師的領導方式與教學策略是最常被討論的主題，因此本章特闢「教師領導」與「合作學習」兩部分來加以討論。

 第一節　團體氣氛

　　團體氣氛是團體的種種生活特性，放大在一個機構來說，包括：機構所制定的獎懲辦法、升遷指標、或甚至是共事群體本身都是其內涵；另外，團體氣氛亦包含團體結構特徵、團體運作情形、社交氣氛。也就

是說，團體氣氛包括了群體本身的運作與交際情形。曾靜梅與吳靜吉認為團體氣氛有「組織歷程」（organizational process）與「心理歷程」（psychological process）兩方面，心理歷程為個人層次，包括個人動機、創造與學習等；而組織歷程則為所有個人的集合，包括團體問題解決、溝通與決策等（石偲穎，2005）。

MacKenzie在1983年所編製的「團體氣氛量表」是用來評量團體氣氛最具代表性的量表之一，在現今團體研究中仍被廣泛使用，MacKenzie認為「團體氣氛」的內涵，包括投入性（engagement）、自我揭露、支持、衝突、挑戰、實用（practicality）、認知（cognition）及控制等因素。其編製之量表，可用以評量團體成員對團體凝聚的重要性知覺、承擔其改變責任的意願以及在團體中人際方面的衝突與懷疑等團體氣氛知覺，包括三個分量表（陳均姝，2007）：

1. 投入性（engagement）分量表

測量成員對有助其投入與改變團體氣氛的知覺，包括：團體凝聚力、促進人際學習之面質與挑戰、自我揭露與支持、自我瞭解等。

2. 逃避（avoidance）分量表

測量成員在團體中感受團體壓力的影響、迴避其改變責任與依賴團體或領導者的狀況。

3. 衝突（conflict）分量表

測量成員在團體中所知覺到的人際衝突與懷疑，雖然成員不期待衝突的出現，但在挑戰其防衛的團體過程中，常可促進自我的深層探索。

班級是由一群學生加上教師所構成，擁有班規、社會秩序、組織結構及權威階層等，在班級中的團體氣氛，即為班級氣氛。將班級比喻成一個家，彼此相互關懷、支持、協助（吳武典、洪有義、張德聰，2008）；但亦同時進行著分化、疏離與衝突（何長珠，2009）。如同每一個體擁有獨特的特質，每個班級也有其獨特的特徵，此特徵實際上就是班級的「人格」，而班級氣氛就是指班級所發展出來的獨特人格，也就是說，每個班級，有其獨特的班級氣氛，有親密的、有溫暖的、有愉悅的，也有敵對的、緊張的、疏離的、冷漠的等（李詩鎮，2002）。更多關於班級氣

氛之說明，請參閱表10-1。

♣表10-1 班級氣氛說明

陸志成（2001）	在教師和學生構成的社會體系中，個體間的期望和態度、意識或行動相互作用，經過一段時間自然醞釀成一種特殊的氣氛，瀰漫在整個團體之中，而會影響每位成員的思想感覺或行為。
李美吟（1989）	班級氣氛是一種團體過程，透過師生之間互動及同學之間交互作用來進行學習活動。
蔡璧煌（1998）	班級中所存在的人格特質及團體互動的關係。
張春興、林清山（1982）	狹義來說，是指教師領導方式的不同所形成的情緒氣氛；廣義來說，包含班級中師生交互作用，以及同儕之間關係所形成之情緒氣氛。
吳武典（1979）	一種社會壓力或環境壓力，在班級氣氛中觀察到團體動向和個別差異。
楊國樞及黃光國（1979）	班級成員的共同心理特質或傾向，是由師生人際互動及既定的班級規範產生。是可以被感受、知覺到的。
Blair（1975）	班級的獨特團體感受，班級氣氛的好壞，會直接影響教學與學習品質。

整理自李詩鎮（2002）。

 第二節　團體規範

　　團體規範可說是在團體的社會中共同遵守的規則和文化的建立，目的是為了讓團體可以更有效及順利的進行。蔡宜芯（2007）整合一些學者的觀點，團體規範具有以下特性（引自李郁文，1998；林俊德，2002）：

1. 團體規範是經由團體成員逐漸的改變，直到部分成員都能接受它成為標準行為的指導原則。
2. 團體規範常被成員視為理所當然該遵循的，只有在成員犯規時，才會凸顯出來。

3. 是一種個人標準化行為內在的滿足，往往不是因為外在的壓力而去遵守。

4. 在團體規範裡，偶爾某些程度的脫軌行為（deviation）會是被允許的。

5. 一種共同的理想、信念或期望：發乎團體成員，為所有成員所共同遵循。

6. 共同認同的行為標準：規範團體成員可做、不可做的行為準據。

7. 依據成員們的需求而定，存有其共同默契。

8. 為使團體有效運作而存在之準則。

9. 符合團體之倫理規範。

10. 包含某種限制或規定。

由此可見，團體規範會在團體運作的過程中無形的形成，根據團體和成員組成的特質不同，形成共同的理念、信念與準則也會有所不同，但相同地是，這些團體規範都是為了使團體有效運作而施行的。而規範的表現形式大致可分為以下幾類：

1. 明文書寫的規範：指團體的規矩是正式明文列出，詳細陳述成員參與團體的各項基本規則，這些規定是經過雙方討論後決定的，需要領導者和團體成員共同採行或遵守。

2. 口頭的規範：一般用在任務團體居多，其運作方式是以告知的形式來實行其應完成的任務、成員的角色及分配的工作等。

3. 明白陳述的規範：有些規範雖然無明文書寫，但卻為全體成員共同認定，或為團體領導者所明白陳述。

4. 非正式的規範：是指影響成員行為的一些無形的規範。

5. 意識外的規範：是在成員互動的過程中顯示出來的，在互動持續進行中，逐漸成為團體易於認識的規矩，也影響著成員的思考和行為，卻不被成員所覺察，除非碰到某種衝突時，才會被提升到意識的層次。

而在團體規範建立的過程中，常被討論的是領導者的行為，以及團體成員對團體的期望（簡正鎰，2000；Yalom, 1995/2001），如下說明：

一、領導者如何形成規範

領導者的角色在於協助團體發揮其自我功能，扮演有技巧的專家在團體中示範或教導成員團體的規則，例如：對他人的接納包容、微笑和傾聽等，透過直接或間接的方式建構支援、自我揭露、自發性或自我監控等（簡正鎰，2000）。

二、團體成員對團體規範的期望

當團體成員有機會參與規範的設定，會感覺有責任要遵守，而且會支持它們，所以當成員對團體有期望的情況下，會共同思考來訂定規範。然而，服從團體規範通常能改善團體運作，而不致犧牲個人的原則或信念（簡正鎰，2000；Johnson& Johnson, 2003/2005）。

如果團體規範與個人的目標和規範一致，或是團體具有較大的吸引力時，成員會願意服從及推動規範，但是當個人目標和團體規範無法一致時，可能會有衝突或破壞的行為產生。如果團體要求成員接受規範的力量，並且遵循規範，可考慮以下幾點要素（林振春，1992；林俊德，2002；Johnson & Johnson, 2003/2005）：

1. 當團體中的一致性的壓力增強，個人的異議常在比較之後屈從於團體的一致性，而團體中的成員愈喜歡團體，愈會趨向團體的一致性。
2. 當某些成員透過以身作則來推動團體規範，其他成員觀察他人的服從行為，而學會服從團體規範。
3. 團體若能釐清服從團體規範如何協助團體達成目標，將會有所助益。
4. 成員透過參與規範的建立，可使團體的權威與責任分散到成員身上，而感到自己擁有這些規範。
5. 看到服從規範的合適榜樣與例證，並有機會練習這個受到期待的行為。
6. 把能夠增進目標達成、帶動團體維護與成長的文化規範，引介到團體裡。
7. 瞭解團體規範具有彈性，因此任何時機都可以採用更為適切的規範，來取代原有規範，以增進團體效能。

8.訂定影響自己與他人互動關係的團體規範時，每位成員皆想要參與其中。

因此，當團體領導者考量到上述這些要素時，可以幫助自己和團體成員在進行團體規範的訂定的過程中，促使成員有較大的意願接受團體規範，並且符合他們的需求與期待。因此，因著團體功能的不同，會有不同的規範類別，說明如下（林振春，1992；李郁文，1998；林俊德，2002）：

1.感情關係的規範：對於團體成員的情感表達加以規範，考慮其合法性與適當性。

2.權力控制關係的規範：規定團體對成員權力的控制，其控制關係是全面性的或有特別的限制。

3.身分地位關係的規範：成員間對身分地位的接受可能以個人的獨特性為標準，或者是以對方所代表的階級為標準。

4.對成就／成功關係的規範：團體中的成員價值是由其個人特質所規定，還是由其對團體的貢獻所決定，或是由團體中的階級所決定，不同的團體有不同的規範。

蔡宜芯（2007）蒐集國內外相關實徵文獻，發現團體特質或團體成員的成分會影響團體規範的形成，而不同的團體文化也會產生不同形式的團體規範；彙整出會影響團體規範形成和結果的可能變項，包括：同儕影響；團體認同、態度和行為；規範信念；團體規範的包容性與排斥性；個體主義和集體主義的團體規範以及團體合作規範和團體效能等範圍，分別介紹如下：

一、同儕影響

同儕團體在兒童和青少年階段扮演了很重要的角色，他們為了尋求同儕的認同與接納，願意改變自己的行為來表現出同儕所認同的價值，以符合團體規範的行為，因此，同儕團體所認同的價值與規範對團體成員行為具有示範的作用。除此之外，團體成員的行為符合團體規範與否，也會影響團體其他同儕對團體成員的接納程度（莊旻潔，2002）。團體規範受

到同儕團體的影響可以分為正負兩面：

1. 正面影響：在兒童團體中，兒童的社會行為與學習行為符合團體規範與否，會影響團體其他同儕對兒童的接納程度，其中，同儕團體又以利社會的行為作為團體規範的行為準則（蔡其螢，2004）。因此，團體規範可以透過同儕團體對規範遵從的壓力，來管制團體所表現出的負面的行為，例如：恃強欺弱，並且修正他們對恃強欺弱行為的態度（Ojala & Nesdale, 2004; Salmivalli & Voeten, 2004）。

2. 負面影響：若同儕團體支持的價值信念是負面的，他們的團體規範也傾向於表現負面的行為時，當團體成員渴望受到同儕的認可與接納，就必須遵從且支持負面的行為，例如：青少年酗酒、吸毒或打架鬧事等（Johnson & White, 2003）。

由此可見，在兒童和青少年階段，同儕團體對團體規範的影響是很重要的，在發展階段中成員為了獲得同儕團體的認同和接納，往往會附和著團體行為，即使這些團體行為是有不良的影響，例如：霸凌行為。因此，培養兒童和青少年適當的價值觀與行為習慣是很重要的。

二、團體認同、態度和行為

團體規範在團體認同的過程中扮演著重要的角色，規範被認為是態度和行為的一致性，或是共同的信念，而團體成員被期待根據團體規範去表現他們的行為。當個體意識到身為團體的一員必須遵守團體規則，並且認為團體規範對團體認同是重要時，他們就會根據這些規範去表現行動（Ojala & Nesdale, 2004）。

所謂的「團體認同」是指個人建立自己屬於哪個社會類別的概念，是「建立個別的、特殊的識別，始能與他者區別，並進一步的能被該識別族群有所歸屬、認同」的意涵。它著重於價值的內化與判斷，把被認同對象的性質或特性納為自己內在的一部分，並且產生對認同對象在情感或心理上的眷戀。然而認同的結果，可能也會產生態度、認知和行為上的改變。對團體有強烈認同的成員，他們比低認同的成員有更多符合團體規範的表現，並且對團體的偏見也會減少。反之，對團體有低認同的成員，對

團體的偏見也會影響他們服從團體規範的程度 （莊旻潔，2002；Jetten, Spears, & Manstead, 1997；McAuliffe, Jetten, Hornsey, & Hogg, 2006）。

因此，團體規範在行為意圖上的效用，建立在團體認同的程度上，因為團體行為是一種將個人的認同納入團體規範和價值的過程，所以團體成員對團體認同的態度會影響他們對團體規範的服從以及行為的發生（莊旻潔，2002；Johnson& White, 2003）。

三、規範信念

規範信念有可能是普遍的，或者是在特殊情境下產生的。Huesmann和Guerra定義規範信念為關於行為可接受或不可接受性的個人認知標準，這些信念不只是過濾掉不適當的行為，也會影響對他人行為的情緒反應，以及在某些社會情境下刺激適當的信念（引自Salmivalli & Voeten, 2004）。

莊旻潔（2002）提到群體規範是「規範信念」（Normative Belief）和「依從動機」（Motivation to Comply）的函數。「規範信念」是指「個人知覺到重要他人或重要團體認為他應不應該去採取某項行為的壓力」；而「依從動機」則是指「個人是否遵循重要他人或重要團體認為他應該或不應該採取的行為」。舉例來說，當團體規範信念中容許侵犯行為的發生，而團體中其他成員認為他們應該採取這樣的侵略行為時，若團體規範信念和個人反對侵犯行為的信念有衝突時，成員會偏向以團體規範來展現他們的行為（Ojala & Nesdale, 2004; Cress, 2005）。

因此，當個體知覺到認同團體規範信念的程度愈高，依從團體行為的動機愈高時，個體遵循團體規範的程度也會愈高。

四、團體規範的包容性與排他性

團體規範除了包含團體內的規則之外，也會牽涉到關於和團體之外的關係。在某些種族文化中，他們的團體規範對其他族群有包容性或排他性，包容性的團體規範是指可以接納與尊重其他族群的不同與價值信念，而排他性的團體規範是指會有對其他不同族群的歧視與偏見。這裡提到的團體規範的包容與排斥性，會隨著團體成員的組成不同，與其他團體的互

動的情況也會有不同的變化。

　　舉例來說，當內團體的規範有對外排斥性時，年紀較小的孩童會遵從團體規範而排斥團體外的成員，即便那些團體外的成員是不會造成威脅的。反之，當團體規範有對外的包容性時，他們不會排斥團體外的成員，除非團體外的成員對他們造成威脅。

　　然而對年紀較長的孩童來說，當團體內的規範有排外性，而團體外的成員沒有威脅到他們時，他們對外團體的喜好會站在比較中立的位置，除非外團體威脅到他們，他們才會表現不喜歡。

　　由此可見，孩童的年紀和內團體的規範以及外團體的有無威脅是有交互作用的，並且會影響團體內的成員對外團體的喜好（Nesdale, Maass, Durkin, & Griffiths, 2005）。從中也可以瞭解到，團體規範會因與外團體的互動狀況不同而影響團體成員的態度與行為。

五、個體主義和集體主義的團體規範

　　團體規範可以分為個體主義和集體主義，「個體主義的團體規範」是指以個人利益為主要考量的規範，而「集體主義的團體規範」是指以社會團體的利益為考量優先的規範。

　　當團體規範陳述較多個體主義時，因為團體規範的信念是以個體的概念為主，團體內的成員不需要為了符合團體規範中必須共同遵守的行為，而放棄或屈服原本自我的認同。因此，團體內個人的差異性會提升，另外，個體主義的團體規範也會削弱團體間的界線，並且減少團體間的差異。相對來說，集體主義的團體規範以共同價值與信念為主，團體內的成員為了得到團體認同而遵從這些規範，因此團體內成員的差異會減少，但團體間的差異會有顯著的界線而有較大的差異（McAuliffe, Jetten, Hornsey & Hogg, 2006）。

　　一般來說，我們所認識的團體規範以採集體主義的現象多於個體主義，但在不同種族文化下，團體主義在東方、拉丁美洲、亞洲或是部分的歐洲是較盛行的，而個體主義則在西方、北美、西歐或是澳洲是較盛行的。

在集體文化中，人們傾向於把自己放到團體中，強調維持團體的和諧，並且為了團體的目標願意犧牲自己的個人目標，因此，在集體文化中，人們的行為強烈地受到團體規範的引導；而在個體主義文化中的成員較傾向於自主，人們的個體目標較團體目標優先，並且也視自己是較為獨立的。

　　在傳統上，以集體主義為主的團體規範中，為了受到團體的認同，團體成員被刺激去促進團體內成員的和諧，並且減少團體內成員的差異。近來的研究發現，團體規範的形式有很多，遵從團體規範的方式不需要像傳統般地連結團體成員的行為，而能以不同的表現方式來符合對社會團體的認同，例如：網路團體之興起。

　　當團體規範以個體主義為主時，偏向集體主義的團體成員會受到削弱，這樣的削弱似乎是受到在團體中個體主義的行為提升的驅使，然而當團體規範傾向主動鼓勵多樣性和個別差異時，團體中的成員被接受的行為界線會更為寬廣，並且允許個別和自我取向的行為。

　　因此，當人們評價團體成員集體主義或個體主義的行為時，除了考量到他們的行為之外，還包括在團體規範下的行為，例如：當團體規範認同個體主義時，「做你自己想做的事」不僅會被容忍，也是會被團體鼓勵贊同的（McAuliffe, Jetten, Hornsey, & Hogg, 2003）。

六、團體合作規範與團體效能

　　團體合作規範是指團員認為該團體強調維持融洽、團員之間能合作完成任務和維護團體利益，增加團隊討論的頻率以及良性的互動與團隊效能，並且團員間能彼此分享心得與成果之行為標準的程度。團體合作規範能提升團體效能，當團體合作規範愈強，其團體成員間的互動愈佳，則團體的效能愈佳（洪素英，2005；劉佩芬、謝碧晴、蘇慧芳，2006）。

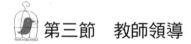

第三節　教師領導

　　教師領導方式影響到教學期望、學生動機、自我預期及教室氣氛、師生關係、學生成績等，而影響領導的因素，包括：教師的訓練、資歷、

性別等。何長珠（2003）統整有關領導之研究，發現教師領導包括單層面、雙層面及多層面，但主要包括「工作型（倡導）」、「情感型（關懷）」，以及「情境因素之影響」三方面。其中「情境因素之影響」又包括：教師之人格、學生之成熟度、任務之難易、關係之長短等。

　　近年來大多數的研究顯示教師領導風格與班經營效能間呈現顯著的正相關，而教師領導行為與班級經營效能又取決於教師信念與價值觀。也就是說，若是教師運用的領導行為與其原有教學理念符合，將能得到較佳班級經營效能；例如：當教師領導風格傾向於「指導與關懷」時，會影響班級經營效能，使「教學品質」與「班級氣氛」提高（姜曉欣，2007；呂美芳，2006；李國勝，2004）。

　　謝雯惠（2006）將教師領導風格分為寬嚴雙軌型、理性規範型、仁慈權威型、軟性放任型四類，而理性規範型教師在班級經營效能上，更優於其他類型教師，而軟性放任型教師則表現較差。賴妏甄（2009）提出導師家長式領導，包括：德行領導、仁慈領導和威權領導；其中「德行領導」和「仁慈領導」與班級經營效能有正相關；「威權領導」與班級行政管理、教師教學品質有正相關，但與師生關係經營為負相關。

　　領導行為方面，傳統的班級多為「互易領導」，也就是以某種利益以交換學生的努力，其基本假定是需要提供更多的利益給學生，換得學生更努力，但是在實務工作上，常因受制於利益有限，班級教師不可能也不容易要求學生有卓越的表現，例如：使用代幣或口頭獎勵來滿足學生的需求，而得到學習或改變的成效。而「轉化領導」，則是以領導者與成員共同合作為出發點，培養成員擁有建立正確的價值觀，願意為共同理想目標前進，並且透過改變的過程感受到價值的重要性，讓其行為或認知改變，而其改變是正確性的；也就是說，引領學生在自發的學習、生活、行為、態度上實際的改變。許多研究者指出「轉化領導」是班級經營成功的要素，「互易領導」則是不可或缺的輔助班級經營策略，搭配運用才有長效的班級經營效能（高月圓，2008；姜曉欣，2007；王宏彰，2007）。

第四節　合作學習

　　有別於傳統式或個別式學習，合作學習透過同儕間的相互協助與分享獲得成長（高俊傑，2004）。為求應付外在日益複雜之環境，現今的學生需擁有批判思考和合作的能力，而合作學習將觸發學生討論學習課題，交換不同意見並在教師督導下決定其學習過程，兼顧團體精神和個人學習之方式，最能符合時代對教育之需求，並且對學生有下列好處：(1)合作性學習是一種任務導向的工作團體。這種團體一起思考、互相激盪之做法，不僅有利於學生個人創發性之發展，也同時增進了學生個人的社會性責任；(2)數種異質性團體之資源，不同的思考方式、解決問題策略，將有助於個別學生設定個人的學習策略；(3)可引發學生的主動性，特別對成績較差之學生及高智商低成就的學生而言。合作性學習情境已被持續發現比傳統競爭性和個人性的學習，可引發更多建設性的交互作用和正向的人際關係，也就是說，其學業成就、種族關係和學生的自我價值感均可得到正向發展（何長珠，2003）。

　　合作性學習之實施，一般來說，有如下幾點要素或條件：

1. 教室情境安排：改變現行之單向式座位安排之方式，在可能的情況下，讓小組圍坐。黃德祥在調查研究中發現教室中「排排坐」是不利於國小學生的社會發展，面對面的座位安排，才能鼓勵不同學生間之接觸及合作之產生。

2. 教學材料之分配是每組只給一份，傳達出這項作業是要合作完成的，也就是材料互依性（Johnson & Johnson, 2003/2005）。

3. 教師須放棄權威性教學之方便性和權威性。轉而在教學設計中，忍耐學習速度和效率之減緩，接納因活動、參與之進行而增加的混亂性以換取學生獲得成長和自我負責的機會。在合作性學習中，教師的角色有五種（何長珠，2003；Johnson & Johnson, 2003/2005）：

　(1)催化者：在取得校方之共識後，教師可於學期開始後，訓練學生有關此方面之技巧，包括：分組、合作方式及計分等。

⑵檢查者：在學習進行之過程中，繼續澄清和解說問題，主要關注的部分為——學業上的進展、人際技巧和小團體技巧的運用，必要時介入，以提升任務工作及團隊運作。

⑶「讀」者：瞭解學生之問題，尋找意見和資料。

⑷記錄者：以錄音、錄影或表格登錄之方式，摘要過程之要點。

⑸鼓勵者：以口語和非口語之方式接納學生在學習中所遭遇之問題，並鼓勵以團體之方式，進行解決問題之努力。

因為任務之結構和報酬制約之情況不同，而有不同的合作學習之方案。其中以學生小組成就區分法（Student Teams and Achievement Divisions, STAD）、小組遊戲競賽法（Teams Games Tournaments, TGT）兩種較為普遍，STAD的步驟如下（高啟順，2003；何長珠，2003）：

1. 全班授課：由教師對全班學生介紹學習教材。
2. 分組學習：分為四至五人的異質性小組，作業單的學習以小組為單位。
3. 小考：評量學習成果。
4. 個別進步分數：以過去的成績作為基本分數，視個人的進步分數，為小組所爭取的積分。
5. 小組表揚：計算各組積分後，表彰表現優異的小組。

而TGT大致與STAD相同，不同處有以下兩點：

一、以學科遊戲競賽取代小考

於每個單元結束後舉行，準備不同程度的題目於測驗桌，再將小組成員依能力之高低分派到不同的測驗桌，也就是每組最高能力者至一號測驗桌，次能力者至二號測驗桌，依此類推。

二、以能力系統代替進步分數

每桌的最高分者替小組取得相同的積分。

也就是說，在STAD和TGT中，都是先進行新教材的介紹，然後將學生混合能力編組；同一組中之學生必須保證每個人都學完應學之材料；而STAD的學生分別接受測驗，TGT組則以口頭發問回答之方式與分組能力

相同之學生進行競爭。STAD和TGT都是有效的教學策略，因為學生之學習成績得到增進；人際測量發現友誼和互相關懷之分數亦增加；最後，它可以促使學生對學校，對自我之表現及自我價值上之態度均得到改善。

　　在班級經營方面，除了教師領導和合作學習之外，在相關研究中也可從介入策略（正向罐、體罰、部落格的運用等）、教師變項（人格特質、信念、背景變項等）等方面探討班級經營（詳見表10-2）。在此，作統整性說明，如下：

♣表10-2　民國93～98年有關班級經營研究論文摘要一覽表

作者	時間	論文名稱	研究結果
賴靜儀	98	不同人格特質之國小教師在班級經營中使用增強物之研究——以苗栗縣為例	1.女性教師比男性教師在班級經營中更常使用增強物，而男性教師比女性教師覺得使用增強物困難。 2.教學年資在五年以內的教師使用增強物時，會比教學年資在十六至二十年的教師較覺得困難。 3.低年級教師比高年級教師較常使用社會性增強物，而中、高年級教師在使用增強物時會比低年級教師覺得困難。 4.國小教師人格特質愈具有和善性、開放性、外向性、勤勉正直性，較常在班級經營中使用增強物。
黃愉淨	97	國小學童覺知教師兒童人權態度及其班級經營效能之研究	1.高雄縣教師班級經營效能屬良好的，其中以「學習環境經營」最佳。 2.高雄縣教師班級經營效能不會因班級大小、學校所在地而有不同，但四年級、女學生、女性教師、大型學校、明顯高於六年級、男學生、男性教師、中型學校。 3.高雄縣教師兒童人權態度與教師班級經營效能之間有密切的關係。 4.高雄縣教師兒童人權態度是教師班級經營效能的重要影響因素。

羅文華	98	臺北市國民小學教師知覺學校行銷管理與班級經營效能之研究	1.北市國小教師知覺學校行銷管理與班級經營效能情形均良好。 2.不同學歷、行銷課研、學校規模、班級人數之教師知覺班級經營效能，無顯著差異。 3.女性教師知覺整體班級經營效能顯著高於男性。 4.兼主任教師知覺整體班級經營效能顯著高於級任、兼組長教師。 5.年資在二十至二十九年教師知覺整體班級經營效能顯著高於十九年以下教師。 6.分析學校行銷環境、控制學校行銷效能對教師班級經營效能有正向顯著影響。
周淑華	98	臺北縣國民小學教師正向管教與班級經營效能關係之研究	1.國民小學教師對班級經營效能持正面肯定的評價。 2.不同性別的國民小學教師所知覺的正向管教與班級經營效能無顯著差異。 3.正向管教與班級經營效能會受年齡與服務年資的影響，其中以年長與資深的國小教師最優。 4.不同學校規模與學校區域的國民小學教師所知覺的正向管教與班級經營效能無顯著差異。 5.正向管教與班級經營效能具有中度相關性，推動正向管教對班級經營效能的影響具有重要的地位。 6.正向管教對班級經營效能具有高度預測力，其中「合　的管教措施」為主要之預測變項。
許清練	97	輔導教師與導師合作歷程下的班級經營之行動研究——以三個國中班級為例	1.導師對班級經營理念的轉化，帶動了班級經營品質的提升。 2.班級生活公約的落實執行，是班級經營成效的重要指標。 3.良好的親師互動，對班級經營有加分的效果。 4.輔導教師藉由對話分享、省思回饋、心得發表，導師對班級經營的內涵有較深刻的體驗，同時也促進了專業成長。
李佳倫	97	國民小學教師創造性人格特質與班級經營效能之相關研究	1.國民小學教師班級經營效能現況，屬於中高程度。 2.國民小學教師創造性人格特質與班級經營效能間有正相關。

| 張家瑋 | 97 | 臺中市國小級任教師班級經營信念與班級經營效能關係之研究 | 1.國小級任教師具有高度的班級經營互動式信念及開放式信念,中高程度的威權式信念,中低程度的放任式信念。
2.國小級任教師具有高度的班級經營效能。
3.在互動式信念中,「高年級」教師顯著高於「低年級」教師;在放任式信念上,「高年級」教師顯著高於「中年級」教師。
4.學校規模在「49班以上」及「25～48班」之教師在威權式信念上,顯著高於學校規模「24班以下」之教師。
5.班級經營效能:「女性」級任教師高於「男性」;「年長」級任教師高於「年輕」;「資深」級任教師高於「資淺」;「中年級」及「低年級」級任教師高於「高年級」;學校規模「25～48班」及「49班以上」之教師高於學校規模「24班以下」之教師。
6.開放式信念、互動式信念、威權式信念與班級經營效能,達顯著正相關;放任式信念與班級經營效能,達顯著負相關。 |
| 盧虹汝 | 97 | 國民小學教師情緒管理與班級經營效能知覺之研究——以中部四縣市為例 | 1.國民小學教師對班級經營效能現況的知覺屬中上程度,以「班級的常規管理」的知覺最好。
2.女性教師在「教師的教學品質」、「班級的環境規劃」、「整體教師班級經營效能」上的知覺較佳。
3.任教年資較深的教師在「教師的教學品質」、「班級的常規管理」及「親師的溝通經營」上的知覺較佳,而任教年資較淺的教師則在「班級的氣氛營造」上的知覺較佳。
4.最高學歷較高的教師在「班級的氣氛營造」上的知覺較佳。
5.年齡較長的教師在「教師的教學品質」、「班級的常規管理」、「親師的溝通經營」上的知覺較佳,而年齡較輕的教師則在「班級的環境規劃」、「班級的氣氛營造」上的知覺較佳。
6.小型學校規模的教師在「班級的常規管理」上的知覺較佳;中型學校規模的教師在「親師的溝通經營」上的知覺較佳;大型學校規模的教師在「班級 |

			的氣氛營造」上的知覺較佳；而「偏遠地區」學校的教師則在「教師的教學品質」上的知覺較佳。 7.國民小學教師對情緒管理的知覺愈高，則班級經營效能的表現也會愈好。 8.國民小學教師情緒管理具有預測班級經營效能的作用，其中以「情緒的覺察」對整體教師班級經營效能最具正向預測力。
邱慧媚	97	桃園縣國民小學導師之教師信念與班級經營策略關連性之研究	1.國民小學班級經營策略整體表現屬於中等以上程度，其中以「監督學生活動策略」表現最佳。 2.年長、資深、任教低年級、學校地處市區的國民小學導師，有較佳的班級經營策略。 3.教師信念對班級經營策略具有預測作用，其中以「教師的專業角色」為最主要的預測變項。
陳宏祐	96	體罰政策對國小教師班級經營策略實施影響之研究——以臺中縣為例	1.班級經營的班級常規建立與維持策略，沒有受到教師不同背景的影響而改變。 2.班級經營的教學經營策略，沒有受到教師不同背景的影響而改變。 3.班級經營的班級環境經營策略，除了最高學歷變項有顯著差異，其餘班級經營策略並沒有受到教師不同背景影響而改變。 4.班級經營的人際關係經營策略，沒有受到教師不同背景的影響而改變。 5.整體而言，教師的班級經營策略並沒有因為零體罰政策的實施而有所改變。
蘇秀慧	96	國小導師運用部落格（Blog）協助班級經營之行動研究	1.運用部落格確實能協助班級經營；在實施歷程中，必須規劃完善的資訊環境、部落格，最後以班級經營的「行政經營」、「教學經營」、「人際經營」為經營的重心。 2.運用部落格協助班級經營的影響因素可歸為：家長與學生的資訊設備和能力不足、部落格功能的限制、學校的資訊設備及網路速度，以及研究者的熱情。 3.家長與學生對於運用部落格於班級經營皆持正面肯定的態度，並且建議可以增加「益智遊戲」。

			4.運用部落格協助班級經營可以提升教師的資訊科技的能力、班級經營的知能、行動研究的能力、解決問題的能力。
王郁惠	96	IRS應用在班級經營之行動研究	教師可透過IRS所顯示的資料以瞭解並分析學生的想法，進而幫助教師瞭解學生的個別狀況及互動情形，而學生經由此活動後能更充分表達個人的意見，並能增進對同儕瞭解的機會，進而互相關心彼此。實施後對於常規表現、意見表達、學生學習氣氛、情感凝聚等四向度及總量表成績均呈現顯著差異，故IRS應用在班級經營中可以提升班級氣氛。
莊千慧	96	花東地區國小教師績效責任信念、知識管理與班級經營效能之相關研究	1.就現況而言，國小教師所知覺到與班級經營效能情況大致良好，屬於中等程度。 2.女性教師所知覺整體班級經營效能與教師教學品質、班級常規表現層面上，高於男性教師。 3.教師績效責任信念、知識管理與班級經營效能三者相互呈現中度正相關。 4.從多元逐步迴歸分析之，預測教師班級經營效能變項以「知識應用」與「知識分享」解釋力最強，次為自我責任省思、教學目標明確性等層面。
鄭柏言	96	揭開班級經營之面紗──國小教師創新班級經營研究	1.創新班級經營策略與模式包括：創新產生於個人、組織內部；創新是技術創新；創新是改善現狀，提升績效。 2.創新班級經營對學生行為表現的具體影響方面，包括： 　(1)創新班級自治幹部方面：相信學生，讓學生嘗試去做，因而培養了自信、助人、努力、主動與責任等，許多正向的行為。 　(2)創新班級常規經營方面：獎懲制度以行為主義為手段，達成學生行為內化的目的。 　(3)創新師生關係經營方面：建立與學生溝通的管道。 3.創新班級經營的方式發揮班級經營的功能，包括：引導學生自治能力；協助學生人格成長；增進師生情感交流。

鄭淑文	96	尋找班級經營的典範——分析POWER教師的班級經營策略	1.POWER教師的POWER源源不絕於「人師」的教育使命。 2.POWER教師以「建立師生關係」為班級經營首要任務，是POWER教師成功的要素。 3.教師專業是POWER教師能影響深遠，並獲得青睞肯定的基礎條件。
黃煒華	95	國中教師人格特質對學習型班級經營個人認知程度與應用成效之影響——以宜蘭地區為例	1.國民中學教師對學習型班級經營認知與實際應用成效有落差。 2.情緒穩定度愈高、愈謹慎負責、高度外向性之國民中學教師具有較佳的學習型班級經營理念。
廖淵豪	96	國民小學班級經營效能指標之建構	國民小學班級經營效能指標共有四十九個項目，分為班級常規經營、班級氣氛營造、班級環境規劃、親師溝通情形、學生學習效果、教師教學品質、學生偏差行為處理等七個指標構面。
于冬梅	94	雲嘉地區國民小學級任教師運用增強懲罰與班級經營效能關係之研究	1.女性教師在整體班級經營效能的效能高於男性教師。 2.一般大學畢業的級任教師，在班級氣氛層面及整體班級經營的效能較高。 3.班級人數較多的級任教師，在親師溝通層面及整體班級經營的效能較高。 4.國小級任教師使用正增強、懲罰和整體班級經營效能具顯著正相關。

1. 介入策略

　　整理文獻發現，推動「正向管教」、「合作教學」對班級經營效能的具有正向的影響；而運用部落格協助班級經營可以提升教師的資訊科技的能力、班級經營的知能、行動研究的能力、解決問題的能力；此外，教師可透過IRS所顯示的資料以瞭解並分析學生的想法，藉此瞭解學生的個別狀況及互動情形，而學生更能充分表達個人的意見，並增進對同儕瞭解的機會，進而增加關心與互動；因此，對於常規表現、意見表達、學生學習氣氛、情感凝聚等部分有所提升，而對班級氣氛有正向之影響（蘇秀慧，2007；王郁惠，2007；周淑華，2009；許清練，2008）。

2. 教師變項

　　如同「第三節教師領導」所述，教師是影響班級的主要因素之一，但除了領導力之外，教師的其他背景變項也是影響要素；在「教師的人格特質」部分，黃煒華（2006）研究發現情緒穩定度愈高、愈謹慎負責、高度外向性之國民中學教師具有較佳的學習型班級經營理念。針對國小教師之特質，有研究指出創造性人格特質之教師與班級經營效能間有正相關；且人格特質愈具有和善性、開放性、外向性、勤勉正直性，較常在班級經營中使用增強物（李佳倫，2008；賴靜儀，2009）。在「教師的情緒管理」部分，也有研究指出與班級經營之關係，例如：盧虹汝（2008）表示國民小學教師對情緒管理的知覺愈高，班級經營效能的表現也會愈好；此外，情緒管理具有預測班級經營效能的作用，其中以「情緒的覺察」對整體教師班級經營效能最具正向預測力。在「教師信念」部分，張家瑋（2008）認為教師若為開放式信念、互動式信念、威權式信念，則有較佳的班級經營效能；反之，若為放任式信念，便有較差的班級經營效能。

作者的叮嚀

　　班級輔導雖異於團體諮商，但在教育部推定心理健康之三級預防系統中，可知學校的諮商工作者，除了團體諮商與治療外，以心理衛生宣導為目標的班級輔導，也是重要工作項目之一。尤其期待班級導師能善用輔導諮商之知識，來經營增強班級的團體氣氛與規範，故特另闢一章進行說明，期待讀者瞭解班級經營時，氣氛與規範之掌握；此處再次針對班級中常會遇見的實例進行說明，使讀者有更詳盡之瞭解。

第二部分　自我測驗Q&A

Q1

課堂上老師都希望同學能多多提問，並且鼓吹任何意見都是值得關注的，但學生就是沒辦法發言，到底是什麼讓學生不敢講？老師要如何才能讓課堂之團體感到更安全、更願意發言？

A1

可以注意的資料包括：適當的發言狀況、文化特質，以及課堂老師可給予不同於一般的刺激：

1. 適當的發言狀況

可以先問自己：團體中，人多到接近什麼數量時，自己通常就不會發言了？人數要少到哪種程度，才會一直發言？團體人數大概需要像一般成長團體的人數（七到八人），這樣的人數在自然進行談話上有較好的品質，且能維持一個焦點來進行或發展團體。但如果人數多出一倍或更多時，如大班級團體，就會有顧此失彼的現象，總有人有話說不出來、或是不想說卻被強迫要說，團體自然無法深入地互動。重要的是，大環境要能感到安全，主要就是要讓氣氛變輕鬆，這就是領導者要建立的目標。

2. 文化特質

在不同人數之團體中，會發言的人又各有什麼樣的特徵？像三十人以上的班級團體中，不發言的狀況其實正反映了一種文化特質。若同樣的場合發生在歐美國家，人們通常要用搶的才能取得發言，這反映出多數歐美國家的人是在較正向的經驗中成長，對自己抱持正向的觀念，從小習慣個人主義、重視「我文化」，所以即使個人講出來的話沒有什麼「高見」，也不會覺得自己不應該發言，因為他會覺得在這個現場，自己有發言的權利；但中國傳統文化比較重視的部分是角色、地位、權利與結果，所以就產生很多「他人文化」。所以在發言的狀況上便含有文化背景的影響因素。

3. 不同於一般的刺激

假設一個輔導老師去班級上課時，希望能得到學生較多的反應，輔導老師要知道：學生們沒有反應通常是一般的團體習慣。重要的是：「人在什麼情況下才能離開習慣呢？那就是需要給他不同以往的刺激。」老師可以想想看如何能讓學生比較願意發言，例如：誰發言就給一塊糖；傳遞東西，落在哪裡就該誰說話；讓學生自願擲骰子；討論跟大家有關係的話題；討論學生有興趣的事情等，還有很多種遊戲方式能產生不同的刺激，且引發學生的反應。

再假設今天一個新老師來到一個班級中，可能因為一般學生對於老師的認知都是嚴肅的，所以課堂呈現一片安靜。而老師可以做一些擺脫嚴肅形象的事情，例如表演醉漢，腦袋撞到哪、哪個學生就要站起來講話，這樣班上的氣氛馬上就會興奮起來，而且也可改變學生對老師的看法。

Q2

研究上多肯定團體成員採合作學習的收穫較其他學習方式為大，其中合作的基本要素更影響著學習的成效，有關研究結果曾顯示：「與資源互依性相較之下，目標互依性可以促成較高的成就和較大的產能（Johnson & Johnson, 2003）。」依此思考脈絡，對應到班級中，是否「學生在分組學習時，應將目標相同的學生放在一組，而非依能力差異來分組，如此才會有較大產能？」若需要進行分組之合作學習，以班級成員的匯聚與能力發展來考量目標時（例如：求相處融洽和求發展能力），尚需考慮哪些因素？

A2

領導者要視學習的目標來看適合的分組方式，不見得目標相同就完全能得到最大的效能；而要進行分組學習、設立團體目標時，應考慮的要點有以下：

1. 先判斷目前凝聚力發展的層次

若合作目的是為了提升班級凝聚力，如促進同學間相處融洽，應先考量目前班級的凝聚力（若單就高中職學習階段來看，班級凝聚力的形成

通常會在第二個學期即成形），若班級已發展至中度凝聚力（形成數個小團體），此時再以相處融洽為團體目標，將會對已形成的凝聚力有挑戰之虞。此時應調整團體的目標，以求團體能促進不同層面的成長。

2. 老師／領導者個人議題的考量

要設立目標時，也需要考慮老師／領導者本身的個人議題，因為身為團體領導者，將影響團體動力的催化與進行，若老師／領導者本身有著期待被團體成員喜歡的議題，對於目標的設立與達成將造成影響。

3. 課程性質的考量

目標的設立尚需考慮到課程的不同性質，若是一門以學習成就為導向的課程，如英文課，則得以發展能力為主，可將能力相近者分為同組；然而，若是一門以促進思考、強調合作為學習導向的課程，如行銷課，如此團體的氣氛可能會有競爭、合作的不同組合，則目標可能需要定為培養相處能力，可將目標相同者分為同組。因此，需要顧及課程的性質來設立目標，而不同目標也會需要不同的分組方式，以促進班級成員的成長。

❖　第三部分　歷屆考題精選　❖

一、有關次團體的處理較不正確的描述是哪一項？

　　(A)領導者應該在團體開始便宣布禁止性關係，若有成員彼此發展出團體外的性關係，領導者需要讓他們知道他們有責任讓團體知道這件事

　　(B)次團體在團體外的接觸絕對不利團體，都會導致破壞團體的凝聚力

　　(C)領導者必須鼓勵成員公開討論團體內的聯盟關係

　　(D)領導者可以規範成員在團體外次團體的社交活動。

【96年專技心理師第二次考試試題】

二、Yalom重視幫助案主為團體治療做好準備。關於為團體治療作準備，下列敘述何者較正確？

(A)讓成員瞭解如果成員們在團體之外見面，他們有責任要在團體中討論這次見面的重點

(B)讓成員瞭解團體提供機會讓個人與其他成員發展親密、長期的關係

(C)讓成員瞭解團體禁止成員與配偶或家人討論團體治療經驗

(D)透過團體之前的會談，說明團體的目標、歷程與規範，便能有效幫助成員做好進入團體的準備。

【95年專技心理師第一次考試試題】

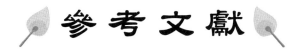

參考文獻

王宏彰（2007）。轉型領導理論在班級經營上的應用。**中等教育，58**，6，116-125。

王郁惠（2007）。IRS應用在班級經營之行動研究。未出版碩士論文。臺北：臺北市立教育大學數學資訊教育學系。

石偲穎（2005）。從團體氣氛探究動機維繫的機制——以一個參與「高溫超導磁浮創意競賽」的高中生團隊為例。未出版碩士論文。臺南：國立臺南大學教育學系課程與教學系。

何長珠（2003）。**團體諮商—心理團體的理論與實務**。臺北：五南。

何長珠（2009）。課堂經驗分享。嘉義：南華大學生死學系所。

吳武典、洪有義、張德聰（2008）。**團體輔導**。臺北：心理。

呂美芳（2006）。國中教師領導風格、班級經營策略與班級經營效能之關係研究。未出版之碩士論文。新竹：中華大學科技管理學系。

李佳倫（2008）。國民小學教師創造性人格特質與班級經營效能之相關研究。未出版碩士論文。嘉義：國立嘉義大學國民教育研究所。

李郁文（1998）。**團體動力學**。臺北：桂冠。

李國勝（2004）。國中導師領導行為、班級氣氛與班級經營效能關係之研究。未出版之碩士論文。彰化：國立彰化師範大學教育研究所。

李詩鎮（2002）。探索活動團體氣氛與休閒效益關係研究。未出版碩士論文。臺中：朝陽科技大學休閒事業管理系。

周淑華（2009）。臺北縣國民小學教師正向管教與班級經營效能關係之研究。未出版碩士論文。臺北：國立臺北教育大學教育政策與管理所。

林俊德（2002）。團體規範探討。**諮商與輔導，194**，2-7。

林振春（1992）。團體規範的發展與應用（下）。**諮商與輔導，81**，34-37。

林振春（1992）。團體規範的發展與應用（上）。**諮商與輔導，80**，

25-30。

姜曉欣（2007）。運用互易領導與轉型領導提升班級經營效能。未出版之碩士論文。桃園：中原大學教育研究所。

洪素英（2005）。團體觀點：醫院品管圈之結構與效能。**臺灣公共衛生雜誌，24**，2173-183。

高月圓（2008）。國民中學導師班級經營策略之個案研究。未出版之碩士論文。臺北：國立臺灣師範大學教育學系。

高俊傑（2004）。合作學習理論的教學理念。**馬偕醫護管理專科學校學報，4**，133-143。

高啟順（2003）。合作學習在班級經營上的運用。**臺灣教育，624**，62-64。

張家瑋（2008）。臺中市國小級任教師班級經營信念與班級經營效能關係之研究。未出版碩士論文。新竹：國立新竹教育大學教育學系。

莊旻潔（2002）。群體規範、認知、認同對產品態度與忠誠度的影響──以青少年之偶像崇拜行為為例。未出版碩士論文。臺北：國立政治大學國際貿易學系。

許清練（2008）。輔導教師與導師合作歷程下的班級經營之行動研究──以三個國中班級為例。未出版碩士論文。高雄：高雄師範大學輔導與諮商所。

陳均姝（2007）。團體層次與個人層次變項對於團體治療性因素的影響：多層次縱貫研究分析。未出版博士論文。臺北：國立臺灣師範大學教育心理與輔導學系。

黃煒華（2006）。國中教師人格特質對學習型班級經營個人認知程度與應用成效之影響──以宜蘭地區為例。未出版碩士論文。宜蘭：佛光大學管理學研究所。

劉佩芬、謝碧晴、蘇慧芳（2006）。醫院品管圈的團隊結構與衝突處理行為。**臺灣公共衛生雜誌，25**，6，449-461。

蔡其螢（2004）。國小中年級受同儕歡迎兒童與被同儕拒絕兒童其社會行為之研究──以三年級為例。未出版碩士論文。臺中：臺中師範學

校國民教育學系。

蔡宜芯（2007）。團體規範的探討。國立嘉義大學，未出版手稿。

盧虹汝（2008）。國民小學教師情緒管理與班級經營效能知覺之研究——以中部四縣市為例。未出版碩士論文。嘉義：國立中正大學教學專業發展數位學習所。

賴妏甄（2009）。臺北縣國中導師家長式領導與班級經營效能關係之研究。未出版之碩士論文。臺北：輔仁大學教育領導與發展研究所。

賴靜儀（2009）。不同人格特質之國小教師在班級經營中使用增強物之研究——以苗栗縣為例。未出版碩士論文。臺東：國立臺東大學教育學系。

謝雯惠（2006）。國小教師領導風格對班級經營策略與班級經營效能之影響。未出版之碩士論文。新竹：中華大學經營管理研究所。

簡正鎰（2000）。團體心理治療治療者的基本任務。**諮商與輔導，174，**21-24。

蘇秀慧（2007）。國小導師運用部落格（Blog）協助班級經營之行動研究。未出版碩士論文。臺北：國立臺北教育大學課程與教學研究所。

Cress U. (2005). Ambivalent effect of member portraits in virtual groups. *Journal of Computer Assisted Learning, 21*, 281-291.

Johnson, D. W. & Johnson, F. P. (2005)。**團體動力—理論與技巧**（任凱譯）。臺北：學富。（原著出版於2003年）

Jetten, J., Spears, R. & Manstead, A. R. (1997). Strength of identification and inter group differentiation-the influence of group norms. *European Journal of Social Psychology, 27*, 603-609.

Johnson, K. L.& White, K. M. (2003). Binge-Drinking-A Test of the Role of Group Norms in the Theory of Planned Behaviour. *Psychology and Health, 18*, 1, 63-77.

Mcauliffe, B. J., Jetten J., Hornsey M. J. & Hogg M. A. (2003). Individualist and collectivist norms-when it's ok to go your own way. *European Journal of Social Psychology, 33*, 57-70.

Mcauliffe B. J., Jetten J., Hornsey M. J. & Hogg M. A. (2006). Differentiation between and within groups: the influenceof individualist and collectivist group norms. *European Journal of Social Psychology, 36*, 825-843.

Nesdale D., Maass A., Durkin K. & Griffiths J. (2005). Group Norms, Threat, and Children's Racial Prejudice. *Child Development, 76*, 3, 652-663.

Ojala, K. & Nesdale, D. (2004).Bullying and social identity-The effects of group norms and distinctiveness threat on attitudes towards bullying. *British Journal of Developmental Psychology , 22*, 19-35.

Salmivalli, C. & Voeten, M. (2004). Connections between attitudes, *group norms*, and behaviour in bullying situations. *International Journal of Behavioral Development. 28*, 246-258.

Yalom, I. D. (2001)。團體心理治療的理論與實務（方紫薇、馬宗潔等譯）。臺北：桂冠。（原著出版於1995年）

附錄一
歷屆考題暨解析

❖ **第一章解析**

選擇題：一、(D)　二、(B)　三、(A)　四、(C)

❖ **第二章解析**

> 一、治療團體的帶領可以單一領導者或協同領導者（co-leader）之方式配合帶領，請論述協同帶領的優點與缺點，並舉例說明可行的協同領導模式。　　　　【97年專技心理師第一次考試試題】

答：「協同領導」在團體中對團體領導的訓練及團體功效上，均有其重要性，協同領導模式所帶來的團體功能的促進、實務工作者個人專業能力的成長，確實有許多的優點，但是相對的，團體中增加一位或一位以上的領導員對團體的進行亦造成其複雜性，因此協同領導可能的缺點亦是值得注意、警惕的，如此方可將協同領導的功能發揮至最大。

1. **協同領導的優點**

　⑴就領導者而言：

　· 彼此分工可以減輕個人負擔，共同承擔團體責任，提供較多資源，避免領導者專業耗竭。

　· 對彼此的回饋與支持。協同領導可以分享彼此不同的觀點，擴大彼此的認知及觀察，藉由協同領導，可從對方身上學到不同的領導技巧，在建立自我領導風格之餘，能和對方產生互補和擴大彼此對團

體的影響力。

- 檢查自己或對方是否有反移情、自我需求或來自偏見上的曲解，才不至於使團體陷入挫折的僵局，領導員之間也是彼此的諮詢者。
- 當協同領導為異性組合時，可以在團體外討論時提供更多不同的觀點，擴增因性別差異所造成的文化影響之覺察；但如果是同性之協同領導組合，則因觀點感受可能較相近，容易溝通瞭解和深入議題。

(2)就團體而言：

- 當一位領導者因為團體狀況而注意某位或某些成員時，協同領導者可以注意其餘成員的感受，並邀請他們分享自己的感覺，每位成員因此都可以被照顧到。
- 如果一位領導者因為無法克服的困難，例如：生病、專業上的某些原因而無法參加團體時，另一位領導者可使團體繼續進行，不至中斷。
- 當領導者之間由意見不合，到能彼此尊重、公開表達意見時，成員能從中學習如何解決衝突，獲得面對彼此不同時的「真誠」，以及兩個獨立個體同時能交融的「力量」，藉此獲得更多生命力與體會。
- 性別組合產生的良性作用：若此模式下團體進行順利，成員可在不同性別的協同領導組合中有所學習：(1)同性間、異性間如何建立與互相尊重的關係與工作模式；(2)團體提供類似外在之真實情境，例如：可能引發類似原生家庭之動力產生（依附權威或手足競爭），催化成員產生正或負之移情（喜歡認同或反抗等），種種動力均可提供團體引發覺察、改變的機會。

2. 協同領導的缺點

(1)就領導者而言：

- 如果雙方責任不均，容易造成其中一方有較多的壓力。
- 團體進行過程中需要不斷地溝通，包括團體進行前也必須多花費心思瞭解對方帶領團體的方向，若沒有適當的溝通，過程中很容易發

生不清楚對方用意、兩個領導者方向不一致的狀況。

- 領導者之間需要以開放的態度來看到彼此的關係，如果領導員沒有充裕的時間討論瞭解彼此的不同，問題可能隨時會發生，團體則將被干擾而動盪不安。

- 如果是同性別協同領導可能會因為觀點相似，不易看出彼此的盲點，對專業成長有所限制；如果是異性別協同領導，遇到觀點不同時，可能較同性別組合易有溝通和瞭解上的困難。此外，在建立彼此信任關係上，容易因為與異性別在可能的性吸引力上顧忌較多，而增加合作上的困難。

⑵就團體而言：

- 帶領方式不同又沒有立即處理時，可能對成員產生照顧上的疏失。

- 當領導者間產生反移情狀況時，例如：領導者可能會陷入一種不自覺的需要，彼此在團體中競爭、爭取成員，容易造成團體拉扯、退後的現象。而成員也可能容易將注意力、興趣轉到領導者身上，以致失去自我成長的焦點。

- 當協同領導員彼此出現性吸引力，因而忽略對成員的照顧時，會損及成員的福利，也造成成員錯誤的學習。

3. **可行的協同領導模式**

⑴須注意協同領導員的選擇：

- 視成員年齡、發展階段特色考慮領導者性別的選定。

- 彼此有協同領導的意願，包括是否願意花時間充分的討論、協調。

- 最好有相近的理論基礎與價值觀，瞭解彼此的經驗與專長、弱點。

- 有共同接受督導回饋與討論之機會。

⑵在團體不同的階段需要做不同的協調：

- 預備階段：協調彼此希望帶領的方式，如輪流或主副；討論或澄清團體基本的倫理觀念，使之趨於一致；決定團體計畫等相關事項，進行工作分配。

- 團體進行階段：儘量每一次團體帶領前、後都必須預留適當時間以供討論，如開始前討論原先預定計畫的目標及可行性、可能困難與

處理方式。而每次團體結束後討論彼此對這次團體的感受、看到的團體現象、在協同領導中看到對方的優缺點、是否出現移情需要解決、需要做哪些調整等，最重要的是同時也必須給對方一些真誠正向的回饋。

- 結束階段：對團體過程做一回顧性的討論。彼此誠懇開放的對團體結果、團體過程中現象的感受、彼此協調的心得、中間所遭遇的挑戰、處理哪些正向的地方值得維持、哪些可以改進、警惕等，予以討論。當協同領導關係結束之後，尚需進行自我反省的工作，作為下次警覺、努力克服的目標。

　　瞭解協同領導在團體中的應用有其必要性，領導者與協同領導者必須全然的參與、主動的從對方身上獲得學習，方能發揮協同領導的功能，以促進團體成效。

二、試舉例說明團體領導者自我揭露（self-disclose）太少或太多對團體的影響，並說明領導者適當與催化性的自我揭露（self-disclose）之做法。　　　【97年專技心理師第一次考試試題】

答：自我揭露是指領導者在團體中透露一些個人的經驗、感受或想法，通常目的是為了催化團體更深層的互動，但此種揭露同時也可能形成團體的助力或阻力——領導者揭露太多或太少會對團體形成不同的影響，以下就領導者揭露太多與太少對團體的影響，以及領導者可以如何使用自我揭露作為適當催化，加以說明：

1. **團體領導者揭露太多的影響**
   (1)團體的焦點會轉移到領導者身上，使得成員分享與回應的機會變少。例如：團體領導者在成員分享重要過去經驗時，隨後提出自己類似的過去經驗且侃侃而談，轉移了成員個人獲得的注意，使該成員失去深入探討個人經驗的機會。
   (2)團體初期仍在建立關係中，若領導者揭露太多，會產生熟悉度與揭露程度之差異太大，易引發團體的焦慮與不自在，以及易引起大多

數成員的不安。例如：成員可能感覺自己做不到對等之開放，而擔心團體（或領導者）會給自己壓力？猜想自己不適合這個團體？而對團體產生不適當的距離感與擔心。

2. **團體領導者揭露太少的影響**

(1)團體成員會覺得領導者並未融入團體之中：如領導者在團體中刻意隱藏自己的感受，或總是對成員提出的問題避而不答，成員同樣感受得到領導者防衛性的非語言行為（例如語言、肢體的迴避），而這些曖昧不明的訊息將影響團體的動力，影響成員對於團體（包括對領導者）的情感投入。

(2)減少成員仿效領導者的影響：領導者的自我袒露常能引發成員的仿效，例如當團體出現沈默時，領導者能揭露此刻團體的氛圍，分享經驗中沈默可能的狀況，此時成員可能會覺得自己對坦露者負有一些責任或義務，通常會給予回應，然後相對地分享自己在沈默中的狀況；但若領導者每次沈默時都是以其他方式轉換團體之焦點，成員也可能因此喪失有效介入的學習機會。

3. **領導者如何適當以自我揭露作為催化**

領導者的自我揭露之所以對團體有幫助，是因為能給團體一個示範或榜樣，並允許成員客觀檢視他們對領導者的感覺。團體領導者的自我揭露亦是團體中「此時此地」的一部分，身為一位團體領導者，適當的且具催化性的自我揭露應要注意揭露的時機和內容，舉例說明：

(1)團體初期：領導者可以藉由向團體公開說明自己的期望，來示範自發性，並表示希望成員提出自己的期望以使團體獲得更多效能，來示範真誠的互動，這樣的自我坦露是安全的。

(2)轉換時期：團體的焦慮衝突出現，此時領導者若一直當個觀察者，常會引起團體的衝突與挑戰，領導者心態上要先瞭解、接納一件事：成員表達負面情感其實是檢視團體信任度的一種方式。領導者的任務是將此種矛盾衝突拉到此時此地之焦點，並示範或催化如何做同理性的自我開放。例如，領導者說：「A，我發現當B對著我說話時，你似乎常常將頭轉向另一邊，我對這件事情感到困惑和好

奇——此時的你發生了什麼事嗎？」，領導者需要允許、接受成員陳述自己的恐懼與焦慮，而不是拒之於自己的感受之外，這樣的自我揭露才可能是對於團體邁向成熟是有幫助的。

(3)工作與結束階段：此時自我揭露是團體中重要的工作，從衝突進到工作期，成員建立了對團體的信任感，且需要對自我揭露有清楚的理解，領導者正可作示範。自我表露有兩個層次，一是公開表達自己對團體中進行內容的抗拒感受，另一層次涉及表露時的苦惱、未解的個人問題、期望目的、創傷以及優缺點。例如：領導者在團體後期（成員對領導者的能力已具有安全感時）向團體中的某成員表示：「我感覺你給我的權力過大，讓我在團體中感到拘束、不自在，其實我並非你所想的那麼有智慧，我覺得你好像把自己看得很低、把我看得很高。」

　　總之，領導者的自我表露不是指暢談個人歷史，也不需訂定團體揭露隱私的程度，而是勇於表達自己、對團體保持開放，用立即性連結成員過去的問題，讓成員能準確表達在此時此地體驗的內容，以現實檢驗自己的感覺，並求獲得認知重建（cognitive reconstruction）之可能。

三、越來越多的研究發現與諮商心理師／治療師相關的變項在諮商與心理治療效果中的重要性。請具體說明團體治療師在團體中的三項基本任務（basic tasks），並各舉一個團體實務經驗為例說明之。　　　　　　　　　　　　　　【96年專技心理師第一次考試試題】

答：團體治療師在團體中共有三項基本任務：團體的創立與維繫（creation and maintenance of the group）、文化的建立（culture building）、催化此時此地並予以闡釋（activation and illumination of the here and now），分項闡明並舉例如下：

1. **團體的創立與維繫**

　　一個團體的創立，領導者扮演著重要角色，其任務包括設定團體的計劃書（包括理論基礎、總目標、單元目標）、進行時間、地點、次數、團

體性質（開放、半開放、封閉）、招募方式、成員性質、成員篩選、進行事前準備（如硬體空間、經費）等。

舉例說明：一個偏向結構性的大學生自我探索與接納團體，在招募成員與篩選成員上，是透過海報、網路之宣傳來招募校內大學生，然後再對來報名的學生做一對一的初步晤談，晤談重點之一是瞭解學生參與團體的目的與對自我的期待，並說明團體的目標，目的是讓學生將個人目標與團體整體目標作對照，並有機會調整解兩個目標間的差距；晤談的第二個重點，是瞭解學生參與動機，自願性成員通常較非自願性成員容易投入團體，此舉動也是為了日後團體進行時，避免成員流失的重要預防之道。

2. 文化的建立

團體領導者必須努力建立一套引導團體互動方式的行為規範，也是間接的創造一種團體文化，例如：團體領導者在言行之中鼓勵成員做誠實、自發性的表達，或者鼓勵成員間提供支持、利他行為，這些文化（行為規範）能幫助團體做出更具團體療效的互動。

舉例說明：團體一開始，領導者通常比較適合扮演「供應型」的角色，意即出現許多照顧成員的口語或行為，如瞭解成員在團體中對環境感到的舒適程度，並適當調整空間溫度或通風；為成員準備簡單的茶水或點心，讓成員可以在團體開始前食用，不至於餓著肚子進行團體等。這些行為對成員潛在的影響可能是：一個代表性人物（團體領導者），能懂得適當的照顧別人進而從中體驗到有效的團體規範，以及可以如何表現。

3. 催化「此時此地」之焦點並予以闡釋

此任務可說是團體領導者的高階任務，意即並不是每個團體領導者都可做到此一任務，但仍可作為團體領導者在專業上的理想目標。

「催化此時此地」，便是「優先處理團體中的立即事件」（相較於團體之外或過去的事件），處理此時此地常會增加成員當下的情緒宣洩、增加有意義的自我坦露。更重要的是將此時此地的討論，做出「歷程闡釋」，意即經過此時此地的體驗後，回去檢視剛才團體中所發生的事情，做自我檢視與反省，通常並能從中獲得更具體的學習，如得到有效的社交技巧。

舉例說明：善於抱怨的A成員，又再次於團體中抱怨自己工作場域中每一個同事，述說著他們令自己討厭的地方，經過了二十分鐘，團體中其他成員看起來興致缺缺、不耐煩，此時領導者可探問團體：「我看到A成員帶著憤怒大量述說自己過去的故事，而卻沒有任何成員給予回應或阻斷。可否請每個人說說看現在團體的狀況是什麼？」此動作是帶領團體成員檢視潛在的衝突，並提出來進行可能的處理。若團體此時已進入衝突期（第三階段），團體可能會有成員表示出對A成員的不滿，而引發A成員更多的其他情緒（如悲傷、自我攻擊、不滿），此時領導者之重要任務，乃在敢於催化成員表達彼此內在的感受。

　　而歷程闡釋之做法，則是領導者將A成員原先帶進團體的主訴問題，與剛才發生的情況作連結，如探問：「A成員，好像你怎麼盡力，都會導致與自己期望相反的結果，這與你在團體中的狀況看起來好像很像，你覺得你跟團體其他成員的關係如何？你是用什麼方法跟大家建立關係的？（如這個例子是訴怨）其他成員認為呢？」協助團體去探究自己與A成員的關係與互動，從中獲取對自己及他人有幫助的訊息。

　　此三項基本任務充斥於團體的整個過程當中，並隨著團體領導者的技巧層次與態度，間接卻重要的影響著團體效能。

四、名詞解釋：後設坦露（meta-disclosure）
【96年專技心理師第一次考試試題】

答：後設坦露是一種自我坦露的方式，意即「使用後設認知來覺察、思考自己的坦露」。簡單來說，後設坦露就是：「注意到自己的坦露，知道自己要坦露什麼，且瞭解為什麼要做這樣的坦露。」是比自我坦露還高出一層的認知與思考。

　　例如，自我坦露是：「今天我選擇將這件事情說出來，是因為我對於團體的信任。」而後設坦露之說法，則可以是：「而且我想自己信任團體的這個特徵，是與個人成長經驗中，一直遇到可信任的領導者是有關係的」。

後設坦露可說是一種個人反省自我坦露的認知過程，藉由坦露來協助個人自我瞭解與調適，並讓對方更進一步瞭解自己的內在認知。

❖ **第三章解析**

一、團體治療中面對壟斷發言型的病人及類分裂型病人治療者須運用不同治療策略加以治療，請針對這兩種類型病人之特徵、對團體影響及治療上考量加以分析說明。

【96年專技心理師第二次考試試題】

答：在治療團體中，每位成員皆帶著其問題進入團體，而每個問題都是獨特的，然而有一些常見的行為問題，容易使領導者感到棘手，以下便針對「壟斷發言型的病人」及「類分裂型病人」，進行其特徵、對團體影響及治療上考量的說明：

1. **壟斷發言型的病人**

   ⑴特徵：

   ・為了自我隱藏而出現強迫性談話：難以停止與他人對談，即使是他人的發言權，也會利用各種技巧插話，或利用詢問的方式壟斷發言。

   ・因過度重視自己的想法和觀察，並缺乏同理他人的能力或特質，以致無法有所延宕，需要立即的表達，會鉅細靡遺的描述細節，或是陳述和團體議題只有些微關連的事件。

   ・滿足引人注意及控制別人的需求：提及奇怪的言論或是與性有關的內容，或陳述一些重大的生命巨變，以吸引他人注意。

   ⑵對團體影響：

   在團體的初始階段，團體成員會歡迎這類型的人，藉此避免表達自我或面對沈默的焦慮。但不久團體成員的心情會變成挫敗或生氣，而開始不願意和此類型的人對談，大部分的成員可能會安靜下來不願回應，或是間接的表達敵意，而對團體凝聚力產生不良的影響，

並出現成員的缺席、形成次團體等情況。

(3)治療上考量：

- 領導者須檢視壟斷發言的行為：從團體的觀點來看，領導者需明白，「沒有任何壟斷發言型成員會憑空存在，此類型成員總是和一個容許或鼓勵此行為的團體共存」。

- 協助其他成員的覺察：領導者可以提出此議題「為何團體許可或鼓勵某一位成員承受整個團體的沈重負擔」？這樣的修通可以使成員從「認為自己被壟斷型成員剝削」，覺察到他們可以因為不必發言而鬆一口氣，他們讓壟斷發言型成員盡情的自我坦露，而成為眾矢之的，自身卻對團體的治療目標不用負起責任。當成員能覺察並探討自身的不積極時，也就強化了團體歷程的個人承諾，對於團體的動力，將是一大進展。

- 壟斷發言型成員的個別處理：他人常無異議的認定壟斷發言者為團體中最主動的成員，但該成員自身不見得如此認為，因此，領導者須鼓勵團體給予回饋，來幫助壟斷發言者覺察自己的表現以及他人對其行為的反應。必須溫和且重複的使其面對此矛盾，使其瞭解到——即使他們希望被人接受及尊重，但他們持續的行為只會造成別人沈默的抗拒與間接的拒絕，使自己感到更多的惱怒、拒絕和挫敗，因此並非真正有效之策略。

2. 類分裂型病人

(1)特徵：

- 情感平淡：通常展現一種「溫溫的」外表，看不出情緒反應，也很少有互動的姿勢或面部表情。

- 獨行俠：常選擇獨處或不願與人相處。

- 不在意他人如何看待自己的表現，對他人的讚美或指責看來也漠不關心。

(2)對團體影響：

團體成員對於此類型成員可能一開始會感到困惑、好奇，而主動協助其體驗感受，但漸漸的會感到厭倦、挫折，甚至開始懷疑自己的

努力，而影響團體歷程的進展。

(3)治療上考量：

- 此時此地的催化技巧：鼓勵此類成員感受不同的成員之不同反應對自己內在所造成之影響，並嘗試將其劃分清楚；以擴展當事人對不同人際特質反映上之敏感度。

- 鼓勵其觀察自己的身體：從覺察與情感相對應的身體自主反應，（例如：面容僵硬或手心冒汗等），逐漸轉化成心理方面的意涵（例如：內在緊張時之反應）之覺察。

- 領導者應避免過多對其進行一對一的治療工作，或使團體過於依賴領導者，而變得較無自主性（例如：在旁觀看），有可能退回到前一階段之依賴領導者而妨礙團體的發展，可轉化為兩人一組的練習形式。

總而言之，「壟斷發言型的病人」及「類分裂型病人」均屬於Yalom所謂臨床上有問題的病人類型，值得特別的注意。注意自己的專業經驗水準與適合工作對象；聯合個別諮商之轉介並積極尋求督導之協助等，以避免影響團體工作。

二、試述以下兩個名詞或情境的差異：
(一)封閉式團體（closed groups）及開放式團體（open groups）。
(二)異質性團體（heterogeneous groups）及同質性團體（homogeneous groups）。　　　　　　　　【95年專技心理師第二次考試試題】

答：(一)在組成團體的結構中，從成員的來去可分為「封閉式團體」和「開放式團體」，以下分別說明之：

1. 封閉式團體

成員固定不變，即使有成員離開，也不會再加入新的成員，是目前團體諮商中較常被選擇的模式；團體的認同感和和諧性較開放式團體容易被催化，而能夠導向更多或更深的發展，可避免不斷有新的事情發生，而妨礙了對原有議題的關注。這種團體較常見於學校及訓練型態之團體。

2. 開放式團體

新成員的加入，有可能會影響團體的發展，因此，在決定要讓新成員加入前，領導者須事先與團體討論，並把新成員統整於團體之工作視為是團體的責任，若是原有的基礎穩定，加上適當的催化，對團體而言是一個積極的經驗。這類團體更常見於醫院中所進行之治療團體或社區中所進行之心理成長團體。

㈡從團體成員組成特質的差異性大小，可以分為異質性團體和同質性團體，所謂的特質，包括性別、職業、年齡、社經地位、教育程度等基本資料，與問題類型、人格特質、內在衝突和人際風格等心理資料，以下詳細說明：

1. 異質性團體

是指團體成員間的特質差異性較大，有利於成員間的激盪創造，卻不易產生凝聚。其理論基礎為「社會縮影理論」和「不和諧理論」，前者認為團體是一個大社會的縮影，成員被鼓勵去發展新的人際互動方式，因此，團體成員的異質性，可以使成員有最多的學習機會；後者認為當個體處於不和諧狀態時，必須努力以行動來降低此狀態，因此，個體便開始學習和改變，也就是說，在異質性高的團體中，成員難以用慣有的人際相處模式得到平衡，便開始嘗試新的方式。

2. 同質性團體

是指團體成員間的特質差異性較小，有較多相似的特質，有利於成員相互認同；相對的，有礙於激盪創造。「團體凝聚力理論」強調團體吸引力是療效因子中最為重要的，因此，團體的首要目標便是建立融洽的氣氛，產生凝聚力，故贊同以同質性成員組成團體。

由上述可知，異質性團體可以使成員學習與不同的人建立關係，但是過大的差異會造成溝通上的困難，因此，領導者如何保持彈性，取得平衡，使成員間有適當的一致性，形成舒適和認同感，也有足夠的差異吸引彼此的興趣。可依照領導者自身之經驗、傾向以及成員的特定議題，來做綜合性的結論，例如：以改善破壞性行為為目標的團體，便較適合同質性團體。

三、你對「壟斷發言型」（monopolist）成員的處理方式為何？
【95年專技心理師第二次考試試題】

答：壟斷發言型成員通常是為了減輕焦慮，而表現出不停說話、發問或插話，以及吸引他人注意等種種狀況，若對此狀況視而不見或不適當處理，容易導致團體的鬥爭、成員的流失、形成次團體等，團體領導者可以從「團體」與「個別」之觀點有效的介入，如下說明：

1. **處理團體**

在團體中發生的現象是每個成員（包括領導者）的共容狀況，當壟斷發言型成員持續在團體中作用，領導者可問團體：「為何團體接受某一成員以這樣的方式與團體互動？」、「為何團體允許某一成員承受整個團體的重擔？」讓這個「團體現象」或「團體議題」可以被討論，而不只是壟斷者的議題。領導者此時可做的是，引導成員揭露自己消極面對此狀況的原因，反思自己前來參與的動機與承諾。

2. **處理個別成員**

⑴邀請而非阻斷。壟斷者的行為經常是為了讓自己與團體保持距離，避免真實而有意義的連結，團體領導者應避免嚇阻或隱微地表達不耐煩，而是真誠的邀請此類成員，如表達：「我誠懇的邀請你提出自己此刻真實的感受。」

⑵鼓勵團體不斷回饋，以協助壟斷者自我觀察。例如：領導者覺察到團體的對於壟斷者有不耐煩之情緒反應，可向壟斷者表示：「○○，我想此刻你可以暫停一下，因為我感覺到團體對你有一些重要的感受，我認為讓你知道這點，可能對你是很有幫助的。」此動作是協助壟斷者增加對回饋的接納度，接著邀請成員表達自己的感受。或者團體領導者可直接向壟斷者表示：「當你再三複述這段令你憤恨的過往時，我感覺自己跟你的關係還是陌生，因為我還是不知道你對於眼前的團體有何感受。」重點在於表達「當你這樣講的時候，我覺得……」，而非指出壟斷者行為之原因（例如：你一直

講你的事情，是不想聽我們說話嗎？）

(3)協助壟斷者思考目標與現實間的差距：如壟斷者原先希望可以得到其他成員什麼回應？實際上得到了什麼？這之間的差距是如何形成的。

　　團體領導者如果可以將每個成員帶來團體的議題，善加介入並增加成員間的表達，則每個議題都可以是團體的助力而非阻力。

❖ **第四章解析**

一、團體治療在成熟期可能遭遇的問題有哪些？說明如何避免和解決這些問題。　　　　　　　【93年專技心理師第二次考試試題】

答：在團體成熟期，團體中會出現次團體的形成、衝突的產生、成員自我坦露的出現等三種情況。此三種狀況的處理及解決方式由以下分述之。

1. **次團體**

　　在團體成熟階段，團體成員之間會因為彼此之間的熟悉而有「次團體」的產生，可能會在團體外有聯絡或有其他的社交活動。而次團體對主團體所產生的破壞力並不是在其本身，而是在流動於團體中的「沈默的溝通」（Yalom, 1995/2001），因此如何處理已形成的次團體，或是如何避免具傷害性的次團體形成，讓溝通更加透明，便成為團體成熟期可能遭遇的問題，說明如下：

(1)減少具傷害性的次團體形成之機會：領導者可開門見山的在團體開始前或初期階段，清楚告訴成員次團體是經常會發生的現象，說明次團體可能的阻礙，並且鼓勵成員討論團體內、外合適的同盟關係。

例如：領導者可以告訴成員，人是群聚動物，團體中形成次團體是很自然的現象，成員可以思考的是，個人是因為期望尋求依賴來減

輕焦慮、或尋求權力的依附、還是有意願瞭解彼此、想一同增加彼此心靈的成長而形成次團體，藉以探查自己內在需求與外在行為的連結，並找尋最能幫助自己的方法。領導者還可以在過程中鼓勵成員分享與其他成員的同盟關係，並與團體一同討論對這些關係的反應，無論是羨慕、嫉妒、拒絕、憤怒或替代性的滿足。

(2)處理已形成的次團體：次團體既然是團體必然現象，且領導者覺察到次團體潛在或已經形成的影響，應該開放地將自己覺察到的狀況，與團體一同討論。例如：領導者知道團體形成之時，已經有次團體的現象，可以在團體初期公開討論成員進到團體時對彼此的熟悉程度，以協助成員瞭解彼此關係上的動力。

(3)瞭解次團體的正向作用並善加發揮：領導者要知道，具有正向、聯盟式的次團體能夠幫助提升團體凝聚力，而有效的次團體是——次團體的目標與主要團體的目標一致。領導者應發揮次團體帶來的有益效應。例如：次團體與主團體兩者目標都是探尋內在個人需求、發現彼此的行為盲點，團體在討論次團體現象時，領導者便可積極探尋有效次團體中，共同的人際需求與心理狀態，如希望可以藉由直接溝通，與成員建立坦誠的關係。

(4)次團體嚴重影響主團體的凝聚力時，團體應有所取決：如團體中兩個成員暗地裡發展出感情甚至性關係，領導者應以團體效能為著想，請兩位成員協調，讓其中一位成員離開團體也是一種解決辦法（另一人參加其他治療），並讓團體討論整個事件。

2. 衝突

衝突是團體重要的進步契機，太多或太少衝突對團體都是不適切的。衝突產生的主要原因，例如：投射、移情、手足競爭。其他如觀點不同、人格結構（如妄想型人格）、團體規範的破壞、對領導者抱有不切實際的期望等。接著說明處理衝突的方式。

(1)體驗衝突情境：領導者表示如果團體要維持下去，則最好能與他人進行公開與直接之溝通，領導者可以主動介入，協助成員向衝突對象「表達自己的情緒、想法」，並「瞭解衝突對象的過去」，透過

瞭解、同理才能原諒。過程可使用「角色扮演」，請成員扮演對方的角色，藉以瞭解想法與感受。

(2)瞭解與面對衝突：

- 領導者直接邀請成員從團體的第二階段（合諧、凝聚）轉進第三階段（衝突、緊張），引導團體正面迎接挑戰，領導者可以說：「剛剛有人表達出一些強烈的感覺，如憤怒、難過、不安，現在讓我們一起嘗試去瞭解剛剛發生的事情，以及這些強烈感覺的來源，會有助於對彼此進一步的認識。」
- 接著邀請當事人成員去瞭解敵意的來源（探討投射的對象與事件），與提出背後的意義（擴大覺察）。
- 然後再詢問在衝突之外的成員，請他們對整個過程發表意見（客觀檢核）。
- 最後再對整個團體過程進行檢核（後設性認知之統整）。

(3)領導者給予適當詮釋：如向該成員表示，他對別人的不信任，其實可能也是代表不信任自己，或是可能受到過去經驗中重要他人的影響，並形成目前的人際想法。

3. 自我坦露

此時此地的自我坦露與團體凝聚力具有顯著正相關，隨著團體持續坦露，成員逐漸增加自己對別人的投入、責任與義務，而得到團體的讚賞與增強，進而整合到團體外的關係中。

自我坦露的重點是能釐清與他人之間的人際關係，在團體中適度自我坦露的成員，比起較少坦露自己的成員，對團體與自己更具有正面的效果；但太多或太少的自我坦露，亦會妨礙個體與整個團體的進展，接著討論領導者的處理方法。

(1)當成員坦露太少：領導者須鼓勵成員作自我坦露，嘗試瞭解成員不願坦露的原因，可指出成員「還沒準備好」向團體自我坦露的情況；邀請成員評量自己的坦露程度，探問若坦露程度有所提升，可能會出現什麼新的狀況。

(2)當成員坦露太早或太多：在團體初期便作大量自我坦露的成員，很

可能因為沒有獲得相當回應，顯得十分脆弱（初期大量坦露的成員忽略了別人準備的程度，也沒有警覺到自己坦露的程度，可能會陷入事後的後悔與羞愧當中），而想逃離團體。此時領導者應給予「支持」，亦即不批判、不指導，而給予澄清與同理，並可協助成員感受其他人的狀態。

(3)很少述說己況的成員突然自我坦露：可增加該成員的水平式坦露，如探問：「之前你沒有向團體說這件事情，今天你選擇這麼做，是團體發生什麼事情，或是你對團體有什麼感覺，讓你想要說出來？」、「若是之前就告訴我們，你會擔心發生什麼事情？你覺得誰會做出那樣的反應？」

團體成熟期出現的次團體、衝突與自我坦露，關係著團體能否進入具生產性的階段，值得領導者加以注意、坦誠面對與處理。

❖ 第五章解析

一、假設你被某國小輔導室（處）主任邀請去帶領一個針對受到霸凌學童的小團體，該主任表示只有12小時的經費給領導者，且因行政人員時間的考量最好安排在週末。此外，就學校所掌握的名單中，被霸凌過的兒童有11人，其中有5人是小五，3人是小四，3人是小三；而被霸凌且會霸凌他人的高年級兒童有3人，其中1人是小五；主任不確定是否都要放進團體之中。請問：身為團體領導者的你會如何規劃此團體？具體而言，你會如何篩選出哪些成員？考量為何？團體形成之前你還有哪些事項要加以注意或完成？請以某一個團體治療理論為設計的根據，提出你對此團體的方案規劃（含聚會型式、幾次聚會以及理由）、每次的目標以及可能會應用的活動。　【99年專技心理師第二次考試試題】

答：霸凌行為可能影響被霸凌個體自尊低落、無安全感、情緒焦慮或憂鬱等狀況，且受霸凌可能提高個體日後罹患心理疾患的可能性，此處以「團體前規劃」與「團體方案」作說明：

㈠**團體前規劃**

1. 設備與資源：團體領導者以具有專業訓練、國小學童輔導經驗之心理師為優先考量；活動場地以一間大小可容納約9-10人、非開放式之空間為主；時間依校方行政考量設為週末。

2. 成員篩選：透過學校協助調查，原先名單有11人，欲以「被霸凌」之8名兒童為主要介入對象，其考量如：⑴選擇同性質之成員，對於此短期介入團體之團體凝聚力建立較有幫助；⑵「被霸凌兒童」與「被霸凌且會霸凌他人之兒童」其目標有所差異。

3. 知後同意：因介入對象為兒童，需要事先獲得兒童與其監護人（通常為父母）之知後同意，方可進行團體，可透過輔導室老師或成員之導師來聯絡家長並獲得書面同意，同意書內容如團體目的、內容、進行方式與參與團體可能之利弊、保密等。

㈡**團體方案**

以現實治療理論作為此團體之方案設計依據，依理論應用考量、團體形式、單元目標與應對活動作說明：

1. 採用現實治療作為被霸凌兒童之介入方法，主要考量有二：
   ⑴被霸凌兒童常見之心理特質即為負面之自我概念，如持有負向自我認同、自我滿意度低落，而研究上多顯示現實治療對於提昇兒童之自我概念（自尊）是有幫助的。
   ⑵現實治療中，治療者接納、溫暖、不責備與不放棄的態度較能與被霸凌兒童建立共融的關係，以協助成員建立對團體之信任感與安全感。

2. 團體形式：以封閉式團體為主，因封閉式團體適合成員性質相似且短期介入之團體；因學校之介入時數為12小時，依據團體發展之開始、轉變、工作、凝聚與結束階段等四個階段，設計為6次聚會，一次聚會2小時。

3. 單元目標與活動應用：團體的主要目標為「協助提昇被霸凌兒童之自我概念」、「促使人際關係之發展」，團體方案以現實治療團體諮商中WDEP的概念來建立單元目標，並設計較符合國小3-5年級兒童之活動。

團體次數	主要單元目標	活動應用
第一次團體	(1)建立團體規範，瞭解團體目標並澄清個人期待	團體討論並在海報上寫出「團體的約定」貼在牆壁上
	(2)彼此認識	透過「我是小記者之活動」彼此訪問與瞭解
第二次團體	(1)探索個人基本需求並建立需求優先性	介紹個人的五種需求後，將需求依重要程度與理由畫成「需求金字塔」，選出最重要的需求然後畫出自己生活的情境，與團體分享。
第三次團體	(1)使成員瞭解自己在被霸凌過程中扮演的角色或原因	以「短劇方式」呈現被霸凌行為的情境與背景分析（認知治療）。
	(2)建立提昇個人自我概念之WDEP計畫	發下「個人畫冊」，將改變計畫用連環漫畫與對話的方式記錄下來。 設定「家庭作業」：將執行狀況用畫冊記錄下來。
第四次團體	(1)針對執行計畫進行自我評估，重新框架失敗經驗	針對執行狀況進行自我評估，並使用「重寫故事」的方式與小組共同討論如何重新框架失敗經驗。
	(2)再次建構計畫之行動，並建立對改變的承諾	再次擬定其他計畫，並自定「契約書」來表示承諾。
第五次團體	(1)宣洩憤怒	使用陶土引導成員使用捏、搥、打等方式宣洩情緒。 並邀請成員陶土創作出「恐懼」或「憤怒」的象徵。將內在之恐懼轉為「憤怒」之外化：討論如何增加對憤怒的控制感，降低無力感。
	(2)使成員體會目前的宣洩方式是否有效	小組討論面對憤怒的方式，例如：尋找現有資源、從分享中擴充資源。 尋找與憤怒相處的過程中，可以陪伴自己的力量（個人特質或人際）。

	(1)檢核目前行為與彼此回饋與支持	透過小組討論檢核執行狀況，然後用「便條紙貼貼樂」彼此給予回饋與支持的話語。
第六次團體	(2)建立具體的支持名單	領導者跟團體一起討論誰（如導師、班上同學、家長）可以如何幫忙自己，並討論具體的尋求協助方式。
	(3)建立長期計畫	寫一封信給未來的自己
	(4)回顧團體過程	以接龍的方式來回顧團體歷程

曾琬雅（2010）。現實治療團體諮商對受霸凌國中生自我概念與憂鬱情緒效果研究。嘉義大學輔導與諮商研究所，未出版之碩士論文。

二、若一社區性諮商中心欲針對現代人的壓力問題，舉辦一個有關面對壓力與調適的團體，請擬定一份團體計畫書說明你對帶領此團體的計畫。　　　　　【92年專技心理師第二次考試試題】

答：團體計畫書內容通常包含：團體名稱；團體目標；團體性質與理念；帶領人；進行時間、地點與次數；成員性質、人數與招募方式；團體大綱等，以下分項闡述：

1. 團體名稱：讓我們一起面對並調適壓力！

2. 團體目標：透過放鬆訓練讓成員實際體驗讓身體放鬆的方法，引導成員覺察壓力，且將放鬆訓練帶入日常生活中運用以因應壓力。

3. 團體性質與理念：屬輔導性質，主要是從生理層面的放鬆訓練，使精神得到適度的紓解與調適，以減少壓力對身心帶來的影響。

4. 帶領人：○○○（可簡述背景資料）

5. 進行次數與時間：預計99年1月2日～99年2月6日，每週六晚上七點至九點，共六次。

6. 參與對象：○○社區的一般成人（無特殊身心問題者），預計招募十二人。

7. 報名方法：請打電話至××-××××-××××找○○○報名，或是直接到社區諮商中心報名亦可，截止日期為98年12月20日。

8.團體大綱：

次數	團體主要內容
1	自我介紹，分享壓力帶來的身體的反應（身心健康量表之評估——建立前測分數），進行腹式呼吸放鬆法之教導，建立「身體放鬆日誌」（含增強物及建立同儕名單）的約定讓成員養成放鬆的習慣。
2	複習腹式呼吸放鬆法，覺察並描繪身體的壓力來源（加入靜心舞蹈或觀想練習法）。
3	複習腹式呼吸放鬆法，並加入漸進式肌肉放鬆法（搭配音樂療法），覺察身體中壓力的流動（瑜珈脈輪之介紹）。
4	複習腹式呼吸放鬆法，並加入幻遊放鬆法，建立內在的正向園地。
5	再次複習幻遊放鬆法，引導成員建立個人的保護神／保護光（心輪）。
6	分享「身體放鬆日誌」與實施後測的結果，相互支持與祝福（零極限觀點之應用），結束團體。

三、假如再發生九二一的災難事件，你須負責為災區無人財損失的青少年規劃一個團體方案，以何種性質的團體方案為宜？事前你需要有哪些考量？主要目標與重點當如何？

【91年專技心理師考試試題】

答：依序分述此種狀況下，團體方案的性質、事前須考量之事項以及團體主要的目標與重點：

1.團體性質

對於災區中無人財損失的青少年，雖然表面上看起來是沒有因為災難而有所損失，但在一夕之間，要面臨同學、老師的罹難，校園的損毀以及街道房舍的倒塌，對該群青少年來說，一定造成了相當大的心理衝擊。而此種衝擊對於青少年來說，也會讓這群青少年經歷一段失落的過程。故在危機發生當下，應先「以debriefing模式，進行開放、半結構的減壓團體」，意即以團體或座談形式進行心理的減壓與危機輔導（等待進行完危機處理，再進入較長期的「悲傷輔導」為適合）。

2. 團體進行前所需要考量之事項

以debriefing模式進行之減壓團體，在團體進行前需要考量的事項有下列數項：

(1)界定需要：在決定團體計畫之前，先針對災區中無人財損失的青少年，進行一些基本的調查（例如：年齡、就學狀況、家庭現況等），以決定問題可能的所在及處理問題的有效方法後，才能開始組織團體。

(2)建立目標：須事先決定團體的性質以及團體所要服務對象，在本題中的目標即為災區中無人財損失的青少年，以debriefing模式進行開放、半結構的減壓團體。

(3)相關資源人士之定向工作：協助與當事人有密切關係的人來瞭解團體過程的性質和意向，澄清誤會，回答問題，同時獲得支持。

(4)設立團體之相關事項：

- 進行時機：儘量在災難發生後一週內進行最佳。
- 場地：儘量以安靜、不受干擾，有桌椅之空間為宜。
- 方式：以具有程序、半結構性之小團體方式進行。
- 人數：以三到十二人為宜。
- 進行時間：依人數而定，通常在一小時三十分至三小時之間。
- 團體領導者：受過debriefing危機介入訓練之心理衛生專業人員為佳。
- 自備人力、財力、帳篷、海報等相關設備。

(5)潛在個案之定向工作：可以透過學校集會、班級輔導或是校內心理衛生講座的宣導與介紹，讓青少年可以瞭解減壓團體的意涵（創傷需要經過心靈的清理方能慢慢復原，而不是透過避免悲傷、掩蓋痛苦來遺忘）及參加此過程可能有的利益，以協助青少年增加處理創傷的一般知識。

3. 團體主要目標與重點

(1)建立團體安全、開放與鼓勵表達的氣氛，讓成員有機會面對危機、抒發情緒、交流感想、分享應變的方法，並且在同儕之間建立情感支持，和「原來大家跟我一樣」的普同感。

⑵以「正常化」的態度和技巧，協助成員理解與接納自己的創傷後身心反應。

⑶提供心理上的機會教育，讓成員瞭解失落與悲傷是生命中的必然課題，並讓成員認識創傷後壓力疾患等精神疾患的風險，以供自覺與警覺同儕狀況。

⑷篩選出心理受傷較重的成員，安排後續諮商輔導或藥物治療。

❖ 第六章解析

一、請說明團體評估的方式有哪些？要評估一個團體是否有功能的指標有哪些？　　　　　　　　　【99年專技心理師第一次考試試題】

答：團體評估對於領導者的專業成長極為重要，而評估方式可以有以下分類：

1. 從評估的時間來區分，可分為形成性評估與結果性評估

最有效的評估做法，是以口頭回饋的方式進行形成性評估，並於一段時間後，加作正式性質之結果性評估。

2. 從評估者來區分，可分為領導者、觀察者與成員自評

若為觀察者評量需有督導或同儕觀察員，以供諮詢，例如：以錄音、錄影的方式，確保資料的雙重檢核可能。這尤其對診斷有困難的團體、領導者或成員情境時最為理想。團體成效之評估，除了由所謂的專家來評估，成員的主觀感受也是重要的一環，大致可分為「改變程度」與「滿意度評估」兩項，前者評估改變的向度，並且不會是全有全無的絕對性轉變，而是線性的程度轉變；後者則是對團體各方面的滿意程度之回饋。

3. 從評估的項目來區分，可分為主觀和客觀評估

例如：客觀的檢核表與主觀的文字意見，皆可幫助確認問題真正的狀況；尤其建立工作流程檢核表，可使得實施評估時，能遵循檢核表，以增加有效性；而主觀意見的表達需要經過檢驗或回饋才能確認的。

　　團體評估的重點指標有四：(1)團體達到任務的程度，亦即生產性；(2)團體氣氛，包括安全、信任、開放、支持等；(3)個人學習成長的程度；(4)個人對團體整體的滿意程度等。

　　而評估一個團體是否為好的「功能性」團體之效標，如下：

1. 評估外在功能

(1)能表現出民主式的領導風格。

(2)團體的設定或團體活動的設計，是公開透明的：團體方案之實施，不僅受到領導者及成員的瞭解和支持；與此團體有關的機構間（平行或上下關係間），也能達到共識。

2. 評估內在功能

(1)能滿足成員大多數人的需求，能增加成員問題解決的社會性能力。

(2)實現個人成長的終極目標。

二、根據Yalom，「人際學習」（interpersonal learning）是團體情境中特有的歷程。請說明：(1)「人際學習」對團體工作的重要性；在團體工作中，如何透過「人際學習」而產生療效；(2)團體領導者如何促進團體的人際學習。

【97年專技心理師第二次考試試題】

答：在Yalom提出的十一項團體治療因子中，「人際學習」和「團體凝聚力」是最為複雜和重要的，以下分別論述「人際學習」的：(1)重要性和療效；(2)領導者運用方式：

1. 重要性和療效

　　人活於社會，若沒有密切、正向、對等的人際連結，個體的生存必產生適應問題，Sullivan認為發展中的孩童為了得到安全感，會傾向於出現可以得到讚賞的特質和面向，而逐漸的以這些從他人所回應的評價為基礎，發展出自我概念。因此，團體工作可以重新透過人際學習而產生療效，也就是說，成員在團體中和人連結時，不以對方現實屬性為基礎，而以自己幻想中的擬人化為基礎，就會出現Sullivan所謂的「毒性的扭曲」（parataxic distortion）；在現實生活中，可能便會進一步的產生自我應

驗預言（self-fulfilling prophecy）。而團體工作之重要性，便是透過人際學習進行矯正，也就是將自己和他人之人際評估加以比較，Sullivan稱之為「一致性（眾議）確認」（consensual validation），意指個別成員在瞭解他人對自己某件重要事件的共同觀點之後，通常會改變自己原先不自覺的扭曲看法。

2. 領導者運用方式

　　Yalom觀察到成員最初進入團體的目標是解除痛苦，例如：憂鬱，但會逐漸出現新的目標，即人際功能；此時，若領導者能集中於「此時此地」，就有助於矯正性情緒經驗（corrective emotional experience）的產生和效力，並且營造出開放的團體氣氛，讓成員有較少的防衛，不需戰戰兢兢的，而能更自在的表現出自我樣貌。領導者便可以進行以下四個層次的洞察：

　　⑴人際樣貌：別人是如何看待我的，例如：緊張的、溫暖的、冷漠的等。

　　⑵行為模式：在人際相處上，常出現的模式，例如：拒絕、只和男性或女性連結等。

　　⑶動機上的洞察：瞭解為什麼對某些人做出某些事，例如：因為害怕親密，所以展現出疏離；因為壓抑破壞性的敵意，所以表現出卑躬屈膝的言行。

　　⑷起因上的洞察：為何自己會變成今天的樣子，藉由探討個人發展史，瞭解現在行為型態之起因，這部分，因領導者所偏愛之學派不同，而有不同的架構和語言。

三、Yalom認為團體治療進行中三個「最有助益」的療效因子（therapeutic factors）為何？請說明治療師如何運用此三個療效因子導致團體成員做積極改變，並加以舉例分述之。
【96年專技心理師第二次考試試題】

答：Yalom及其同事對二十位長期團體治療的成功病人進行調查，並且整合相關研究後，Yalom認為團體治療進行中三個「最有助益」的療效

因子，分別為人際獲取、自我瞭解和情緒宣洩，以下分別說明：

1. 人際獲取

團體是社會的縮影，成員會將外面的行為在團體中呈現出來，但不同於現實生活，經由領導的催化、成員間的互動和回饋，個體可以體驗到矯正性經驗，而降低原先人際扭曲的程度。此外，社會縮影的概念是雙向的，所以在團體中的體驗和學習，也會逐漸帶回成員的生活中，當改變產生後，成員間藉由彼此正向的肯定，便能夠強化改變後的模式。

因此，在Yalom的研究中，團體中的人際互動是十分被重視的，尤其是「可促進自省的人際互動」，成員表示從他人回應得知「自己是如何被看待」是重要的，尤其是「成員誠實的告訴我對我的看法，讓我知道我給別人何種印象，瞭解到我是如何與人相處的」。

2. 自我瞭解

自我瞭解之所以重要，是來自於人對於智性瞭解的迫切需求，Masolw曾指出個體對於智性的需求與對安全、愛與自尊的需求一樣的根本，在Yalom的研究中，最重視的一項便是「發現並接受過去不自知或不能接受的某種特質」。因此，領導者可以運用成員的這項需求，鼓勵成員確認、整合及自在的表現出過去與自己分離的部分。

但治療不僅是橫向的探索，同時也是向上探索更高的層次，因此，領導者須關注的不一定是挖掘羞恥的、害怕的或原始的自我，也可以發覺正面的部分，例如：照顧別人的能力、建立親密關係的能力、感同身受的能力等，提升成員的愛、勇氣、創造力和好奇心，而降低恐懼與敵意。

此外，治療的目標不只是自我瞭解，而是改變，因此，Yalom提醒領導者在致力於自我探索時，別模糊了團體治療存在的理由，可以藉由反思探索個人言行背後的動機，來促進改變。動機可能包括：效能感（追求成就或權力的慾望）、安全感（藉由瞭解以確認不明確之事是無害的）等。

3. 情緒宣洩

情緒宣洩在治療過程中有其重要地位，然而越來越多的治療者體會到只有情緒宣洩是不夠的；也就是說，這是必要條件，但非充分條件，需要再加上「某種認知上的學習」。從Yalom的研究中發現，「對另一位成員

表達出負向或正向的感覺」是重要的，表達了情緒宣洩在人際互動中重要性；然而，成員回饋的最有效因子中「學習如何表達我的情感」、「能夠說出我的困擾」兩項，不只是情緒的釋放或消散，也帶有學習可應用於未來生活的技巧，而相對的單純釋放情緒的「講出心事」，反而較少人認為重要。由此可知，情緒宣洩需揉合在團體中的人際互動與覺察中完成。

　　領導者引導成員開放情緒表達，有助於增加於團體凝聚和療效，但須注意的是領導者應尊重個人主觀經驗，尤其在華人文化中，對情感的表達是較為含蓄的，對某些非常內斂的人來說，外在的不動聲色，並不代表其內在並未改變。

四、何謂「團體中的矯正性經驗（corrective emotional experience in group）」？團體心理治療大師Yalom認為團體治療中的矯正性經驗應包含哪五個元素？　　【94年專技心理師第二次考試試題】

答：Yalom提出十一項療效因子，其中極為重要的「人際學習」有一重要概念，即為「團體中的矯正性經驗」。以下列幾點說明其意涵：

1. 基礎假設

　　在有安全感的情境之下，成員嘗試暴露於過去無法處理的情緒中，此時，成員若可以經歷一種矯正性經驗，便可以修復先前經驗所造成的傷害。

2. 基本原則

　　在團體只有理智上的洞察是不夠深入的，還需要情緒的成分和系統式的現實感。也就是說，成員需要投入自己的情緒，有一些情緒的經驗，但透過現實感，漸漸的覺察到自己人際的反應不當，而可以更自由的與人互動。

3. 有效的團體氣氛

　　「團體中的矯正性經驗」若要達到效果，成員間需有足夠的安全和支持性，關係間的議題才能夠被公開表達；此外，成員間也需有足夠的投入程度和真誠回饋，才能產生有效的現實感；而矯正性經驗才能有效發揮。

而Yalom認為團體治療中的矯正性經驗應包含的五元素，如下：

⑴患者冒險表達人際方面的強烈情緒。

⑵團體的支持度足夠讓這樣的冒險產生。

⑶現實感讓患者藉著與其他團體成員的一致性確認，對事件重新加以檢視。

⑷體認某種人際感覺和行為或他所迴避行為的人際不當之處。

⑸最後，個體與他人更深入、更真誠互動的能力獲得提升。

❖ 第七章解析

選擇題：一、(C)　二、(D)　三、(C)　四、(B)

五、一位有效的多元文化團體領導者應具備怎麼樣的團體態度、知識與技巧？假若你要在社區諮商機構帶領一個外籍配偶支持團體，從多元文化觀點進行團體時，你會注意哪些工作原則？
【98年專技心理師第一次考試試題】

答：「在不同的文化中，單一行為可能被解釋成不同意涵。」這說明了多元文化諮商存在意義之一：個別差異的重要。作為一個有效的多元文化團體領導者，除了一般團體領導者需要具備的知識與技巧，更須體察、瞭解更多有關自文化、他文化的差異。

1. 多元文化團體領導者應具備之團體態度、知識與技巧

⑴態度：Roger的個人中心（人本）理念切中多元文化諮商的精神，多元文化團體領導者應發揮個人中心的：真誠一致、無條件積極關懷與同理傾聽，透過以人為中心的溝通方式，來建立尊重不評價、接納差異與信任的團體氛圍，重要的是能敏感地覺察文化價值觀上的差異（文化上的差異可能包括不同年齡、性別、性傾向、種族、國家、宗教、職業、階級、專長等），並抱持開放坦率與彈性的態度與當事人建立獨立、共融的諮商關係。

⑵知識：多元文化團體領導者必須瞭解成員文化，率先察覺其特質，並瞭解成員的真實情況。此處再提出可促進團體領導者多元文化能力的三種理論模式以供參考。

- 生態模式（Ecological model）：針對成員遇到的困難，協助其發展策略與適當力量，來獲得生活的掌握權，以求改善個人與環境的配合度，使人與環境能夠契合。

- 優勢觀點（Strengths perspective）：相對於病理、問題導向觀點，優勢觀點相信個人具備發展潛能——沒有任何專業可以判定一個人該如何過他自己的生活，秉持與成員合作的精神，協助其瞭解自身的技巧、資源，並建立自我決定之目標，使成員練習主動處理遇到的問題。

- 賦權（empowering）：賦權是一種自我定義與自我尊重，尤其當成員可能處於某些汙名化的社會結構中，助人者可以給予的引導與協助，例如：提供安全且具有支持性的諮商環境；瞭解成員的生活環境，如文化背景、需求、優勢及關切的問題；協助成員提升自我概念（自信）、自我認同；發展助人者多元的角色，如教育者、倡導者、諮詢者，以整合性的協助來建立案主的優勢與價值觀，最重要的是協助成員運用個人優勢以自我發展。

  上述三種觀點對多元文化團體領導者之知識能力，具有正面的支持力。

⑶技巧：多元文化團體領導者一樣需要一般的助人技巧，需要注意的是：避免概括性推論（對文化差異保持開放）、小心使用挑戰（不是每個文化都能輕易接受挑戰）、謹慎使用解釋（以個案導向來進行工作為佳，成員不見得能理解助人者提供的新意義）、少使用直接引導（減少忠告）、多使用開放式問句作為探問方式（好奇瞭解與尊重多元）、可適時適當展現自我表露（表露個人已知的有限，以及對於瞭解的成員文化的殷切）、不斷自我覺察與反思（更要具備敏感的文化覺知，察覺不同的價值、信仰與處遇系統對成員的重要性，減輕主流文化的壓迫）。

2. 外籍配偶支團體的多元文化工作原則

　　外籍配偶在離鄉背井的狀況下，生活中的壓力可能有：親友支持系統薄弱、語言不同、受主流文化壓迫等，而支持性團體的特色即在於「領導者催化團體成員，透過互助的方法，彼此分享共同經驗與感受，來應付及解決那些會造成生活壓力的事件」，以下說明進行一個外籍配偶支持團體需要注意的工作原則：

(1)團體開始前，領導者對多元文化的瞭解與自我檢視：

- 領導者需要瞭解多元文化團體之有效領導者的個人特質，並自我檢視。如確認自己對於外籍配偶的價值觀，及其相對立的假測。
- 瞭解影響外籍配偶受到政治政策、周遭社會的影響。如外籍配偶是如何來到此社區、伴侶家庭可能如何看待外籍配偶。
- 擁有廣泛的信念、態度與技能來建立適合外籍配偶的諮商介入方式。如能採取折衷觀點來運用不同理論之介入。

(2)讓成員對團體有所準備：瞭解外籍配偶的文化、信仰（如回教或佛教）與團體要求行為之間的關係，以增加成員進入團體的準備度。如外籍配偶多來自印尼，那個在印尼文化中，其鼓勵表達自我情感的程度為何，篩選成員時，協助成員適應團體活動的形式，瞭解在團體中是被鼓勵表達情感、談論個人遇到的問題，或是互相回饋對彼此的看法。

(3)團體開始後，情感支持是重點：協助成員彼此分享共同經驗與感受，藉由確認及肯定他們生命中的特殊經驗來復甦他們的生機，來減少孤寂感、絕望感，增加普同感。如分享離開家鄉後產生的許多感受。

(4)協助成員因應生活壓力：協助成員更深入的探究生活上遇到的困難，分享並協尋社區、家庭與個人資源，協助成員整合個人優勢，來因應造成生活壓力的事件或衝突，提升成員解決問題的能力。如外籍配偶可能遇到家中經濟不穩定的狀況，可協助成員向政府或社福單位尋求經濟補助，如縣市政府辦理諮詢服務站或基金會，或是協助其瞭解求職資訊。領導者應本著身為多元文化團體領導者應有

之態度、知識與技巧，去評估外籍配偶在文化交流過程中，其固有文化變遷的程度，避免過於嚴厲的要求成員面對困難，可能會引起反效果，而是設身處地的關懷與同理，協助其適應環境並培養自我認同。

❖ **第八章解析**

一、團體中何以會出現次團體？其納入或排斥其他成員對團體的影響各為何？團體領導者在介入上的考量有哪些？
　　　　　　　　　　　　　　【98年專技心理師第一次考試試題】

答：任何次團體的出現或存在都無法避免，對團體而言有正向亦有負面的影響，以下說明團體中出現次團體的緣故、次團體對團體的影響，以及對於次團體領導者在介入上可以有哪些考量。

1. **次團體現象的來源**

　　瞭解次團體來源可幫助團體領導者對團體動力的理解，次團體現象可能發生在團體任何的階段中，而主要出現在轉換階段，以下以團體階段依序分說。

　　⑴團體初期：

　　・初期團體成員為減少焦慮，常以尋找同伴來減少焦慮。例如：成員將原先的人際脈絡（如同班級、認識較久）帶進團體中，便自然形成團體中的次團體。

　　・成員進入團體時，依其同質性而有所聚集，例如：成員會找尋與自己的背景、文化脈絡、年齡年級、性別、目標、問題類型（與成員篩選有關）等特性相仿的成員，形成次團體。

　　⑵團體轉換階段：

　　・次團體鼎立是轉換階段的特徵。成員此階段持續建構對團體的安全感與親密關係，會出現較明顯的權力競爭狀況，並找尋、依附可結

盟的權力，漸漸形成次團體。例如：在團體中個性較具魅力、較常發言的人，常會成為成員依附的權力中心。

- 領導者的領導技巧不足，使次團體沒有變動的機會。例如：團體中已有兩個次團體，分別是較主動發言之成員、以及較被動、較少發言之成員所形成的次團體，而領導者帶領團體時，若是都只請成員自行發言，而無引導較被動之成員發言，或是設計活動時，從第一次到最後一次團體都讓成員自行分組，亦可能會使團體形成固定的次團體。

(3)團體後期：成員彼此有較深的認識後，開始會尋求能夠提供情緒支持、工作同盟的成員，此時也會形成次團體。

2. 次團體其納入或排斥其他成員之狀況，對團體的影響各為何？

(1)納入作用的影響：次團體會形成，是因為認為彼此關係的重要性大於整個團體。次團體的出現提供團體有關忠誠感、信任感以及依賴需求的主題，可能可以建立被納入成員的安全感（例如：增加人際互動、產生感情），也可能因此在團體中感到受限（例如：屈守次團體的忠誠，而在主團體減少自我坦露、情感表達），並妨礙次團體成員與其他成員的關係建立，也影響著團體中的凝聚力。

(2)排斥作用的影響：被次團體排擠的成員可能會人際退縮，甚而形成對團體的防衛，並藉以隔離自己與團體；或是團體中出現「代罪羔羊」，也就是團體將敵意、具傷害性的焦點集中於某一個特定的人，這個敵意經常是將對領導者的敵意轉到其他成員身上，若無適當處理，代罪羔羊往往會成為團體的受害者；以及排擠這件事，對團體而言，便是衝擊團體規範的最佳利器。

3. 團體領導者在介入上的考量

(1)事先告知：在團體開始前或初階段，便清楚告訴團體，次團體經常對治療有所阻礙，並清楚描述次團體可能引發的副作用。

(2)鼓勵公開討論：鼓勵成員在過程中分析團體內、外的同盟關係；鼓勵成員分享對這些關係的反應，無論是羨慕、嫉妒、拒絕、憤怒，或替代性的滿足。

⑶次團體與主團體的目標是否一致：若目標一致，如次團體與主團體的目標都是發現成員彼此的行為盲點，則次團體有助於提升團體凝聚力，領導者可積極指出次團體成員具有共同的內在心理與人際的需求，並鼓勵次團體一起在團體中工作，例如：分享普同感帶來的感受。

⑷考量團體性質：如以完成任務為目標的團體，其目標放在成員能否獲得知識與技巧，此時，成員關係可能不是主要考量（但成員關係也會影響任務的執行），但情感支持團體則不同，次團體很可能影響團體情感的凝聚力，需要詳加討論。

⑸考量成員特性：依成員特性做不同介入，或是加以注意。例如：國中生因熟悉度不同所形成的次團體，領導者可以促進彼此合作為目標，來設計團體小活動。

⑹保護團體：若次團體嚴重影響主團體的凝聚力，例如：團體中兩個成員暗地裡發展出衝突關係並介入於大團體之中時，若時間、次數和領導者之能力均有限制，此時應以團體效能為主要依據，於必要時請兩位成員協調，讓其中一位成員離開團體也是一種解決辦法（另一人參加其他團體），並讓團體討論整個事件。

二、試述以下兩個名詞或情境的差異：歷程闡述（process illumination）及大團體詮釋（mass group interpretations）
【95年專技心理師第二次考試試題】

答：

1. 大團體詮釋是歷程闡述的其中一部分

「歷程闡述／歷程闡釋」是團體領導者運作此時此地中的第二個重要層次，其意涵是對團體歷程（中的關係）加以檢視、反思，以幫助吸收此時此地中的立即體驗。例如：我注意到你跟B說話時，聲音與身體經常都會顫抖，感覺你面對B時似乎很緊張。

而「大團體詮釋」是歷程闡述中的特定類型，目的是運用大團體的現

象，嘗試澄清大團體與其主要目標間的關係，如探討大團體與成員／領導者的關係。例如：團體此刻，好像瀰漫一股緊張感。

2. 大團體詮釋通常較容易被接受

歷程闡述是藉由觀察團體的狀況，向團體表達領導者之觀察，通常會拉出對特定成員的觀察開始，再引發到其他成員身上，而此行為通常是被東方社會認為是粗魯無理的，領導者需要克服此種文化評價；而大團體詮釋則由於其採用「團體、我們」的說法，領導者較容易做出此詮釋，且較容易被成員接受。

3. 大團體詮釋較歷程闡述侷限

大團體詮釋雖然可以用「團體」為主體，去增加團體的力量，如凝聚力，但若團體過程中都只使用大團體詮釋，對於歷程的探究可能有所不足。兩者做比較，歷程闡釋經常是領導者提出與成員不同之觀點，且更為深入，較能引發成員的回應，能使團體成員有機會得到較深入的學習。

三、名詞解釋：遁逃─對抗（flight-fight）。
【95年專技心理師第一次考試試題】

答：

1. 為Bion對團體提出的三種假設模式之其中一種（另外兩種為依賴、配對）。

2. flight-fight此種模式中，團體中會出現的狀況是：成員可能因為擔心過於親密（逃避依附）或不自覺地將領導者視同於自己心目中之權威角色（焦慮依附），因而出現想要攻擊或反抗（fight）之行為，通常會先反抗團體中的權威，例如：挑戰團體的規範、不重視領導者的發言等。然而在攻擊之後又往往會感到不安，因此決定採取逃避（flight）反應，例如遲到早退、缺席等（也可能還包括排除依附之類型）。

3. 由於人類的依附行為，在表面的安全依附之下，真正起作用的總不出焦慮、逃避及排除等三種類型；因此在人際互動中，尤其是對權威的

互動中，遁逃或對抗都只不過是成員用來取得安全感（I am OK!!）的方法，也是任何團體中都會出現的模式；因此領導者在處理之前，亦不妨先自我覺察一下自己在人際依附中之狀態：將有助於對此議題之處理。

❖ **第九章解析**

一、在一次的團體工作中，某位成員帶入了「夢」的主題，這時團體領導員想要進一步在團體中進行夢工作。如果你／妳是團體領導員，請說明在團體中進行夢工作時，你／妳會援引哪個理論、模式或治療學派作為夢工作團體之基礎，請說明該理論、模式或學派的基本概念與精神；根據前述理論、模式或學派，請闡述夢工作團體進行的步驟。　　【97年專技心理師第二次考試試題】

答：在「一次」的團體工作中，出現夢的主題，我會選擇Hill所提出的「認知─經驗模式」（cognitive-experiential），大約需要兩個小時的時間來進行夢工作，以下分別陳述其「基本概念」、「精神」和「進行步驟」：

1. **基本概念**

此模式之所以取名為「認知─經驗模式」，是因為同時著重個案的認知與情緒兩個層面，在情緒方面，喚起對夢境的情緒，並進而對自我情緒有所洞察；在認知方面，協助個案對夢境的想法作探索、聯想、回憶，進而強化洞察所得之想法，並且探索對於作改變的想法。

涵蓋以下三個階段：

⑴探索階段：引導個案對夢境的片段做再經驗與檢視，理論基礎為當事人中心理論，提供支持並相信個案有自我療癒的力量。

⑵洞察階段：以心理動力理論為基礎，與個案共同建構對夢境的瞭解，洞察由淺入深可以分為三個層次：①瞭解夢中的經驗；②瞭解夢境與生活事件的關係；③瞭解夢境與個人內在人格動力的關係。

⑶行動階段：根據前兩階段的資訊，思考如何改變現實生活，理論基礎為行為理論，討論改變的利弊得失，具體改變目標，學習特定的技巧。

2. 精神

「認知─經驗模式」的主要精神如下：

⑴夢的意義是針對作夢者個人的：夢可以反應個人清醒時的思緒、記憶、感覺和行為，自己通常是夢的主角，以夢來思索並處理個人議題。

⑵唯有作夢者知道夢境意義的答案：是個人經驗形成夢境和對夢境的解釋，夢反應了個人的經驗，無法用標準的象徵符號來解釋，例如：夢辭典。

⑶處理夢境的過程，治療者和個案是合作關係：治療者不是瞭解夢境的專家，而是能協助個案探索夢境、產生新的意義、以及協助個案以夢境為基礎而決定行動的專家。

⑷夢境是增進自我認識的有效媒介：雖然我們不確定是否瞭解夢的真意或是夢是否有個唯一的含意，但可以確定的是，夢能提供個案一些訊息，而且是在別處無法得到的訊息。

⑸治療者能有效使用此模式，必須具備基本的助人技巧與治療技術。

3. 進行的步驟

第一階段：探索

⑴解釋模式：說明此模式的基本精神，讓成員瞭解夢工作會發生什麼事情，產生合乎現實的期待，例如：是合作的過程，而非由領導者進行「解釋」。

⑵選出一位夢者，述說夢境。

⑶探索印象：請夢者就一個重要的片段或印象，進行探索夢境的四步驟（DRAW），可以進行數個片段：

・描述（Description）：以口語的方式為大家呈現夢中場景，可以嘗試用不同的感官去體會，例如：聞起來、摸起來、聽起來、看起來等感覺，焦點須放在「夢中的印象」，而非清醒生活中的實體。

- 重新經驗（Re-experience）：將焦點關注在夢中當下的感覺，以澄清作夢者的感覺並擴展感覺的深度，若作夢者難以進入感覺，可以嘗試用類似空椅法的技巧，使其停留在感覺中；但若是情緒投入過多時，領導者可以嘗試用深呼吸或靜坐的方式使其沈澱。
- 聯想（Association）：邀請成員一同對印象作聯想，領導者可以作示範，提供自己的聯想，直到出現對個案有意義的聯想，包括：想法、感覺與記憶。但要注意的是，成員所提出的任何聯想都只是其個人的投射或感覺，因此，領導者可以請成員在發表聯想時，加上一句話：「如果這是我的夢……」，藉此提醒大家聯想是投射，而非關於夢境或作夢者的事實。
- 清醒生活時的導火線（Waking-life trigger）：邀請作夢者探索印象片段的可能導火事件，重點能聚焦在片刻印象，而非整個夢境。

第二階段：洞察

請作夢者做初步的解釋，領導者可評估作夢者的功能層次，以及瞭解層次與解釋層次。使得領導者和成員，可以瞭解到作夢者對夢境已經瞭解和還需要統整的部分，領導者可以催化成員進行你來我往的丟出想法，使得過程變得有創意，領導者須營造一個尊重的氣氛，沒有一個人可以硬要作夢者接受自己的想法，最後由夢者決定哪些解釋是適合自己的。洞察的方向可有以下幾個層次：(1)從「夢的經驗本身」來瞭解夢的意義；(2)從「清醒時生活」所關心的事物來思索；(3)透過內在的人格動力來瞭解夢，例如：自我的各個部分、源自於幼年時期的衝突、或關於存在或心靈的議題等。

第三階段：行動

此階段在於協助夢者探索改變的可能性，可以進行的步驟，如下：

(1)改變夢境：讓作夢者瞭解自己並非夢的被動接受者，而是主動的扮演者，使其有被賦予權力的感覺，而為自己負起更多責任；改變夢境可以是幻想的、也可以是現實的，與洞察階段相同，領導者可以邀請成員假設這是自己的夢，自己會如何改變夢境，過程可以是好玩、有創意的，共同思考改變的可能性。

⑵將改變轉化到現實生活：若是作夢者在以上的過程中，可以在夢境中發展出與現實生活的平行關係，領導者便可以做特定行為的改變，例如：從夢中洞察自己對權威的退縮，便可進行自我肯定訓練等；若是作夢者無法找出對於現實生活的特定改變，領導者可以進行一種儀式來表達對夢的珍視，並由所有成員進行見證。

⑶請作夢者摘述行動：下一個簡潔的標題，以記得在夢境中的學習，若有特定行為改變，也可以具體的說明可以改變的方式或目標，做個整合性的結尾。

❖ 第十章解析

　選擇題：一、(B)　二、(A)

參 考 文 獻

何長珠（2003）。團體諮商—心理團體的理論與實務。臺北：五南。

黃龍杰（2008）。搶救心理創傷。臺北：張老師。

Corey. G（2007）。團體諮商的理論與實務（莊靜雯、李曉菁、吳健豪、簡憶玲、魏楚珍、黃靖淑、賴秀玉、洪秀汝、洪佩婷、林金永譯）。臺北：學富。（原著出版於2003）

Hill, C. E.（2005）。夢工作—探索、洞察及行動的催化（田秀蘭、林美珠譯）。臺北：學富。（原著出版2003年）

Yalom, I. D.（2001）。團體心理治療的理論與實務（方紫薇、馬宗潔等譯）。臺北：桂冠。（原著出版於1995年）

附 錄 二

100年—103年諮商心理

師考試試題與模擬答案

一、Lee & Ramsey（2006）認為多元文化諮商（Multicultural Counseling）在團體諮商中是十分重要的議題；Sue & Sue（1999）亦認為如何幫助不同背景的個案是每個諮商師都必須要學習的功課。臺灣2008年統計指出國內新住民女性人數已達38.4萬人，因此諮商心理師進行新住民多元文化諮商亦為新興議題。如果你是諮商心理師，受邀到某國小帶領一個以新住民女性為對象之十次多元文化團體諮商。成員中四位來自印尼，三位來自越南，各有二位來自大陸及馬來西亞，一位來自泰國。其中一位越南及馬來西亞新住民曾被家暴而申請保護令，另有印尼及大陸新住民常與夫家起衝突，泰國新住民則過於害羞內向。請就：㈠團體的主題、㈡團體前的準備工作、㈢團體的目標、㈣團體的方案、㈤採用何種團體諮商的理論與技術、㈥團體結束的成效評估等加以說明。（30分）　　　【100-2考題洪美新試答】

答：

1. 團體的主題：

臺灣媳婦新血輪

2. 團體前的準備工作：

團體前應先訪談每個團體成員（一次訪談約10至15分鐘），以便確定其適合參與團體之程度。

3. 團體的目標：

⑴了解母國社會文化與臺灣社會之差異性。

⑵了解家庭所帶給自己在婚姻／夫妻／養育等議題上的影響。

⑶使成員之間產生凝聚力，減輕其「人在他鄉」的孤獨與無助，並產生情緒支持與生活資訊交流的氛圍，以面對新環境。

⑷藉由團體動力，培養並賦能（enpowerment）其面臨陌生環境之應對能力。

⑸了解臺灣心理輔導／暴力防治等之相關資訊及網路。

4. **團體的方案：**

第一次名稱：難忘的家鄉文化

第二次名稱：母家經驗帶給我的重要價值觀

第三次名稱：新家鄉I——臺灣社會文化之介紹

第四次名稱：21世紀的婚姻／家庭／教養／終身學習

第五次名稱：我的另一半——「好老公」與「壞老公」（試討論另一半性格上正負不同之特性）

第六次名稱：我是誰——「好老婆」與「壞老婆」（試討論另一半性格上正負不同之特性）

第七次名稱：新家鄉II——臺灣相關法令與新移民資訊之介紹

第八次名稱：我的勇氣——如何面對陌生環境中之挑戰

第九次名稱：作自己的媽媽和女兒——正向的人生觀

第十次名稱：我的組員及朋友——熱情、溫暖的另一個家

5. **採用何種團體諮商的理論與技術：**

⑴理論方面：

· 以心理動力之理論基礎為主體，除了解原生家庭與當下環境之差異之外，亦讓成員們了解「認知層面」與「潛意識層面」之心理運作關係。

⑵技術方面：

· 除小組團體（2人或3人）談話性的討論可增進成員間的互動外，亦加入種種非語言的介入方式（例如：繪畫、舞蹈等），協助成員們多方感受言語行為之外的情緒狀態。

6. **團體結束的成效評估：**

可參考YALOM的11項治療因子等資料，以了解——

⑴成員個人之自我覺察力。

⑵成員個人之開放度。

⑶成員彼此互動與支持之程度。

⑷成員個人旁觀學習之程度。

⑸成員對於新環境之適應力之改善度。

二、臺灣人口有漸趨高齡化的現象，心理諮商工作者計畫用團體來進行老人諮商，以幫助一般老人達到成功老化，若你是團體的領導者，請說明：㈠老人的特質與發展任務、㈡老人團體適合處理的老人適應議題、㈢在組成團體前應考慮哪些因素、㈣領導者需具備何種態度與能力才能勝任老人團體諮商。

【101-1-1考題曾柏諺試答】

答：

1. 老人的特質與發展任務：

老人依其年齡與身體功能之特徵，可進一步區分為初老、中老、老老期三個階段，此時生命意義之追求多半由向外（物質）轉而向內（精神），追求目標亦隨之改變，由自我實現走向天人合一（與神締結）。

艾瑞克森（Erikson）的社會心理發展論對老年期之主要任務則為「自我統整」和「絕望」。

各種階段的年齡及狀況（何長珠，2015，課堂資料）：

初老期　65~74歲　具一般性健康，仍具有正常活動與社交的能力，惟各種老化（視力／健忘）現象已開始出現。

中老期　75~84歲　多數罹患一種以上之慢性病，逐漸減少社會責任與社交活動（逐漸局限於家人）。

老老期　85歲以上　通常居住在養護機構中，需要依賴醫療的協助。

2. 老人團體適合處理的老人適應議題：（林怡光、陳佩雯，2009）

⑴人際與社會支持議題。

⑵健康照護與照護者議題。

⑶家庭與經濟議題。

⑷生死議題。

3. **在組成團體前應考慮哪些因素：**

老年期對於高齡者之身、心、靈、社會皆有所衝擊，需透過多元的活動設計，規劃適合之目標，協助高齡者擁有更多的能量去面對老年期，以增進其身、心、靈、社會等各層面的生活品質。

4. **領導者需具備何種態度與能力才能勝任老人團體諮商：**

領導者應對高齡者團體有真誠之興趣以及曾有與高齡者相處之有關經驗，並搭配耐心、溫和的態度，方能獲得高齡者的好感及信任，而有助於活動的進行。

三、團體領導者對團體的動力與效果隨時進行評估相當重要，請就：
　　㈠團體組成前評估、㈡團體過程評估、㈢團體總結評估，具體說
　　明進行評估的可能向度與方法。（20分）

【101-1-2考林素心試答】

答：

1. **團體組成前評估：**
   ⑴確定團體的類型、目標、對象、招募、進行時間／次數／場地。
   ⑵設計團體方案、使用技術、確定協同領導與督導之方式。

2. **團體過程評估：**
   ⑴初始階段的評估
   ・確認個人目標、澄清團體期望、確認團體的安全度、建立領導者與
   　成員之間的信任。
   ・可用工具包括團體規範、凝聚力、團體氣氛與同盟。
   ⑵轉換階段的評估：
   ・團體衝突因素之出現與處理程度（如焦慮、控制、面質…）。
   ・移情與反移情、協同帶領者的合作議題。
   ⑶工作階段的評估：
   ・信任感的深化、治療因子（如：凝聚力、灌輸希望、普同感
   　（universality）…）、自我揭露、投射與立即性技巧的評估。

・團體／自我改變之評量（可分前中末三階段進行）

・工作階段與協同帶領者之間合作議題的評估

　⑷結束階段的評估：

・評估成員對分離情感／未竟事務及所學應用於日常生活中之改變狀況。

・行為改變、接受與給予回饋的評估。

・家庭作業、在團體中的轉振點，團體影響的評估。

・團體的優點及不足，改進的評估。

3. 團體總結評估：

　⑴結果評量：可以用主／客觀評鑑之方式，蒐集團體前／後經驗之改變狀況，作為研究發現及建議之依據。

　⑵歷程性評量：同上，但以每次進行後之評估（包括訪談），作為蒐集資料之主要依據。

四、Freud將影響病人與治療師形成良好工作關係的障礙稱為「移情」（transference）；Yalom（2008）認為在團體治療中移情可以是一種有效的治療工具，也可能是阻礙治療師治療過程的障礙，成員的移情乃是並未將自己與治療師作全然的區分，自我界線產生模糊了，對成員而言，治療師對於某件事情的了解與感覺，就是他們自己的了解與感覺。因此Yalom提出有兩種主要的方法可以在治療團體中促進移情的解決，請說明此兩種方法之內涵為何？（15分）並請說明其應用時機。（15分）

【101-2-1題目簡妙鳳試答】

答：運用移情來治療之治療師，須幫助來訪者認清、了解並改變他們對治療師所投射而不自覺的感受。治療團體中促進移情的解決方式有兩種：一致性確認和治療師的透明度。

1. 一致性確認：

　　若團體中多數或全部成員都同意這名來訪者對治療師的看法和感覺，那麼很清楚，就是這種反應並非空穴來風——團體成員對治療師的知覺是正確的。若相反，團體內並無一致的共識，而只是團體中某一成員對治療

師所懷有的特定看法，那麼治療師便可進一步幫助這名來訪者去檢視：他是否有內心主觀的三棱鏡來看待治療師及其他的成員。在這個過程中，治療師必須保持開放的態度，以防澄清不成反而引發對方更大之抗拒。

例如：在某個經驗性團體中治療師發現坐在領導者（L）對面的學員，每節課都習慣將自己的大包包放在大腿上或抱著，L於是問當事人：是不是在團體中有甚麼不信任或沒有安全感？學員：（抓了抓頭笑了出來，）回答「是的」；此時L可進一步詢問團體：其他人是否也有這種感受，若然，則L便須進一步澄清——是否與個人的領導風格或其他團體壓力有所相關。

2. 治療師的透明度：

另一種方法則是治療師能治療性地運用自我（self），藉著適時表露自己的狀態（有效成人之立場），協助來訪者澄清對於治療師的移情（尋求依賴與肯定）或投射（反抗或恐懼權威）。以此時此地之立場，示範一個真實有功能者（有錯但願改能改）的可能作法。

例如：（治療師）我以前在你這個年紀的時候，也曾覺得大人都不了解我的感覺；而且他們總是想要對我講道理——就像現在我也正在對你做的一般！

五、團體療效因子在團體諮商與治療工作至為重要。請列舉Yalom所提出的11個療效因子中的10項並簡要說明其內涵。（20分）以團體初期為例，列舉兩項需重視的療效因子與說明其原因。（5分）　　　　　　　　　　　　　　　　【102-1-1考題楊凱娜試答】

答：1. Yalom所提出的療效因子：

⑴注入希望：看到別人在團體中解決問題（因），因而感到振奮與有希望（果）。

・舉例：許多物質濫用治療方案用已康復的藥物成癮者作為團體帶領者。

⑵普遍性：知道其他成員也有一樣的感受，使自己有「回歸人群」的經驗。

‧舉例：團體成員被要求在一張紙無記名寫下心裡最大的秘密，結果發現最高票的共通秘密是「深信自己能力不足」。

⑶提供訊息：領導者或成員提供教導式指引。

‧舉例：在初次懷孕婦女的團體中，帶領者解說並討論相關衛教之知識。

⑷利他主義：幫助他人生活改變、產生重要影響，會給我帶來更多的自信。

‧舉例：成功的戒酒者匿名會成員在聚會中分享自己過往沉淪的經歷。

⑸原生家庭的矯正性重現：團體的氛圍，會使成員不自覺的複演以往與父母或家人間的互動模式。

‧舉例：一女性成員表示她對自己未如另一成員受歡迎感到不愉快，經過探索才發覺這些感受源自早年與手足間的競爭關係。

⑹發展社交技巧：改善與人相處的技巧，使成員能對團體與他人覺得更信賴。

‧舉例：用角色扮演來幫助團員學習求職時與未來僱主的應對。

⑺行為模仿：看到他人冒險獲益，會使成員增加嘗試之勇氣。

‧舉例：藉由在旁觀察治療師處理懼蛇症，可協助治療相關的困擾等。

⑻人際學習：藉由旁觀他人之坦誠表達，調整自己對他人的互動方式。

‧舉例：一位男成員在團體中只與年輕女子說話而完全漠視他人，經由回饋他才開始了解自己這種行為會引起他人何種感受與反應。

⑼團體凝聚力：在團體中說出個人困擾的事，仍被團體成員接納，因而不再感覺孤單。

‧舉例：精神科病人參與團體聚會後，會使他們覺得比其他地方更有歸屬感。

⑽存在性因子：了解生命終歸幻滅之本質。

‧舉例：經由了解人間萬象，成員終將了解到「如何過活」這一終極

的責任仍須由自己獨自承擔。

2. 任何團體初期以建立對領導者、團體及個人之信任為重。以下列舉兩項需重視的療效因子與說明：

⑴注入希望（Instillation of hope）：希望的灌輸與維持，對所有的心理治療都是重要的，「希望」不僅讓病人繼續治療，也讓其他療效因子發生作用，同時，對於治療方法的信心本身就具有治療的效果。

⑵普遍性（Universality）：在治療團中，聽到其他成員袒露與自己相似的困擾，會使其產生共鳴感，意即「同是天涯淪落人」、「身處同一艘船上」、「我們都是這樣熬過來的」的感覺。而這種感覺會使成員更有歸屬感。

六、某私人養生院邀請你為他們年滿70歲、行動可自理，但具高血壓與糖尿病的院民，開設一個為期12週、每週45分鐘的「活得健康」支持團體。請就：㈠帶領前的準備、㈡團體目的、㈢團體方案設計、㈣成效評估以及㈤重要注意事項提出說明。（每項各5分，共25分）？ 【102-1-2考題邱仕瑜試答】

答：由於人口老化問題為近年來全球普遍之現象，因而老人相關議題更可視為當代顯學。何長珠（2015）指出，老人若以年齡與特徵而論，基本上可分為三階段：即初老（65-74歲）、中老（75-84歲）、與老老（85歲以上）等三階段。而本方案設計主要針對初老者做方案的規劃設計。所謂「初老」階段是指年齡介於65至74歲之間之老人，此階段之老人多半處於「寶刀未老」之身心狀態，實為實踐人生尚未完成夢想的黃金階段（何長珠，2015），因而在整體方案之規劃與設計上須注意如下幾點：

1. 帶領前的準備：

⑴篩選適合之團體成員，確定年齡、功能與特定的個人目標。

⑵成員／家屬同意書簽名。

⑶與相關機構之協同配合：

‧例如時間／地點及行動醫療設備與醫護、社工人員之參與等。

2. 團體目的：

⑴澄清健康應包括身／心／靈三方面之內容，確認成員共同認可之方向。

⑵強化成員知識性靜態與互動性動態方案活動之參與興趣。

⑶藉由互動，催化成員表達、懷舊、正面處理衝突（和解）、減少疏離感，產生更具真實內涵的支持性團體。

3. 團體方案設計：

⑴方案設計應以符合團體對象之活動為主：

‧較適宜安排較為靜態或肢體動作不會太劇烈之活動。如：正確飲食之道、按摩、插花、繪畫、美勞、健康操等。

⑵小組互動性活動設計為主，靜態活動設計為輔：以增進團體凝聚力。

⑶談話性的活動之加入：

‧例如從與時事有關之主題如總統選舉等議題，以體驗社會中不同立場背後之原因，透過溝通與表達增進對不同觀點之接納。

⑷相關資源與新穎活動之加入：

‧例如連結社區幼稚園資源，增加生命的歡笑；或邀請資源回收中心，幫忙教導作回收；或請宗教／醫學團體，分享輪迴與臨終關懷等議題，都是可加入的新方向。

4. 成效評估：

⑴客觀及短期（每次進行）評估觀點之介入。

⑵各相關資源平臺之檢討與調整。

⑶領導者本身對老年與生命意義之澄清。

⑷身心靈統合之原則。

5. 其他重要注意事項：

⑴老年學（包括生死學）正確理論與實務之了解與掌握。

⑵領導者本身處理家中老人議題之經驗與覺察。

⑶活用網路以助人助己之事實證據。

七、Yalom非常強調「此時此地」經驗對於團體療效的重要性。就團體諮商與心理治療實務的應用而言，「此時此地」所包含的兩個層次其意涵為何？（10分）　舉一個團體過程的例子來說明身為帶領者的你如何運用「此時此地」。（10分）

【102-2-1考題郭蔚文試答】

答：Yalom指出，團體治療中，「此時此地」策略運用及效能必需包含兩層次，二者缺一不可，第一個層次：團體運作。第二個層次：歷程闡釋。

　　就此時此地體驗性原則來說，不追溯歷史是不可能的，但案主分享的任何過去經驗，主要都被當成「此時此地」的一部份加以處理，重點是改變現在與他人互動之關係。而歷程闡釋乃是了解或領悟「此時此地」體驗中所發生的「歷程」，即互動中所傳遞出的成員關係本質。

　　例如：本班在模擬團諮中的悲傷輔導活動時，領導者曾要求大家想像一位最愛又失落的家人，與其之間所發生的一段難忘往事或回憶；老師並以立即性原則介入過程中，運用家族排列之技巧，邀請當事人悲傷失落的對象（如亡父）出場與當事人對話，完成彼此之間長期的未竟事務議題之複演與和解（如恐懼但又憤怒父親的權威）；此種體驗歷程，不但使當事者產生極大的情緒宣洩與經驗統整；志願協助之成員也藉由此一歷程，投射出個人之感受。最後結束時之分享難得地幾乎每位成員都有所發表，證明處理情緒議題時，表達、宣洩和重整之必要。

　　較簡單的「歷程評論」和此時此地之體驗性有時也會有重疊的部分而難以區分。這些回饋或發問本身也會形成為此時此地體驗之流的一部份，同時也是一種簡單的歷程評論。例如上例中之當事人在事後回饋中發現：多年來外表權威易怒的父親，原來也有心中長期的寂寞與疲倦（太太身體不好必須父兼母職），這種新資訊的理解與輸入，也當下催化當事人之心態改變——由恐懼、對抗轉化為感恩及不忍；

從而覺察自己與父親都是以自己的主觀來詮釋家庭／親子關係，其實並不是完整的真相。由此可見兩者間，事實上是難以區分的——前者是動態的新經驗之輸入，後者則是對此新經驗的認知整理——整體上便是所謂的認知重構之歷程，事實上是缺一不可的！

> 八、帶領兒童和青少年團體時，帶領者常常落入要處理成員之間的吐槽、對立或攻擊，以及管理團體秩序的困境。請分別從團體前、團體進行中，以及團體單元聚會結束後，說明你可以做些什麼來減少這樣的情況發生？（30分）　【102-2-2考題謝馥如試答】

答：在團體裡敵意通常是間接的表達，可能是成員的投射、移情、手足競爭，破壞團體規範或對領導者有不切實際的期待等。

1. 團體開始前：

領導者可以藉由團體前會談或評估，多蒐集或留意成員間的差異性，像是成員的年齡、性別、語言、社經地位、教育水準或種族等。

2. 團體進行中：

　(1)分析團體動力：領導者可先了解團體中的小團體，共形成幾個小團體？誰是領導小團體的人？並了解成員間的互動線索。

　(2)設計能增進彼此認識的活動：其內容可以偏向自己知道、但別人不知道的，譬如可設計周哈里窗的「自知我」，或生命曲線等活動。

　(3)適當表達及管理憤怒是有效的預防方法：團體可提供一個理想的場所，創造出阿德勒學派所提倡的「社會興趣」，應用角色扮演活動，相互練習技巧。

補充說明：領導者設計活動時，需考慮情緒之程度差異。例如憤怒依程度可區分為三種——低憤怒：可用捲紙棒來宣洩表達（撕報紙宣洩或捲報紙敲打）；中憤怒則可設計宣洩的活動，例如單人或雙人亂語。高憤怒則須設計要用力的活動：例如讓當事人躺在地上，同學壓住他（代表他的憤怒情緒），讓他試著掙脫以宣洩憤怒的情緒。

3. 團體單元聚會結束後：

　　邀請成員描述自己在團體內參與的感受，或許在分享中可了解具敵意的成員，讓其害怕或擔憂可以浮現並接受處理，敵意或衝突才可能降低。

九、為使團體諮商達到預定的效果，要消除可能妨礙團體諮商進行的因素，以團體成員部分來說：㈠會出現哪些成員的問題及影響到團體進行的那些部分？㈡團體領導者要如何預防與化解成員的問題？㈢請舉實例說明，團體領導者處理某類成員問題的過程與結果。　　　　　　　　　　　　　　　【103-1-2考題李志健試答】

答：在帶領團體的過程中，感到不順暢、卡住、不知所措時，即為妨礙團體進行的因素產生，以團體成員為例：

1. 會出現哪些成員的問題及影響到團體進行的部分：

⑴團體氣氛凝滯：團員的過度沉默、討論表化、次團體干擾團體的運作。

⑵成員反抗帶領者：成員對團體進行方式的期待與帶領者不同、成員對帶領者有所不滿。

⑶成員間發生衝突：成員間異質性太高而產生衝突、成員間缺乏傾聽與互動的意願。

⑷成員展現問題特質：某一成員不斷打岔或重複同樣的話、某一成員拒絕參與團體、某一成員情緒反應激烈。

2. 團體領導者要如何預防與化解成員的問題：

⑴帶領者的包容與彈性：能夠包容自己和成員的情緒，以及發展出彈性的介入策略；並運用團體動力，將問題轉化為團體共同議題來和成互動討論。

⑵形塑團體凝聚力：Chen與Rybak (2004)提出帶領者處理成員間的衝突的五個步驟為⒜停下手邊的所有任務，優先處理衝突情緒；⒝設法促進涉入的雙方開放地對話；⒞將其他團體成員納入，以提供涉入衝突的雙方進行研認；⒟當雙方已感覺到被傾聽且得到確認，設法促進雙方自我反思以了解衝突底下潛藏的可能意義；⒠團體必然

受到公開衝突的影響，最後步驟要運用歷程闡釋，做整個團體的處理，以便探索該事件對他們造成的衝擊（翁令珍，2007）。

3. 舉實例說明：

在團體初期，團體成員經常為熟識的人坐在一起。雖然在陌生的環境中會使彼此有安全感，但是當他們自己只顧著聊天時則演變成次團體干擾團體的進行，此時可運用「打散」技巧，利用遊戲的方式（例如：大風吹）一方面可使成員之間相互的認識，另一方面則可使熟識的團體成員分開坐。不僅可減少次團體的干擾，也可激發團體間不同的動力。

十、校園霸凌問題日益嚴重，調查顯示霸凌常與不良的行為、認知與情緒等有關，Corey認為整合的折衷模式（integrated eclectic model）是以各種理論方法的概念和技術為基礎的觀點，為可兼顧團體成員思想、情感與行為三因素有效整合的團體治療方法。身為諮商師的你請根據Lazarus提出之多重模式（Multimodal Therapy）團體治療法，並依Corey四個階段團體諮商歷程進行八次團體諮商，說明如何有效帶領十位國二個性較容易衝動、憤怒、高沮喪、低自尊，對同儕較具攻擊性等之霸凌者異質團體。（30分）　　　　　　　　　　　　【103-2-1考題許堃澤試答】

答：

1. 多重模式治療：

Lazarus提出多重模式治療（BASIC ID）七大功能來解釋人格結構，當事人學會各種對抗錯誤思考的技巧，並將此技巧應用到日常生活中，就能產生漣漪效應而解決問題。

2. 霸凌者呈現性格易衝動、憤怒、高沮喪、低自尊及對同儕具攻擊性等情緒行為障礙，其成因可能是心理、生理、家庭、學校及社會交互作用而成，正適合多重模式治療架構。

3. 依據Corey四個階段團體歷程，進行八次團體諮商，依序說明：

　⑴定向探索階段：領導者需協助成員表達期望及辨識疑慮，讓其了解積極參與的重要性，確立團體規範及澄清目標，擔任供應角色並照顧成員生理及心理需求，展現公平性確保成員皆參與互動；可安排

一次活動，內容包括：大風吹、喊單雙數、六呎方場等（目標在打破習慣疆界）。

(2)轉換階段：此階段在團體內發展凝聚力，領導者的執中、介入及立即性技巧很重要，可找出團體中扮演橋樑者（主動發言及回答），和此成員建立結盟促使凝聚，並藉由適當的詮釋，讓成員深入探討；可安排兩次活動，內容包括：價值澄清、同理三演練、人際依附類型、人際移動（動態社交關係）等。

(3)工作階段：此階段在團體中處理衝突，處理成員與其重要他人的衝突，領導者透過立即性技巧，讓成員表達或處理衝突，並可回到原生家庭對重要他人再做一次，才是真正完成練習；可安排三次活動，內容包括：角色扮演、PAC溝通類型、SATIR家庭雕塑、JOHARI WINDOW、難忘的夢、「最難忘的一首歌」等活動。

(4)鞏固結束階段：領導者鼓勵成員對其重要他人也開放及表達情感，成員進行認知性學習的統整，和處理分離的情緒反應，領導者可帶領成員客觀的評核團體收穫，並進行成員間的相互回饋；可安排兩次活動，內容包括：祝福水晶球、牌卡等。

◆表(一)　精神分析學派：「自我畫像」方案設計

活動名稱	自我畫像
活動目的	1.認知方面：初步瞭解精神分析理論，瞭解投射性繪畫的實施方式與適用時機。 2.技能方面：學習精神分析治療在投射性繪畫的應用，運用精神分析理論瞭解人格與幼年經驗之相關。 3.情意方面：學習解釋時之技巧與態度，瞭解繪畫與當事人感受投射間的關係。
準備設備及材料	1.十二色的彩色筆每人一盒 2.A4紙每人兩張

實施步驟說明

1.活動理論

人有許多精神層面，包含可見的意識與潛意識，精神分析要將人的潛意識化作意識，諮商者藉媒材表達，瞭解被治療者的內心的想法與情緒，給予適切的解決模式，提供被治療者面對問題的另外觀點與思考模式。

2.準備活動

繪圖說明：活動開始由帶領者給與成員活動器具，說明活動要畫自畫像與家族畫像之做法，內容型式不拘。

3.發展活動

(1)畫人測驗：請成員畫出心目中的自我畫像。

(2)家族測驗：請成員畫出心目中的家族畫像。

4.綜合討論

(1)請老師依序講述成員所繪畫出之圖像人格類型與心理狀態。

(2)請成員提出問題再請老師做諮商示範。

(3)若時間允許成員可分享個人回饋。

(4)請老師講評。

補充說明

1. 由於時間緊迫有限，每個成員都想更加瞭解自己與內心狀態，因此希望能夠提最重要的問題，以利整體活動進行。
2. 此活動設計可用於團體的開始階段，以便迅速瞭解團體成員之大概狀況；亦可用為診斷工具；在團體開始和結束時使用；以便瞭解當事人的改變或成長過程；最後還可以用於一次（如個別諮商）的診斷之用。

◆表(二)　阿德勒學派：「家庭會議」原則（張東盟，2005）

1.家庭會議的目的

　(1)透過家庭會議增進個體在家庭中的凝聚力與歸屬感。

　(2)建立家庭成員自我價值感並發展其社會興趣。

　(3)促進家庭培養關懷、信任、互相尊重的家庭氣氛。

2.會議之指導原則與應避免的陷阱（Dinkmeyer, D. & McKay,. D., 1993, p162-166, 175）

家庭會議指導原則	應避免的陷阱
1.定期開會。	1.開會只為處理危機；停止開會；改變會議時間。
2.所有成員一律平等，每個人都有機會發表意見。	2.被那些自以為權力較大的成員所操弄把持。
3.利用反映傾聽以及「我……」的語氣，鼓勵成員清楚的表達他們的感受和想法。	3.無法彼此傾聽對方的話，並且無法彼此鼓勵。
4.針對主要的問題討論，避免被枝節岔開。	4.處理的只是表面症狀，而非行為目的。
5.藉著表揚家人的好人好事來鼓勵成員。	5.把重點放在抱怨和批評上。
6.記得計畫全家的休閒娛樂。	6.將會議局限在分派工作與訓誡懲罰上。
7.計畫每次開會所需時間，並按約定時間開會。	7.忽略建立會議的時限。
8.記錄會議所達成的計畫和決議。	8.會議的決議不能付諸實行。

3.家庭會議程序（Dinkmeyer, D. & McKay, G.D., 1993, p170-171）

　(1)宣讀並討論前次的會議紀錄。

　(2)回顧前次的討論：評估前次達成的決議，並且討論前次留下來尚未解決的爭論及問題。

　(3)討論新的事務：包括計畫全家的休閒娛樂。

　(4)最後作總結：回顧會議所達成的決議，並徵得付諸實行的承諾。

◆表(三)　榮格：「內外傾向人格測驗（MBTI）」方案設計
　　　　（武麗珍等，2005）

活動名稱	你瞭解自己與他人嗎？
活動目的	1.瞭解個人自己的性格特徵與類型。 2.幫助不同性格的人，彼此互相認識、瞭解與接納。 3.建立圓融及具成長性的人際關係。
準備設備及材料	1.筆。 2.個性傾向測驗卷（含計分表）。 3.筆記型電腦。 4.單槍投影機。

實施步驟說明

1.分組。（兩人一組）（3分鐘）
2.簡介四組個性的氣質特徵。（5分鐘）
3.預先寫下個人認為自己的人格類型。（彼此暫不分享）（4分鐘）
4.預先寫下個人眼中夥伴的人格類型。（彼此暫不分享）（3分鐘）
5.以直覺填寫個性傾向測驗卷，將符合自己個性的選項擇一打勾。（20分鐘）
6.說明如何統計測驗卷分數，兩人一組互相為對方統計結果。（5分鐘）
7.依表找出測得的人格類型。
8.檢視個人人格類型與預先之異同處，並自我分析。（5分鐘）
9.分享實際與預測結果與感受。（15分鐘）

補充說明

本測驗包含九十一題，是以心理學家榮格（C. G. Jung）的人格理論為基礎，以
The Keirsey＆Johnson Temperament Sorter（柯西與強生個性性向量表）為主，加上
Celebrate my Soul一書作者Dr. Reginald Johnson上課講義與吳政宏所設計的題目綜
合編著而成。共包括四組向度：
第一組：外向型（E）／內向型（I）：外向的人喜歡將精力專注在外在的人事物；
　　　　內向的人則專注在內在的思想世界。
第二組：感官型（S）／直覺型（N）：測量個人偏好的知覺模式。偏重感官的人喜
　　　　歡依靠五官感覺作為主要知覺模式；偏重直覺的人主要依賴心靈的間接知
　　　　覺，來聯合思想或連接來自外在有關的知覺。
第三組：理性型（T）／感性型（F）：測量個人經由理性或感性的方法來判斷資
　　　　訊。理性取向表示偏好使用客觀、非個人與邏輯的方式獲得結論；感性取
　　　　向較可能依據個人或將他人的主觀感覺納入考量。

第四組：判斷型（Ｊ）／知覺型（Ｐ）：測量個人面對外在世界時，偏好判斷或知覺取向。判斷取向急於使用理性或感性模式儘快達成決定或結論；知覺取向習慣使用感官或直覺模式持續蒐集資訊，並儘可能延遲下判斷。

而依據四組向度，可分為十六種人格類型，如下表：

思考型 Thinking Types	感覺型 Feeling Types	感官型 Sensing Types	直覺型 Intuitive Types
ISTP （工程技術型）	ISFP （藝術家型）	ISTJ （信託者型）	INTJ （科學家型）
冷靜旁觀、保守安靜，以好奇心來分析及觀察人生。有出人意外的幽默，對與人不相干的原則、因果關係、機件如何運轉等較感興趣。專注於自己認為有必要花心思的事上，否則是浪費時間及精力。	孤獨幽默、安靜、友善、敏感、仁慈、保守等特質，不強行將己見加諸他人。雖然不喜歡作領導者，卻是忠誠的追隨者。喜歡以輕鬆舒緩的態度來行事。喜歡眼前時刻，而不想因過分的匆忙或費勁弄拙。	安靜、認真、集中注意力、徹底、實際、合理、可靠、有秩序的，喜歡事情有組織、負責認真的。只要是應該做的，就下決心完成，不管別人的勸阻或抗議。	有創意思考，由自己的理想及目標所驅策。對喜歡的工作，不管是否有人幫忙，均能設法克服予以完成。具有懷疑、批判、獨立自主的態度，個性堅決有時近於頑固，為了能在重要的方面取勝，必須先學習在不重要的方面讓步或割捨。
INTP （建築師型）	INFP （追尋者型）	ISFJ （保存者型）	INFJ （作家者型）
安靜、謹慎、考試出眾的，尤其在理論與科學的科目。擅於精細的推論，通常主要的興趣在理想，對宴會及閒聊沒興趣。	為人友善、充滿熱情與忠誠，但很少表達出來，直到他們清楚認識你之後才表達出來。喜愛學習、觀念、語言與獨立作業的方案。具有一下延攬太多的事，然後	個性安靜、友善、盡責，全力以赴，以完成應盡的義務，對方案、團體嚴守不渝，小心準確。其興趣通常不在技術方面，對需要處理細節的事物，頗有具體仔細	以不屈不撓取勝，以創意完成要做的事。工作中表現他們最好的努力。沈靜有力的、忠實的、為別人著想的，敬重堅定的原則，喜歡被尊重，遵循他們認定是好

再設法完成的傾向。但太重視人際關係，較少重視地位及生理環境。	應付的能耐。忠貞、體貼、敏銳、敏於關切他人的感受。		的事物。
ESTJ（行政者型）	**ENFJ**（教育家型）	**ESTP**（促進者型）	**ENTP**（發明家型）
實際、天生的生意人及機械專家。對那些看起來沒有實際利益的事不感興趣，但需要時也會全心投入。喜歡組織及經營事業、活動，如若能記得考慮他人的觀點與感受時，可以是位好主管。	喜好交際、頗受歡迎、富同情心，敏於讚美與批評。敏感以及負責的。一般而言，能真正關切他人的想法與需求，且處理事物能顧及別人的感受。能輕鬆機智地提出計畫或引導小組討論。	善於隨機應變，無牽無掛、隨遇而安，偏好機械事物與運動，合群、社會適應力強、頗能容忍。一般而言，此類型者具有保守的價值觀，不喜歡冗長的解釋，對於能加以處理、應付、拆開與組合的事物，頗為得心應手。	敏捷聰穎、富於創新、機靈與直言不諱。不能堅持某一觀點，喜歡改變主意，常為了好玩故意提出不同的論點。能機智的解決新的挑戰性問題，但可能忽略例行的工作。易轉換興趣，對所要的任何事物，都會很技巧的找到合適的理由。
ENTJ（陸軍元帥型）	**ESFJ**（推銷員型）	**ESFP**（藝人型）	**ENFP**（記者型）
熱心、坦白，能研究的，各種活動的領導者，擅於條理分明及機智的談話有如公開演講。喜歡追求新知、有時展露出超越其經歷的積極與自信。	天生熱心腸、健談、受人歡迎、負責。積極的成員，天生的合作者，擅於製造和諧氣氛。總是善待某人，特別於受鼓勵，被讚揚時，工作最具成效。對直接明顯影響人們生活的事情最感興趣。	外向、隨和、接納、友善，有獨樂樂並與眾同樂的天性。喜愛運動及策劃，熱心參與週遭活動。對此類型來說，覺得記憶事實遠比專精理論容易應付。對於需要豐富常識，以及處理人事之實際能力的情境頗為得心應手。	熱情洋溢、精神抖擞，富創意、想像力，對於做任何本身感興趣的事，總能做得有聲有色。敏於解決問題，且樂於助人。常依恃其隨興自發的能力而不事先準備。無論想要什麼，都可找到牽強的理由。

◆表(四) 存在治療:「觀呼吸」方案設計（釋見蔚,2007）

活動名稱	觀呼吸
活動目的	1.從真實的體悟呼吸而帶來清晰的認識自我。 2.達到某種程度的基本定力,而來修習正念,去除一切煩惱,讓生命達到真實的安穩與快樂。
準備設備及材料	1.時間:子時、卯時、午時、酉時最好;初學者,時間以二十分鐘一次,每天靜坐二至四次即可。 2.地點:靜坐之房,空氣要流通,不要讓風直接吹到身上;燈光要適宜,太暗容易昏沈,太亮容易緊張。

實施步驟說明

1.坐定後閉上眼睛
  (1)一但坐定之後就不要任意改變姿勢,直到預定的時間為止。
  (2)坐定之後閉上眼睛:我們的心像混濁的水,靜置的時間愈久,水將更澄清。
  (3)把心保持在當下的時刻:當下瞬間即逝,漫不經心的觀察者根本不會注意到它的存在。
2.安住在身體中
  (1)坐定,深呼吸三次後,恢復正常呼吸,將注意力集中在鼻孔邊緣縮小焦點在呼吸上,可以幫助自己安定下來。
  (2)沒有對象,心就不可能集中,覺察一呼一吸的感覺,把注意力放在呼吸上。
3.數息
  (1)數息是計算呼吸的數目。坐禪時專心計數呼吸（出入息）次數,可使分散浮躁的精神專注,進入禪定意境。
  (2)把全部的注意力輕鬆地放在享受呼吸的感覺上面,每感覺到氣自鼻孔出去的時候,數一個數目,到十為一個循環,數到十以後,再從一開始。
  (3)呼吸應該是放鬆而自然的,數息的功夫要綿綿密密,但身心則是輕輕鬆鬆,不可刻意地控制呼吸或極力地想排除妄念,那會使得呼吸的速度越來越快,或者越來越緊迫,反而造成更多的阻礙。
  (4)開始時呼氣與吸氣都會很短,那是因為身心都尚未放鬆;當注意到此現象時,身心會變得相對平靜,接著呼吸就會變長。
  (5)從頭到尾都要注意整個呼吸的過程,接著呼吸會變細,身心會比以前更安定,更能體會呼吸平靜與祥和的感覺。

4.隨息

　　通常若是數息的方法已經用得不錯，更進一步用隨息方法的人，即能將呼吸的出入控制得很好。另一種情況則是自己感覺非常疲倦了，沒有辦法集中心力來數呼吸，此時可用隨息。隨息又分三個階段：

　(1)把注意力集中於鼻孔，清清楚楚地觀照每一次呼吸的出與入，但不數數目。氣息自鼻孔端部呼出去的時候，心中很清楚明白，氣息自鼻孔端部吸進來的時候，也很清楚明白，念頭隨著呼吸的出入而緊緊地繫在鼻孔上，不到其他地方去。

　(2)因隨息用得了力，呼吸漸漸變得深沈，吸氣時會直往下去，沈到丹田，使小腹自然而然地有起伏的動作。此時雖然知道小腹已隨著呼吸在動，但注意力仍宜放在鼻端。也有人數息數得很好，在數息時，氣已降到了小腹，等到隨息一開始，便已在用小腹呼吸了。

　(3)雖然仍是在用小腹呼吸，但在自己的感覺上，每吸一口氣，都會輸送到全身，如同整個身體都在呼吸似的。每一條血管、每一支經脈、每一個細胞、每一個毛孔，就連腳趾尖、手指頭等，都在吸氣似的，感覺極為舒暢。

5.步行禪定法

　　先觀想自己（心的接觸點、心意識的出口、身接觸點），進一步將心意識移向出口，再將身意識移向心接觸點。

補充說明

1.坐姿要點

　(1)雙盤是最好的姿勢（若無法雙盤，單盤亦可）。
　(2)眼閉三分。
　(3)舌抵上顎。
　(4)兩肩宜平。
　(5)頭正收下巴。
　(6)手結定印。

2.靜坐前的注意事項

　(1)靜坐前兩小時，後半個小時，最好不要進食，也不要肚子很餓的時候靜坐，容易分散精神，靜坐前可以先喝一杯開水。

　(2)酒醉、行房後，或過度疲勞、大病初癒、睡眠不足、雷雨交加的天氣都不適合靜坐。

　(3)靜坐時，精神放鬆，心情要保持愉快，把腰帶、內衣放鬆，使呼吸順暢，血液循環不受障礙。

　(4)靜坐後，按摩臉部、後頸、雙臂、胸部、腰部、膝蓋之後才起坐。

　(5)不要養成打坐睡覺的習慣，這現象會引發散亂，妨害清明的心。

◆表(五)　「同理心訓練」方案設計（張郡寧，2005）

活動名稱	同理心的實例、演練
活動目的	1.能瞭解同理心之基本概念。 2.能正確運用初層次同理心。 3.能表現出真誠、無條件積極關懷與同理的助人態度。
準備設備 及材料	1.筆。 2.同理心辨識練習表。 3.筆記型電腦。 4.單槍投影機。

實施步驟說明

1.每人發給一份同理心辨識練習表。（2分鐘）
2.在同理心辨識練習表中，依次寫下五個情境中，個人認為最理想的答案。（5分鐘）
3.統計各情境中所選擇答案的人數。（3分鐘）
4.共同分享討論情境中的每個反應，並討論出最適合的答案。（15分鐘）
5.接著兩人一組採用敘事方式，互相說出心中的困擾，並為對方做同理心的演練。（一人10分鐘共20分鐘）
6.團體討論分享二人一組活動時所遇到的問題點或內心感受。（15分鐘）
7.綜合討論
　⑴以一組同學的活動為例，扮演諮商同學分享活動時的感受及困難點。
　⑵其他同學提出自己的想法。
　⑶由老師進行討論總結。

◆表(六)　焦點解決心理諮商—「實例與演練」方案設計

活動名稱	焦點解決心理諮商實例與演練
活動目的	1.認知方面：能瞭解焦點解決之基本概念；焦點解決短期諮商之基本流程。 2.技能方面：能正確運用諮商架構。 3.情意方面：願意積極參與課程活動。
準備設備 及材料	講義、焦點解決心理諮商技巧錄影帶、筆記型電腦、單槍投影機、麥克風

實施步驟說明

1.發給同學每人一份講義，解說「焦點解決心理諮商技巧」相關主要內容，同學可以針對講義內容發問。（5分鐘）
2.說明「常見正向的開張引導問句」與「常見的例外架構的建設性預設基本問句」（10分鐘）
3.立即性技巧觀摩：（30分鐘）
　⑴把事先錄好的焦點解決心理諮商技巧錄影帶，播放給同學看。
　⑵發給同學「技巧檢核表」填寫。
4.立即性技巧練習：（25分鐘）請同學提出一個自己切身的問題，邀請同學當作個案，全班皆是諮商員，輪流上臺演練。

補充說明

　　焦點解決心理諮商詢問問題技術，著重於引導出當事人的積極正向力量，從另外一個角度正向詮釋當事人的問題，尋找例外並擴大例外經驗，創造且探討問題的解決之道，而非瞭解與克服原因，重視小改變引發大改變，強調從挫敗經驗中找尋例外成功事件，並引導當事人看到自己可以為自己的問題負責，並有信心朝向可解決的方向。它乃是一種正向積極、目標導向、重效率、重心理健康的技術。焦點解決短期諮商過程可分為三個階段（許維素，1999），晤談時間和一般的諮商一樣，大約為60分鐘：
1.建構解決的對話階段。（約40分鐘）
　⑴對話架構。
　⑵目標架構（正向開場與設定目標）。
　⑶例外架構。
　⑷假設解決架構。
2.休息階段：與幕後觀察諮商的協同者討論。（約10分鐘）
3.正向回饋階段。（約10分鐘）
　⑴讚美訊息提供。

⑵家庭作業。

補充詳細說明，如下：

1.目標架構：正向的開場引導與設定目標

一開始的引導就要環扣著未來導向、解決導向的假定，其常見的問句，例如：「你來這裡的目的是……?」、「是什麼事情把你帶到這裡來？」、「你想要獲得什麼？」「你覺得我可以幫你什麼忙？」「你今天來是想改變什麼？」

2.尋找生命的閃亮：例外架構

例外架構可以多元化運用，以下為一些常見的例外架構的建設性預設基本問句：

⑴當個案處於目標描述時的回應：
　　‧什麼時候你也曾做過一些你想做到的事？
　　‧你仔細想想，是不是你也多多少少做了一些你想做的事？

⑵當個案處於問題描述時的回應：
　　‧什麼時候這個問題不會發生？

⑶引發成功經驗的思考：
　　‧以前有沒有遇過相似的困難？你那時是如何處理的？
　　‧你想你需要做些什麼，可以使你能再次成功地做到過去能做到的事？
　　‧過去的處理方法中，有沒有什麼可適用於解決現在的困境的？

⑷引導個案思索脈絡與情境的改變差異時：
　　‧在那些成功的時候，你有什麼不同？
　　‧在那些成功的時候，你有什麼不一樣的想法？
　　‧在那些成功的時候，你的做法有些什麼不同？
　　‧在那些成功的時候，你的生活有些什麼不同？

⑸由個案以外的角度（或稱為互動的角度）來看：
　　‧在那些時候（有成功表現時），你看到別人對待你的方式有哪些不一樣？
　　‧如果別人認為你已經不一樣了，你猜別人可能會認為你有哪些不一樣？

⑹連結例外與目標
　　‧如果你繼續做這些事，你會不會開始覺得自己已經往來談目標的方向邁進了？

⑺追蹤例外的繼續發生
　　‧你如何保持這樣繼續做下去？
　　‧你如何讓這樣美好的事情再次發生？
　　‧這個星期以來，跟上星期你處理這件事有什麼不同？
　　‧你預期你會如何繼續保持下去？
　　‧別人如何知道你會繼續保持下去？
　　‧你如何避免這種困境再度發生？
　　‧當別人看到你在發生改變，你會想要別人繼續看到你還有哪些改變發生？

・如果有機會邀請你，向目前和你有同樣困擾的人說一些對他們有幫助的話，你會對他們說些什麼？

在引發例外出現之後，以下標準可以作為檢核與提醒：

・例外需符合良好目標的設定標準。

・將例外與諮商目標有所連結，但必須在個案能接受的前提下。

・找到個案對例外所抱持的一些意義與架構，使這些例外可以發生效用，以促使這個例外持續發生。

振奮性引導的使用：

・你當時是怎麼決定要去做（某行動）的？

・你是怎樣告訴自己去跨出這一大步的？

・你是怎麼計畫去克服這個很困難的一關的？

一個例外，一個行動的存在，透過諮商員的興奮、好奇與詢問，可以使個案有所意識，而助長個案的自主性與責任感。

・你會如何解釋這個改變的發生？

・當你做了這些行動，使事情改變之後，你現在是怎麼看你自己這個人？

邀請個案回答這類問題並非主要目的，反映出一種關心、鼓勵、支持的意涵，才是主要目的所在。

「那太棒了！」這樣的正向讚美，可以協助降低個案對改變的猶豫，也使個案願意更多方開發個人資源，促使他找到更多的例外、更多的可能。

一般化的精神

往往個案之所以會來晤談，不只是因為他們需要一個解決的方案，而是因為他們害怕，尤其是害怕行動的開始與結果，因而需要諮商員提供情緒的支持。故諮商員必須將他們的恐懼「一般化」──告訴他，是一種發展階段常見的暫時性困境，而不是病態、變態、無法控制的災難，藉此使個案減少恐懼感，個案就會感到更可以接納自己的困難。

3.水晶球的生命啟示：假設解決架構。

(1)奇蹟式問句：

・如果有一天，一覺醒來後有一個奇蹟發生了……

・有這種新的、很棒的感覺後，你又會做些什麼？誰會因此有什麼改變呢？

(2)水晶球問句：

・如果在你面前有一個水晶球，可以看到你的太太發生改變，她會有什麼不同？還會有什麼事情發生？

(3)擬人化問句：

・當問題已經解決時，如果我是牆上的一隻壁虎，正在看著你，我會看到你做些什麼不同的事？

・當你今天開車回家時，你的問題已經解決了，你想你的家裡會有什麼不一樣？你太太對你會有什麼不一樣？你們的關係會有什麼改變？

⑷轉化問句：
　・現在有沒有一些時候，會有一點點類似這種情況發生過？那是什麼情形？
　・可不可以告訴我，你近來什麼時候會想到其他一些些你也想做到的事？
　強調「現在」、「近來」，強調「一點點」、「一些些」、「一小部分」，會比強調「未來」與「全部」較不會讓個案認為不可行而排斥，也更容易由個案的口中找到例外，找到一個目前可以進行的行動。
⑸個案說不知道時，要相信他是「有可能」知道的：
　・如果你知道，你可能會怎麼說？
⑹當個案希望別人改變，仍要回到個案本身的行動責任
　・如果你的先生來到這裡，坐在我們旁邊，你猜他會希望你怎麼改變？
　諮商員得記得，改變別人是不可能的事，除非個案改變自己，帶動與別人互動的改變。
⑺當個案抱怨諮商無效時，往諮商有效的假設去引導：
　・如果來這裡諮商是有效的話，你會有什麼不一樣？
　・當你發現你已經開始改變的時候，你會對自己或別人怎麼說？
　強調「你將會有什麼不同？」、「你的生活將會有什麼不同？」、「誰會先注意到這些不同？」亦是重點。

◆表(七)　完形學派：「解夢」方案設計

活動名稱	解夢
活動目的	使當事人能自我覺察自己的行為，並負起責任，且由外在支持轉為內在支持，增進自己心靈的覺察狀態，接受真實的自我，察覺個人真實狀況，以達到統整。
準備設備及材料	請成員準備真實的夢境

實施步驟說明

1. 作夢者以第一人稱的方式，詳述夢境，其他成員仔細聽。
2. 作夢者敘述夢完畢後，請作夢者運用現有的空間布置夢境，並請團體成員扮演作夢者在夢中所出現的人、事、物。
3. 作夢者與所出現的人、事、物互動，並且作夢者分別扮演夢中的人、事、物並與自己進行對話。
4. 其他成員能藉從作夢者與自己夢境中的人、事、物的對話，看到自己內在投射部分，獲得一些體驗與成長。並且為自己的行為負責，經由此過程漸漸培養成員自我支持、自我依賴。
5. 作夢者藉由自己扮演其他角色，解決自己的問題，獲得領悟。

補充說明

基本概念：

　　完形治療基本上也和其他學派一樣相信：我們日常中意識層面會壓抑一些我們不想去面對的訊息，而當我們睡著了，壓抑的機制會放鬆，使那些訊息再度浮現於夢中。但這些我們所害怕不想觸碰的東西，即使在夢中出現，也足以讓我們驚醒，所以仍需加以偽裝，它們經常以象徵化的方式表達，或以逆轉（相反）或濃縮的方式呈現。

　　在完形團體解夢的工作中，案主是以「現在式」呈現，作夢者像描述一場僅有自己看到而其他團員看不到的電影一樣，每一夢境的細微部分，就是自己的一部分，自己就是夢境中所有的人、事、物、地方及所有的動作。其他成員則是看著案主演出對夢境的想像。

　　作夢者透過諮商師的引領得到覺察與整合，並在自己的兩極對話中，結束未完成的夢境。因此，完形解夢主要靠全靠諮商員敏銳的覺察力，對案主語言與非語言的行為作覺察。

◆表(八)　人際歷程：「人際依附探索活動」方案設計（林耿麟，2005）

活動名稱	人際依附之探索活動
活動目的	1.瞭解依附類型內涵。 2.覺知自我人際特徵。
準備設備及材料	人際依附量表

實施步驟說明
1.作人際依附量表。 2.人際歷程互動練習：兩個人一組，向對方說出內心對他的感覺或一句話，讓他對自己有新的覺察，交談後再分享，並由老師指導。

補充說明

1.人際歷程取向概覽

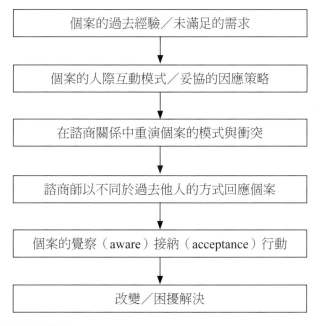

```
個案的過去經驗／未滿足的需求
        │
        ▼
個案的人際互動模式／妥協的因應策略
        │
        ▼
在諮商關係中重演個案的模式與衝突
        │
        ▼
諮商師以不同於過去他人的方式回應個案
        │
        ▼
個案的覺察（aware）接納（acceptance）行動
        │
        ▼
改變／困擾解決
```

2.人際歷程取向之具體做法
　　(1)第一次即與個案建立「工作同盟」。
　　(2)「注意」個案重複的人際模式、失功能的信念與核心感受。
　　(3)諮商師「勇敢」說出自己所看到的，並邀請個案自行解讀其問題。

(4)處理個案抗拒的三個步驟：①確認個案的模式；②認可個案的防衛機制；③區辨個案目前反應與舊有模式之差別。

(5)協助個案由「外在事件」轉向「內在想法、感受與反應」，其方式為「歷程評估」或「聚焦於感受」。

(6)活化衝突：利用「移情」（有感受才有工作同盟）來「瞭解」及「印證」個案的人際因應模式（不合理的自我信念、對他人不實際的期待）。

(7)以「支持」及「設限」之做法，提供矯正性的情感經驗並陪同個案（同在）使其重複經驗負面或軟弱之感受。

(8)統整與接納個案內在衝突之兩個對立面相所造成的矛盾情感，鼓勵個案設定個人想努力達到之目標。

(9)重複使用歷程評論技巧：

・個案須體認到自己正和其他人進行某種互動。

・個案須瞭解其行為對他人所造成的衝擊，以及如何影響他人對自己的看法，接著再影響個案對自身的關懷。

・個案必須決定是否對自己一貫的人際模式感覺滿意。

・個案必須培養改變的意志力。

・個案將意圖轉成決心，再轉化為行動並透過諮商類化到生活中。

3.依附類型內涵及人際特徵

(1)安全依附型：

安全依附型的人對自己和對別人有比較正向的看法，認為自己是有價值的，也能期待他人是值得信任的，並且他人對自己會有好的回應。這一種類型的人，能對他人建立支持性的關係，並且在與人維持親密友誼關係的同時，不會失去自我。在一般的人際依附經驗上，安全依附型的人與人相處融洽、與人互動良好，通常能真誠待人且樂於助人。與人互動時其自我揭露富有彈性並且有彼此感興趣的主題，對於他人的談話能保持同理的傾聽，並且對關係也有比較多的信任、滿意、親密和熱情與較多的承諾，感受到的關係是友善的，並且能接納別人。

(2)逃避依附型：

一方面覺得自己沒有價值感，不為他人所喜愛或是接受，並且對自己有不可愛的負向自我意象；也認為別人是不可信任的和親近的，逃避和別人的親近，以保護自己免他人的拒絕。在一般的人際經驗中，較少對人接納與支持，其人際互動比較疏離、與人相處有一定程度的困難，通常傾向自我中心並與人保持距離，甚至容易和他人起衝突。此外，對他人的自我揭露會覺得不舒服，逃避親密的社會接觸，補償性地投入非社會性的工作，他們會以工作來逃避與社會的互動。

(3)焦慮依附型：

　　焦慮依附型人覺得自己沒有價值，有不值得被喜愛的負面自我意象，而對他人則有正面評價。這一種類型的人在和別人交往時比較會過度投入，並且藉由他人得接納以肯定自己。在一般的人際關係中，其人際互動會自我約束並且行為比較拘謹，遵循原生家庭的教導，希望被別人所接納並且得到讚賞，在人際關係中可能過度涉入，比較強調自己的需求和情感而忽視別人的感受。

(4)排除依附型：

　　對自己是有價值的、可愛的正向意象，卻認為別人是不能信賴並且拒絕他人，也會逃避與人親近，保護自己免於失望，並且維持獨立自主性，使自己免於受傷。在一般人際依附經驗方面，覺得自己一個人比較自由，也不喜歡親近別人，並且覺得自己就可以過的很好，不想和別人有太多的互動。

4.統整摘要共依附父母類型

　　共依附孩子出自於共依附的家庭，孩子為了要符合父母的期待，發展出共依附的特質，以滿足自己及父母的需求，根據吳麗娟老師所談的文獻，統整摘要共依附父母類型、心態及對孩子的影響，說明如下：

父母類型	父母心態與行為	傳達給孩子的訊息	對孩子的影響
過分要求型：我必須控制我的孩子	1.心態：自己做的決定才對，堅信父母是對，小孩是錯的。 2.行為：要求孩子服從、想要贏過孩子。	你怎麼想都不對，照我的話就對了。	1.表面：叛逆、好爭辯、一定要贏、認為自己是對的。 2.內在：焦慮、尋求報復、常覺得生命不公平及無法掌握、放棄、逃避責任。 3.行為方面：說謊、偷竊、少自我約束。
吹毛求疵型：我比我的孩子優秀（也是過度要求型，但更喜歡評斷別人，以使自己好過些）	1.心態：視孩子是無能的、可憐的、喜歡去證明「別人都是錯的，自己才對」。 2.行為：過度保護及寵愛孩子，擔負起所有責任，讓孩子覺得羞愧，另外剝奪孩子學習自主的能力。	你不能，也無能力做任何事	1.心態：自憐、無能、當別人不像父母的給予時，他會覺得可憐，生命不公平、覺得需要比別人優秀、期待他人給予。 2.行為：學習到可憐自己及責備他人。

過度保護型	1.心態：我是小孩唯一的供給者。 2.行為：過度保護。	你不會做這件事，至少不是由你自己做	1.心態：覺得自己是無能力的、無法獨立的。 2.行為：畏縮、不敢嘗試。
疏離型	1.心態：不知如何去愛人。 2.行為：很少關愛或注意到孩子、忽視孩子情感上的需求、冷漠、遠離。	你對我並不重要	1.心態：有被忽略、被遺棄的感覺，孩子對父母的「忙」有很多委屈和抱怨。 2.行為：會做一些引起父母注意的事。
無效能型的父母	1.心態：要求孩子擔任超過孩子年齡、情緒所能擔負的成人角色。 2.行為：未盡父母之責。	我不能滿足你，壓力已超過我所能負荷的。	1.心態：覺得父母不快樂和悽慘的生活都是自己造成的、父母都是柔弱的，我需要堅強。 2.行為：扮演過度早熟的小大人。

「共依附」家庭中，孩子扮演的角色：

(1)英雄：穩定整個家中的核心角色，是負責任的人，但內心蘊含痛苦和焦慮，長大常成為疏離型的父母。

(2)代罪羔羊：父母吵架時，他總是被牽連，故這類型的孩子常有很多的敵意，較叛逆，內心害怕、孤單、疏離。

(3)丑角：扮演小丑，以幽默來減少家庭壓力，內心叛逆、消極、脆弱與罪惡感。

(4)隱形的小孩：呈現虛假不誠實的成熟度，較缺乏自我認同。是退縮、安靜的小孩。

◆表(九)　「呼吸、覺察與動功」方案設計

活動名稱	呼吸、覺察與動功
活動目的	1.放鬆身心。 2.身體的覺察。
準備設備 及材料	引導光碟

實施步驟說明

1.請大家調整自己變成舒適姿位、放鬆身心。

2.播放腹式呼吸之引導光碟。（5分鐘）

3.播放「宇宙原音——天王星光環」。（13分鐘）(任何輕緩之音樂均可)。

4.並持續腹式呼吸。

5.請大家緩慢醒來，坐起。（2分鐘）

6.介紹脈輪及各相對應的聲音，並示範。（5分鐘）

7.各自練習，請舞蹈組的同學協助分組指導。（15分鐘）

8.請大家站起來，圍成圓圈，左右踏步1—2節律。（2分鐘）

9.踏步1—2節律改為右腳往前踏出。（2分鐘）

10.踏步1—2節律增加右腳踏出加重。（2分鐘）

11.踏步1—2節律增加身體擺動、自由旋轉。（2分鐘）

12.踏步增為1—2—3節律。（2分鐘）

13.1—2—3節律口號改為ㄅㄨ、ㄇ1.ㄙㄨ。（2分鐘）

14.兩人對跳，身體自由擺動，步伐相同。（2分鐘）

15.復位，手拉手原地踏步。（1分鐘）

16.手拉手逆時針方向移動踏步、繞圈。（2分鐘）

17.繞圈的同時手往上拉。（2分鐘）

18.一切漸漸緩慢下來，去除手的動作、去除聲音、去除步伐、停止。（3分鐘）

19.慢慢坐下來，靜心放鬆，感受身體的律動。（8分鐘）

20.分享與討論。（20分鐘）

◆表(十)　「家族排列」方案設計

活動名稱	何長珠家族心靈排列：本模式不同於海寧格及周鼎文之做法，主要在以心理劇進行心靈劇，其立場為接納祖先靈魂動力影響當事人目前之困擾。

實施步驟說明

1. 暖身活動：治療師先請學員圍成大圓圈坐下，形成一個家族圈（Family Circle），治療師本人則與個案坐在圓圈一端位置上。

   治療師：「請大家放鬆身體，以自己感覺最舒服的位置坐好，閉上眼睛，慢慢的做十次深呼吸，感覺到自己身體的姿勢、頭、肩、手、腳都是在放鬆的狀態，並信任這個團體與自己，也為今天的任務，獻上光的祝福（觀想由頭頂貫穿全身的光之流動）。」

2. 排列過程：治療師先詢問個案的困擾，並簡要瞭解個案的家中狀況，包括將個案的家庭圖畫在黑板上；接著開始進行家族排列。

3. 結束後，代表成員一一向個案進行「去角」。

4. 討論與回饋。

補充說明

1. 案例說明

　　個案為三十多歲之女性，父親已往生，家中共有六個小孩，皆是女生，而個案排行老四。個案覺得自己跟父親的關係不是很好，從小到大好像很害怕父親的眼神；父親與家人的關係也不好，好像從沒帶家人出去玩過，且只要父親在場，家中氣氛就不好。簡單來說，父親不擅於溝通、與家人有距離，不過對大姊的態度除外。個案自覺從小到大都沒有感受過父愛，父親對個案而言，好像只是一個把她生下來的人。三年前父親往生後，家中好像就沒有這個人似的，沒有人會去提起父親。

2. 進行家族排列（部分資料之出現）

　　治療師開始前先向團體說明排列的場地，包括代表家中的出口的位置（圖中左下角代表出口之門），並請個案自己選擇現場圍坐學員中，感覺像父母者作為其代表，並請他們進入場中，依代表自己的感受（意即作為個案父親的成員，感受身為父親的感受），找到自己的位置。

　　此時父母二人站立場中，面對面對看著，父親手交叉在前方，母親手交叉於後方（圖一），治療師並請個案再選擇其他代表家中小孩（六個女兒）的學員來加入排列（圖二）。

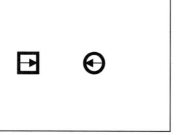

♣圖一

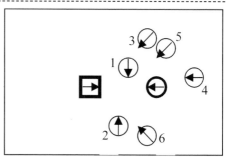

♣圖二

> 註：圖中男性為方形，女性為圓形，加粗者為父母，未加粗者為子女，箭頭代表面向位
> 置，數字為子女排行數。

家中所有成員排定，父親眼睛閉著，母親看著父親。

· 治療師：父親有什麼感受，想要改變什麼？

· 父親代表：我想請三女兒過來。（三女兒走向父親）

· 父親代表：不對，是四女兒（四女為個案）。

三女兒站回原位，個案過來站在父親面前，擋住媽媽。媽媽便退到一邊，臉轉向一邊。接著三女兒走過去抱住媽媽，而四女兒退開，站到離父親有點遠的距離。（圖三）

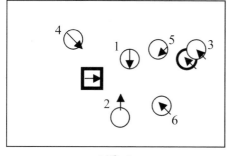

♣圖三

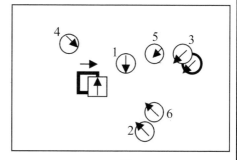

♣圖四

此時個案向治療師提及家中有財產分配不均之事，家中財產由大伯分配，當時父親少分了些。治療師請個案作為大伯代表來加入排列。大伯站到父親身邊，二女兒退到六女旁（圖四）。

· 大伯代表：分配財產是為了家族，不是要對弟弟不公平。（並向弟弟說）一切都是為了家庭，希望你能瞭解我的苦。

之後兄弟兩人抱在一起，弟弟（個案父親）啜泣。此時，父親忽然不再閉眼，跟家人圍成圓圈緊抱在一起。（如圖五）

結束時，進行「去角」，每個代表成員一一站在個案前面，大聲的說：「我是某某某（本名），不是你的父親。」代表角色感覺自己已去掉角色有的感受，就算完成去角。

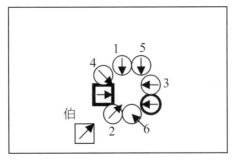

♣圖五

3.討論與回饋（部分資料之出現）

· 學員（旁觀者）：很奇怪，這個家的位置一站出來，就覺得全身打冷顫，覺得好冷哦！大伯開始站過去時，我就覺得不那麼冷，當他們全家人合在一起時，我就覺得好像好多了。

· 媽媽代表：一開始，我覺得我先生都一直閉著眼睛，他好像不看我，我一直看著他，其實是期待他能看我，得不到覺得有點生氣；後來，老四把我擋起來，我就更生氣了。然後，三女兒來抱我，讓我覺得至少小孩裡還有一個會支持我。但心裡面還是很難過，因為我先生不只離我遠，還被擋住。

· 治療師問：爸爸是否有當時想講、但未講的話？

· 爸爸：覺得虧待老四。

· 治療師：剛才排列一開始時，唯一站在媽媽後面的是老四，一開始動起來後，才變成老三去安撫媽媽，所以，這個家裡面真正有動力的，應該是老三和老四。

· 二姊：一進入就覺得爸爸好兇，媽媽好可憐；覺得自己不可以亂動，眼睛不可以亂飄，所以就想——那我看大姊的腳好了。

· 個案：大姊和二姊年紀最近，常常會針鋒相對。

· 老五：我覺得在那個家中，我好像不是很重要，所以我就找空隙站，我不知道為何她（老三）一直靠著我。

· 個案：老三和老五關係最好。

· 老六：剛開始站了這個位置，我覺得不錯，就一直都沒有動，一直到大伯走過來時，我覺得對大伯讓我很有壓迫感。

- ·旁觀者問：我坐在外面，沒有進入排列，也不難過，但不知為何卻一直流淚？
- ·治療師：人都只會為自己而哭，會哭是因為這裡有些議題是和自己有關的。
- ·旁觀者問：代表投入的程度會不會影響結果？
- ·治療師：他們所代表的，其實就是那個家的真實狀況。所以當你覺得很無聊或沈悶時，其實是所代表的那個人真正的感受！因此排列完後之「去角」是必要的，主要是讓你能離開所代表者的心理狀態。

4.作者之提醒

　　家族排列由海寧格提出、周鼎文引入臺灣，並經本人十年來實踐後修正所推出的「何長珠家族心靈排列」模式，是本人從事諮商工作三十八年以來，到目前為止發現的最有效能之心理／靈與家族／庭介入模式；因此在此處特別以實例加以說明；但請特別注意的是：因為此學派的處理要涉及靈魂與靈性之議題，因此除非受過足夠訓練與督導，決不推薦自行引用，切記！

◆表(十一)　「關係和解」方案設計

活動名稱	關係和解（何長珠，2009）
活動目的	以最簡單的誠意立場與重要他人產生互動。因為每個人心中都有一位重要的影響人物，但卻因為種種原因，我們無法跟對方溝通（不習慣溝通或已經死亡等），因此特設計本活動來進行和解。

實施步驟說明

1. 請閉上您的眼睛想想浮在心頭上的人物是誰（一次只選一人）。
2. 選出與重要的影響人物在表格內的關係類型與內心感覺。
3. 找出同一類型的夥伴兩人相互練習。
4. 站立好該姿勢。
5. 閉眼後做三次深呼吸，當準備好時再睜開眼睛。
6. 輔導員請當事人說出重要的句子，必要時引導重複或大聲或慢慢地說出重要的句子，直到有感覺。
7. 結束後進行討論，但須注意衝突之關係往往須加做心理劇或家族排列。

補充說明

關係類型	內心感覺	重要的句子	姿勢
照顧對方的關係	心甘情願	‧××好愛你（例如：當事人對兒子說：媽媽好愛你）	夥伴背對當事人
	無可奈何	‧××接受你	
被對方照顧的關係	充滿感恩	‧××謝謝你（姿勢：當事人對夥伴做三次深深的鞠躬）	
	沈重壓力	‧××請相信我，我會做得到 ‧××請你放心！我可以過得好	
相互依賴的關係	互補共生	‧××感恩有你 ‧××謝謝有你	當事人與夥伴面對面
	束縛牽絆	‧××我還是喜歡有你	
互相衝突的關係	又愛又恨	‧××這件事上我也有責任	
	對立仇視	××我承認我也有責任	
結束的關係	證明價值	××我祝福妳	
	排擠忽視	××我祝福彼此	

◆表(±)　Satir溝通姿態：「身體雕塑」方案設計

活動名稱	Satir溝通姿態——身體雕塑
活動目的	1.幫助成員體驗不同的溝通模式。 2.發現自己的溝通模式。

實施步驟說明

1. 以溝通型態的心理測驗遊戲帶領成員初步知道自己所屬的型態，並且向成員解說人際互動中四種型態：指責型、討好型、超理智型及打岔型。
2. 請成員選出一個自己最熟悉、最常出現的型態，進行角色扮演，二到三人（不同型態者）一組進行扮演，由觀眾進行調整和回饋。
3. 請成員選出一個自己最不熟悉、覺得最困難的型態，進行角色扮演，二到三人（不同型態者）一組進行扮演，由觀眾進行調整和回饋。
4. 請成員討論角色過程中的感覺、想法，並思考適切的溝通型態為何。

補充說明

壓力情境中的四種應對模式（整理自賴念華，民90；林沈明瑩譯，民88）：

應對模式	指責型blaming	討好型placating	超理智型 super-reasonable	打岔型irrelevant
外在行為	攻擊、批判、獨裁、吹毛求疵、控制	依賴、抱歉、過分地好、懇求的神情	理性、有原則、喜歡提建議、操縱的	過動的、干擾的、爭取注意力的
語言	「你到底是怎麼搞的？」、「不對！你做錯了！」	「都是我不好」、「都是我的錯」、「我總是做錯事」	「專家說應該這樣比較好」、「作錯事自己承擔，這是天經地義的事。」	講笑話。談論與現場無關的主題。漫無主題、抓不到重點
生理感受及常見生理疾病	身體繃得緊緊的、肌肉緊張、背痛、氣喘	胃痛、消化道不適、偏頭痛或其他頭痛	身體很僵硬、背痛、癌症、淋巴系統疾病、皮膚病等	身體挺不起來、偏頭痛、暈眩、平衡協調方面疾病
防衛機制	投射	否認	忽視	扭曲

內在經歷	我覺得好孤單、很失敗的感覺。沒有人關心我，我不這樣大喊大叫，沒人把我當人看。	我覺得自己毫無價值、一無是處。我必須討好每一個人，這樣別人才會喜歡我。	我不能露出感覺，雖然我覺得孤單、空虛。我必須讓別人知道我有多聰明又頭腦清楚，這樣別人才會喜歡我。	根本沒有人注意到我，我要做一些讓別人發現我的事。我一定要做點什麼特別的。
付出的代價	工作過度、負荷過重、把焦點放在對他人的期待	犧牲自我、缺乏自我肯定、把焦點放在對自己的期待	與人疏離、與環境隔離	低效能
內在資源	自我肯定、相信自己有能力、有領導才能、有能量	敏感、善於覺察、關懷別人的需要、靈敏的	聰明理性、臨危不亂、目標導向、解決問題、注意細節、有知識	充滿創意、幽默、團體中的小丑但帶來無限歡笑、自發性、有彈性
冰山層次	期望	感受	觀點	行為
常見的 DSM IV 診斷	邊緣型、偏執型人格違常、衝動控制疾患、性虐待	情感疾患、焦慮症、強迫症、依賴型人格違常	情感疾患、反社會型、強迫型、自戀型、畏避型人格違常	過動症、解離性、雙極性疾患／躁症、做作型人格違常

◆表(三)　「社會劇」方案設計

活動名稱	社會劇
活動目的	1.情感宣洩：幫助成員探索情緒，並且釋放與表達情緒。 2.洞察：成員藉由行動的過程中，或是整個社會劇的完成後，能有一個新的明白與瞭解。 3.角色訓練：在社會劇的演出過程中，可以練習一個新的行為並將之運用在實際生活中。

實施步驟說明

1. 暖身

　　當一個人從團體外進入團體內時，他總帶著之前發生的一些事情及感受來，因此他的身體雖然坐在團體中，但他的內心依然停留在他的工作。所以，社會劇導演要協助他們進入團體成員的角色中，協助團體成員間，在這當下能有所互動，當團體成員彼此感到舒適，團體的主題呈現出來時，我們就可以準備演出了。

　　暖身可以用認知或情感性的方式呈現：可以由導演或成員來引導。認知暖身比較是訊息提供，此訊息主要是暖化團體成員的相關感受。感情性的暖身是直接說出或演出我們的情感及身體狀況，經常是採互動的方式來進行，用較輕鬆，愉悅的方式來推著團體成員，使大家願意投入參與團體的演出。暖身可以是結構式的，讓成員彼此討論；暖身也可以是非結構式的，主要協助團體成員能共同參與並發展到演出的階段；暖身時的一個重點是導演要保持本身清楚的目的性。

　　當團體熱絡討論各種不同的情境時，導演可以邀請團體以投票方式來決定所欲探索的社會劇主題，但不處理心理議題。

2. 演出

　　當成員自發的演出一個場景，並揭示一個核心議題時，即進入演出階段。導演需要運用所有的戲劇演出的技巧（比如舞臺布置、角色介紹、旁白）把情境表現出來。一旦設置了場景，明確了角色，導演通過要求每一個人同時扮演他們自己的角色來啟動系統。

　　演出是多樣化的，它的價值遠遠超過簡單的討論，因為演出可以在我們當下的情境中直接表露，體驗真實生活中我們經常無法完整表達的內在感受，或是容許自己在錯誤中學習。平時人們討論事情容易落入理性層次，若改以行動來探究一件事時，就有更多的可能來開放自己，因為在行動中會有其他人用他的方式與你互動，讓你無法預先計畫；而這種自發性和創造力同時也正是治療與成長的重要元素——表達、宣洩及真實互動，因此演出可說是社會劇中最核心的部分，通常也占有最長的時間分配。

3.分享

　　這個階段包括對問題及其完整背景的分析和探索，也可以說是演出的結論，是相當重要的。分析的目的是為了讓團體成員對他們系統的經歷有一個共同感覺：理解社會影響力如何塑造系統中之行為以及產生一個新的看法。

　　導演在分享階段要特別注意是要求成員分享自己的感受跟經驗，而非去分析及批判他人。

補充說明

1.社會劇之定義

　　社會劇是在探索某個涉及到與一群人有關之角色間關係的問題。社會劇以某位參與者擔任主角，演出其與團體中他人所共享的某個角色。有關這位角色的其他個人特殊層面則不被考慮。因此，社會劇可以被描述為以「團體為中心」的演劇。

2.社會劇的發展

　　心理劇之創始人JL Moreno博士一生發展出四種理論：心理劇、社會劇、社會測量及角色訓練。它提供了一種思維的方法，為社會系統、和團隊文化提供一種及時有效的方法。

　　Moreno對社會劇的理解是：社會劇從聽眾的參與開始，它可以教育、闡明和激發所有的成員的自發性、創造力並產生移情，可以控制和平衡來自當地或全球問題的文化壓力，可以指導社會宣洩和整合。（Wiener, 1997）。

　　最近，隨著組織和社區的發展，對於社會劇的興趣被再度喚醒，Kellerman更認為社會劇是一個社會變革的方法，他使用批評性的方法對社會劇的理論基礎進行了調查（1998）。

3.社會劇的特色

　(1)社會劇提供我們一個生活的實驗室，練習用新的和安全的方式，去面對問題、澄清價值、表達感受、預演新行為。

　(2)社會劇的主角是團體，重點放在主題及情境的取向中。因此，社會劇是一種團體行動的方法，換句話說，社會劇幫助人們透過自發性行動來表示內在的想法，同時也在這個過程中更加理解自己與他人。

　(3)社會劇之分享過程是最重要的，包含幾個重要的意義：

　　・演出的成員在分享時，可以再次整合個人的價值改變歷程。

　　・分享本身的意義與價值，可以減少成員在團體中覺得孤獨的感覺。

　　・分同時也是協助團體尋找一些解決問題的替代方案。

　　・分享協助團體成員進入到一個新的較客觀的認知層次，同時也得到社會性學習之效果。

◆表(古)　生涯敘事：「生命的故事」方案設計

活動名稱	生涯敘事—生命的故事
活動目的	1.協助成員瞭解生命中重要他人、事件對自己的影響，並發現自己的決定風格。 2.協助成員檢視自已在生涯決定可能遇到的困難，並學習可能的解決方法。
準備設備及材料	彩色筆、圖畫紙、箱子、布偶

實施步驟說明

1.畫出「生命線」：邀請成員回顧從小到現在，影響自己的重要人物、事件，及重要的決定。

2.聽故事：二到三人一小組，分享自己的生命線，並請成員好奇彼此的在面對生命抉擇時的決定風格。

3.說故事：請成員回想在繪畫生命線和聽故事的時候，有什麼不同的想法出現，畫出（或寫出）皆下來可能的生命故事。

4.解故事：

(1)發下白紙，以匿名性的方式，請成員寫出一個情境（二擇一），寫完後，請成員投入箱子中：

　・你覺得在未來的生涯決定中會遇到什麼樣的阻礙情境？

　・請回想一下，過去你在做生涯決定的時候，曾經遭遇到什麼令你為難的情境？你對這件事情的感受為何？

(2)邀請成員抽出所寫的阻礙，先將內容念一遍，拿布偶當作主角，然後邀請成員分享當自己是其中主角時，會是什麼樣的心情？是與信中的主角一樣呢？還是有不同的想法？以及可能做一些什麼來克服。

◆表(士)　「藝術治療體驗」方案設計

活動名稱	藝術治療體驗（由彼此認識之成員所組成）
活動目的	1.增進團體的凝聚力。 2.體驗藝術治療的過程。 3.協助成員探索個人家庭議題。
準備設備及材料	廣告顏料（每人一瓶）、水彩（每人一條）、畫具、黑色或白色全開壁報紙（以三十人為例，可用八張壁報紙以2×4的方式事先黏成一張大海報）、黏土（每人一包）、八開圖畫紙（每人一張）、蠟筆（每人一盒）

實施步驟說明

1. 心手相連：以輕鬆、有趣的方式產生新的理解與認識，聯絡人際關係以產生連結，並建立安全感。
   ⑴搭肩分享：成員先將自己的手搭在認識最久的人的肩上，並分享與對方第一次見面的印象，L引導成員從由團體外圍開始分享。
   ⑵特質與能量集合：請成員依關係連結來形成小組（適當人數約四到六人），一開始請成員將自己的手描在圖畫紙上，並將「自己認為擁有的特質、能力或是能量來源」畫在手掌中間，畫好後輪流讓同組的成員添加認為對方有的特質或能力在紙上，最後進行小組分享。
   ⑶注意事項：創作引導過程中，先描繪手（具像）來限制創作的空間大小，並說明圖畫可利用線條、圖形、顏色來表現，圖畫可以是象徵性的、自己看得懂就可以，可減少成員擔心自己不會創作的焦慮；進入個人（創傷）議題前先談能量，再以較正向的方式作為結束，是保護成員的做法。
2. 家庭黏土圖：用黏土（替代物）表示成員及其家庭成員，可減少成員的焦慮及防備，且黏土是可以雕塑、移動的媒材，可讓成員在探索家庭議題時更有彈性及改變性。
   ⑴進入工作的準備：L先引導成員醒土與使用黏土，如加入適當水分，並用捏、搓、搥、壓等方法來讓黏土變得更柔軟或成為一些形狀，再以一個顏色的水彩加入黏土搓揉，便成為有顏色的黏土，此黏土可提供整個團體使用，如此一來團體便有許多不同顏色的黏土可共同使用。
   ⑵開始工作：每個人以不同顏色、大小（表示權力）之黏土來代表自己家庭中的成員，並排出家庭動力圖，並讓成員兩兩分組互相分享與瞭解，黏土的大小、形狀、距離、顏色都可以加以討論；L可邀請一位成員作團體示範，如引導成員分享家庭互動的現狀、自己對家庭的期待，並嘗試調整代表家庭成員的黏土（包括自己），讓成員覺察家庭與自己可以如何改變；最後讓成員將代表各個家庭成員的黏土，創作呈一個代表「我的家庭」的作品。

⑶注意事項：若成員彼此分享的時間較不充裕，可請成員提出自己認為家中最重要的角色，並讓成員找出在家庭中最希望或最可以陪伴自己的人，或者是讓成員表達自己最想分享的部分。

3.團體創作：增加成員間的連結，覺察團體整體的關係與互動。

　⑴主題設定：由於此團體之成員組成主要是彼此認識的人，因此團體畫的主題可視團體成員之共有性質來設定，例如此藝術治療工作坊的成員是某諮商中心的同仁所組成，可引導之團體畫主題為：「將你心中可以象徵這個諮商中心的樣子畫出來。」

　⑵創作過程：讓每個成員挑選一瓶廣告顏料，在事先填好的大張壁報紙上面，共同創作團體畫，且從頭到尾就使用同一瓶顏料創作，並以顏料用完作為結束，此目的是為了激發更真實的感覺；且過程中不交談，目的是讓成員可以聚焦於自己的感受。

　⑶討論：請成員自由分享創作過程中的感受，可用自己的顏色來發言，目的是減少防衛及攻擊性；並以距離與肢體來表現自己對這個諮商中心的內在感受，且用一句話來表達：「你（某諮商中心）帶給我……」最後做一個動作表示此刻的感受，引導成員彼此對看。

　⑷注意事項：L可從中觀察每個人創作的方式，並觀察團體的動力結構，以及成員間的互動，可以回饋給團體，提供成員覺察。L可以邀請成員表達對於團體的不同意見，且因為在團體中說出不同意見是很難的，因此L要站在發言人身邊表示支持，同時不忘詢問其他人的感受，以求引發更多不同意見。

◆表(六)　繪畫治療：「愛情的樣子」方案設計

活動名稱	繪畫治療──愛情的樣子
活動目的	1.重新檢視自己的現有條件與理想的擇偶條件。 2.澄清兩性對異性挑選條件上的差異處。 3.從其他成員的回饋中發現自我的正向特質。
準備設備 及材料	粉臘筆：每人一盒 圖畫紙：每人六張

實施步驟説明

1.開場：確定材料、分組別（二到三人一組）

2.暖身塗鴉

　(1)請成員用非慣用手塗鴉：找一個喜歡的顏色。

　(2)請成員用慣用手塗鴉：請小組內做視覺分享，接納每個人有不同的樣子。

　(3)引導成員畫出以下四種情緒線條：想睡午覺、生氣、傷心、平靜（視覺分享）。

　(4)引導成員畫出以下四種圖形：愛情中的甜蜜、嫉妒、等待、滿足（可以是你的經驗或想像）。

3.愛情繪圖

　(1)引導成員畫出以「愛情中的自己」為題作繪圖，例如：愛情中的樣子，你會擁有什麼？你會有什麼樣的個性？

　(2)引導成員以「愛情中的對方」為題作繪圖，例如：在愛情中你的另一半（或期待中的對方）會是什麼樣子？會擁有什麼？會有什麼樣的個性？

4.比較兩幅圖畫，做小組分享討論：引導成員覺察自己在愛情中的樣子和期許，以及現實和期許的差異。

◆表(七)　生涯探索：「職業興趣組合卡」方案設計

活動名稱	生涯探索——職業興趣組合卡
活動目的	1.使成員能利用職業興趣組合卡及何倫六角圖來來判斷喜歡的活動。 2.瞭解個人的生涯興趣類型建構未來生涯方向。
準備設備 及材料	職業興趣組合卡一人一盒

實施步驟説明

1.發給成員一人一盒「職業興趣組合卡」，進行組合卡活動：
　(1)選排卡片：請將卡片分為「喜歡」、「不喜歡」、「不知道」三類。
　(2)卡片分類：
　　・嘗試歸類：或許是職業特質、（不）喜歡的理由，任何歸類方式皆可。即使只有一個職業，也可單獨放一堆。
　　・分完之後，引導成員思考以下問題：為什麼（不）喜歡這些職業？你是如何分類的？或是，他們有哪些共通點是你（不）喜歡的？
　(3)依序挑出六個最喜歡的職業。
　(4)計算何倫綜合碼。
2.邀請成員分享當下的想法和心情

補充説明

何倫綜合碼説明：
1.實際型（R）
　(1)有機械能力或體力，喜歡處理機器物體、工具、運動設備或動植物有關之工作，比較屬於清楚、具體、實在及體力上的工作。
　(2)比較不善社交，是情緒穩定、具體化的人，適合從事技術、體力性的工作。
　(3)通常具有：溫和、穩定、謙虛、誠實和節儉等的特質。
　(4)典型工作：工程師。
2.研究型（I）
　(1)運用其智能或分析能力去觀察、評量、判斷、推理、以解決問題。
　(2)喜歡與符號、概念、文字有關之工作，不必與人有太多接觸，具有數理及科學能力。
　(3)通常具有：獨立、精細、理性、謹慎和內向的特質。
　(4)典型工作：科學家。

3.藝術型（A）

⑴有藝術、創造、表達、及直覺能力，藉文字、動作、聲音、色彩形式來傳達美、思想、感受。

⑵需要敏捷的感覺能力、想像及創造力，在語文方面的性向也高過數理方面的能力。

⑶通常具有：富幻想、有創意、獨立、衝動和直覺等的特質。

⑷典型工作：藝術家、音樂家。

4.社會型（S）

⑴具有與人相處，交往的良好技巧。他們對人關懷、有興趣，具備人際技巧，並能瞭解、分析、鼓勵並改變人類的行為。

⑵能自我肯定，並有積極正向的自我概念，具有社會技能。

⑶通常具有：助人、寬弘、友善、溫暖及合作等的特質。

⑷典型工作：教師、治療師。

5.企業型（E）

⑴運用其規劃能力、領導能力及口語能力，組織、事務安排及領導、管理人員，以促進機構、政治、經濟、或社會利益。

⑵喜歡銷售、督導、策劃、領導方面的工作及活動，有興趣從事如業務人員、活動策劃者、推銷人員等具有領導能力及口才。

⑶通常具有：社交、冒險、野心、熱情和自信等的特質。

⑷典型工作：經理主管。

6.事務型（C）

⑴須注意細節及事物技能，以便記錄、歸檔及組織文字或數字資料。

⑵給人的印象是整潔有序、服從指示、保守謹慎。喜歡從事資料處理、文書及計算方面的工作，通常是執行人員。

⑶通常具有：順從、實際、有恆、謹慎及有條理的特質。

⑷典型工作：祕書、會計師。

何長珠編製

1.量表說明

本量表之目標在評估心理團體之領導者，於小團體領導力之表現及水準。此處「心理團體」之定義為，八到十二人左右，有心理成長興趣或需要的人，於受過訓練的領導者之帶領下，主題、暖身活動之設計方式可能是結構或非結構的，經歷為期八次以上，每次時間是一小時左右之聚會的團體過程。

而領導力之表現，亦可涵括為幾方向，分別為專業訓練之一般背景、團體領導上相關能力之掌握、團體中困擾成員之處理，與倫理部分之考量。

在答題的層次上，本量表亦涵括了三個層次：

(1)初層次：其專業能力之界定範圍為諮商及其相關科系大學高年級（意指3.四年級）學生。其在心理團領導力上之經歷為正在參與或參與過數次以上之完整團體（有過成員及同儕領導之經驗）者。

(2)中層次：其專業能力之界定範圍為上述科系碩士或大學畢業，但具有五年，十次左右（以上）之團體經驗者，擔任過領導、協同領導及觀察員，目前主要擔任領導者之角色者。

(3)高層次：其專業能力之界定範圍為上述科系之博士或學士以上資歷，並具有十年以上之團體經驗者，經歷過領導者的各階段訓練，目前主要擔任督導之角色者。

本量表之適用對象，主要為訓練團體領導力時之起點行為之測量，及目標設定之參考依據。舉例而言，當某一受試之勾選答題範圍，大部分落在「初層次」的位置時，表示其在團體領導力上之水準。但同一受試者亦

可在領導力的四個方向中，表現不同之層次，如某人在倫理方向之答案為中層次之比例甚高時，則可在此部分加強訓練，往高層次提升。

2. 作答說明

本量表包括四個方向（背景、能力、困擾處理與倫理考量），三種層次（初層次、中層次與高層次），共二十九題題目。答題時，請以個人大部分時候的應對方式為評選依據。以作為個人專業能力成長上之參考。

能力項目	等級（評分標準）
一、專業訓練之一般背景	
1. 團體進行之性質（結構與低結構）	(1)以一、兩個溝通活動之進行，作為團體主體。 (2)以溝通活動引發主題討論之方式進行。 (3)於團體進行中，視需要而引入溝通活動。
2. 通常所帶團體之類型	(1)同理心訓練團體或一般的人際關係成長團體。 (2)依理論架構而進行之團體，如心理劇、理情、完形、再決定團體等。 (3)非結構團體（無方案設計及溝通活動之安排）。
3. 團體動力之背景訓練	(1)瞭解小團體動力主要變項（結構；溝通、決策）之定義及內容（組織、心理學方面之資料）。 (2)瞭解小團體動力主要變項及其與心理團體運作現象間之關係（如Yalom的六種領導者之類型，團體之治療性因素）。 (3)能統整不同角度之團體動力觀點（如Hill的互動分析，配對與衝突理論）為個人處理團體時之依據。
4. 在團體諮商的主要影響變項，能……	(1)瞭解領導者之特質與訓練，成員之類型，團體之階段特徵等方面之重要內容。 (2)連結領導員、成員與團體階段來做統整之思考。 (3)預測不同領導員、成員與團體階段三者交互作用後，所出現之現象及對策。
5. 在從事心理團體的工作中，具備……	(1)做成員（連續十次以上，每次一小時三十分到三小時）及同儕領導者之經驗，有謄逐字稿並討論之機會。 (2)除(1)外，並加上單人領導、觀察員及受督導之經驗（均各以連續十五至三十小時為原則）。 (3)除(1)及(2)外，並加上督導別人之經驗（以錄影及逐字稿方式進行）。

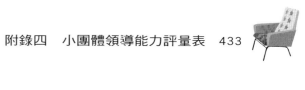

6.對人性心理之掌握	(1)瞭解自己他人在有關金錢、交友、人生觀諸價值上之內容及異同之事實，及因此而產生的情緒反應。 (2)接納自己他人某些不算正面之特質，覺察個人自我防衛的形式及運作情況。 (3)肯定自己他人的優點、缺點之不可根除性和可以修正性；能以越來越快的速度，通過防衛性反應和習慣性反應，並出現有效反應。
7.對人際心理之掌握	(1)瞭解到個人在人際互動中常出現的某些負面特質（如距離感、怕吃虧等）之內容（最易引發此類反應之情境、人、事）。 (2)覺察到人際衝突之下的共同原則（如公平、安全感）、特殊原則（如表達的方式、反應的強度）與個人重要經驗間之關連。 (3)在每日的生活互動中，能時時覺察個人的重要情結(2)，並練習以更有效的方式反應之。
8.表現領導者之角色功能部分	(1)能遵循文獻資料，瞭解個人在領導力訓練水準上之位置（能力與限制），並依此瞭解而決定個人在參與團體時，應負責之角色。 (2)當情況使然必須「越級演出」時（如遇到成員情緒爆發，而不知如何處理時等情況），願意向團體說明個人此部分之限制，以獲得團體的資源。 (3)個人角色之決定，是依團體情況之需要，而做彈性配合。
9.成長與進修部分	(1)初層次領導者，常以學位修習為專業成長之主要來源。 (2)中層次領導者，則除(1)以外，還加上各式各樣（國內、外）的工作坊進修之參與。 (3)高層次領導者，則除(1)、(2)外，尚傾向於在更聚焦的方向和內容中（如某一理論取向的），做終生持續的成長和充電。
貳、團體領導上相關能力之掌握	
10.團體方案設計部分	(1)瞭解既有相關方案之內容，作為個人設計方案時之依據。 (2)在設計方案時，能開始參考到有關方案的理論內容，與團體自然開展到結束，所自然經驗的由生至熟的心理歷程之有關資料。 (3)統整方案背後之理論依據、邏輯關係及團體歷程之發展特徵，而設計方案。

11.溝通活動	(1)初層次領導者在帶領團體前之準備工作,很大一部分是瞭解或預習相關之溝通(暖身)活動。而在帶領過程中,也容易出現依溝通而推動團體往下發展之領導形式。 (2)中層次領導者較能嘗試不依活動而進行團體之現象(如修改、刪減或增加原溝通活動之部分設計)。 (3)高層次領導者對溝通活動的使用原則,是依需要而變動。因之,其使用時機可以是團體開始的初、中、末三個階段後,使用方式可以是部分採用或另創新章。
12.團體階段	(1)對團體大致的走向(依賴、順從、迷惑;凝聚力增加,對領導者之抗拒;開放的差距、成員間的抗拒;工作階段、能願意討論個人的困擾;對自我改變上之抗拒)有認知上的瞭解,並因而產生與個人主觀投射(如害怕遇到團體的對抗、只希望團體一團和氣等)。 (2)能認知並經驗到團體過程的內涵,以及個人在領導力上的一些特徵之影響(如善於引發思考或不知如何對質團體的沈默等),但仍常有「身陷泥沼」之掙扎(指情況發生時,未能立時覺察團體現象的意義,以及個人出現的反應之內在理由)。 (3)能相當正確地預期團體所將(正)出現的現象之意義與可能走向;明瞭個人在領導上有效、無效反應之做法,以及對如此行為之效果,進行持續性的評估與修正。
13.團體階段之通過速度	(1)對初層次領導者而言,第一到三次聚會的焦點,可能走階段Ⅰ,第二,三到四,五次聚會,可能走階段Ⅱ,第三,四到六,七,八次聚會則走階段Ⅲ,而通常在第三,四到十次時,達到其領導力上之極限,亦即階段Ⅳ的層次。 (2)對中層次領導者而言,第一到四次之聚會,可能走過階段Ⅰ、Ⅱ及Ⅲ,第五到七次聚會,則走階段Ⅳ;而第八到十次之聚會,則可能達到階段Ⅴ。 (3)對高層次領導者而言,階段Ⅰ至Ⅳ均能較前二種層次之領導者為快的速度通過(並且使用更有效的技巧,參考第十點領導技巧部分)。較多之焦點是放在階段Ⅴ,即「抗拒自己」部分之處理。 ・補充說明:以Cart Wright區分的六階段為例,如下: 階段Ⅰ:依賴、順從、迷惑。 階段Ⅱ:對團體及領導力上之試探。 階段Ⅲ:開放程度不一致所造成的團體壓力(對成員之抗拒)。

	階段IV：基於前面所建立的凝聚性，團體開始工作期，焦點漸能轉向自己（對個人困擾的探討）。 階段V：工作期之二，如果團體能通過階段IV，則此時之目標，在更深入的處理當事人之問題，如移情或淨化之處理；如果團體在此部分卡住了，則可能退回前一階段，重新走過。 階段VI：結束期，回顧與展望，不再在團體中處理強度的情緒問題。
14.團體領導技巧	(1)能表現真誠、專注、摘要內容及以相似形容詞反映感受、澄清、蒐集問題有關之一般資料（如與過去之相關、發生史、既有有之做法）。並以建議（個人之看法）之方式，為主要問題回饋技巧。 (2)除(1)以外，還能表現同理反映（以句子之形式，說出對方能同意之感受）、能做較多之聯絡（主題及成員間之互動）與澄清、較敢挑戰成員以不同之意見、較能分享個人之感受、較能體會團體當時當刻之狀態（緊張的、放鬆的或表裡不一的等）、角色扮演的部分、較能出現社會劇之做法。 (3)除(1)及(2)以外，能應情況之需要，而出現不同技巧。一般而言，有較多的同理反映、統整性的解說（即連結團體中前／後，表／裡，講出／未講出之資料）、調律（限制、阻擋、支持、保護、執中），及立即性（認知的和感受的，也因此包括了面質與個人性分享），角色扮演以心理劇的形式為多。
15.領導者的類型	(1)在試探、瞭解（藉團體回饋或事後的個人反省）個人在領導力上的特殊限制與長處的階段。 (2)在瞭解並試圖於團體情境過程中，覺察和控制（藉在團體進行過程中持續進行的自我檢核）之階段。 (3)在接納和有效控制個人領導類型所導致的負面結果之階段，如：在團體中進行立即性、自我開放、尋求協助等。 ·補充說明：依Yalom（1973）所做的四個項目分類中，情緒刺激（E.S.）（立即、面質）、照顧性（P）（同理、支持）、意義歸因（M.A.）（澄清、解說）及執行（E）（執中、溝通活動之使用、規範維持），可分成高、中、低三種表達層次。並據此而形成六種領導類型（風格），如下： (1)供應型：高的P及M.A.；中的E.S及E。 (2)社會型工程師：高的M.A.；中的P；低的E.S.。

	(3)管理型：特高的E。
	(4)魅力型：高的P及E.S.；中到高的E。
	(5)非個人型：低的P及E；中至高的E.S.。
	(6)放任型：中至高的M.A.。
	而同時，Yalom及Liberman根據其研究，發現不同專業成熟度的團體，所需的有效領導之類型有所差異，舉例而言：
	(1)在初層次團體中（可視同為團輔情境）有高生產的領導類型是供應型、社會性工程施及管理型。
	(2)在中層次的團體中（可視同為團諮情境），有高生產力的領導型是供應型、社會性工程師與魅力型。
	(3)而在高層次的團體中（可視同為團體治療之情境），高生產力的領導類型則是能截長補短，自成一格者（如尋求適配的協同領導者，自我成長之改變等）。
	根據上述之介紹，請評估個人的領導類型及所屬之層次。
16.團體中的溝通型態	(1)初層次領導者在團體的初期，多半出現第一種型態；中期較可能出現第二種型態；團體後期，可能走向第三種型態。
	(2)中層次領導者的第一種型態，能較快通過；中期較多出現第二種及第三種溝通型態；而在團體末期，可能出現第四種型態。
	(3)高層次領導者能較快通過第1.二種溝通型態，並在大多數階段中，出現第三種及第四種溝通型態。
	・補充說明：
	團體中的溝通型態，約可分成四種。第一種是成員分別、單向集中於領導者；第二種是交互作用分散到成員之間，但仍以領導者為中心；第三種的焦點，可能集中於1.二位成員，做深入之處理，領導者只作主要的催化、引導工作。而第四種的溝通則是焦點在團體中平均分散，領導者的角色不明顯。
17.對團體的評估工作，不同成熟層次之領導者，亦往往出現不同的焦點	(1)初層次領導者，傾向於依賴現有的客觀、簡式測驗（如人格的、特殊技巧的）及感受卡填寫，做團體一次聚會之後或十次聚會前後的差別比較。
	(2)中層次領導者，則傾向於依據文獻、理論架構，來出現依特定目標而設計之題目或測驗方向，如：自我肯定、依附量表。其評估度亦逐漸加上過程評估及多向度評估之內涵。
	(3)高層次領導者，較少依賴簡式測驗或感受卡評估。而在依賴理論、文獻架構設計方案時評估，則更趨向區別性（每次活動的目標間）、連結性（前一次與後一次目標間的重疊與延伸）與前後邏輯的次序性。高層次領導者之評估，幾乎可視為是一種

	「系統性的完形」，即在進行團體的前、中、後，都有評估式的觀察判斷在進行（但這未必是客觀的或形諸文字的），並依此而得修正。
18.團體過程之觀察與掌握	(1)對初層次領導者而言，比較能注意到的是團體中的重要變項（如沈默）、表面意義（如玩笑大王的幽默）及個人主義經驗有關的資料。 (2)對中層次領導者而言，除(1)以外，尚能較自理論的架構來概念化問題，如連結領導者、成員特徵、團體階段來形成過程之內容。 (3)高層次領導者對過程之掌握，則主要為內容與脈絡（背景的，沒有表現出來的部分）交錯統整後之完形反應（如沈默者的可能原因／需要、團體的位置、個人的情感反應與反應策略傾向及後果預測）。
19.團體效果之研究	(1)初層次領導者，通常自測、後測，自編或採用簡式的問卷（或感受卡）或客觀但不一定相關很大的心理測驗中，來瞭解團體實施之成效。 (2)中層次領導者，漸能修訂國外測驗或自較系統的過程記錄表中，來解析團體帶領之成效，並有可能以論文之型式發表。 (3)高層次領導者於研究團體效果時，能兼顧團體的質和量、過程和結果部分之改變資料，並能自經驗中，增加對團體效果之掌握，例如：次數、時間長短之不等量分配等。
三、團體中困擾成員的處理	
20.團體中困擾成員之處理(1)：沈默	(1)初層次領導者傾向於在團體中，以較輪流的方式鼓勵參與，來介入對此類成員之處理，並在對方發言後，以言語鼓勵他。 (2)中層次領導者傾向於做較長之等待，並在某人發言後連絡到此一沈默的成員，使其表達看法，有時也會以團體的立場發言，如：我不知道是不是有人在此仍感到不夠舒適。 (3)高層次領導者則因對陳墨者的現象與類型，已有更完整之瞭解，故較能依據概念分類之診斷來做處理，如再次申明在團體中不想發言是可以的情境，並鼓勵對此有壓力之成員（包括沈默者和不滿意別人不發言者）去開始思索，瞭解如此狀態之可能原因。

21.團體中困擾成員之處理(1)：沈默	(1)初層次領導者對此類現象之處理方式之一，是不覺察，尤其在團體的初階段。因為這類成員對「打破沈默壓力」的貢獻似乎是很大的，另一個可能是領導者覺察團體在變得忍耐（因為此一成員的開放不夠吸引大家的興趣），但為了社會禮貌沒人敢打斷（包括領導者本人在內），因此團體的時間和效果，都是相對的受到不良的影響。領導者常出現的做法是在其長篇大論結束後，設法連結此人之發表，回歸團體回來之主題。 (2)中層次領導者已較前一層次之領導者能較快覺察，因此可能在對方話語稍歇，乘機打斷並介入，走回主題。 (3)高層次領導者則能以更快的速度和更大的決斷，切入正在演講的當事人，並為之作摘要和高層次同理，使當事人及團體均能於較少之停對後，繼續往前。
22.團體中困擾成員之處理：攻擊、批判、公開、表達不滿意	(1)初層次領導者傾向於對此做兩極化之反應。如太快同意對方的意見，而出現道歉，或自我批評之反應，另一種可能則是武裝起來，為個人受到批評之部分做出辯解或甚至也對對方產生批評，當然二種現象混合的情況，也是很常見的。 (2)中層次領導者傾向於反應出比較接納的立場，並設法去探討現象之下的事實，如澄清、解說等。唯其處理仍容易落入於領導者對攻擊者兩人間的交互作用為主的方式，如果此時能將焦點擴大為團體對此事之感受之分享，則已屬較成熟的反應方式。 (3)高層次領導者能迅速統整個人與此一成員間的移情—反移情資料，並瞭解此為團體向下發展所必經之過程，如此則較能真實地接納此一現象，包括同理對方之感受、肯定對方之勇氣和分享個人對此事之瞭解與感受。更重要的是領導者本人示範接納、真誠的分享的事實，並使此事成為團體共同立即性（如現在還有誰有類似的感受或在這團體中，你還對誰有這種感覺呢？）的焦點。
23.團體中困擾成員之處理(4)：大頭腦、專家說法、小博士	(1)對初層次領導者而言，這類成員是相當困難去挑戰的，一方面個人的思考力為必優於對方，再者，此類成員參與的方式，表面上會是在進行真誠的誠的思辯。誰有權力打斷別人的學習或分享機會？除非此類領導者有較對方更清晰之思考。但如此情況下，而那當然不是最好的。簡言之，初層次領導者對此成員之處理，通常不是有效的，往往要進行相當一段時間之後，團體才醒悟而煞車回頭。 (2)中層次領導者較能覺察此類成員的此類影響（對團體、對自己、對此成員），而可以因此有所處理，如探討對方如此做的

	真正原因——它可能是習慣，也可能是個人控制的一種方法；以立即性來覺察團體中動力的內容與方向；甚至包括個人反應出來之反移情等資料。
	(3)高層次領導者並不是就沒有(1)或(2)之反應方向，而主要是在時間速度上，能更快的通過並產生對完形之統整和掌握。如在對方如此做時，邀請對方及團體，如此「存在」之意義與限制。其反應的依據是要去發掘在此類互動之下的心理需要／感受，並就此有所體驗。
24.團體中困擾成員之處理(5)：社交大王及供應者（管家、好好先生）	(1)初層次領導員往往盼望這類成員之出現。因為他可以明顯抒減團體聚會時沈默或緊張方面之壓力。但甜頭之餘的代價，則是無法深入上的困擾，團體很容易離題，或變成愉快的社交情境。
	(2)中層次領導員，較能夠覺察社交大王所帶來的負面影響，但未必能覺察供應者個人所須要處理（成長）之事實。
	(3)高層次領導員能適當運用此二種類型成員之優點，來協助團體之開展，但也不會忘記讓此二類成員也有獲得成長之刺激（通常在團體中期內出現），畢竟，為團體服務的主要角色是領導者。
25.團體中困擾成員之處理(6)：操縱者、算計大王	(1)初層次領導者對此類成員幾乎無招架之力，除非他／她本身亦屬於此一類型，那或者還可能交個平手。換言之，如果不是個人經驗，初層次領導者對此成員的存在或表現方式，可能是毫不覺察的。
	(2)中層次領導者可能較能發現此類成員之存在，但可能仍以個人的領導風格為因應之道，如鼓勵或對質等。這些雖可催化對方反應的量，但未必能增加反應的質（如對方可能發言更多，但不一定要講真心話等）。
	(3)高層次領導者能自操縱者類型的發展性原因（怕輸、吃虧）或特質（人際溝通分析中成人的負面部分）去著手，以澄清解說的方式，使此類成員除了瞭解成因外，也能更深入思考操縱型之代價（後果預期）。換言之，協助對方思考，在「記利」時不但要計「表面利」，也要考慮到「後果利」，以便發展更完形的操縱。

26.移情／反移情之部分	(1)初級領導者由於較易出現焦慮（怕做的不對，不能客觀，期望自己），因此容易引發團體中有助人（取悅、討好等）傾向成員之參與，而形成可能的「移情／反移情」連結。換言之，團體中較有能力之成員，較易成為初級領導者之協同領導。
	(2)中級領導者之移情／反移情資料，則較易受到領導類型／風格之影響，如工作型之領導者較易與團體中之關係型成員形成互補式之移情。此類情況，如果不能得到覺察，可能形成團體工作上之妨礙。
	(3)高級領導者之移情較多以隱微（不甚明顯）的方式存在，主要原因是領導者已較能覺察個人和團體的移情線索，因之也較能處理。
27.當團體中出現倫理的兩難式情境時（如團體決議不向領導者開放某些資料，並彼此相約設計假資料，以求交代，唯事後又被領導者發現時）	(1)初層次領導者的反應方式，比較傾向於解釋此現象為對個人不夠尊重的表現，因而可能做出防衛反應（如追究或處罰）。
	(2)中層次之領導者，則較能兼顧團體如此決定的動機、心理意義和個人感受，而出現接納並表達個人不舒服立場之做法。
	(3)高層次之領導者，則可視此情境為一教育性機會：一方面使團體了其保密需求為可接納的，另一方面則建議團體去思考，找出更有效的處理途徑。
28.保密原則之處理	(1)以團體中所談出的個人隱私為主要內容，其遵守原則為普遍性的，共同要求（如向本團體以外的人，隻字不提）。
	(2)以當事人覺得困擾、隱私之部分為主要內容，其主要實施原則為錄影／音帶的停止運作；但可以以中性資料（隱匿故事情節、出現主要情緒／情結或問題處理原則說明）的立場，向有關對象（如同班中的其他組別）加以解說或討論。
	(3)在團體中，情況發生時，提醒當事人澄清個人所能接受的開放程度；檢核團體能做到的保密程度。並於團體結束前，判斷能對團體以外之對象，所開放和討論之程度。

29.收費的原則：目前帶領一次（一小時）團體的費用，差距頗大。由數百元以至數千元，不一而足。在此點上如何表現倫理的能力？	(1)初層次的領導者，傾向於學習和吸收經驗，因此在收費上較不堅持。 (2)中層次之領導者，一般來說，能參考機構和主辦單位的特質，以及個人在專業上的水準來處理收費。但較易出現市場價格、個人自定價格以及人情與慈善性質間之收費標準如何訂定之衝突。 (3)高層次之領導者，則較(2)有更明確與不衝突的收費原則。

國家圖書館出版品預行編目(CIP)資料

團體諮商概要／何長珠，曾柔鳴，劉婉如著.
--三版. --臺北市：五南圖書出版股份有限公
司，2023.03
　面；　公分
ISBN 978-626-343-010-5（平裝）
1.CST：團體諮商
178.4　　　　　　　　111009976

1BWH

團體諮商概要

作　　者 ― 何長珠（50）　曾柔鳴　劉婉如

發 行 人 ― 楊榮川

總 經 理 ― 楊士清

總 編 輯 ― 楊秀麗

副總編輯 ― 王俐文

責任編輯 ― 金明芬

封面設計 ― 王麗娟

出 版 者 ― 五南圖書出版股份有限公司

地　　址：106台北市大安區和平東路二段339號4樓

電　　話：(02)2705-5066　　傳　　真：(02)2706-6100

網　　址：https://www.wunan.com.tw

電子郵件：wunan@wunan.com.tw

劃撥帳號：01068953

戶　　名：五南圖書出版股份有限公司

法律顧問　林勝安律師

出版日期　2011年3月初版一刷
　　　　　2015年9月二版一刷
　　　　　2023年3月三版一刷

定　　價　新臺幣600元

經典永恆・名著常在

五十週年的獻禮——經典名著文庫

五南，五十年了，半個世紀，人生旅程的一大半，走過來了。
思索著，邁向百年的未來歷程，能為知識界、文化學術界作些什麼？
在速食文化的生態下，有什麼值得讓人雋永品味的？

歷代經典・當今名著，經過時間的洗禮，千錘百鍊，流傳至今，光芒耀人；
不僅使我們能領悟前人的智慧，同時也增深加廣我們思考的深度與視野。
我們決心投入巨資，有計畫的系統梳選，成立「經典名著文庫」，
希望收入古今中外思想性的、充滿睿智與獨見的經典、名著。
這是一項理想性的、永續性的巨大出版工程。
不在意讀者的眾寡，只考慮它的學術價值，力求完整展現先哲思想的軌跡；
為知識界開啟一片智慧之窗，營造一座百花綻放的世界文明公園，
任君遨遊、取菁吸蜜、嘉惠學子！